Vergleichende Politikwissenschaft

Reihe herausgegeben von
Steffen Kailitz, Hannah-Arendt-Institut für Totalitarismusforschung, Dresden, Deutschland
Susanne Pickel, LS für Politikwissenschaft, Universität Duisburg-Essen, Duisburg, Nordrhein-Westfalen, Deutschland
Claudia Wiesner, Hochschule Fulda, Fulda, Hessen, Deutschland

Die Schriftenreihe „Vergleichende Politikwissenschaft" wird im Auftrag der gleichnamigen Sektion der Deutschen Vereinigung für Politische Wissenschaft durch Steffen Kailitz, Susanne Pickel und Claudia Wiesner herausgegeben. Ziel der Reihe ist es, Themen, Fragestellungen, Inhalte, Konzepte und Methoden politikwissenschaftlicher vergleichender Forschung und Lehre in ihrer ganzen Breite zu diskutieren. Die Reihe nimmt nach einem Begutachtungsverfahren hervorragende Arbeiten aus allen theoretischen und methodischen Richtungen der Vergleichenden Politikwissenschaft auf.

Die Sektion „Vergleichende Politikwissenschaft" ist eine der größten und ältesten Sektionen der Deutschen Vereinigung für Politikwissenschaft (DVPW). Der Bereich der Vergleichenden Politikwissenschaft (Comparative Politics) deckt von der Vergleichenden Regierungslehre bzw. dem Vergleich politischer Systeme über die Vergleichende Demokratie-, Autokratie-, Transformations- und Demokratisierungsforschung sowie die vergleichende Forschung zu Parteien und Interessenverbänden bis hin zur Vergleichenden Policy- und Wohlfahrtsstaatsforschung ein sehr breites Feld ab. Die Vergleichende Politikwissenschaft ist dabei in der inhaltlichen, geographischen und methodischen Ausrichtung (qualitative und quantitative Methoden) per se pluralistisch angelegt.

Die Schriftenreihe „Vergleichende Politikwissenschaft" bietet entsprechend der Ausrichtung und den Zielen der Sektion ein Forum für alle Wissenschaftlerinnen und Wissenschaftler, die sich in Forschung und Lehre mit Themen und Fragestellungen aller Teilbereiche der Vergleichenden Politikwissenschaft befassen. Die Reihe steht damit explizit Beiträgen aus allen theoretischen und methodischen Zugängen der Vergleichenden Politikwissenschaft offen, und es sind sowohl theoretisch und/oder konzeptionell, empirisch und auch methodisch ausgerichtete Schriften willkommen. Entsprechend der Internationalität der Vergleichenden Politikwissenschaft versteht sie sich auch als ein internationales Forum des wissenschaftlichen Diskurses. In der Reihe erscheinen deutsch- wie englischsprachige Bänder.

Die Qualität der Beiträge der Sektionsreihe sichert neben dem Herausgeberkreis ein wissenschaftlicher Beirat. Ihm dankt der Herausgeberkreis für seine engagierte Arbeit. Dem wissenschaftlichen Beirat gehören an:

Dirk Berg-Schlosser (Philipps-Universität Marburg),
Patrick Bernhagen (Universität Stuttgart),
Claudia Derichs (Philipps-Universität Marburg),
Rolf Frankenberger (Universität Tübingen),
Michael Hein (Humboldt-Unversität Berlin),
Niilo Kauppi (University of Jyväskylä),
Marianne Kneuer (Universität Hildesheim),
Michèle Knodt (Technische Universität Darmstadt),
Sabine Kropp (Freie Universität Berlin),
Ina Kubbe (Leuphana Universität Lüneburg),
Hans-Joachim Lauth (Universität Würzburg),
Anja Mihr (The Hague Institute for Global Justice),
Clara Portela (University of Valencia, Valencia),
Svend-Erik Skaaning (Universität Aarhus),
Toralf Stark (Universität Duisburg-Essen),
Brigitte Weiffen (Universidade de São Paulo),
Stefan Wurster (Hochschule für Politik München).

Weitere Bänder in der Reihe http://www.springer.com/series/13436

Claudia Wiesner · Philipp Harfst
(Hrsg.)

Legitimität und Legitimation

Vergleichende Perspektiven

Hrsg.
Claudia Wiesner
Fachbereich Sozial- und Kulturwissen-
schaften, Hochschule Fulda
Fulda, Hessen, Deutschland

Philipp Harfst
Institut für Politikwissenschaft
Leuphana Universität Lüneburg
Lüneburg, Niedersachsen, Deutschland

ISSN 2569-8672 ISSN 2569-8702 (electronic)
Vergleichende Politikwissenschaft
ISBN 978-3-658-26557-1 ISBN 978-3-658-26558-8 (eBook)
https://doi.org/10.1007/978-3-658-26558-8

Die Deutsche Nationalbibliothek verzeichnet diese Publikation in der Deutschen Nationalbiblio-
grafie; detaillierte bibliografische Daten sind im Internet über http://dnb.d-nb.de abrufbar.

Springer VS
© Springer Fachmedien Wiesbaden GmbH, ein Teil von Springer Nature 2019
Das Werk einschließlich aller seiner Teile ist urheberrechtlich geschützt. Jede Verwertung, die
nicht ausdrücklich vom Urheberrechtsgesetz zugelassen ist, bedarf der vorherigen Zustimmung
des Verlags. Das gilt insbesondere für Vervielfältigungen, Bearbeitungen, Übersetzungen,
Mikroverfilmungen und die Einspeicherung und Verarbeitung in elektronischen Systemen.
Die Wiedergabe von allgemein beschreibenden Bezeichnungen, Marken, Unternehmensnamen
etc. in diesem Werk bedeutet nicht, dass diese frei durch jedermann benutzt werden dürfen. Die
Berechtigung zur Benutzung unterliegt, auch ohne gesonderten Hinweis hierzu, den Regeln des
Markenrechts. Die Rechte des jeweiligen Zeicheninhabers sind zu beachten.
Der Verlag, die Autoren und die Herausgeber gehen davon aus, dass die Angaben und
Informationen in diesem Werk zum Zeitpunkt der Veröffentlichung vollständig und korrekt
sind. Weder der Verlag, noch die Autoren oder die Herausgeber übernehmen, ausdrücklich oder
implizit, Gewähr für den Inhalt des Werkes, etwaige Fehler oder Äußerungen. Der Verlag bleibt
im Hinblick auf geografische Zuordnungen und Gebietsbezeichnungen in veröffentlichten Karten
und Institutionsadressen neutral.

Springer VS ist ein Imprint der eingetragenen Gesellschaft Springer Fachmedien Wiesbaden
GmbH und ist ein Teil von Springer Nature.
Die Anschrift der Gesellschaft ist: Abraham-Lincoln-Str. 46, 65189 Wiesbaden, Germany

Inhaltsverzeichnis

Politische Legitimität und Legitimation 1
Philipp Harfst und Claudia Wiesner

Legitimität als „essentially contested concept" 11
Claudia Wiesner und Philipp Harfst

**Wie valide ist die empirische Messung der Through-
und Outputlegitimität politischer Systeme?** 33
Pascal Anstötz, Peter Schmidt und Aribert Heyder

Legitimation und Legitimität in vergleichender Perspektive 57
Christian von Haldenwang

Auf dem Weg in die Postdemokratie? 97
Gert Pickel

**Die Legitimitätsproblematik in den westeuropäischen
Demokratien** 139
Dieter Fuchs und Edeltraud Roller

Legitime Motive? 171
Aiko Wagner, Heiko Giebler und Marcel Lewandowsky

Legitimation der EU im Diskurs? 203
Claudia Wiesner

Legitimitätswahrnehmung in der EU und Repertory Grid 239
Norma Osterberg-Kaufmann

Und sie reg(ul)ieren doch 277
Aron Buzogány, Rolf Frankenberger und Patricia Graf

V

Inhaltsverzeichnis

Regimeperformanz und politisches Vertrauen in Autokratien 315
Saara Inkinen und Kressen Thyen

Multiple Legitimationsstrategien autoritärer Regime 347
Filip De Maesschalck und Sergio Gemperle

Legitimität und Legitimation 373
Claudia Wiesner und Philipp Harfst

Autorenverzeichnis

Pascal Anstötz ist wissenschaftlicher Mitarbeiter in der Lehreinheit Politikwissenschaftliche Methoden und Empirische Demokratieforschung am Institut für Politikwissenschaft der Philipps-Universität Marburg.

Dr. Aron Buzogány ist Gastprofessor für Europäische Integration am Otto-Suhr-Institut für Politikwissenschaft der Freien Universität Berlin sowie wissenschaftlicher Assistent an der Universität für Bodenkultur Wien.

Prof. em. Dr. Dieter Fuchs ist emeritierter Professor für Politikwissenschaft am Institut für Sozialwissenschaften der Universität Stuttgart.

Dr. Rolf Frankenberger ist Akademischer Rat am Institut für Politikwissenschaft der Eberhard-Karls-Universität Tübingen.

Sergio Gemperle ist Doktorand am Fachbereich Politikwissenschaft der Universität Basel.

Dr. Heiko Giebler ist wissenschaftlicher Mitarbeiter am Wissenschaftszentrum Berlin für Sozialforschung in der Abteilung „Demokratie und Demokratisierung".

Prof. Dr. Patricia Graf ist Professorin für Forschungsmethodik an der BSP Business School Berlin.

Dr. Christian von Haldenwang ist Senior Researcher am Deutschen Institut für Entwicklungspolitik in Bonn.

Prof. Dr. Philipp Harfst ist Vertretungsprofessor am Institut für Politikwissenschaft der Leuphana Universität Lüneburg.

AOR Dr. Aribert Heyder ist Akademischer Oberrat am Institut für Politikwissenschaft der Philipps-Universität Marburg.

VIII

Saara Inkinen ist Gastwissenschaftlerin der Abteilung Demokratie und Demokratisierung des Wissenschaftszentrum Berlin für Sozialforschung und Doktorandin an der Berlin Graduate School of Social Sciences der Humboldt-Universität zu Berlin.

Dr. Marcel Lewandowsky ist wissenschaftlicher Mitarbeiter am Center for European Studies der University of Florida.

Filip De Maesschalck ist Foreign Service Officer beim belgischen Außenministerium und Doktorand am Institute of Development Policy (IOB) der Universität Antwerpen.

Dr. Norma Osterberg-Kaufmann ist wissenschaftliche Mitarbeiterin an der Humboldt-Universität zu Berlin.

Prof. Dr. Gert Pickel ist Professor für Religions- und Kirchensoziologie am Institut für Praktische Theologie der Universität Leipzig.

Prof. Dr. Edeltraud Roller ist Professorin für Politikwissenschaft am Institut für Politikwissenschaft der Johannes-Gutenberg-Universität Mainz.

Prof. i. R. Dr. Peter Schmidt ist pensionierter Professor am Institut für Politikwissenschaft und Mitglied des Zentrums für internationale Entwicklung und Umwelt (ZEU) der Universität Gießen.

Dr. Kressen Thyen ist wissenschaftliche Mitarbeiterin am Institut für Interkulturelle und Internationale Studien der Universität Bremen und assoziiert am GIGA Institut für Nahost-Studien.

Dr. Aiko Wagner ist Vertretungsprofessor für Vergleichende Politikwissenschaft an der Wirtschafts- und Sozialwissenschaftlichen Fakultät der Universität Potsdam.

Prof. Dr. Claudia Wiesner ist Professorin für Politikwissenschaft am Fachbereich Sozial- und Kulturwissenschaften der Hochschule Fulda und adjunct professor an der Universität Jyväskylä (Finnland).

Politische Legitimität und Legitimation

Vergleichende Perspektiven

Philipp Harfst und Claudia Wiesner

> **Zusammenfassung**
>
> Die Beiträge in diesem Band diskutieren Legitimität als „essentially contested concept". Die empirische Untersuchung von Legitimität wirft zahlreiche theoretische, konzeptionelle und methodische Fragen auf. Dabei sind drei Achsen von theoretisch-konzeptionellen Überlegungen zu benennen: das Verhältnis von normativ-theoretischen und von empirisch-analytisch orientierten Anteilen und Zugängen im Bereich der Legitimitätsforschung; die Frage, ob Legitimität als Zustand oder Legitimation als Prozess untersucht werden soll; und das Verhältnis dreier Komponenten von Legitimität und Legitimationsprozessen: Input, Throughput und Output. Diese Achsen der Konzeptualisierung von Legitimität werden in den Beiträgen des Bandes in Bezug auf verschiedene Felder und Methoden, für etablierte Demokratien, Autokratien und die Europäische Union sowie für quantitative, qualitative und mixed-methods Zugänge aufgegriffen.

Genau 40 Jahre nachdem sich der Kongress der Deutschen Vereinigung für Politische Wissenschaft (DVPW) 1975 in Duisburg den „Legitimationsproblemen politischer Systeme" widmete, kehrte die DVPW im Jahr 2015 in die Ruhrgebietsstadt

---

P. Harfst (✉)
Institut für Politikwissenschaft, Leuphana Universität Lüneburg, Lüneburg, Deutschland
E-Mail: philipp.harfst@uni.leuphana.de

C. Wiesner
Fachbereich Sozial- und Kulturwissenschaften, Hochschule Fulda, Fulda, Deutschland
E-Mail: claudia.wiesner@sk.hs-fulda.de

© Springer Fachmedien Wiesbaden GmbH, ein Teil von Springer Nature 2019
C. Wiesner und P. Harfst (Hrsg.), *Legitimität und Legitimation*, Vergleichende Politikwissenschaft, https://doi.org/10.1007/978-3-658-26558-8_1

zurück, um sich erneut Legitimationsproblemen aus politikwissenschaftlicher Perspektive zuzuwenden (vgl. Abels 2016). Damit bewegte sich die deutsche Politikwissenschaft in einem Feld, das auch international wieder zunehmend ins Zentrum wissenschaftlicher Auseinandersetzungen geraten ist. Mit der Frage der Legitimität griff die DVPW auf ihrem Duisburger Kongress ein zentrales Thema der Politikwissenschaft auf, das auch die Teildisziplin der Vergleichenden Politikwissenschaft intensiv beschäftigt.

Nachdem sich die (Vergleichende) Politikwissenschaft in den Jahren nach dem Zusammenbruch der staatssozialistischen Systeme intensiv mit Fragen der Demokratisierung beschäftigt hatte, richtete sich der Fokus in den letzten Jahren zunehmend auf die Bedingungen der Stabilisierung und des Überlebens von Demokratien (Kriesi 2013). Der Anstieg von Wählervoten für (rechts)populistische Parteien ebenso wie das sinkende Vertrauen in etablierte Institutionen, die sich in vielen westlichen Demokratien zeigen, geben diesen Fragen einen hochaktuellen und durchaus brisanten Hintergrund (siehe dazu Wiesner und Harfst in diesem Band). Zur Debatte steht dabei nicht weniger als die Frage, ob das westliche Demokratiemodell insgesamt an Unterstützung verliert. Die Antworten auf diese Frage werden aktuell strittig diskutiert.

Mit einer Reihe von Artikeln griff das „Journal of Democracy" kürzlich diese Debatte auf. Foa und Munck (2017) sprechen in einem Beitrag dieser Reihe von den „signs of deconsolidation" etablierter Demokratien. Sie zeichnen ein pessimistisches Bild: Foa und Munck (2017) betonen den Rückgang des Niveaus der Demokratieunterstützung in einzelnen westlichen Staaten, der inzwischen auch Niederschlag im Verhalten der Wählerinnen und Wähler gefunden habe und zu steigenden Stimmen und Sitzanteilen rechtspopulistischer Parteien führe. Dagegen vertreten Alexander und Welzel (2017), Norris (2017) und Voeten (2017) eine differenziert positive Position. Sie legen Wert auf die Feststellung, dass die Qualität der Demokratieunterstützung, selbst wenn sie in einzelnen Staaten leicht rückläufig sei, insgesamt zunehme und immer stärker durch liberale Werte geprägt sei.

Das wiedererwachte politikwissenschaftliche Interesse an der Legitimität politischer Systeme lässt sich somit im Kontext einer grundlegenden Debatte um die Stabilität demokratischer Systeme verorten. Im Rahmen des DVPW-Kongresses in Duisburg diskutierte deshalb auch die Sektion „Vergleichende Politikwissenschaft" politische Legitimität in vergleichender Perspektive und mit Blick auf theoretisch, methodisch und empirisch ausgerichtete Fragen. Diese Diskussionen sind Ausgangspunkt für die Konzeption dieses Bandes, den wir in der Reihe „Vergleichende Politikwissenschaft" vorlegen.

Vor diesem Hintergrund vereint dieser Band klassische sowie neuere Perspektiven und Zugänge der vergleichenden Forschung zu politischer Legitimität und Legitimation und setzt sie miteinander in Beziehung. Dabei berücksichtigen wir sowohl die theoretisch-konzeptionelle Ebene der politischen Legitimitätsforschung als auch empirische Arbeiten, die dann wiederum eher qualitativ oder stärker quantitativ ausgerichtet sein können. Darüber hinaus beschäftigen wir uns in den folgenden Kapiteln neben etablierten Demokratien – den klassischen Gegenständen empirischer Legitimitätsforschung – mit aktuellen Herausforderungen der Legitimitätsforschung, die sich bei der Beschäftigung mit autokratischen Systemen oder mit der Frage nach Legitimität jenseits nationalstaatlicher Grenzen zum Beispiel im Kontext der Europäischen Union ergeben. Dieser Band dokumentiert demnach den Stand der Debatte um politische Legitimität in der Vergleichenden Politikwissenschaft und präsentiert Grundlagen und aktuelle Perspektiven der vergleichenden konzeptionellen und empirischen Forschung zur Legitimität politischer Systeme.

Legitimität als „essentially contested concept"

Bei der Konzeption und Bearbeitung des nun vorliegenden Bandes waren die Komplexität und der multidimensionale Charakter des Konzepts politischer Legitimität (vgl. Kaase 1985) sowie die methodischen Herausforderungen wichtige Triebfedern. Legitimität ist, wie wir im folgenden Kapitel ausführen, ein „essentially contested concept" (Gallie 1955).

Dabei sind einleitend drei Achsen zu benennen, um die sich die theoretisch-konzeptionellen Überlegungen zu Legitimität bewegen: 1) das Verhältnis von normativ-theoretischen und von empirisch-analytisch orientierten Anteilen und Zugängen im Bereich der Legitimitätsforschung, 2) die Frage, ob Legitimität als Zustand oder Legitimation als Prozess untersucht werden soll, und 3) das Verhältnis dreier Komponenten von Legitimität und Legitimationsprozessen: Input, Throughput und Output.

So ist das Feld der politischen Legitimitätsforschung geprägt von einem Konflikt zwischen eher normativen und eher empirisch-analytischen Zugängen. Auch kann neben der Legitimität einer politischen Ordnung nach deren Legitimation gefragt werden. Dann geraten jene Prozesse in den Blick, mit deren Hilfe Legitimität erlangt oder mit denen sie erzeugt wird. Darüber hinaus lassen sich mit Scharpf (1999) und Schmidt (2013) drei Komponenten politischer Legitimität unterscheiden, die jeweils untersucht und bewertet werden können: die Input-, die Throughput und die Outputlegitimität. Die politikwissenschaftliche Legitimitätsforschung kombiniert dementsprechend normativ und empirisch angelegte Zugänge, die jeweils Input, Throughput und Output politischer Systeme in den Blick nehmen können oder auch nach den Entstehungsbedingungen dieser Legitimität fragen.

Im folgenden Kapitel präsentieren wir angesichts der vielfältigen und unterschiedlichen Zugänge einen systematischen Überblick über die Debatten um die Konzeption von Legitimität in der Politikwissenschaft. Ausgangspunkt unseres Verständnisses politischer Legitimität ist die Definition, die Habermas vor 40 Jahren auf dem Duisburger DVPW-Kongress vorgelegt hat und in der er Legitimität als „Anerkennungswürdigkeit einer politischen Ordnung" (Habermas 1976) bezeichnet.

Theoretisch-konzeptionelle Perspektiven

Die verschiedenen theoretisch-konzeptionellen Zugänge in der Legitimitätsforschung weisen Gemeinsamkeiten und Unterschiede auf. Gemeinsam ist ihnen, dass die Frage der Anerkennungswürdigkeit der politischen Ordnung im Vordergrund steht. Unterschiede gibt es in der Ausdifferenzierung und Operationalisierung dieses Postulats. Eine grundsätzliche Frage besteht darin, ob Legitimität primär (oder gar ausschließlich) theoretisch-konzeptionell und normativ-wertend konzipiert wird – oder ob sie primär als empirisch messbares und operationalisierbares Konzept untersucht werden soll. In der jüngeren Legitimitätsforschung scheint sich ein Konsens herauszubilden, dass empirische Legitimitätsforschung einer theoretisch-normativen Grundlage bedarf (Beetham 1991), dabei aber eben empirisch fassbar bleiben muss.

Auch der vorliegende Band legt einen Schwerpunkt auf die empirisch-vergleichende Legitimitätsforschung, ohne dabei allerdings die oben genannten normativen Kriterien aus dem Blick zu verlieren. Der genealogisch angelegte Beitrag von Wiesner und Harfst (in diesem Band) zeichnet die Debatte zwischen empirischer und normativer Forschung in historischer Perspektive nach und entwickelt einen Vorschlag zur Kombination beider Traditionen. Der folgende Beitrag von Anstötz, Schmidt und Heyder (in diesem Band) führt diese Diskussion fort und widmet sich den methodischen Herausforderungen der empirischen Messung politischer Legitimität. Auf der Grundlage einer kritischen Diskussion vorliegender Instrumente zur Legitimitätsbestimmung entwickeln die Autoren einen Vorschlag, wie diese Messinstrumente mit Hilfe des Online Probing weiterentwickelt werden können.

Politische Legitimität und Legitimation

Quantitative Legitimitätsforschung

Ausgehend von ersten Überlegungen bei Lipset (1959) beruht die moderne quantitative Legitimitätsforschung auf Eastons (1965) Konzept der Regime-Unterstützung aus der Mitte der 1960er Jahre, das rund dreißig Jahre später von Pippa Norris (1999) weiterentwickelt wird und auf Einstellungen der Bürgerinnen und Bürger gegenüber einem politischen System abhebt. Norris siedelt Unterstützung auf einem Kontinuum zwischen diffuser (Regime-)Unterstützung und spezifischer Unterstützung für einzelne Institutionen beziehungsweise Akteure an. Linde und Ekman (2003) weisen jedoch darauf hin, dass demokratische Legitimität ein multifaktorielles Geschehen ist: es beinhaltet mindestens die grundsätzliche Unterstützung von Demokratie als Regierungsform sowie zusätzlich eine positive Bewertung der Performanz eines politischen Systems. Wie Linde und Ekman zeigen, bildet das Item „Demokratiezufriedenheit", das in der Regel zur Messung der Legitimität eines politischen Systems verwendet wird, vor allem die Bewertung der Leistungsfähigkeit, nicht aber die Unterstützung der Demokratie als normatives Ideal ab. Auf diesem Feld besteht demnach offensichtlich Entwicklungs- und Forschungsbedarf, zumal die Demokratiezufriedenheit der Bürgerinnen und Bürger definitionsgemäß ungeeignet ist, Legitimität nicht-demokratischer Systeme angemessen zu erfassen.

Im vorliegenden Band sind fünf Beiträge der quantitativen Legitimitätsforschung zuzurechnen: Pickel (in diesem Band) bearbeitet die Frage der Legitimität moderner Demokratien in vergleichender Perspektive; Fuchs und Roller (in diesem Band) widmen sich diesem Thema mit besonderer Berücksichtigung der Globalisierung; Wagner, Giebler und Lewandowsky (in diesem Band) beleuchten politische Legitimität in Bezug auf AfD-Anhänger; Inkinen und Thyen (in diesem Band) analysieren die Legitimität autokratischer Systeme; und schließlich unterbreitet der Beitrag von Anstötz, Schmidt und Heyder (in diesem Band) einen methodischen Vorschlag zur Weiterentwicklung etablierter quantitativer Messinstrumente.

Mixed methods und qualitative Zugänge

Quantitative und qualitative Zugänge werden in der Legitimitätsforschung bislang nur selten verknüpft; beide Debattenstränge sind entsprechend kaum verbunden. Ist die Forschung zu etablierten Demokratien seit den Arbeiten David Eastons (1953, 1965) primär quantitativ ausgerichtet, wird sie in neuerer Zeit durch qualitative und *mixed-methods* Zugänge ergänzt. Mithin haben die qualitative und *mixed-methods* Legitimitätsforschung gerade in den letzten Jahren deutlich an Bedeutung gewonnen. Sie beschäftigen sich zumeist mit Inhalten von Legitimitätsmustern und Legitimationsdiskursen. Beide können mithilfe verschiedener qualitativer Methoden sowie mit *mixed-methods* Zugängen erfasst werden, insbesondere durch Interviews, Fokusgruppengespräche, Text- und Dokumentenanalysen, Diskursanalysen oder neuere Techniken wie den Repertory Grid. Im Mittelpunkt stehen dabei oftmals die Bedeutungszuschreibungen, wie zum Beispiel Wohlstand, Demokratie oder nationale Größe, die mit der Idee der Legitimität einer Regierung, eines Staates oder eines Regimes verbunden sind. Mit Bezug auf die diskursive Legitimation politischer Systeme untersucht die qualitative Forschung, mit welchen Bedeutungszuschreiben und Begründungsmustern versucht wird, Legitimität zu erzeugen.

Die Beiträge von Wiesner (in diesem Band), Osterberg-Kaufmann (in diesem Band) und De Maesschalck und Gemperle (in diesem Band) sind der qualitativen und *mixed-methods*-Forschung zuzuordnen. Etablierte Demokratien stehen in den Beiträgen von Pickel, Fuchs und Roller (in diesem Band), Wagner, Giebler und Lewandowsky (in diesem Band) sowie Wiesner (in diesem Band) im Vordergrund; die Frage nach *mixed methods* in deren Untersuchung thematisieren Anstötz, Heyder und Schmidt (in diesem Band).

Legitimität der Europäischen Union

Hinzu treten in den letzten Jahren Arbeiten zur Legitimität der Europäischen Union als Gebilde jenseits des klassischen Nationalstaats. So rückt zunehmend die Perspektive des Regierens in Mehrebenensystemen in den Fokus der Legitimitätsforschung. Es ist nicht allein die Ebene der EU als neuer Adressat von Legitimitätsansprüchen zu betrachten, sondern auch die Dynamiken des Zusammenspiels der EU und ihrer Mitgliedstaaten sind zu untersuchen. Diese Dynamiken sind komplex und wirken nicht nur von den Nationalstaaten und ihren politischen Systemen zur EU sowie von der EU zu den Nationalstaaten, sondern werden durch verschiedene intermediäre Akteure, Ebenen und Ereignisse beeinflusst. Dies erfordert eine Erweiterung der Ansätze, die allein auf der Ebene des Nationalstaates ansetzen.

Dabei stellen sich zentrale normative und theoretisch-konzeptionelle Fragen, inwieweit nämlich die europäische Integration bestehende Grundlagen der Legitimation nationalstaatlicher Institutionen angreift oder verändert, ob die Institutionen der EU selbst Legitimität beanspruchen können (siehe dazu etwa Scharpf 1999) und in welcher Weise sich die klassischen Kategorien der etablierten quantitativen und qualitativen Legitimitätsforschung auf die EU und das EU-Mehrebenensystem übertragen lassen, da diese Kategorien ja ursprünglich

Politische Legitimität und Legitimation

ausschließlich auf den Nationalstaat bezogen waren und für diesen entwickelt wurden – es stellt sich mithin die Frage, wie der methodologische Nationalismus in der Legitimitätsforschung zu überwinden ist. Die Frage ist aber auch, wie politische und gesellschaftliche Entwicklungen auf der Ebene der Nationalstaaten mit Legitimität und Legitimationsprozessen in der EU und im Mehrebenensystem verbunden sind, und wie umgekehrt die EU und ihre Policies auf die Nationalstaaten und das Mehrebenensystem wirken.

Das Mehrebenensystem der Europäischen Union und die Legitimität der europäischen Integration werden in den Beiträgen von Fuchs und Roller (in diesem Band), Wagner, Giebler und Lewandowsky (in diesem Band), Wiesner (in diesem Band), und Osterberg-Kaufmann (in diesem Band) betrachtet.

Legitimität hybrider und autoritärer Regime

Neben der Legitimität der Europäischen Union, die ein relativ neues Forschungsfeld darstellt, beschäftigt sich die jüngste Legitimitätsforschung auch mit Autokratien und hybriden Regimen. Dabei zeigen sich scheinbare Paradoxien: So können in autokratischen Regimen die Unterstützungsraten der Regierungen sehr hoch sein, auch wenn die jeweiligen Regime als defekte Demokratien oder gar Autokratien zu charakterisieren sind. Hinter solchen Unterstützungsraten stehen oftmals erfolgreiche Legitimationsstrategien, wie etwa ein Policy-Output, der die Mehrheit der Bevölkerung zufriedenstellt. Tranformationsstaaten stehen darüber hinaus vor einer besonderen Herausforderung in Bezug auf ihre politische Legitimität. Im Zuge der Transformationsprozesse, die sie durchlaufen, stellt sich die Frage, inwiefern – und durchaus im Rückgriff auf die klassische Typologie Max Webers – neben der Legitimität eines Staates und seiner Institutionen auch die Legitimität anderer, zum Beispiel traditionaler oder charismatischer Herrschaftstypen behauptet wird, ob also plurale Legitimitätsansprüche vorliegen. Die Beiträge von Frankenberger, Graf und Buzogany (in diesem Band), Inkinen und Thyen (in diesem Band) sowie De Maesschalck und Gemperle (in diesem Band) diskutieren diese Fragen.

Die Beiträge des Bands greifen somit in unterschiedlichen Konstellationen jeweils einen oder mehrere der eingangs genannten theoretisch-konzeptionellen Fragen, methodischen und inhaltlichen Entwicklungen, oder regionalen Schwerpunkte auf und setzen sich konzeptionell und/oder empirisch mit Legitimation und Legitimität und deren politikwissenschaftlicher Analyse auseinander. Dabei stehen insbesondere offene konzeptionelle und methodische Fragen und neuere Entwicklungen im Fokus, sodass der vorliegende Band neben einem Überblick über klassische Felder der Legitimitätsforschung auch einen Ausblick auf

8 P. Harfst und C. Wiesner

die Zukunft des Bereichs bietet. Damit schließt der Band auch eine Lücke in der Legitimitätsforschung, da bisher keine aktuellen Werke vorliegen, die Perspektiven auf die klassischen Bereiche der Legitimitätsforschung mit einem Überblick über neuere Entwicklungen in diesem Bereich verbinden.

Literatur

Abels, G., Hrsg. 2016. *Vorsicht Sicherheit! Legitimationsprobleme der Ordnung von Freiheit. 26. wissenschaftlicher Kongress der Deutschen Vereinigung für Politische Wissenschaft*. Baden-Baden: Nomos.

Alexander, A., und C. Welzel. 2017. The myth of deconsolidation: Rising liberalism and the populist reaction. *Journal of Democracy Web Exchange*. https://www.journalofdemocracy.org/online-exchange-"democratic-deconsolidation". Zugegriffen: 13. Nov. 2018.

Beetham, D. 1991. *The legitimation of power. Issues in political theory*. Atlantic Highlands: Humanities Press International.

Easton, D. 1953. *The political system. An inquiry into the state of political science*. New York: Knopf.

Easton, D. 1965. *A framework for political analysis*. Englewood Cliffs: Prentice-Hall. [Nachdr.].

Foa, R., und Y. Munck. 2017. The end of the consolidation paradigm. A response to our critics. *Journal of Democracy Web Exchange*. https://www.journalofdemocracy.org/online-exchange-"democratic-deconsolidation". Zugegriffen: 13. Nov. 2018.

Gallie, W.B. 1955. Essentially contested concepts. *Proceedings of the Aristotelian Society* 56:167–198.

Habermas, J. 1976. Legitimationsprobleme im modernen Staat. In *Legitimationsprobleme politischer Systeme. Tagung der Deutschen Vereinigung für Politische Wissenschaft in Duisburg, Herbst, 1975*, Politische Vierteljahrsschrift, Sonderheft 7, Hrsg. Peter Kielmansegg, 39–60. Opladen: Westdeutscher Verlag.

Kaase, M. 1985. Systemakzeptanz in den westlichen Demokratien. *Zeitschrift für Politik* Sonderheft 1985 (2): 99–125.

Kriesi, H. 2013. Democratic legitimacy: Is there a legitimacy crisis in contemporary politics? *Politische Vierteljahresschrift* 54 (4): 609–638.

Linde, J., und J. Ekman. 2003. Satisfaction with democracy: A note on a frequently used indicator in comparative politics. *European Journal of Political Research* 42 (3): 391–408.

Lipset, S.M. 1959. Some social requisites of democracy: Economic development and political legitimacy. *American Political Science Review* 53 (1): 69–105.

Norris, P. 1999. *Critical citizens: Global support for democratic government*. Oxford: Oxford University Press.

Norris, P. 2017. Is western democracy backsliding? Diagnosing the risks. *Journal of Democracy Web Exchange*. https://www.journalofdemocracy.org/online-exchange-"democratic-deconsolidation". Zugegriffen: 13. Nov. 2018.

Scharpf, F.W. 1999. *Regieren in Europa: Effektiv und demokratisch? Schriften des Max-Planck Instituts für Gesellschaftsforschung*. Frankfurt: Campus.

Schmidt, V.A. 2013. Democracy and legitimacy in the European Union revisited: Input, output and 'throughput'. *Political Studies* 61 (1): 2–22.

Voeten, E. 2017. Are people really turning away from democracy? *Journal of Democracy Web Exchange*. https://www.journalofdemocracy.org/online-exchange-"democratic-deconsolidation". Zugegriffen: 5. März 2019.

Legitimität als „essentially contested concept"

Konzeption und Empirie

Claudia Wiesner und Philipp Harfst

Zusammenfassung

Legitimität und Legitimation von und in politischen Systemen sind ein Kernthema der gesamten Politikwissenschaft wie auch der Teildisziplin Vergleichende Politikwissenschaft. Das Konzept der Legitimität ist jedoch hochkomplex und multidimensional. Dieser Beitrag diskutiert die theoretischen und konzeptionellen Fragen, die mit der Untersuchung von Legitimität verbunden sind, systematisch und unterbreitet einen Lösungsvorschlag für grundlegende Fragen der Theorie und Konzeption. Auf eine grundsätzliche Begriffsdefinition folgt eine Genealogie des Konzepts in verschiedenen Phasen der wissenschaftlichen Debatte. Mithilfe dieser Genealogie arbeiten wir die konzeptionellen und theoretischen Kernprobleme politischer Legitimität heraus. Abschließend unterbreiten wir einen Lösungsvorschlag für ein Rahmenkonzept zu Legitimität, das verschiedene, mitunter konkurrierende, theoretische und normative Zugänge zu Legitimität integriert.

C. Wiesner (✉)
Fachbereich Sozial- und Kulturwissenschaften, Hochschule Fulda,
Fulda, Deutschland
E-Mail: claudia.wiesner@sk.hs-fulda.de

P. Harfst
Institut für Politikwissenschaft, Leuphana Universität Lüneburg,
Lüneburg, Deutschland
E-Mail: philipp.harfst@uni.leuphana.de

© Springer Fachmedien Wiesbaden GmbH, ein Teil von Springer Nature 2019
C. Wiesner und P. Harfst (Hrsg.), *Legitimität und Legitimation*, Vergleichende
Politikwissenschaft, https://doi.org/10.1007/978-3-658-26558-8_2

1 Einleitung

Legitimität und Legitimation von und in politischen Systemen sind ein Kernthema der gesamten Politikwissenschaft wie auch der Teildisziplin Vergleichende Politikwissenschaft. Das Konzept der Legitimität ist jedoch hochkomplex und multidimensional (vgl. Kaase 1985). In der empirischen Legitimitätsforschung ist demnach konzeptionell zu fragen und zu klären, welche Aspekte des Konzepts Legitimität jeweils untersucht werden bzw. untersucht werden sollen. Zu dieser Multidimensionalität treten (mindestens) sieben Herausforderungen in der konkreten Operationalisierung von Legitimität (siehe dazu Anstötz, Heyder, Schmidt in diesem Band). Während wir uns in diesem Beitrag den konzeptionellen Fragen widmen, eine systematische Aufbereitung der disziplinhistorischen Diskussion präsentieren und einen Lösungsvorschlag für grundlegende Fragen der Theorie und Konzeption von Legitimität unterbreiten, bearbeiten Anstötz, Heyder und Schmidt im nachfolgenden Beitrag (in diesem Band) die Probleme in der Operationalisierung von Legitimität.

Wir beginnen mit einer grundsätzlichen Begriffsdefinition, die die Komplexität des Feldes und seine verschiedenen Aspekte verdeutlicht. Es folgt eine Genealogie (siehe dazu Skinner 2009) des Konzepts, d. h. ein Überblick über die jeweiligen Verständnisse und Anwendungen des Konzepts politischer Legitimität in verschiedenen Phasen der Debatte. Mithilfe dieser Genealogie arbeiten wir die konzeptionellen Kernprobleme politischer Legitimität heraus, für die wir abschließend einen Lösungsvorschlag unterbreiten. Dabei konzentrieren wir uns auf politische Legitimität als Zustand und behandeln Legitimation als den Prozess, in dem Legitimität erlangt oder hervorgebracht wird, nur am Rande (zur Unterscheidung von Legitimität und Legitimation siehe ausführlich Barker 2001, S. 1–29). Der dritte Abschnitt schließlich fasst zusammen.

2 Das Konzept der politischen Legitimität: Genealogie und Kernprobleme

Grundsätzlich verstehen wir politische Legitimität im Anschluss an Jürgen Habermas (1976, S. 39) als „Anerkennungswürdigkeit einer politischen Ordnung" (siehe entsprechend auch Fuchs und Roller in diesem Band). Weiterhin gehen wir – aufbauend auf Fritz Scharpf (1999) und Vivien Schmidt (2006, 2013) – davon aus, dass sich drei Komponenten politischer Legitimität unterscheiden lassen: eine Input-, eine Throughput- und eine Outputkomponente (siehe dazu auch die Beiträge von Anstötz, Heyder und Schmidt; von Haldenwang; sowie Wagner, Giebler

Legitimität als „essentially contested concept"　　13

und Lewandowsy in diesem Band). Schließlich kann politische Legitimität mit all ihren Komponenten entweder auf normativer Grundlage oder aus einer stärker empirisch-analytischen Perspektive untersucht werden. Die politikwissenschaftliche Legitimitätsforschung vereint entsprechend normativ und empirisch angelegte Zugänge.

Die verschiedenen theoretisch-konzeptionellen Ansätze in der politischen Legitimitätsforschung weisen dabei eine Reihe von Gemeinsamkeiten, aber auch erhebliche Unterschiede auf. Gemeinsam ist ihnen, dass die Frage der Anerkennungswürdigkeit der politischen Ordnung im Vordergrund steht. Unterschiede zeigen sich in der Ausdifferenzierung und Operationalisierung dieses Postulats. Daraus ergeben sich eine Reihe von konkreten Problemen für die empirische Legitimitätsforschung.

Zunächst ist zu klären, ob Legitimität primär oder ausschließlich theoretisch und normativ-wertend konzipiert wird, oder ob sie primär als empirisch messbares und operationalisierbares Konzept untersucht werden soll (siehe dazu Beetham 1991; Schaar 1984). In der jüngeren Legitimitätsforschung besteht dabei grundsätzlich Einigkeit darin, dass das Konzept beide Bereiche beinhaltet (Kriesi 2013). Auf dieser Position aufbauend gehen wir davon aus, dass theoretische Auseinandersetzung und empirische Bestimmung aufeinander bezogen werden müssen. Wir präsentieren daher abschließend einen Vorschlag, wie beide sinnvoll miteinander verwoben werden können.

Beim Weg von der theoretischen Konzeption von Legitimität über ihre Operationalisierung bis hin zur empirischen Untersuchung selbst sind dabei mehrere konzeptionelle Schritte zu gehen. In der sozialwissenschaftlichen Debatte um Legitimität zeigen sich bei fast allen dieser Schritte mögliche Konflikte. Diese beziehen sich auf die unterschiedlichen Ebenen der Konzeptualisierung und Operationalisierung von Legitimität. Umstritten sind demnach nicht nur das Konzept politischer Legitimität sowie seine theoretische Fundierung und die Beziehung von normativen und empirischen Zugängen. Ebenfalls ungeklärt ist, wie politische Legitimität angemessen zu operationalisieren ist und wie gut vorliegende Operationalisierungen mit konzeptionellen Überlegungen übereinstimmen. Schließlich müssen geeignete Methoden und Messinstrumente entwickelt werden.

Dieser Abschnitt nähert sich diesen Problemen mithilfe einer Genealogie (siehe dazu Skinner 2009) zunächst in historischer Perspektive. Er rekapituliert, wie das Konzept der Legitimität in der sozialwissenschaftlichen Debatte seit den 1950er Jahren diskutiert wurde. Ziel ist es, Elemente einer Genealogie politischer Legitimität zu liefern: Es geht uns um die jeweiligen Verständnisse und

Anwendungen des Konzepts in verschiedenen Phasen der Debatte und insbesondere darum, Grundfragen und Grundprobleme politischer Legitimität zu benennen, und die jeweils entwickelten Lösungsvorschläge aufzuzeigen.

Wir beginnen unsere Genealogie mit den 1950er Jahren, weil diese Periode einen wesentlichen Schritt in der empirisch-analytischen Erfassung von Legitimität markieren. Der entscheidende Schwenk, der zu Beginn der 1950er Jahre in den USA verortet werden kann, war dabei, die empirische Messbarkeit und Messung von Legitimität in den Vordergrund der Überlegungen zu stellen. Dies brachte auch eine Relativierung normativ-theoretischer Zugänge zum Konzept der Legitimität mit sich. Die vorhergehende Phase, in der sowohl die politische als auch die soziologische Theorie politische Legitimität bereits diskutiert und konzeptualisiert hatte – so entstanden etwa Max Webers bis heute wirkmächtige Idealtypen der Legitimität zu Beginn der 20. Jahrhunderts – wird hier deshalb nicht betrachtet.

2.1 1950 bis 1960: empirisch-analytische US-amerikanische Legitimitätskonzeptionen

Die 1950er Jahre markieren den Beginn eines systematischen, empirisch-analytischen Zugriffs auf zentrale politikwissenschaftliche Konzepte, darunter auch das der Legitimität. Das „Social Science Research Council's Interuniversity Research Seminar on Comparative Politics" an der Northwestern University[1] diskutierte im Sommer 1952 unter anderem die theoretische und empirische Konzeption von Legitimität. Im Vordergrund stand die Frage nach der Messbarkeit und Operationalisierung des Konzepts, die in dem Zusammenhang einer grundsätzlichen Debatte um die stärker empirisch-analytische Ausrichtung der Vergleichenden Politikwissenschaft zu verorten ist. Roy Macridis und Richard Cox fassten die Ergebnisse in einem Bericht zusammen, der zentrale Weichenstellungen für die weitere Entwicklung des Konzepts enthält (Macridis und Cox 1953).

---

[1] „Members of the Seminar were: Samuel H. Beer and Harry Eckstein, Harvard University; George I. Blanksten and Roy Macridis (Chairman), Northwestern University; Karl W. Deutsch, Massachusetts Institute of Technology; Kenneth W. Thompson, University of Chicago, and Robert E. Ward, University of Michigan; Richard Cox of the University of Chicago acted as rapporteur. Several other persons participated in some of the meetings, but responsibility for the Report is assumed by the authors and members of the Seminar." (Macridis und Cox 1953, S. 641).

Legitimität als „essentially contested concept"   15

Insgesamt schlägt der Bericht vor, die Vergleichende Politikwissenschaft weg von der Beschreibung formaler politischer Institutionen und hin zur analytischen Formulierung von Forschungsfragen, Operationalisierung von Konzepten und Bestimmung von Kriterien der Vergleichbarkeit zu entwickeln. Der politischen Legitimität kommt dabei eine Kernfunktion zu. Genutzt wird allerdings nicht der Begriff der Legitimität, sondern der – deutlich unkonkretere – des Legitimitäts-mythos[2]:

> „The function of politics, in the total social system, is to provide society with social decisions having the force and the status of legitimacy. A social decision has the force of legitimacy if the collective regularized power of the society is brought to bear against deviations and if there is a predominant disposition among those sub-ject to the decision to comply. [...] Concepts of legitimacy or «legitimacy myths» are the highly varied ways in which people justify coercion, conformity, and the loss of political ultimacy to some superior groups or persons, as well as the ways by which a society rationalizes its ascription of political ultimacy and the beliefs which account for a predisposition to compliance with social decisions." (Macridis und Cox 1953, S. 648 f.)

Der Legitimitätsmythos definiert in diesem Modell die Bedingungen des Gehorsams der Herrschaftsunterworfenen. Dabei wird auch der Politikprozess selbst als Kampf um Legitimität eingeordnet. Die Gruppen, die um die Macht kämpfen, ringen darum, dass ihre politischen Ziele und Inhalte anerkannt wer-den und sich durchsetzen. Dies wird als Erlangung von Legitimität betrachtet. Legitimität schließlich wird definiert als die politische Reflexion des Werte-systems einer Gesellschaft, das wiederum Ergebnis des Politikprozesses ist.

Aufbauend auf diesen Entwicklungen hin zu einem empirisch-analytischen Legitimitätskonzept konzipiert Seymour Martin Lipset in seinem Artikel „Some Social Requisites of Democracy" Legitimität als „structural characteristic of a society which sustains a democratic political system" (Lipset 1959, S. 71) und stellte sie neben die ökonomische Entwicklung. Diese beiden Konzepte stehen nur dann auf einer gleich gelagerten erkenntnistheoretischen Ebene, wenn Legitimität im Sinne von Unterstützung der Bevölkerung als eine Art Stabilitätsressource für

---

[2]Die Unkonkretheit wurde ebenfalls thematisiert: „Some of the group were of the opinion that the concept of the legitimacy myth needed some clarification in order to be made ope-rationally useful. It was suggested therefore that the legitimacy myth concept be viewed as an amalgam of four operational concepts: (a) habitual acquiescence; (b) the partial interna-lization of command; (c) self-involvement; and (d) structural transfer to other social stereo-types." (Macridis und Cox 1953, S. 650)

das System angesehen wird. Legitimität hat in Lipsets Modell eine affektive und eine evaluative Komponente[3], und sie ist unabhängig vom Typus des Regimes:

„Groups will regard a political system as legitimate or illegitimate according to the way in which its values fit in with their primary values. [...] Legitimacy, in and of itself, may be associated with many forms of political organization, including oppressive ones." (Lipset 1959, S. 86)

Lipset beschreibt zudem Typen und Formen des Legitimitätsverlustes. Dieser gehe mit sozialer Veränderung oder größeren Transitionen einher. Wenn in solchen Phasen nicht alle relevanten gesellschaftlichen Gruppen im politischen System beteiligt seien, oder aber der Status zentraler konservativer Institutionen bedroht sei, komme es zu Legitimitätsverlust (Lipset 1959, S. 86 f.).

David Easton hat in seinen Werken (1953, 1965a, b, 1975) einen weiteren Meilenstein gesetzt. Wiewohl er nicht zu Legitimität im engeren Sinn gearbeitet hat, hat er mit „identification" und „support" zwei Konzepte definiert, die eng verwandt mit zentralen Kategorien der quantitativ-empirischen Legitimitätsforschung sind (Kriesi 2013, S. 615). Sie zielen darauf zu messen, wie stark die Bevölkerung sich mit einem politischen System identifiziert und wie stark ihre Unterstützung für dieses System ausfällt. Wie bei Lipset liegt auch Eastons Überlegungen die Annahme zugrunde, dass politische Systeme in einem bestimmten Maß auf Identifikation („identification") und Unterstützung („support") der Bürgerinnen und Bürger angewiesen sind, um stabil zu bleiben. Easton unterscheidet zusätzlich zwischen „diffuse" und „specific support", also zwischen einer grundsätzlichen, in der Regel lange anhaltenden, Unterstützung des Systems als Ganzem und der im Zeitverlauf deutlich variableren Unterstützung einzelner inhaltlicher politischer Entscheidungen der Regierenden (Easton 1975). Damit ähnelt Eastons Konzept der diffusen Unterstützung stark Lipsets Verständnis von Legitimität (Kriesi 2013, S. 615).

In den folgenden Jahren schläft die sozialwissenschaftliche Debatte um politische Legitimität zunächst ein. Weitere Entwicklungen zeigen sich erst wieder vor dem Hintergrund wirtschaftlicher Krisen der westlichen Demokratien in den 1970er Jahren. Dem Zeitgeist entsprechend nimmt die Debatte nun stark neo-marxistische Züge an, bezieht dezidiert gesellschaftskritische Positionen und beklagt den Mainstream-Charakter der empirisch-analytischen Forschung der 1950er und 1960er Jahre.

---

[3]Dies entspricht dem Attitude Modell von Hovland und Rosenberg (1960) und damit dem Stand der Diskussion der Einstellungsforschung zu Lipsets Zeit.

2.2 1970 bis 1990: Kapitalismuskritik und die Rückkehr zu normativen Legitimitätskonzepten

In den 1970er Jahren gab es in der Legitimitätsforschung zum einen eine (post-) marxistische Wende unter dem Stichwort der „Legitimationskrise" westlicher Demokratien, die untersucht und bewertet wurde. Zudem ist eine Renaissance normativer Legitimitätskonzeptionen zu verzeichnen: Verschiedene Autoren wandten sich gegen den inzwischen vorherrschenden empirisch-analytischen Zugang zu Legitimität, der in den 1950er Jahren entstanden war. Es wurde wieder betont, dass Legitimität nicht allein empirisch zu messen sei.

In seiner Diskussion der Legitimationskrise der 1970er vergleicht Schaar (1984) Definitionen politischer Legitimität aus Konversationslexika mit den gängigen Definitionen der empirisch-analytisch orientierten politischen Soziologie. Er stellt fest, dass deren Legitimitätsdefinition wichtige Teile vorheriger Legitimitätskonzepte unberücksichtigt lasse und beklagt eine daraus folgende Verkürzung des Konzepts: „The new definitions all dissolve legitimacy into belief or opinion" (Schaar 1984, S. 108). Zudem benennt Schaar eine Reihe daraus resultierender Herausforderungen für die Untersuchung von Legitimität – und thematisiert dabei erneut den konzeptionellen Kernkonflikt zwischen der normativen Einbettung und der empirischen Untersuchung des Konzepts.

Wenn Legitimität allein auf Legitimitätsglaube reduziert werde, müsse laut Schaar auch nichts außer der öffentlichen Meinung gemessen werden, um zu beurteilen, ob ein Regime legitim oder illegitim sei. Zudem sei unklar, was mit einer rein empirischen Messung überhaupt gemessen werde, denn „[...] legitimacy and acquiescence, and legitimacy and consensus, are not the same, and the relations between them are heterogeneous" (Schaar 1984, S. 109). Hinzu komme, dass Legitimität als Kapazität eines Systems angesehen werde, die Bürgerinnen und Bürger von der Anerkennungswürdigkeit des Systems zu überzeugen. Dies führe zu einer Top-down-Perspektive:

„The flow is from leaders to followers. [...] The regime or the leaders provide the stimuli, first in the form of policies improving citizen welfare and later in the form of symbolic materials which function as secondary reinforcements, and the followers provide the responses, in the form of favourable attitudes toward the stimulators [...]. Legitimacy, then, is almost entirely a matter of sentiment. Followers believe in a regime, or have faith in it, and that is what legitimacy is. The faith may be the product of conditioning, or it may be the fruit of symbolic bedazzlement, but in neither case is it in any significant degree the work of reason, judgment, or active participation in the processes of rule." (Schaar 1984, S. 109)

Schaar (1984) kritisiert Lipsets Legitimitätskonzeption explizit als eine solchermaßen systemkonforme, unkritische Sichtweise, die politische Legitimität mit Meinung gleichsetze, die dann in Stabilität, Passivität und Zustimmung münde. Vertrauen oder Glaube kämen in diesem Modell nicht mehr vor. Deshalb plädiert er für ein umfassenderes Modell von Legitimität.

Diese Argumente Schaars sind im Rahmen einer Genealogie des Konzepts politischer Legitimität von besonderem Interesse, weil sie auf drei grundlegende Kernprobleme verweisen, die mit Konzeption und Operationalisierung von Legitimität verbunden sind. Nämlich die Fragen, inwiefern in diesem Prozess normative Wertungen eine Rolle spielen, welches passende und tragfähige Kriterien zur Messung von Legitimität sein könnten und schließlich welche Indikatoren angemessen erscheinen. Dabei gilt es auch zu klären, welche Wirkrichtung im Rahmen einer solchen Untersuchung angenommen wird – ob politische Legitimität also in einem top-down oder in einem bottom-up-Prozess hervorgebracht wird.

Weitere Kritikpunkte an einer vorwiegend empirischen Perspektive auf politische Legitimität benennt Connolly (1984, S. 224). Er kritisiert die gängige „dünne" (also vorwiegend empirisch ausgerichtete) Legitimitätstheorie. Diese gehe davon aus, dass ein politisches System so lange unterstützt werde, bis es zu offener Opposition komme. Legitimitätsglaube werde als mit der Legitimität eines Systems identisch betrachtet. Es werde angenommen, dass die Überzeugungen, die für Legitimität wesentlich seien, auch diejenigen seien, die die vorherrschende politische Ordnung prägten, und dass die Ziele und Mittel politischer Systeme rational und damit auch legitim seien. Es gebe dabei jedoch verschiedene mögliche Fehlinterpretationen und Fehlschlüsse:

> „First, if the preunderstandings implicit in social relations seriously misconstrue the range of possibilities inherent in the order, expressions of allegiance at one moment will rest upon a series of illusions which may become apparent at a future moment. [...] Second, a widespread commitment to the constitutional principles of the political order may be matched by distantiation from the role imperatives governing everyday life. [...] Third, the ends and purposes fostered by an order can themselves become objects of disaffection. [...] Fourth, the identities of the participants are bound up with the institutions in which they are implicated." (Connolly 1984, S. 224)

In Deutschland warf die Debatte zwischen Jürgen Habermas und Wilhelm Hennis beim Kongress der Deutschen Vereinigung für Politische Wissenschaft (DVPW) im Jahr 1975 sowohl die Frage nach der Verbindung empirischer und normativer Zugänge als auch die nach den Legitimationskrisen kapitalistischer Systeme

Legitimität als „essentially contested concept" 19

auf. Habermas stellt zunächst fest, dass Legitimität die „Anerkennungswürdigkeit einer politischen Ordnung" (1976, S. 39) beschreibe. Damit wählt er einen Begriff, der sowohl eine normative als auch eine empirische Interpretation ermöglicht. Er fügt hinzu, dass der Geltungsanspruch der Legitimität bestreitbar sein müsse.

Habermas zielt explizit auf eine Vermittlung zwischen den Vertretern einer normativen und einer empirischen Demokratietheorie und stellt fest, es gehe nicht um unbedingte, sondern um reflexive Geltung von Legitimitätsansprüchen. Mit anderen Worten muss jeder Legitimitätsanspruch Rechtfertigung auch in den Augen der Legitimierenden finden. Habermas warnt allerdings vor einer „empiristischen Verwechslung der Legitimität mit dem, was man dafür hält" – es gehe dann nämlich „nicht mehr um legitime, sondern um für legitim gehaltene Ordnungen" (1976, S. 55). Insofern schlägt er, in ähnlicher Weise wie später auch Beetham (1991), einen Legitimitätsbegriff vor, der die Akzeptanz der Legitimitätsansprüche und der in ihnen angegebenen Gründe beinhaltet (Habermas 1976, S. 58).

Weiterhin stellt Habermas fest, dass der Begriff der Legitimität in der Regel dann diskutiert werde, wenn die Legitimität einer politischen Ordnung infrage stehe und Legitimationsprobleme aufträten (Habermas 1976, S. 39). Eine solche Legitimationskrise sieht er als Folgeerscheinung der kapitalistischen Wirtschaftsordnung in den 1970er Jahren vorliegen: Legitimationsprobleme entstünden dadurch, dass der Sozialstaat nicht stark genug sei, um Chancengleichheit herzustellen und auch dadurch, dass der Staat eine kapitalistische Wirtschaftsordnung legitimieren helfe, die jedoch dysfunktionale Nebenwirkungen habe (Habermas 1976, S. 50 ff.).

Eine ähnliche Analyse aktueller Legitimationsprobleme legt Connolly (1984) vor. Legitimationskrisen kapitalistischer Systeme können demnach darin begründet liegen, dass die Dysfunktionalität der kapitalistischen Wirtschaftsordnung dazu führt, dass immer weniger Personen mit ihren Ergebnissen zufrieden gestellt werden können (Connolly 1984, S. 232). Auch die Essays in dem von Bogdan Denitch (1979) herausgegebenen Band zur „Legitimation of Regimes" diskutieren die Frage nach den Legitimitätskrisen kapitalistischer Systeme. Sie erkennen, wie Denitch in seinem einleitenden Beitrag ausführt, einen analytischen Bias der westlichen Politikwissenschaft, die einen Legitimitätsvorsprung kapitalistischer Systeme implizit voraussetze. Legitimitätskrisen seien dementsprechend ausschließlich in der Dritten Welt oder aber im Ostblock verortet worden (Denitch 1979, S. 7). Diese Prämisse müsse jedoch infrage gestellt werden, so argumentieren die Autoren in diesem Band, der in den 1970er Jahren erschien.

Die hier kurz skizzierte Kritik an einem Legitimitätsverständnis, das implizit die Überlegenheit kapitalistischer Systeme voraussetzt, ist einerseits in den kritischen Diskussionskontext der 1970er Jahre einzuordnen. Sie verweist aber auch auf zwei weitere grundlegende Aspekte in der Konzeption und der Untersuchung von Legitimität. Erstens die Frage, was es für die Legitimität eines Systems bedeutet, wenn Grundprinzipien der politischen Organisation wie beispielsweise die kapitalistische Produktionsweise von einem signifikanten Teil der Bevölkerung nicht mehr unterstützt werden. Mit Easton gesprochen bedeutet dies einen Entzug von diffuser Unterstützung. Für die Frage der Messung von Legitimität bedeutet es aber etwas Grundlegenderes: die Kriterien, nach denen die Legitimität eines Systems normativ postuliert und/oder empirisch gemessen werden, sind auf ihre Tragfähigkeit und ihre Passung zu den mehrheitlich geteilten Werten der Bevölkerung hin zu überprüfen. Zweitens betont die Kapitalismusdebatte der 1970er Jahre die wesentliche Rolle der Outputdimension von Legitimität: Wenn staatliche Performanz und Policy-Output (hier: Verteilungsgerechtigkeit und Sozialstaatlichkeit) nicht (mehr) als zufriedenstellend erlebt werden, kann die Legitimität eines Staates in die Krise geraten.

Die Entgegnung von Hennis (1976) auf Habermas (1976) verweist schließlich auf eine zentrale weitere Frage für die Untersuchung von Legitimität. Hennis vertritt die Habermas genau entgegengesetzte These und argumentiert, es gebe keine Legitimitätskrise, sondern lediglich Probleme des Regierens. Nie in der jüngeren deutschen Geschichte seien die prinzipiellen und rechtlichen Grundlagen der staatlichen Ordnung so wenig umstritten gewesen. Die Debatte um „Legitimationsprobleme im Spätkapitalismus" (1976, S. 9) sei mithin müßig und ermögliche keine neuen Erkenntnisse. Dieses Argument führt zur Frage, ob und inwieweit eine Zunahme politischen Protests, der ja in den 1970er Jahren zweifelsohne zu verzeichnen war, als Zeichen eines Legitimitätsverlustes zu interpretieren ist.

2.3 Die 1990er: Erneutes Comeback normativer Legitimitätskonzepte

In der Konjunktur der konzeptionellen Legitimitätsdebatte waren die 1980er Jahre wieder eine Zeit relativer Ruhe, bis zu Beginn der 1990er Jahre mit David Beethams (1991) „The Legitimation of Power" wieder ein zentrales Werk erschien.

Legitimität als „essentially contested concept" 21

Beetham macht einen konkreten und wirkmächtigen Vorschlag zur Verbindung von theoretisch-normativen und empirisch-analytischen Zugängen in der Legitimitätsforschung. Er betont einerseits von Neuem den normativen Aspekt von Legitimität, hebt aber andererseits hervor, dass politische Legitimität eine zentrale Kategorie der Sozialwissenschaft – und nicht der politischen Theorie – sei. Empirische Sozialwissenschaft und politische Theorie, so erläutert Beetham, verfolgten mit ihren jeweiligen – empirischen oder eben normativen – Legitimitätsbegriffen unterschiedliche Ziele (1991, S. 3 ff.). Sein erklärtes Ziel ist es, mit seinem Beitrag eine Brücke zwischen den beiden Lagern zu schlagen, indem er das Konzept der Rechtfertigung einführt.

Hierzu beginnt er mit einer vernichtenden Kritik an Max Webers Konzeption des Legitimitätsglaubens, die er als ein „almost unqualified disaster" bezeichnet. Im Anschluss greift er dann die Kritik an rein empirische Legitimitätskonzeptionen wie beispielsweise der von Lipset auf und fragt, ob sie Gefahr liefen, moralisch entleert zu sein, da es ihnen nicht um Charakteristika des Systems, sondern um die Meinung der Menschen zu diesem System gehe. Beetham selbst betrachtet ein solches Vorgehen, das er auf Webers Definition zurückführt, nicht als theoretisch oder normativ unzureichend unterfüttert, sondern als analytisch ungenügend: „the problem with the Weberian definition is that it encourages bad social science" (1991, S. 10). Denn die rein empirische Definition ermögliche nicht, zu erfassen, warum Menschen einem System Legitimität zusprächen. An dieser Stelle führt er den Begriff der Rechtfertigung ein:

> „[…] a given power relation is not legitimate because people believe it is but because it can be justified in terms of their beliefs. We are making an assessment of a degree of congruence, or lack of it, between a given system of power and the beliefs, values and expectations that provide its justification. We are not making a report on people´s beliefs in legitimacy." (Beetham 1991, S. 10).

Daraus schließt Beetham (1991, S. 13 f.), dass die Sozialwissenschaft Legitimitätsurteile der Bevölkerung auf deren Passfähigkeit mit vorherrschenden Wertvorstellungen untersuche, nicht aber allein Berichte über den Legitimitätsglauben der Bürgerinnen und Bürger liefere. Legitimität ist demnach immer in ihrem Kontext zu analysieren.

Beethams Überlegungen münden in ein Modell mit drei Komponenten politischer Legitimität. Er nennt erstens die Legalität des Systems, zweitens seine Rechtfertigung und Übereinstimmung mit den Werten der Bevölkerung, und schließlich deren Zustimmung zu dem jeweiligen System (Beetham 1991, S. 15 ff.).

2.4 Jüngere Forschung zu Legitimität

In jüngerer Zeit haben Fritz Schapf (1999) und Vivien Schmidt (2006, 2013) die bereits von David Easton eingeführte analytische Unterscheidung zwischen Input- und Outputlegitimität konkreter ausgeführt: Während Inputlegitimität sich auf die Präferenzen der Bevölkerung und deren Einspeisung in das politische System, etwa durch Wahlen, bezieht, richtet sich Output-Legitimität auf die Ergebnisse des Regierens und deren Akzeptanz durch die Bevölkerung. Historisch sind diese Kategorien auf die berühmte Lincoln-Formel zurückzuführen. In seiner „Gettysburg Address" bezeichnete Abraham Lincoln Demokratie als „government of, by and for the people" (Lincoln 2017). Input-Legitimität bezieht sich dann auf das „government by the people", Outputlegitimität hingegen auf das „government for the people". Vivien Schmidt (2006, 2013) erweitert diese Kategorien um die der Throughput-Legitimität. Unter Throughput fallen alle Vorgänge in einem politischen System, also die Beachtung der Prinzipien der Rechtsstaatlichkeit und der Qualitätskriterien demokratischer Prozesse. Diese Unterscheidungen verweisen bereits auf eine Ausdifferenzierung der Untersuchungs- und Messdimensionen von Legitimität.

In der jüngeren vergleichenden Politikwissenschaft wird Legitimität aufbauend auf den Werken Lipsets und Eastons weiterhin primär quantitativ-empirisch erforscht. Eine zentrale Untersuchungsdimension bleibt dabei Demokratiezufriedenheit. Dies ist nicht zuletzt damit begründet, dass Demokratiezufriedenheit der einzige Indikator ist, der über lange Zeiträume hinweg und in vielen Staaten erhoben worden ist (Kriesi 2013, S. 620). Jedoch gibt es auch hier ein konzeptionelles Problem, denn Demokratie und deren Unterstützung kann sehr verschiedene Dinge meinen (Kriesi 2013, S. 619).

Darüber hinaus sind seit Beginn des neuen Jahrtausends verschiedene neue Forschungstrends erkennbar. Einer davon ist die Forschung zu Legitimität und Legitimationsstrategien von Autokratien (siehe etwa Gerschewski 2013; Kneuer 2013; Pickel 2013). Dieser Strang ist unmittelbar mit dem Spannungsverhältnis von empirischem und normativem Gehalt von Legitimität konfrontiert: nach fast jeder normativ angelegten Legitimitätsdefinition ist die Frage nach der Legitimität einer Autokratie ein Paradox. Dies ist jedoch nicht der Fall, wenn man Legitimität als Zustimmung der Bevölkerung zu einem System und seinen Grundwerten definiert, ohne nach der demokratischen Qualität des Systems zu fragen. Selbst wenn wir anerkennen, dass auch nicht-demokratische Systeme legitim sein können, steht die Legitimitätsforschung jedoch in dem Moment vor einem ernsten konzeptionellen Problem, wenn – wie in der Autokratie China – sowohl die Zustimmung

Legitimität als „essentially contested concept" 23

zum System stabil hoch ist als auch die zur Demokratie als Staatsform und der Glaube, Chinas System sei demokratisch (Kriesi 2013, S. 619).

Ein zweiter Forschungstrend lässt sich in einem Anwachsen von Arbeiten festmachen, die wieder die Frage nach einer Legitimitätskrise westlicher Demokratien stellen. Auffällig ist, dass die Beiträge dazu ähnliche Phänomene benennen wie die Beiträge in den 1970er Jahren, also von der Krisenhaftigkeit des Wirtschaftssystems sprechen, eine Zunahme von politischen Protesten festhalten (siehe Zürn 2011) oder sich mit den jüngsten Erfolgen populistischer Politik befassen. Der Stand der Debatte lässt sich dahin gehend zusammenfassen, dass verschiedene neue Legitimationskrisen diagnostiziert und verschiedene Objekte dieser potenziellen Krisen ausgemacht werden (vgl. Zürn 2011, 2013; Patberg 2013; Kriesi 2013). So wird zunächst eine Krise majoritärer Institutionen diskutiert, die zumindest scheinbar in Konkurrenz treten zu nicht-majoritären und internationalen Institutionen. Weiterhin verzeichnen einige autoritäre Regime (scheinbare) Legitimationserfolge und erhalten politische Unterstützung durch ihre Bevölkerung. Hinzu treten Legitimationsdefizite westlicher Demokratien in Folge der Finanzkrise sowie die schon lange im Raum stehende Frage nach der Legitimität der Europäischen Union (Beetham und Lord 1998).

3 Legitimität als umstrittenes Kernkonzept

Diese Genealogie des sozialwissenschaftlichen Legitimitätsbegriffs lässt Legitimität als umstrittenes Kernkonzept („essentially contested concept", Gallie 1955) erscheinen. In der Geschichte der sozialwissenschaftlichen Konzeption von Legitimität lassen sich Wellen und Konjunkturen feststellen, wobei die These von Habermas einiges für sich hat, dass Legitimität als Konzept vor allem dann zur Diskussion gestellt wird, wenn ein System in eine echte oder vermeintliche Legitimitätskrise gerät.

In den 1950er Jahren lag der Schwerpunkt auf einer empirisch-analytischen Konzeption von Legitimität. Während sie im „Seminar Report" dabei noch als zentrale Ressource sowie als Ziel der Konfliktparteien des Politikprozesses erscheint, reduziert sich ihre Rolle bei Lipset auf die der Stabilitätsressource eines politischen Systems. Eastons Konzept der diffusen Systemunterstützung ist diesem Zugriff sehr ähnlich. Normative Wertungen der Qualität, Eigenschaften oder Ziele eines politischen Systems werden in diesem Modell nicht vorgenommen.

Die Debatte der 1970er Jahre kritisiert diese konzeptionelle Verengung des Legitimitätsbegriffs und weist auf eine Reihe von vermeintlichen Problemen hin, die als Folge dieser Verengung die empirisch-analytische vergleichende Legitimitätsforschung bis heute prägen: Die Frage, welches die passenden und tragfähigen Kriterien der Messung und Wertung von Legitimität sind und inwieweit normative Wertungen dabei eine Rolle zu spielen haben; die Frage nach den Messdimensionen und ihren Unklarheiten; und schließlich die Frage, welche Zusammenhänge und Wirkrichtungen angenommen und untersucht werden. Zudem stellt sich die Frage nach der Beziehung der Prinzipien des politischen Systems zu den Werten der Bevölkerung – sind diese aufeinander bezogen und entsprechen sie sich, und was folgt, wenn dies nicht der Fall sein sollte? Und schließlich wirft die Debatte der 1970er Jahre mit ihrer Kapitalismuskritik einen Fokus auf die Output-Legitimität eines Systems.

In den 1990er Jahren zielt dann Beetham auf die Versöhnung des normativen und des empirisch-analytischen Lagers der Legitimitätsforschung. Er tut dies, indem er die eben schon angesprochene Verbindung zwischen den Prinzipien des Systems bzw. des Regierens, deren Rechtmäßigkeit und Rechtfertigung und den Werten der Bevölkerung zu einer notwendigen Bedingung für Legitimität macht. Zudem verweisen Scharpf und Schmidt auf die analytische Bedeutung der drei Komponenten Input, Output und Throughput für die politische Legitimitätsforschung. Die jüngere Legitimitätsforschung schließlich eröffnet neue Felder und Gegenstände (Legitimität von Autokratien, Legitimität der EU) sowie Fragen nach der Anlage der Analysen (Messen oder Beurteilen, Legitimität als Zustand oder Legitimation als Prozess) und der Tragfähigkeit der Operationalisierungen und Messinstrumente, also vor allem der Möglichkeiten und Grenzen des Items Demokratiezufriedenheit.

Trotz der hier präsentierten genealogischen Aufbereitung einer jahrzehntelangen sozialwissenschaftlichen Debatte um politische Legitimität steht die Forschung zur politischen Legitimität mithin noch immer vor einigen konzeptionellen Grundproblemen. Zunächst ist noch immer ungeklärt, ob politische Legitimität ausschließlich empirisch gemessen oder ob sie auch normativ beurteilt werden soll. Dabei spielt auch eine Rolle, welche Beziehung zwischen Eliten und Bevölkerung wir unterstellen. Es muss also konzeptionell geklärt werden, ob Legitimität als bottom-up oder als top-down Phänomen verstanden wird. Und selbst wenn all diese konzeptionellen Fragen geklärt sind und man sich für eine rein empirische Herangehensweise entscheidet, so besteht kein Konsens, wie das Konzept der politischen Legitimität angemessen operationalisiert und gemessen werden kann. Schließlich – und dies ist wenig diskutiert, aber als weiteres konzeptionelles Problem erkennbar – bleibt ungeklärt, wie die Konzepte von Legitimität als Zustand und Legitimation als Prozess der Konstruktion von Legitimität analytisch aufeinander zu beziehen sind.

4 Ein Lösungsvorschlag

Wie lassen sich nun diese konzeptionellen Fragen und Probleme mit Blick auf die empirisch-analytische Konzeption von Legitimität fruchtbringend auflösen? Auf dem Weg zu einer Lösung ist zunächst zu klären, welche Rolle normative Maßstäbe bei der sozialwissenschaftlichen Untersuchung von Legitimität spielen. Dies führt uns zu einer Unterscheidung von vier Typen politischer Legitimität.

Ausgangspunkt für unseren Lösungsvorschlag ist die Definition von politischer Legitimität als „Anerkennungswürdigkeit eines politischen Systems", die wir von Habermas (1976, S. 39) übernehmen. Wie im vorigen Abschnitt dargestellt, ist diese Definition aber nicht unproblematisch, da sie die Frage unbeantwortet lässt, wie über diese „Anerkennungswürdigkeit" entschieden werden soll. Dabei lassen sich grundsätzlich zwei Strategien erkennen, um diese Entscheidung herbeizuführen. Zum einen kann die Frage empirisch gelöst werden, indem die Ansprüche der betroffenen Bevölkerung an ein System mit den Bewertungen der Bevölkerung zu deren Erfüllung abgeglichen werden. Zum anderen kann sie gelöst werden, indem normative Standards zur Bewertung der Legitimität herangezogen werden.

Im Fall der empirischen Lösung wird die Frage nach den Bewertungsmaßstäben der Legitimität dem Souverän vorgelegt. Dabei wird im ersten Schritt ermittelt, welche Bewertungsmaßstäbe und Aspekte von politischer Legitimität die Bevölkerung für relevant hält. Im zweiten Schritt wird die wahrgenommene Kongruenz dieser Maßstäbe mit den Charakteristika, Werten und Leistungen des Systems empirisch überprüft. Werden die selbst formulierten Ansprüche in den Augen der Bevölkerung von einem politischen System eingelöst, so kann dieses System als legitim bezeichnet werden. Das Prinzip eines solchen Vorgehens – es ist ausschließlich der Souverän selbst, der entscheidet, worauf Legitimität beruht und ob sie gegeben ist – hat den wesentlichen Vorteil, dass externe Kriterien zur Legitimitätsbestimmung nicht nötig sind. Zudem versetzen wir uns in die Lage zu erfassen, warum Menschen jeweils ein bestimmtes System für legitim halten. Und schließlich steht eine solche Legitimitätsbestimmung nicht im Verdacht, einzelnen Systemen durch die willkürliche Zuweisung vielleicht kultur- oder kontextfremder Standards Unrecht zu tun.

Auch wenn sich die konkrete empirische Überprüfung nicht immer retrospektiv durchführen lässt, kann so grundsätzlich auch die Legitimität historischer politischer Systeme beurteilt werden, auch wenn sie vollkommen andere Legitimitätsquellen beansprucht haben als moderne Staaten. Beetham (1991) hebt deshalb die besondere Relevanz dieser Methode der Legitimitätsbestimmung für historische Systeme hervor. So kann eine Herrschaft von Gottes Gnaden, die über Jahrhunderte hinweg das Standardmodell der Legitimation europäischer Monarchen war, durchaus legitim erscheinen, solange die Bevölkerung der dazugehörigen Legitimitätserzählung Glauben schenkt und deren Legitimitätskriterien akzeptiert. Auch zwei der drei Typen legitimier Herrschaft, die Max Weber nennt (1972, S. 19) – die traditionale und die charismatische Herrschaft – begründen sich über diese Übereinstimmung von Legitimitätsanspruch und Legitimitätsglauben. Eine Schwierigkeit einer solchen Legitimitätsbestimmung ist hingegen, dass neben nicht-demokratischen historischen politischen Systemen nach dieser Definition auch moderne nicht-demokratische Staaten Legitimität erlangen können, und zwar auch dann, wenn ihnen externe Beobachter demokratische Legitimität absprechen würden. In einem rein empirischen Modell der Legitimitätsmessung spielt dies keine Rolle.

Eine Legitimitätsbewertung durch externe Beobachter kann zumindest teilweise auf Kriterien beruhen, die die von den betroffenen Menschen selbst definierten Kriterien zur Legitimitätsbestimmung unberücksichtigt lassen. Damit kommt die zweite Methode der Legitimitätsbestimmung ins Spiel. Wie im letzten Abschnitt dargestellt, rekurriert diese zweite Methode auf normative Standards zur Bestimmung dessen, was anerkennungswürdige Herrschaft ausmacht. Diese Standards können nun durchaus über die Ansprüche der Bevölkerung selbst hinausgehen oder ihnen sogar widersprechen. Ihre Gültigkeit beziehen sie ausschließlich durch die Begründbarkeit der ihnen zugrunde liegenden normativen Kriterien sowie das logisch konsistente Argument derjenigen, die sie formuliert. In der Ideengeschichte der Demokratie- und Legitimitätsforschung hat sich diesbezüglich ein gut begründeter Kanon an Standards herausgebildet, nach denen legitime Systeme üblicherweise bewertet werden. In der Regel gehören dazu Wahl- und Partizipationsrechte, Rechtsstaatlichkeit, und Minderheitenschutz (siehe dazu ausführlich Kneip und Merkel 2017).

An dieser Stelle sind wir mit einem Dilemma konfrontiert: entweder akzeptieren wir, dass so ziemlich jedes politische System legitim sein kann, so lange nur die Bevölkerung davon überzeugt ist – oder sich überzeugen lässt –, dass dem so sei. Oder aber wir setzen uns dem Vorwurf aus, externe, und vielleicht sogar kultur- oder kontextfremde Standards anzulegen, die dem betroffenen politischen System nicht gerecht werden und denen demzufolge auch das System nicht gerecht werden kann. Möglicherweise sind auch die betroffenen Menschen nicht mit den extern festgelegten Kriterien einverstanden und bevorzugen andere Maßstäbe.

Legitimität als „essentially contested concept"

Unser Lösungsvorschlag beruht nun darauf, das Konzept der Legitimität auch in seiner empirisch-analytischen Verwendung nicht entweder empirisch oder normativ zu denken. Vielmehr erscheint es uns sinnvoll, das Konzept entlang zweier Achsen zu gliedern. Die erste Achse stellt die Legitimitätsbestimmung auf der Grundlage der von der betroffenen Bevölkerung definierten Bewertungsmaßstäbe dar. Diese erste Achse der politischen Legitimität, die wir als *interne Legitimität* bezeichnen, kann allen möglichen Typen von politischen Systemen zuteilwerden, solange sie den von der Bevölkerung selbst definierten Legitimitätskriterien in den Augen eben dieser Bevölkerung tatsächlich gerecht werden. Damit wären sowohl historische als auch moderne politische Systeme legitim, sobald sie in der Lage waren oder sind, die Bevölkerung von einem Legitimitätsnarrativ zu überzeugen. Dieses Narrativ kann auf demokratischen Regeln und der Garantie wesentlicher Rechte beruhen; es kann theokratischer Natur sein; es kann sich auf wirtschaftliche Prosperität gründen. Wesentliches Kriterium ist, dass das System die Menschen von seiner Anerkennungswürdigkeit überzeugen kann.

Kann eine solche Form der Anerkennung im Zweifel sogar auf Repression beruhen? Ja und Nein. Ja würde gelten, wenn die Bevölkerung die Repression für anerkennungswürdig hält; Nein, wenn dies nicht der Fall wäre und aus der Repression keine aktive Anerkennung resultiert, sondern nur die Abwesenheit von weitreichendem, systemgefährdendem Protest. Damit ist hier Legitimität als Anerkennungswürdigkeit in zweifacher Weise analytisch zu differenzieren. Die aktive Anerkennung eines Systems ist erstens unseres Erachtens nicht mit einer erzwungenen Abwesenheit von aktivem Protest gleichzusetzen. Es handelt sich dabei nicht um empirische Legitimität, sondern lediglich um empirisch feststellbare mangelnde aktive Systemkritik. Zweitens ergibt sich auch im Fall der empirisch feststellbaren Zustimmung zu einem repressiven System ein kategoriales Problem. Wenn empirische Legitimität in dieser Form auf Repression beruhen kann, so wird klar, dass die Nutzung des Begriffs „Anerkennungswürdigkeit" für ein solches politisches System weder normativ noch analytisch überzeugend ist. Mit anderen Worten gibt es gute Gründe, die Anerkennungswürdigkeit erzwungener Anerkennung infrage zu stellen.

Daher schlagen wir die zweite Achse der politischen Legitimität vor, die der *externen Legitimität*. Diese zweite Achse zieht einen externen Maßstab heran, der das jeweilige politische System an bestimmten, gut begründeten normativ-theoretischen Standards misst und seine Anerkennungswürdigkeit vor dem Hintergrund dieser externen Maßstäbe beurteilt. Diese Standards sollten zum einen in der oben genannten Ideengeschichte gut begründet sein, zum anderen allerdings lediglich einen Minimalkonsens abbilden und prinzipiell für eine möglichst große Zahl an

Tab. 1 Achsen der Legitimitätsbestimmung

| Interne Achse | Externe Achse | |
	erfüllt	nicht erfüllt
erfüllt	legitime Systeme	subjektive Legitimität
nicht erfüllt	formale Legitimität	illegitime Systeme

Staaten leicht erreichbar sein, da sie sich sonst zu Recht dem Vorwurf ausgesetzt sähen, mit der Legitimitätsbestimmung ein bestimmtes Weltbild zu transportieren, das bestimmten historischen oder kulturellen Kontexten nicht gerecht wird. Ein möglicher externer Maßstab ist eine Demokratiedefinition, die Kernelemente repräsentativ-demokratischer Standards definiert, wie sie beispielsweise von Diamond und Morlino (2004) vorgelegt wurde. Sie sehen neben Wettbewerb und politischer Beteiligung auch Rechtsstaatlichkeit, vertikale und horizontale Verantwortlichkeit, Freiheit, Gleichheit und die Ansprechbarkeit von Politikerinnen und Politikern als Merkmale an. Wesentlich ist dabei, dass wir nicht auf die Messung der Qualität von Demokratie abzielen, sondern die Möglichkeit einräumen wollen, Minimalkriterien für die externe Legitimität politischer System festzulegen. Neben diesen aus dem jeweiligen Forschungsinteresse beziehungsweise der Forschungsfrage abgeleiteten externen Kriterien stehen dann interne, von der jeweils betroffenen Bevölkerung definierte Standards für politische Legitimität.

Werden die interne und die externe Achse der Legitimitätsbestimmung kombiniert, so ergeben sich vier mögliche Typen politischer Legitimität, die in Tab. 1 dargestellt sind. Zunächst wären Systeme zu nennen, die weder den internen noch den externen Legitimitätsansprüchen genügen. Sie wären als illegitime Systeme zu bezeichnen. Der zweite Typ politischer Legitimität wird Systemen zuteil, die beide Kriterien vollständig erfüllen. Sie bezeichnen wir als legitime politische Systeme. Bleiben zwei Mischtypen, die entweder nur die externen oder nur die internen Standards erfüllen. Ist ein politisches System lediglich aus Sicht der externen normativen Standards anerkennungswürdig während ihm die Anerkennung durch die eigene Bevölkerung verwehrt bleibt, so handelt es sich um Systeme mit formaler Legitimität. Im Fall eines Systems, das durch seine Bürgerinnen und Bürger anerkannt wird, also interne Legitimität besitzt, dem es aber an der notwendigen formalen Legitimation fehlt, sprechen wir von subjektiver Legitimität. Es ist unseres Erachtens genau dieser Zusammenhang, der es analytisch sinnvoll und tragfähig macht, Legitimität und Legitimationsstrategien von Autokratien zu untersuchen: es handelt sich dabei um die Untersuchung

Legitimität als „essentially contested concept"   29

von Prozessen, Strategien und Zuständen der empirischen Legitimität, also der Anerkennung einer Autokratie durch ihre Bevölkerung. Wir möchten ausdrücklich darauf verweisen, dass diese Klassifikation Idealtypen enthält und es entsprechend wie in jeder Typologie in der Praxis verschiedene Mischformen oder hybride Formen geben kann, die dann jeweils analytisch zu fassen und zu berücksichtigen sind. So kann es Systeme geben, die die Bevölkerungskriterien nur zu einem Teil erfüllen, oder aber Systeme, die nach den externen Kriterien nur teilweise als legitim zu klassifizieren sind. Unser Begriff der Achsen betont diesen kontinuierlichen Charakter der internen und der externen politischen Legitimität.

Zudem ist es möglich, die Verwendung der externen normativen Kriterien je nach Forschungsfrage zu variieren. Im einen Fall mag es genügen, minimale Anforderungen an die formal-demokratische Legitimation eines Systems zu stellen. Wenn das Forschungsinteresse beispielsweise autokratischen Systemen gilt, ist der entscheidende Schritt möglicherweise die Zulassung wirklich freier und fairer Wahlen. In anderen Fällen mag es sinnvoll sein, weitergehende normative Kriterien an ein politisches System anzulegen. Werden beispielsweise westliche Industrienationen verglichen, ist das entscheidende Kriterium der Untersuchung vermutlich nicht die Organisation von Wahlen, auch wenn das System nach der Minimaldefinition bereits als legitim kategorisiert wurde. Je nach Fokus kann stattdessen vielleicht die Freiheit der Presse, der Grad der Autonomie regionaler Selbstverwaltungseinheiten oder die Vielfalt der Partizipationsmöglichkeiten der Bevölkerung in Referenden das zentrale Kriterium des externen normativen Bewertungsmaßstabes sein. Die Frage wird sich dann, mit anderen Worten, auch auf die Qualität der Demokratie und nicht allein auf die Legitimität des Systems richten.

5   Zusammenfassung und Ausblick

Unabhängig von pragmatischen Argumenten und Konjunkturen der Legitimitätsforschung plädieren wir für eine Systematisierung der Legitimitätsforschung und eine analytische Ausdifferenzierung der einzelnen Dimensionen von Legitimität. In einem Überblick über die Genealogie des Konzepts seit den 1950er Jahren haben wir gezeigt, dass in der Erforschung von Legitimität als umstrittenes Kernkonzept bestimmte konzeptionelle Grundprobleme unabweisbar sind und deshalb immer wieder auftreten. Zu diesen konzeptionellen Grundproblemen hat der/die Forschende entsprechend konzeptionelle Entscheidungen zu treffen und zu begründen. Bleiben diese konzeptionellen Fragen ungeklärt, kann Forschung zu Legitimität nur schwer systematisch sein, da sie auf konzeptionellen Unklarheiten basiert, die sie in das Forschungsdesign hineinträgt. Insbesondere zeigt die aktuelle Forschung ein Ausfasern, in dem jeweils bestimmte Teilaspekte von Legitimität betrachtet werden, und zwar oftmals, ohne dass sie mit einer grundlegenden Konzeption und den anderen Dimensionen des Konzepts verbunden werden. Der konzeptionellen Verwirrung schließt sich also eine mindestens teilweise verwirrende empirische Forschung an, die sich bis heute nicht auf eine praktikable und gleichzeitig inhaltlich überzeugende Operationalisierung und Messung politischer Legitimität (im Sinne von interner Legitimität) verständigen konnte, sondern sich eher auf die Messung einzelner Komponenten kapriziert.

Unser Lösungsvorschlag zielt nun zunächst darauf, trennscharf zwischen internen und externen Bewertungsmaßstäben zu unterscheiden. Auf dieser Grundlage kann nun im Verlauf der weiteren Debatte um politische Legitimität geklärt werden, ob, wie und welche Zusammenhänge zwischen Prozessen der Legitimation und der Veränderung von Legitimität betrachtet werden sollen und können und wie die entsprechenden Untersuchungsmodelle, Methoden und empirischen Strategien zu wählen sind.

Literatur

Barker, R.S. 2001. *Legitimating identities: The self-presentation of rulers and subjects.* Cambridge: Cambridge University Press.

Beetham, D. 1991. *The legitimation of power. Issues in political theory.* Atlantic Highlands: Humanities Press International.

Beetham, D., und C. Lord. 1998. *Legitimacy and the European Union. Political dynamics of the European Union.* London: Longman.

Connolly, W.E., Hrsg. 1984. *Legitimacy and the state.* New York: New York University Press.

Denitch, B.D. 1979. *Legitimation of regimes: International framework for analysis.* Beverly Hills: Sage.

Easton, D. 1953. *The political system. An inquiry into the state of political science.* New York: Knopf.

Easton, D. 1965a. *A framework for political analysis.* Englewood Cliffs: Prentice Hall. [Nachdr.].

Easton, D. 1965b. *A systems analysis of political life.* New York: Wiley.

Easton, D. 1975. A re-assessment of the concept of political support. *British Journal of Political Science* 5 (4): 435–457.

Gallie, W.B. 1955. Essentially contested concepts. *Proceedings of the Aristotelian Society* 56: 167–198.

Legitimität als „essentially contested concept"

Gerschewski, J. 2013. The three pillars of stability: Legitimation, repression, and co-optation in autocratic regimes. *Democratization* 20 (1): 13–38.

Habermas, J. 1976. Legitimationsprobleme im modernen Staat. In *Legitimationsprobleme politischer Systeme: Tagung der Deutschen Vereinigung für Politische Wissenschaft in Duisburg, Herbst, 1975* Politische Vierteljahresschrift, Sonderheft 7, Hrsg. P. Kielmannsegg, 39–60. Opladen: Westdeutscher Verlag.

Hennis, W. 1976. Legitimität. Zu einer Kategorie der bürgerlichen Gesellschaft. In *Legitimationsprobleme politischer Systeme: Tagung der Deutschen Vereinigung für Politische Wissenschaft in Duisburg, Herbst, 1975*, Hrsg. P. Kielmannsegg, 9–30. Opladen: Westdeutscher Verlag.

Kaase, M. 1985. Systemakzeptanz in den westlichen Demokratien. *Zeitschrift für Politik Sonderheft* 1985 (2): 99–125.

Kneip, S., und W. Merkel. 2017. *The Idea of Democratic Legitimacy: Work in Progress Paper.* Berlin. Wissenschaftszentrum für Sozialforschung.

Kneuer, M. 2013. Die Suche nach Legitimität. Außenpolitik als Legitimationsstrategie autokratischer Regime. In *Autokratien im Vergleich*, Hrsg. S. Kailitz und P. Köllner, 205–236. Baden-Baden: Nomos.

Kriesi, H. 2013. Democratic legitimacy: Is there a legitimacy crisis in contemporary politics? *Politische Vierteljahresschrift* 54 (4): 609–638.

Lincoln, A. 2017. *The Gettysburg Address.* http://www.abrahamlincolnonline.org/lincoln/speeches/gettysburg.htm. Zugegriffen: 2. März 2017

Lipset, S.M. 1959. Some social requisites of democracy: Economic development and political legitimacy. *American Political Social Review* 53 (1): 69–105.

Macridis, R., und R. Cox. 1953. Seminar report. *The American Political Science Review* 47 (3): 641–657.

Patberg, M. 2013. Zwei Modelle empirischer Legitimitätsforschung – Eine Replik auf Michael Zürns Gastbeitrag in der PVS 4/2011. *Politische Vierteljahresschrift* 54 (1): 155–172.

Pickel, S. 2013. Die kulturelle Verankerung von Autokratien – Bestandserhalt durch ideologische Legitimationsstrategien und ökonomische Legitimität oder Demokratisierung? In *Autokratien im Vergleich*, Hrsg. S. Kailitz und P. Köllner, 176–204. Baden-Baden: Nomos.

Rosenberg, M.J., und C.I. Hovland. 1960. Cognitive, affective and behavioral components of attitudes. In *Attitude organization and change: An analysis of consistency among attitude components*, Hrsg. M.J. Rosenberg und C.I. Hovland, 1–14. New Haven: Yale University Press.

Schaar, J.H. 1984. Legitimacy in the modern State. In *Legitimacy and the state*, Hrsg. W.E. Connolly, 104–133. New York: New York University Press.

Scharpf, F.W. 1999. *Regieren in Europa: Effektiv und demokratisch? Schriften des Max-Planck Instituts für Gesellschaftsforschung.* Frankfurt: Campus.

Schmidt, V.A. 2006. *Democracy in Europe: The EU and National Polities.* Oxford: Oxford University Press.

Schmidt, V.A. 2013. Democracy and legitimacy in the European Union revisited: Input, output and 'throughput'. *Political Studies* 61 (1): 2–22.

Skinner, Q. 2009. A genealogy of the modern state: British Academy Lectures. *Proceedings of the British Academy* 162: 325–370.

Weber, M. 1972. *Wirtschaft und Gesellschaft: Band I/22,1–5 + I/23: Wirtschaft und Gesellschaft. Jubiläumspaket.* Tübingen: Mohr Siebeck.

Zürn, M. 2011. Perspektiven des demokratischen Regierens und die Rolle der Politikwissenschaft im 21. Jahrhundert. *Politische Vierteljahresschrift* 52 (4): 603–635.

Zürn, M. 2013. „Critical Citizens" oder „Critical Decisions" – Eine Erwiderung. *Politische Vierteljahresschrift* 54 (1): 173–185.

Wie valide ist die empirische Messung der Through- und Outputlegitimität politischer Systeme?

Eine kritische Betrachtung

Pascal Anstötz, Peter Schmidt und Aribert Heyder

Zusammenfassung

Die politik- und sozialwissenschaftliche Literatur zum Themenkomplex Legitimität ist umfangreich wie vielfältig. Weiterhin sind die empirisch-deskriptiven sowie normativ-ethischen Legitimitätskonzeptionen äußerst heterogen. Dies gilt sowohl für die Begriffe selbst als auch deren Verwendung als wissenschaftliche Termini. So verwundert es kaum, dass Fragen nach geeigneten Operationalisierungen und Messinstrumenten einen zentralen und nicht unstrittigen Diskussionspunkt in der empirischen Legitimitätsforschung einnehmen. Kennzeichnend hierfür ist eine konzeptionelle Vermischung von Systemunterstützung und Legitimität, die sehr eng mit der unzureichenden Verfügbarkeit geeigneter Indikatoren in der Umfrageforschung verknüpft ist. In der Folge präsentieren viele Studien inadäquate und nur schwer vergleichbare Legitimitätsmessungen, was sich in unterschiedlichen Deutungsweisen der Befunde ausdrückt und erhebliche Konsequenzen für die empirische Forschung hat. Vor diesem Hintergrund zielt unser Beitrag darauf ab, eine kritische Bewertung der verwendeten Indikatoren zur Messung der Through- und Outputlegitimität politischer Systeme vorzunehmen. Auf Grundlage dieser

P. Anstötz (✉) · A. Heyder
Institut für Politikwissenschaft, Philipps-Universität, Marburg, Deutschland
E-Mail: pascal.anstoetz@staff.uni-marburg.de

A. Heyder
E-Mail: heyder@uni-marburg.de

P. Schmidt
Institut für Politikwissenschaft, Universität Gießen, Gießen, Deutschland
E-Mail: Peter.Schmidt@sowi.uni-giessen.de

© Springer Fachmedien Wiesbaden GmbH, ein Teil von Springer Nature 2019
C. Wiesner und P. Harfst (Hrsg.), *Legitimität und Legitimation*, Vergleichende
Politikwissenschaft, https://doi.org/10.1007/978-3-658-26558-8_3

kritischen Sichtung insbesondere in Hinblick auf deren uneinheitliche Verwendung werden bestehende und neue methodische Verfahren wie das Web Probing im Bereich der kognitiven Interviews vorgestellt und die Notwendigkeit ihrer Anwendung begründet. Der Beitrag schließt mit Empfehlungen für eine Neukonstruktion eines Instruments zur Messung der politischen Legitimität von demokratischen Systemen.

1 Einleitung

Die politikwissenschaftliche Diskussion über „die Krise der Demokratie" ist nicht neu (siehe dazu ausführlich Wiesner und Harfst in diesem Band). Sie wurde aber unter den Eindrücken erheblicher politischer, ökonomischer sowie gesellschaftlicher Veränderungen und durch den Vormarsch rechtspopulistischer Parteien in fast allen westlichen Demokratien in den letzten Jahren wiederbelebt und vorangetrieben. In Teilen der Bevölkerung scheint sich offenbar zunehmend eine Inkompatibilität der Vorstellungen von legitimer demokratischer Herrschaft einerseits und dem realisierten verfassten politischen System andererseits zu manifestieren. Diese abermalige Konjunktur des Themas schlägt sich natürlich in der Politikwissenschaft nieder. So stellte die Zeitschrift *Foreign Affairs* in ihrer Mai/Juni Ausgabe 2018 als Covertitel die Frage „Is Democracy dying?" und enthält u. a. Beiträge von Inglehart sowie Mounk und Foa zu dieser Thematik (Inglehart 2018; Mounk und Foa 2018).

In Deutschland wurden die entsprechenden Fragen durch die Entstehung der PEGIDA intensiviert, eine Bewegung, die auf Demonstrationen regelmäßig die Legitimität von demokratisch gewählten Volksvertretern nicht nur anzweifelt, sondern Politikerinnen und Politiker lautstark im national-völkischen Jargon beschimpft. Die Chöre „Volksverräter!" oder auch „Lügenpresse" bei PEGIDA-Veranstaltungen hallen immer noch nach. Auch zeugen die Ereignisse vom Herbst 2018 in Chemnitz von schwindendem Vertrauen in den deutschen Rechtsstaat, wenn etwa sog. „besorgte Bürger" das Gewaltmonopol des Staates unmissverständlich herausfordern (vgl. Rippl 2018). Und wenngleich eine marginale Gruppierung, sind in den letzten Jahren auch die sogenannten „Reichsbürger" ins mediale sowie politische Visier geraten. Seit November 2016 wird die Szene der „Reichsbürger" und „Selbstverwalter" vom Bundesamt für Verfassungsschutz gemeinsam mit den Ländern beobachtet. Diese kleine Gruppierung könnte man als den Prototypen von Verweigerern der Legitimität des politischen Systems

Wie valide ist die empirische Messung der Through- und ...

bezeichnen, lehnen sie doch die völkerrechtliche, politische Rechtmäßigkeit der Bundesrepublik Deutschland gänzlich ab. Spätestens seit dem Einzug der AfD in den deutschen Bundestag ist vor diesem Hintergrund eine erneute gesellschaftspolitische Debatte um die Stabilität der bundesdeutschen Demokratie entbrannt. Zuweilen wird sogar die Wiederkehr der politischen Zustände während den Zeiten der Weimarer Republik mit all ihren fatalen Folgen heraufbeschworen.

Mit Blick auf die inzwischen reichhaltige politik- und sozialwissenschaftliche Literatur zu diesem Themenkomplex und die unterschiedlichen empirisch-deskriptiven bzw. normativ-ethischen Legitimitätskonzeptionen wird jedoch schnell ersichtlich, dass sowohl die mit Legitimität verknüpften Konzepte als auch der Begriff selbst und dessen Verwendung als wissenschaftlicher Terminus keineswegs einheitlich erfolgen (siehe dazu auch Wiesner und Harfst in diesem Band). Während Legitimitätskonzeptionen in der politischen Philosophie in erster Linie dazu dienen, die institutionalisierten demokratischen Herrschaftsstrukturen moralisch rechtfertigen zu können *(Anerkennungswürdigkeit politischer Herrschaft)*, erheben sozialwissenschaftliche Legitimitätskonzepte zumeist die faktischen Voraussetzungen für Regimestabilität und somit die Unterstützung von spezifischen Legitimationsobjekten und -kriterien zum Erkenntnisgegenstand *(Legitimitätsansprüche und -urteile,* Schmidtke und Schneider 2012, S. 226). Letztere gehen häufig auf den Weberschen Legitimitätsbegriff zurück, wonach neben Herrschaft und der Haltung der Bürger zum Ordnungssystem insbesondere die Folgsamkeit der Herrschaftsunterworfenen – der sog. *Legitimitätsglauben* – im Zentrum der Legitimitätszuweisung steht (Weber 1972 [1922], S. 12). So legt Robert Dahl in seinen Definitionen den Fokus auf die subjektiven Einstellungen gegenüber Normen und kollektiv verbindlichen Entscheidungen der an einer sozialen Ordnung Beteiligten:

> „The condition of popular sovereignty is satisfied if and only if it is the case that whenever policy choices are perceived to exist, the alternative selected and enforced as governmental policy is the alternative most preferred by the members." (Dahl 2006 [1956], S. 37)

Hingegen verbindet Seymour Lipset den Legitimitätsbegriff mit dem Ordnungssystem selbst und dessen Fähigkeit, den Glauben hervorzubringen und zu erhalten, dass die bestehenden politischen Institutionen die für eine Gesellschaft angemessensten sind (Hinsch 2008, S. 705):

> „Legitimacy involves the capacity of a political system to engender and maintain the belief that existing political institutions are the most appropriate or proper ones for the society." (Lipset 1959, S. 86)

David Beethams relationale Konzeptualisierung von Legitimität steht indessen in deutlicher Abgrenzung zum Weberschen Legitimitätsglauben. Demnach würde ein Verständnis von Legitimität im Sinne der unmittelbaren sozialen Akzeptanz einer politischen Ordnung zu kurz greifen (Beetham 1991, S. 10 ff.). Vielmehr müsse eine adäquate Legitimitätskonzeption die Kompatibilität von Herrschaftspraktiken mit den in einer Gesellschaft verankerten und geteilten normativen Grundprinzipien verknüpfen – Legitimität ist also stets *legitimacy in context* (Beetham 1991, S. 14) und in einem historisch und kulturell geprägten Kontext zu betrachten.

An diesen unterschiedlichen Nominaldefinitionen von Legitimität wird der im Forschungsfeld vorhandene definitorische Pluralismus bereits im Ansatz deutlich. Forschungsstrategisch sowie konzeptionell ist es aber nicht nur grundlegend zwischen normativer und empirischer Legitimität zu unterscheiden (z. B. Schaar 1984; Wiesner und Harfst in diesem Band), sondern folgende weitere methodische sowie statistische Unterscheidungen zu treffen, die in vielen Beiträgen zu dieser Thematik nicht klar differenziert werden:

1) Nominaldefinitionen von (latenten) Konstrukten einerseits und deren Operationalisierungen durch Indikatoren andererseits (Hempel 1974; Opp 2014)
2) Operationalisierung durch einen Indikator oder durch multiple Indikatoren (Costner 1969; Saris und Gallhofer 2014; Brown 2015)
3) Ein- versus Mehrdimensionalität der Konzepte (Brown 2015; Schnell et al. 2013)
4) Reliabilität der Einzelitems und der Gesamtskala (Brown 2015)
5) Face-Validität, kriteriumsbezogene Validität und Konstruktvalidität der Skalen (Markus und Borsboom 2013; Schnell et al. 2013)
6) Interkulturelle Übertragbarkeit und Messinvarianz (z. B. Alemán und Woods 2016; Welzel und Inglehart 2016; Davidov et al. 2018; Sokolov 2018)
7) sowie schließlich Mikro- und Makroebene (Coleman 1990)

In Hinblick auf das jeweilige Erkenntnisinteresse können ferner verschiedene Typen der empirischen Legitimitätsforschung unterschieden werden (z. B. Schneider et al. 2007; Schmidtke und Schneider 2012; Wiesner und Harfst in diesem Band). Dennoch ist die Umfrageforschung bzw. die Erhebung von Einstellungsdaten mittels einzelner oder multipler Indikatoren nach wie vor der gängigste methodische Zugriff. Hinsichtlich der konzeptionellen Vielfalt und Mehrdimensionalität von Legitimität verwundert es aber kaum, dass die Frage nach geeigneten Operationalisierungen und Messinstrumenten traditionell einen

Wie valide ist die empirische Messung der Through- und …

zentralen und nicht unstrittigen Diskussionspunkt in der empirischen Legitimitätsforschung einnimmt. So fasst Nathan (2007) bezogen auf diffuse Systemunterstützung treffend zusammen:

> „diffuse regime support is a difficult concept to measure. It is separate from public support for, or the popularity of, specific policies or specific incumbents. It is intrinsically multidimensional and in principle cannot be captured by a single questionnaire item. And the field so far lacks an established, accepted measure or set of measures of this concept." (Nathan 2007, S. 3)

Tatsächlich ist mit Blick auf die zahlreichen, themenbezogenen empirischen Studien festzustellen, dass eine konzeptionelle Vermischung von Systemunterstützung und Legitimität eher die Regel bildet und viele Autoren keine adäquaten Legitimitätsmessungen präsentieren, was nicht zuletzt auf die unzureichende Verfügbarkeit geeigneter Indikatoren oder Skalen insbesondere in der vergleichenden Umfrageforschung zurückzuführen ist. Um den Bedeutungsgehalt von Fragebogenitems zu erfassen, genügt es aber nicht, inhaltlich gut begründete Korrespondenzhypothesen zwischen Items und Konstrukten zu formulieren (Hempel 1974; Schmidt et al. 1997) und die Beziehungen der Variablen untereinander mit faktoranalytischen Verfahren zu überprüfen (Brown 2015). Vielmehr setzt sich in der empirischen Sozialforschung zunehmend die Erkenntnis durch, dass hierzu zusätzliche kognitive Interviews durchgeführt werden sollten (Behr et al. 2017; Efremova et al. 2017; Meitinger 2017; Braun und Johnson 2018), welche den Bedeutungsgehalt der Fragen bei den Probanden ermitteln. Insbesondere für internationale Vergleiche hat sich dieses Vorgehen sehr bewährt und Schwächen bisheriger Instrumente aufgedeckt, die mit rein quantitativen Methoden nicht sichtbar wurden (Meitinger 2017).

Unser Beitrag zielt in diesem Zusammenhang darauf, die etablierten Indikatoren zur Messung der Through- und Outputlegitimität politischer Systeme sowie insbesondere deren uneinheitliche Verwendung kritisch zu bewerten. Auf dieser Basis plädieren wir dafür, die bisher nur selten adressierten Fragen des Bedeutungsgehalts und der Messinvarianz entsprechender Items stärker in den Fokus zu rücken und methodisch mittlerweile mögliche Mixed Methods Ansätze zu nutzen, um bestehende Instrumente zu verbessern und darüber hinaus eine neue (interkulturell einsetzbare) Skala zu entwickeln. Nachdem wir im nächsten Abschnitt zunächst eine knappe Darstellung der Umsetzung des Legitimitätskonzepts in der empirischen Forschungspraxis geben, werden wir anschließend erläutern, welche Messungen unserer Ansicht nach problematisch sind und einer intensiven inhaltlichen Überprüfung unterzogen werden sollten. Anschließend werden neue methodische Verfahren vorgestellt und die Notwendigkeit ihrer Anwendung begründet, was zusammenfassend in Empfehlungen für die explizite und transparente Neukonstruktion eines Instruments zur Messung der politischen Legitimität von demokratischen Systemen resultiert.

2 Legitimität in der empirischen Forschungspraxis

In der empirischen Legitimitätsforschung haben sich sowohl die Arbeiten von Almond und Verba (1963) als auch das Easton'sche Konzept (1965; 1975) als Orientierungspunkte weitgehend durchgesetzt und die methodischen Zugriffe maßgeblich geprägt. Im Folgenden werden die Definitionen von Easton wiedergegeben (D1 bis D3).

- D1: Easton versteht Legitimität im *Weberschen Sinne als normative Rechtfertigung von politischer Autorität, die auf einer Übereinstimmung von individuellen Werten und Vorstellungen* mit Objekten des politischen Systems beruht *(Easton 1965, S. 278; 1975, S. 451)*. Seine Klassifikation unterscheidet drei Objekte der Systemunterstützung und definiert zwei Hauptdimensionen, wobei die volatilere als spezifische und die stabilere als diffuse Unterstützung unterschieden wird.
- D2: Spezifische Unterstützung fokussiert auf durch kurz- und mittelfristige Faktoren eher veränderlicher Einstellungen zu Leistungen der politischen Herrschaftsträger sowie Autoritäten und somit auf konkrete Bewertungen der Systemperformanz.
- D3: Generalisierte Unterstützung wird durch abstraktere Orientierungen repräsentiert, welche als dauerhafte und langfristige Bindungen an die politische Gemeinschaft sowie Grundprinzipien und Werte des politischen Systems verstanden werden und daher nach Easton (1965, 1975) weitaus bedeutender für politische Legitimität sind.

Das Easton'sche Konzept ist bezüglich der Unterscheidung zwischen spezifischer und diffuser Unterstützung bzw. der Mehrdimensionalität insbesondere seit den 1990er-Jahren weiter ausdifferenziert worden. Neben zahlreichen empirischen Studien, welche die Operationalisierbarkeit bestimmter Komponenten thematisieren und mit umfragebasierten Daten unterschiedliche Konzeptualisierungen von Legitimität analysieren (z. B. Kornberg und Clarke 1992; Weatherford 1992; Fuchs et al. 1995; Klingemann 1999; Dalton 2004; Anderson et al. 2005; Gilley 2006; Booth und Seligson 2009), sind hier vor allem konzeptionell-theoretische

Wie valide ist die empirische Messung der Through- und ...

Arbeiten zu nennen, welche die ursprüngliche Konzeptbildung weiterentwickelten. Der Fokus liegt dabei zum einen auf der Ausdifferenzierung möglicher Unterstützungsmotive (z. B. Fuchs 1989) oder der Präzisierung der Unterstützungsobjekte sowie -arten (z. B. Westle 1989). Zum anderen erfuhr das Konzept durch Arbeiten bspw. von Dalton (1999), Diamond (1999) und insbesondere Norris (1999, 2001) eine umfangreiche Neuinterpretation. Mit fünf unterschiedlichen Objekten der Unterstützung wurde der ursprüngliche Ansatz konzeptionell als hierarchisches Kontinuum überarbeitet, wodurch dem multidimensionalen Charakter deutlich besser Rechnung getragen wird (vgl. Tab. 1). Obwohl im Easton'schen Ausgangsmodell noch nicht vorgesehen, stellt die explizite normative Ausrichtung an demokratischen Regimen eine weitere wesentliche Präzisierung des Konzepts dar, was eine Verschiebung des Interesses der Legitimitätsforschung hin zu demokratischen Systemen widerspiegelt (z. B. Buchanan 2002; Pickel und Pickel 2006).

Während auf der theoretischen Seite also ein breites und vor allem gut fundiertes konzeptionelles Rahmenwerk bereit steht, sind in Bezug auf die Operationalisierungen theoretisch-konzeptionelle Unklarheiten zu registrieren (z. B. van Ham et al. 2017). Vor allem Komponenten der diffusen Systemunterstützung (Easton 1965) bzw. Through- und Outputlegitimität (Wiesner und Harfst in diesem Band) werden oft nur über einzelne, teilweise in ihrer Formulierung variierende Fragen zu Legitimitätsobjekten und -kriterien operationalisiert, vor welchem Hintergrund Zweifel insbesondere an der Validität der eingesetzten Messinstrumente berechtigt erscheinen (vgl. Tab. 1). Es liegen zwar etablierte Indikatoren vor, die verschiedene Aspekte von Systemunterstützung messen sollen, jedoch wird in der einschlägigen empirischen Literatur und auch von uns bezweifelt, ob dadurch überhaupt Legitimitätsüberzeugungen valide abgebildet werden können (z. B. Canache et al. 2001; Linde und Ekman 2003; Magalhães 2014).

Konzeptionell wird mit einem an demokratischen Regimen ausgerichteten Legitimitätsverständnis in der Regel die Grundannahme verknüpft, dass Individuen ihre demokratischen Idealvorstellungen mit dem real existierenden demokratischen System abgleichen und auf dieser Basis Legitimitätsurteile gefällt werden. Je nachdem, ob Anspruch und Realität übereinstimmen oder nicht, entstehen wahrgenommene Legitimitäts- oder Demokratiedefizite (Norris 2001, S. 5). Eine solche Konzeptualisierung geht jedoch davon aus, dass die Prinzipien und Werte des demokratischen Systems bekannt bzw. verinnerlicht sind und ihnen übergeordnete Wichtigkeit beigemessen wird (z. B. Kriesi 2013, S. 614; Pickel in diesem Band). Dies stellt jedoch eine sehr voraussetzungsvolle und wahrscheinlich unrealistische Prämisse dar, da bestimmte Bevölkerungsteile unter Umständen abweichende legitimitätsstiftende Vorstellungen aufweisen und Legitimitätsurteile nicht nur auf Grundlage einer Deckungsgleichheit zwischen

Tab. 1 Politische Unterstützung; Ebenen, Operationalisierungen und Messungen

Unterstützungsebenen	Operationalisierungen	Konzepte/Konstrukte	Beispielhafte Frageformulierungen	Datensätze
1. Politische Gemeinschaft	Affektive Verbundenheit zu pol. Gemeinschaften	Nationalstolz, Patriotismus, Identifikation/Verbundenheit mit verschiedenen pol. Gemeinschaften	Wie stark fühlen Sie sich Deutschland gefühlsmäßig verbunden?	ESS 2016
2. Politisches Regime				
2.1 Prinzipien	Systempräferenz, Evaluation des demokratischen pol. Systems, Zustimmung zu demokratischen Werten	Idee der Demokratie, Demokratiezufriedenheit (generell u. mit dem eigenen pol. System), Bewertung der Demokratie als (beste) Staatsform, Vergleich verschiedener Systemformen, Bewertung von Demokratiecharakteristika u. demokratischen Idealen	Was würden Sie, im Vergleich zu anderen Staatsideen, zur Idee der Demokratie sagen? *a)* Was würden Sie allgemein zu der Demokratie in der Bundesrepublik Deutschland, also zu unserem ganzen politischen System sagen, so wie es in der Verfassung festgelegt ist?	WVS, ISSP
2.2 Leistung	Evaluation der Leistung des demokratischen pol. Systems	Funktionieren der Demokratie (generell u. im eigenen Land), Einschätzung der (eigenen u. generellen) wirtschaftlichen Situation	Wie zufrieden sind Sie – alles in allem – mit der Art und Weise, wie die Demokratie in Deutschland funktioniert? *a) b)*	WVS, EVS 2008–2012, ESS 2016, EB 2012–2018 ISSP 2013/2014

(Fortsetzung)

Tab. 1 (Fortsetzung)

Unterstützungsebenen	Operationalisierungen	Konzepte/Konstrukte	Beispielhafte Frage-formulierungen	Datensätze
2.3 Institutionen	Vertrauen in, Zufriedenheit mit pol. Institutionen	Vertrauen in, Zufriedenheit mit Institutionen der Legislative, Exekutive u. Judikative, der zentralen u. lokalen Regierungen	Bitte sagen Sie zu jeder öffentlichen Einrichtung, die nachfolgend genannt werden, wie sehr Sie persönlich jeder einzelnen davon vertrauen. *c)*	WVS, EVS, ESS 2012-2016, EB
3. Politische Autoritäten	Vertrauen in, Zufriedenheit mit pol. Autoritäten	Vertrauen in, Zufriedenheit mit (gewählten) partikularen pol. Akteuren, Bewertung der Glaubwürdigkeit. o. Ehrlichkeit, der Responsivität o. Integrität pol. Akteure	Bitte sagen Sie zu jeder Personengruppe, die nachfolgend genannt werden, wie sehr Sie persönlich jeder einzelnen davon vertrauen. *c)*	EVS, ESS 2012-2016,

Anmerkungen: Eigene Darstellung in Anlehnung an Norris (2017 S. 23). In der Spalte „Datensätze" sind nur beispielhafte Datensätze aufgeführt, in denen vergleichbare Fragen erhoben wurden, somit ist hier kein Anspruch auf Vollständigkeit gegeben.
a) = Vergleichbare Items verwendet von Pickel in diesem Band
b) = Vergleichbare Items verwendet von Fuchs und Roller in diesem Band
c) = Personengruppen bzw. öffentliche Einrichtungen im ESS 2012/2014/2016: „parliament", „legal system", „police", „politicians", „political parties", „European Parliament" und „United Nations"

politischem System und individuellen, normativen Vorstellungen getroffen werden. Kurzum, in zunehmend heterogenen Gesellschaften ist nicht zwangsläufig davon auszugehen, dass Systemevaluationen ausschließlich auf einem Abgleich korrespondierender, demokratischer Werte und Überzeugungen beruhen. Vielmehr kann die in den Antworten zum Ausdruck gebrachte Zustimmung bzw. Ablehnung durchaus auch auf ganz andere Unterstützungsmotive zurückgehen (z. B. Westle 2007).

Ganz generell muss jedoch auch bezweifelt werden, dass in Umfragen komplexere Sachverhalte und Begriffe von den Befragten tatsächlich verstanden werden. So zeigten bereits Kurz et al. (1999) im Rahmen eines kognitiven Pretests für den ALLBUS 1998, dass beim Begriff „repräsentative Demokratie" 15 von 17 Befragten entweder keine oder eine falsche Antwort auf die Frage gaben was diese denn konkret auszeichne. Diese Situation dürfte sich in den westeuropäischen Einwanderungsgesellschaften noch verstärkt haben, da der Anteil von Personen mit Migrationsstatus und damit anderem kulturellen sowie sprachlichem Hintergrund weiter angestiegen ist, bspw. auf mittlerweile über 25 % in Deutschland (vgl. Destatis 2019). Außerdem hat bereits Converse (1964) in seiner Arbeit darauf hingewiesen, dass komplexe politische Sachverhalte bezüglich des ihnen zugrunde liegenden „belief systems" von Personen mit geringerem Bildungsgrad und politischem Interesse („mass") anders und weniger zuverlässig als von Personen mit hohem Bildungsgrad sowie politischen Interesse („elite") beantwortet werden (vgl. zur Modellierung auch Converse 1980; Judd und Milburn 1980; Hill und Kriesi 2001; Saris und Sniderman 2004).

3 Indikatoren zur Messung der Through- und Outputlegitimität

Nachfolgend werden wir uns dieser *Indikatorenproblematik* weiter annähern und erläutern, welche Indikatoren und Messinstrumente auf ihren Bedeutungsgehalt untersucht werden sollten. Zwar dürfte auch die Frage nach der Identifikation mit dem eigenen Land, die oft als diffuse Unterstützung der politischen Gemeinschaft operationalisiert wird, aber bspw. in der Forschung zu Nationalismus und nationaler Identität als Indikator für die Identifikation im Sinne der sozialen Identität (Tajfel und Turner 2004) verwendet wird (z. B. Heyder und Schmidt 2002; Huddy 2016; Roccas und Berlin 2016), unterschiedliche Assoziationen hervorrufen und daher problembehaftet sein. Dennoch konzentrieren wir uns im Weiteren auf in Umfragen erhobene Vertrauens- und Zufriedenheitsbekundungen der Bürger, welche häufig als Legitimitätsindikatoren in Bezug auf das politische Regime

Wie valide ist die empirische Messung der Through- und ... 43

und dessen Autoritäten herangezogen und teilweise mit empirischer Legitimität gleichgesetzt werden. Gilley (2009) resümiert diesbezüglich etwa:

> „[…] scholars have increasingly resorted to any old indicator of positive citizen attitudes toward their state in order to avoid the difficult issues of proper conceptualization." (Gilley 2009, S. 2)

Dabei ist keineswegs geklärt, ob darüber differenzierte, belastbare Performanzbewertungen erfragt werden und Schlussfolgerungen über die Legitimität eines politisch-institutionellen Regierungssystems ableitbar sind, oder Befragte etwa andere kurzfristige Faktoren wie bspw. die unmittelbare Einschätzung der wirtschaftlichen Situation als Urteilsmaßstab heranziehen (z. B. Friedrichsen und Zahn 2014; kontrovers dazu vgl. Chu et al. 2008). Ferner ist der theoretische Zusammenhang der Konzepte alles andere als frei von Widersprüchen (z. B. Dogan 1994; Zmerli und Hooghe 2011; Thomassen et al. 2017). Legitimität, Systemunterstützung und Vertrauen sind in theoretischer Sichtweise zwar verbunden und können für sich genommen als Erklärung dafür dienen, warum Individuen das Herrschaftssystem und dessen politische Autorität akzeptieren und befürworten, allerdings sind verschiedene Relationen denkbar (vgl. Jaccard und Jacobi 2010; Paxton et al. 2011; Pearl und Mackenzie 2018). Einerseits könnte argumentiert werden, dass Legitimität und Vertrauen eigenständige Quellen der Systemunterstützung darstellen. Andererseits könnten beides Komponenten der diffusen Unterstützung sein, wobei Legitimität die Zustimmung zu Grundprinzipien und Werten des politischen Systems meint und Vertrauen ein Ausdruck der Unterstützung der politischen Institutionen und Autoritäten ist (Thomassen et al. 2017, S. 510 ff.).

Dementsprechend liegen zur Frage, ob politisches Vertrauen nun eher Ausdruck der diffusen (Befürwortung des Ziels des Unterstützungsobjektes) oder der spezifischen Unterstützung (Befürwortung der Arbeitsweise des Bewertungsobjektes zur Erreichung des Ziels) ist und funktional für die Stabilität eines Regimes überhaupt erforderlich sein muss, in der Forschungsliteratur widersprüchliche Befunde vor (z. B. Westle 1999; Brunner und Walz 2000; Denters et al. 2007). Zudem ist Vertrauen in das politische System als solches aber unter Berücksichtigung der *Face-Validität* (Adcock 2001) konzeptionell und in der Wahrnehmung der Bevölkerung sicher nicht das gleiche wie Legitimität oder Akzeptanz, sondern kann sowohl Ursache als auch Folge sein. So wäre denkbar, dass aufgrund von kognitiver Dissonanzreduktion Systemunterstützung wiederum Rückwirkungen auf Legitimität und Vertrauen hat (vgl. Rosch und Schmidt 1981).

Vor diesem Hintergrund ist es unserer Ansicht nach sinnvoll, das vielverwendete Konzept noch etwas differenzierter zu betrachten. Hierbei muss zwischen generellem sozialen Vertrauen und Vertrauen in die politischen Institutionen (politisches Vertrauen) unterschieden werden. Beide Konzepte werden z. B. im European Social Survey (ESS) durch unterschiedliche Items gemessen (Allum et al. 2018; van der Veld und Saris 2018). Politisches Vertrauen wird üblicherweise durch Fragen nach dem Vertrauen in das Parlament, in Politiker, das Rechtssystem und die Polizei operationalisiert. In diesem Zusammenhang stellen bspw. Allum und Kollegen (2018) für den Zeitraum von 2002–2004 ein leichtes Sinken des Vertrauens fest, während in dem Zeitraum von 2004–2006 keine signifikante Änderung mehr festgestellt wird. Andere Publikationen mit den gleichen Daten kommen hingegen zu anderen Ergebnissen, wie van der Veld und Saris (2018) resümieren:

„Why do all these studies report different results with the same data source (ESS round 1)? The long and the short of it is that these studies are not replications of each other. These studies use different operationalizations, different model specifications, different measurement invariance test strategies, different model evaluation procedures, different sets of countries and no or different ways of correcting measurement error." (van de Veld und Saris 2018, S. 268)

Wenn nun generelle Legitimität eines politischen Systems und nicht generelles Vertrauen gemessen werden soll, dann müsste folgendermaßen vorgegangen werden. Um diese Beziehung als Korrespondenzhypothese (vgl. Hempel 1974) zu formulieren, lassen sich explizit folgende Hypothesen (KH 1 und KH 2) exemplarisch formulieren:

1. KH 1 Je höher die wahrgenommene Legitimität eines politischen Systems, desto eher bejahen die Befragten die Aussage „Ich akzeptiere das politische System in Land x"
2. KH 2 Je höher die wahrgenommene Legitimität eines politischen Systems, desto eher bejahen die Befragten die Aussage „Ich respektiere das politische System in Land x".

Es handelt sich um zwei reflektive Items, die das Ausmaß der latenten Variable, d. h. des Konstrukts Legitimität des Systems messen sollen. Dabei postuliert man in der Regel, dass die latente Variable die Ursache für die Zustimmung/Ablehnung der manifesten Items ist, was dem kausal-analytischen Ansatz zur Lösung des Korrespondenzproblems entspricht (vgl. z. B. Schnell et al. 2013). Das geeignete statistische Instrument zur Überprüfung dieser Annahmen ist die (konfirmatorische) Faktorenanalyse (vgl. Brown 2015). Beide Items sind bewusst mit dem Pronomen „ich" formuliert, weil die selbst eingeschätzte Einstellung erfasst werden soll. Bereits das Weglassen des Pronomens „Ich" kann bei einigen Items zu einer anderen Bedeutung der Aussage und damit des Konstrukts sowie anderen Faktoren führen.

Die oben aufgeführten Items unterscheiden sich in ihren Formulierungen nur geringfügig und zwar in dem verwendeten Verb: akzeptieren bzw. respektieren. Vertrauen (Trust) ist hingegen ein weiteres davon unabhängiges, empirisch distinktes Konstrukt, welches aber mit Legitimität in einem Zusammenhang steht. Entsprechend der Konvergenz- bzw. Diskriminanzvalidität (vgl. Schnell et al. 2013; Brown 2015) müssten dann die Korrelationen der beiden Items zur Messung von Legitimität bei gelungener Operationalisierung höher sein als diejenigen Korrelationen zwischen den Variablen zur Messung von generellem Vertrauen gegenüber dem politischen System. Das gleiche gilt für die Zufriedenheit mit dem System oder seiner Leistung. Auch dies ist ein weiteres latentes Konstrukt, welches in einem Zusammenhang mit Legitimität steht. Aber es stellt wiederum ein anderes Konstrukt dar, welches sowohl Ursache als auch Wirkung von Legitimitätskonflikt sein kann, was letztendlich nur durch Experimente oder Längsschnittstudien (Panel-Analysen) eindeutiger geklärt werden kann. Darüber hinaus ist davon auszugehen, dass eine Reihe weiterer Faktoren sowohl die Zufriedenheit mit dem System als auch die Legitimität beeinflussen. Dies hat zur Konsequenz, dass empirische Ergebnisse zu den Determinanten von Zufriedenheit und diejenigen zur Erklärung von Legitimität nicht austauschbar sind.

Neben Vertrauen sind daher auch die in den Beiträgen von Fuchs und Roller sowie Pickel (in diesem Band) verwendeten Items zur Evaluation von bzw. Zufriedenheit mit verschiedenen Objektgruppen des politischen Systems wichtige Kandidaten für das Online Probing (vgl. Tab. 2). Bei Fuchs und Roller (in diesem Band) sowie Pickel (in diesem Band) und vergleichbaren Studien kann über die Anwendung von kognitiven Interviews hinaus die Bedeutungsgleichheit der Messung über die Anwendung von konfirmatorischen Faktorenanalysen mit multiplen Gruppenvergleichen geprüft werden. Dies erfordert speziell im internationalen Kontext die Gleichsetzung der Faktorenladungen über die Länder hinweg, was der Überprüfung von metrischer Invarianz entspricht (vgl. Davidov et al. 2018). Im Falle des Vergleichs von Mittelwerten käme noch die Notwendigkeit der Überprüfung von skalarer Invarianz hinzu (ein Gesamtüberblick zu Invarianzvarianten findet sich in Milfont und Fischer 2010). Diese Messinvarianz-Kriterien treffen prinzipiell sowohl für Subgruppen-Analysen bezüglich demografischer Variablen (Ost/West, Alter etc.) innerhalb einer nationalen Stichprobe zu, was häufig vernachlässigt wird, als auch für Längsschnittanalysen zur Überprüfung der Invarianz

46 P. Anstötz et al.

Tab. 2 Ausgewählte Indikatoren bei Fuchs/Roller sowie Pickel in diesem Band

Autoren	Operationalisie-rungen	Konzepte/Konst-rukte	Frageformulierungen	Datensätze
Fuchs/Roller				
	Evaluation der Prinzipien des pol. Systems	Funktionieren der Demokratie im eigenen Land	„And on the whole, how satisfied are you with the way democracy works in [country]?"	ESS
	Evaluation der Leistung des pol. Systems	Einschätzung der generellen wirtschaftlichen Situation	„On the whole how satisfied are you with the present state of the economy in [country]?"	ESS
	Zufriedenheit mit pol. Autoritäten	Zufriedenheit mit der (gewählten) aktuellen Regierung	„Now thinking about the [country] government, how satisfied are you with the way it is doing its job?"	ESS
Pickel				
	Evaluation der Prinzipien des pol. Systems	Idee der Demokratie, Demokratiezufriedenheit, Bewertung der Demokratie als (beste) Staatsform	„Die Idee der Demokratie ist immer gut" „Ich bin mit der Demokratie, wie sie in unserem Land ist, zufrieden" „Die Demokratie ist die angemessenste Regierungs-form/Sehr gut oder gut ein demokratisches System zu haben"	WVS
	System-präferenz	Vergleich verschiedener System-formen	„Die Armee soll unser Land regieren" „Es ist das Beste das Parlament loszuwerden und einen starken Führer zu haben, der Dinge schnell entscheiden kann" „Wir sollten zur sozialistischen Ordnung zurückkehren/Wir sollten eine sozialistische Ordnung haben"	WVS

Anmerkungen: Eigene Darstellung. Die Frageformulierungen sind den entsprechenden Beiträgen in diesem Band entnommen worden.

von Einstellungsmessungen über die Zeit (z. B. Voelkle et al. 2012; Heyder und Eisentraut 2019; Anstötz und Westle 2018a). Was Längsschnittanalysen betrifft, spielt die Invarianzproblematik auch eine Rolle bei der Überprüfung der Stabilität der Strukturkoeffizienten, sprich der (kausalen) Zusammenhänge zwischen den latenten Konstrukten (z. B. Davidov et al. 2014; Heyder und Eisentraut 2016).

Aufgrund der vorher diskutierten Probleme bei der Operationalisierung, insbesondere bezogen auf den Bedeutungsgehalt der Items, erscheint uns die Anwendung von kognitiven Interviews auf die etablierten Indikatoren zur Messung der Through- und Outputlegitimität sowie auch neu zu entwickelnder Formulierungen zur Messung von Legitimitätskonflikt von großer Bedeutung zu sein. Im nun folgenden Abschnitt gehen wir näher auf das Online Probing ein, wodurch die Bedeutungsgehalte von Item-Formulierungen in Bevölkerungsumfragen erfasst werden können. Dieses Verfahren ist auch für größere Stichproben geeignet und sollte noch vor dem Standard-Pretest bei Erhebungen zur Anwendung kommen.

4 Cognitive Interviews und Online Probing

Der Einsatz kognitiver Interviews hat sich über die Anwendung konventioneller Pretests hinaus bei der Entwicklung von Messinstrumenten bewährt (Behr et al. 2017; siehe dazu auch die Diskussion im Beitrag von Osterberg-Kaufmann in diesem Band). Zum Cognitive Interviewing gehören verschiedene Techniken (vgl. Willis 2005), wobei beim Online Probing drei Typen unterschieden werden:

1. Category Selection Probing: bei diesem Verfahren wird gefragt, warum der Interviewte eine bestimmte Antwortkategorie z. B. „stimme sehr zu" gewählt hat.
2. Comprehension Probing: Hier werden die Teilnehmer des Surveys nach der Bedeutung bestimmter Begriffe gefragt sowie danach, welche Ideen und Assoziationen sie mit dem Begriff verbinden.
3. Specific Probing: Diese Frageform dient dazu, einen speziellen Aspekt eines Begriffs zu erfassen. Ein Beispiel wäre „An welche Art von Immigranten dachten Sie bei der Beantwortung der Frage"?

Zur Klärung des Bedeutungsgehalts der verschiedenen bisherigen und neuen Operationalisierungen bietet sich insbesondere das Comprehension Probing an. Demnach würden die Befragten gebeten, ihre Assoziationen zu bestimmten Begriffen preiszugeben. Deren Antworten werden anschließend kodiert. Um das Problem kleiner Stichproben (meist ca. 20), wie etwa bei der Studie von Kurz et al. (1999) zum Partizipationsmodul des Allbus 1998, und damit mangelnder Generalisierbarkeit zu lösen, wurde in den letzten Jahren zunehmend das Online Probing mit großen repräsentativen Stichproben verwendet. Dieses Verfahren erlaubt im Sinne von Mixed Methods sowohl die Anwendung von Faktorenanalysen zur konventionellen Überprüfung der Validität und Dimensionalität der Konstrukte auf der Basis der Antworten auf die geschlossenen Fragen als auch die Durchführung kognitiver Interviews mit der Probing Technik (Behr et al. 2017; Meitinger 2017; Braun und Johnson 2018). Diese methodische Vorgehensweise schlagen wir daher auch in diesem Beitrag vor.

Das Vorgehen ist dadurch charakterisiert, dass zunächst eine geschlossene Frage gestellt und anschließend offen danach gefragt wird: Was verbinden Sie mit dem Begriff der „Demokratie"? Im Anschluss daran werden dann die offenen Fragen codiert und in Hinblick auf die Heterogenität der Antworten untersucht. Zusätzlich können dann durch konfirmatorische Faktorenanalysen die Validität, Dimensionalität und Reliabilität der geschlossenen Fragen zu den meist verwendeten bisherigen Instrumenten analysiert werden (vgl. Efremova et al. 2017; Meitinger 2017). Im zweiten Schritt können dann auf der Basis der empirischen Ergebnisse Items umformuliert bzw. neu formuliert werden. Im Vergleich zum herkömmlichen kognitiven Interviewing ergeben sich dabei folgende sieben Vorteile (Behr et al. 2017, S. 3): 1. große Stichproben, 2. Quoten-Stichproben und Berücksichtigung demografischer Merkmale sind möglich, 3. Ausschaltung von Interviewereffekten, 4. keine Rekrutierung von InterviewerInnen notwendig, 5. Zeitaufwand für die Erhebung der Interviews ist geringer, 6. keine Notwendigkeit von Transkriptionen und 7. im Falle international vergleichender Studien leichtere Möglichkeit der Durchführung komparativer Studien. Dem stehen aber auch folgende drei Nachteile gegenüber: erstens werden nur Personen mit online-Anschluss erreicht und solche die gute Schreib- und Lesefähigkeiten mitbringen, zweitens fehlt die Motivierung der Probanden durch InterviewerInnen und drittens mangelt es an Interaktivität in der Interviewsituation.

5   Zusammenfassung und weitere Perspektiven

Eine kritische Auseinandersetzung mit den gängigen Messungen der Through- und Outputlegitimität offenbart nicht nur theoretisch-konzeptionelle Unschärfen, sondern auch Unklarheiten in Hinblick auf die Umsetzung der Konzepte, ihre (empirischen) Zusammenhänge und insbesondere die semantische Bedeutung einzelner Indikatoren. Dementsprechend ist die Legitimität demokratischer Systeme sowie einzelner Institutionen bisher sehr unterschiedlich konzeptualisiert bzw. definiert und entsprechend in Bevölkerungsumfragen auf verschiedene Weise operationalisiert worden, sodass Vergleiche über die Zeit und über Länder oft nur schwer bis gar nicht möglich sind. Einen weiteren Malus stellt die nicht vorhandene Sensibilität gegenüber der Problematik von Invarianz/Messäquivalenz der Konzepte bzw. latenten Konstrukte über verschiedene demografische Gruppen, über die Zeit sowie verschiedene Länder dar. Schließlich liegt die Vermutung nahe, dass befragte Personen im Zuge von Bevölkerungsumfragen viele Item-Formulierungen nicht in dem Sinne verstehen, wie es die ForscherInnen intendiert haben, sprich mangelnde oder keine Validität vorhanden ist. Vor diesen Hintergründen erscheint es uns ratsam, eine Modifikation bzw. Neukonstruktion eines Instruments zur Messung der politischen Legitimität anzustreben. Wie im vorliegenden Beitrag herausgearbeitet, sollten folgende Schritte bei der Neukonstruktion beachtet bzw. durchgeführt werden:

1. Eine explizite Konzeptbildung, Festlegung der Dimensionen mit anschließender Nominaldefinition sowie der Formulierung von Korrespondenzhypothesen.
2. Durchführung eines Online Probing unter Einsatz der bisher verwendeten Erhebungsinstrumente und einem neu entwickelten Instrument (Skala).
3. Anschließende konfirmatorische Faktorenanalysen zur Ermittlung der Dimensionalität, Validität (konvergente, divergente und Konstruktvalidität) sowie Reliabilität der neuen Skala.
4. Ermittlung der Faktorenkorrelation der neuen Skala mit den bisher eingesetzten Skalen.
5. (Etwaige) Reformulierung der eingesetzten Items auf Grundlage der ermittelten Ergebnisse.
6. Klassischer Pretest.
7. Test der Skala anhand einer repräsentativen Bevölkerungsstichprobe unter Anwendung von anschließenden konfirmatorischen Faktorenanalysen und unter Einbezug von demografischen Gruppenvergleichen zur Prüfung der Messinvarianz (sehr aufschlussreich wären dabei zusätzliche Vergleiche von Erhebungen in anderen Ländern sowie Längsschnitterhebungen).
8. Empfehlenswert wäre schließlich: Um das etwaige unterschiedliche Item-Verständnis in verschiedenen sozio-kulturellen Gruppen in einer Gesellschaft zu berücksichtigen, auf das bereits Converse (1964) hinwies, wäre es darüber hinaus wichtig auf unbeobachtete Heterogenität in der Gesamtstichprobe zu prüfen (Faulbaum 2018). Dies kann zusätzlich durch explorative Clusteranalysen oder durch konfirmatorische Latent-Class Analysen bzw. Factor Mixture Models erfolgen. Letztere kombinieren Latent-Class Analysen mit konfirmatorischen Faktorenanalysen (Muthén und Muthén 2017).

Die in den Schritten eins bis acht skizzierte Vorgehensweise entspricht somit einem Mixed-Method Ansatz (Efremova et al. 2017) und wäre wesentlich besser dazu geeignet, die Bedeutung der Items aus Sicht der Befragten und nicht nur der ForscherInnen zu erfassen. Dies dürfte insbesondere die Validität der Messung des Konzeptes bzw. Konstruktes Legitimität verbessern und die bestehenden Konfundierungen mit anderen Konzepten wie Zufriedenheit mit dem System oder Vertrauen gegenüber politischen Institutionen vermindern bzw. sogar vereiteln. Zudem wäre dies eine Voraussetzung für eine adäquate Überprüfung von theoriegeleiteten Hypothesen zur Erklärung als auch der Wirkung der vonseiten der Bevölkerung(en) eingeschätzten Legitimität politischer Systeme.

Literatur

Adcock, R., und D. Collier. 2001. Measurement validity: A shared standard for qualitative and quantitative research. *American Political Science Review* 95 (3): 529–546.

Alemán, J., und D. Woods. 2016. Value orientations from the world values survey – How comparable are they cross-nationally? *Comparative Political Studies* 49 (8): 1039–1067.

Allum, N., F.G. Conrad, und A. Wenz. 2018. Consequences of mid-stream mode-switching in a panel survey. *Survey Research Methods* 12 (1): 43–58.

Allum, N., S. Read, und P. Sturgis. 2018. Evaluating change in social and political trust in Europe. In *Cross-cultural analysis: Methods and applications*, Hrsg. J. Billiet, E. Davidov, und P. Schmidt, 2. Aufl, 45–64. New York: Psychology Press, Taylor & Francis Group.

Almond, G.A., und S. Verba. 1963. *The civic culture – Political attitudes and democracy in five nations*. Princeton: Princeton University Press.

Anderson, C.J., A. Blais, S. Bowler, T. Donovan, und O. Listhaug. 2005. *Loser's: Consent: Elections and democratic legitimacy*. Oxford: Oxford University Press.

Anstötz, P., und B. Westle. 2018a. *Attitudes towards immigration and their antecedents: A longitudinal analysis with data for Germany 1996–2016*. Paper presented at the IPSA 25th World Congress of Political Science, Brisbane, July 21–25, 2018.

Anstötz, P., und B. Westle. 2018b. Do contextual differences between East and West (still) matter in reunified Germany? A repeated cross-section analysis on attitudes towards immigration 1996 – 2006 – 2016. Paper presented at the GESIS Conference on Migration and Interethnic Relations, Cologne, October 11, 2018.

Beetham, D. 1991. *The legitimation of power*. Atlantic Highlands: Humanities Press International.

Behr, D., K. Meitinger, M. Braun, und L. Kaczmirek. 2017. Web probing – Implementing probing techniques from cognitive, interviewing in web surveys with the goal to assess the validity of survey questions. In *GESIS Survey Guidelines*, Hrsg. GESIS-Leibniz-Institut Für Sozialwissenschaften. https://www.gesis.org/gesis-survey-guidelines/instruments/qualitaet-von-umfragedaten/web-probing/. Zugegriffen: 21. Juni 2018.

Booth, J.A., und M.A. Seligson. 2009. *The legitimacy puzzle in Latin America – Political support and democracy in eight nations*. Cambridge: Cambridge University Press.

Braun, M., und T.P. Johnson. 2018. How should immigrants adapt to their country of residence? A mixed methods approach to evaluate the international applicability of a question from the German General Social Survey (ALLBUS). In *Cross-cultural analysis: Methods and applications*, Hrsg. E. Davidov, J. Billiet, P. Schmidt, und B. Meuleman, 615–632. New York: Routledge.

Brown, T.A. 2015. *Confirmatory factor analysis for applied research*, 2. Aufl. London: The Guilford Press.

Brunner, W., und D. Walz. 2000. Das politische Institutionenvertrauen in den 90er Jahren. In *Wirklich ein Volk? Die politischen orientierungen von Ost- und Westdeutschen im Vergleich*, Hrsg. J.W. Falter, O.W. Gabriel, und H. Rattinger, 175–208. Opladen: Leske+Budrich.

Buchanan, A. 2002. Political legitimacy and democracy. *Ethics* 112 (4): 689–719.

Canache, D., J.J. Mondak, und M.A. Seligson. 2001. Meaning and Measurement in Cross-National Research on Satisfaction with Democracy. *Public Opinion Quarterly* 65 (4): 506–528.

Chu, Y.-H., M. Bratton, M. Lagos Cruz-Coke, S. Shastri, und M.A. Tessler. 2008. Public Opinion and Democratic Legitimacy. *Journal of Democracy* 19 (2): 74–87.

Coleman, J.S. 1990. *Foundations of social theory*. Cambridge: Harvard University Press.

Converse, P.E. 1964. The nature of belief systems in mass publics. In *Ideology and discontent*, Hrsg. D. Apter, 206–261. New York: The Free Press.

Converse, P.E. 1980. Comment: Rejoinder to Judd and Milburn. *American Sociological Review* 45 (4): 644–646.

Costner, H.L. 1969. Theory, deduction, and rules of correspondence. *American Journal of Sociology* 75 (2): 245–263.

Dahl, R.A. 2006. *On political equality*. Yale: Yale University Press.

Dalton, R. J. 2004. *Democratic challenges, democratic choices*. New York: Oxford University Press. http://www.oxfordscholarship.com/view/10.1093/acprof:oso/9780199268436.001.0001/acprof-9780199268436. Zugegriffen: 22. Juni 2018.

Dalton, R.J., P. Garb, N. Lovrich, J.C. Pierce, und J.M. Whiteley. 1999. *Critical masses – Citizens, nuclear weapons production, and environmental destruction in the United States and Russia*. Cambridge: MIT Press.

Davidov, E., J. Cieciuch, und P. Schmidt. 2018. The cross-country measurement comparability in the immigration module of the European Social Survey 2014–15. *Survey Research Methods* 12 (1): 15–27.

Davidov, E., B. Meulemann, J. Cieciuch, P. Schmidt, und J. Billiet. 2014. Measurement equivalence in cross-national research. *Annual Review of Sociology* 40:55–75.

Denters, B., O.W. Gabriel, und M. Torcal. 2007. Political confidence in representative democracies: socio-cultural vs. political explanations. In *Citizenship and involvement in European democracies. A comparative analysis*, Hrsg. J.W. van Deth, J.R. Montero, und A. Westholm, 66–87. London: Routledge.

Destatis. 2019. Bevölkerung mit Migrationshintergrund – Ergebnisse des Mikrozensus – Fachserie 1 Reihe 2.2 – 2018. https://www.destatis.de/DE/Themen/Gesellschaft-Umwelt/Bevoelkerung/Migration-Integration/_inhalt.html#sprg228898/. Zugegriffen: 08. Sept. 2019.

Diamond, L.J. 1999. *Developing democracy – Toward consolidation*. Baltimore: Johns Hopkins University Press.

Dogan, M. 1994. The pendulum between theory and substance: Testing concepts of legitimacy and substance. In *Comparing nations. Concepts, strategies, substance*, Hrsg. M. Dogan und A. Kanzancigil, 297–313. Cambridge: Blackwell.

Easton, D. 1965. *Systems analysis of political life*. New York: Wiley.

Easton, D. 1975. A re-assessment of the concept of political support. *British Journal of Political Science* 5 (4): 435–457.

Efremova, M., T. Panyusheva, P. Schmidt, und F. Zercher. 2017. Mixed methods in value research: An analysis of the validity of the Russian version of the Schwartz Value Survey (SVS) using cognitive interviews, multidimensional scaling (MDS), and confirmatory factor analysis (CFA). *Ask: Research and Methods* 26 (1): 3–30.

Faulbaum, F. 2018. Der totale Umfragefehler in soziokulturell heterogenen Populationen. In *Einstellungen und Verhalten in der empirischen Sozialforschung*, Hrsg. J. Mayerl, T. Krause, A. Wahl, und M. Wuketich, 237–249. Wiesbaden: Springer VS.

Friedrichsen, J., und P. Zahn. 2014. Political support in hard times: Do people care about national welfare? *European Journal of Political Economy* 35 (C): 23–37.

Fuchs, D. 1989. *Die Unterstützung des politischen Systems der Bundesrepublik Deutschland*. Opladen: Westdeutscher Verlag.

Fuchs, D., G. Guidorossi, und P. Svensson. 1995. Support for the democratic system. In *Citizens and the state*, Hrsg. H.-D. Klingemann und D. Fuchs, 323–353. Oxford: Oxford University Press.

Gilley, B. 2006. The meaning and measure of state legitimacy: Results for 72 countries. *European Journal of Political Research* 45 (3): 499–525.

Gilley, B. 2009. *The Right to rule – How states win and lose legitimacy*. New York: Columbia University Press.

Hempel, C.G. 1974. *Grundzüge der Begriffsbildung in der empirischen Wissenschaft*. Düsseldorf: Bertelsmann Universität Verlag

Heyder, A., und M. Eisentraut 2016. Islamophobia and criticism of Islam: An empirical study of explanations using representative surveys from Germany. *Islamophobia Studies Journal* 3 (2):178–198. https://www.crg.berkeley.edu/crg-publications/islamophobia-studies-journal-spring-2016-volume-3-issue-2/. Zugegriffen 12. Okt. 2018.

Heyder, A., und M. Eisentraut. 2019. Antisemitismus und Autoritarismus – Eine traditionell stabile Beziehung? Eine empirische Studie unter Berücksichtigung von Messinvarianz anhand der ALLBUS–Daten 1996/2006/2012/2016. In *Grundlagen – Methoden – Anwendungen in den Sozialwissenschaften*, Hrsg. Methodenzentrum Sozialwissenschaften Göttingen. Festschrift für Steffen M. Kühnel. Wiesbaden: Springer VS. [im Druck].

Heyder, A., und P. Schmidt. 2002. Deutscher Stolz. Patriotismus wäre besser. In *Deutsche Zustände. Folge I*, Hrsg. W. Heitmeyer, 71–82. Frankfurt a. M.: Suhrkamp.

Hill, J.L., und H. Kriesi. 2001. Classification by opinion-changing behavior: A mixture model approach. *Political Analysis* 9 (4): 301–324.

Hinsch, W. 2008. Legitimacy and justice. In *Political legitimization without morality?*, Hrsg. J. Kühnelt, 39–52. Wiesbaden: Springer VS.

Huddy, L. 2016. Unifying national identity research: Interdisciplinary perspectives. In *Dynamics of national identity: Media and societal factors of what we are*, Hrsg. J. Grimm, L. Huddy, P. Schmidt, und J. Seethaler, 9–21. New York: Routledge.

Wie valide ist die empirische Messung der Through- und ... 53

Inglehart, R. F. 2018. The age of insecurity. Can democracy save itself? *Foreign Affairs* 97 (3):20–28.

Jaccard, J., und J. Jacoby. 2010. *Theory construction and Model-building Skills – A practical guide for social scientists.* New York: Guilford Press.

Judd, C.M., und M.A. Milburn. 1980. The structure of attitude systems in the general public: Comparisons of a structural equation model. *American Sociological Review* 45 (4): 627–643.

Klingemann, H.-D. 1999. Mapping political support in the 1990s: A global analysis. In *Critical citizens. Global support for democratic governance*, Hrsg. P. Norris, 31–56. Oxford: Oxford University Press.

Kornberg, A., und H.D. Clarke. 1992. *Citizens and community: Political support in a representative democracy.* Cambridge: Cambridge University Press.

Kriesi, H. 2013. Democratic legitimacy: Is there a legitimacy crisis in contemporary politics? *Politische Vierteljahresschrift* 54 (3): 609–638.

Kurz, K., P. Prüfer, und M. Rexroth. 1999. Zur Validität von Fragen in standardisierten Erhebungen. Ergebnisse des Einsatzes eines kognitiven Pretestinterviews. *ZUMA Nachrichten* 23 (44):83–107.

Lipset, S.M. 1959. Some social requisites of democracy: Economic development and political legitimacy. *The American Political Science Review* 53 (1): 69–105.

Linde, J., und J. Ekman. 2003. Satisfaction with democracy: A note on a frequently used indicator in comparative politics. *European Journal of Political Research* 42 (3): 391–408.

Magalhães, P.C. 2014. Government effectiveness and support for democracy. *European Journal of Political Research* 53 (1): 77–97.

Markus, K.A., und D. Borsboom. 2013. *Frontiers of test validity theory: Measurement, causation, and meaning.* New York: Routledge.

Meitinger, K. 2017. Necessary but Insufficient: Why Measurement Invariance Tests Need Online Probing as a Complementary Tool. *Public Opinion Quarterly* 81 (2): 447–472.

Milfont, T.L., und R. Fischer. 2010. Testing measurement invariance across groups: Applications in cross-cultural research. *International Journal of Psychological Research* 3 (1): 111–121.

Mounk, Y., und R.S. Foa. 2018. The end of the democratic century – Autocracy's global ascendance. *Foreign Affairs* 97 (3): 20–28.

Muthén, L.K., und B.O. Muthén. 2017. *Mplus user's guide*, 8. Aufl. Los Angeles: Muthén & Muthén.

Nathan, A. J. 2007. Political culture and diffuse regime support in Asia. *Asian-Barometer* (Working Paper Series, N°43).

Norris, P. 1999. *Critical citizens: Global support for democratic government.* Oxford: Oxford University Press.

Norris, P. 2001. *Digital divide: Civic engagement, information poverty, and the internet worldwide.* Cambridge: Cambridge University Press.

Norris, P. 2017. The conceptual framework of political support. In *Handbook on political trust*, Hrsg. S. Zmerli und T.W.G. van der Meer, 19–32. Northampton: Edward Elgar Publishing.

Opp, K.-D. 2014. *Methodologie der Sozialwissenschaften*, 7. Aufl. Wiesbaden: VS Verlag.

Paxton, P.M., J.R. Hipp, und S.T. Marquart-Pyatt. 2011. *Nonrecursive models – Endogeneity, reciprocal relationships, and feedback loops.* Los Angeles: Sage.

Pearl, J., und D. Mackenzie. 2018. *The book of why – The new science of cause and effect*. New York: Basic Books.

Pickel, S., und G. Pickel. 2006. *Politische Kultur- und Demokratieforschung: Grundbegriffe, Theorien, Methoden. Eine Einführung*. Wiesbaden: VS Verlag.

Rippl, S. 2018. Rechtspopulistische Einstellungen in Chemnitz und Sachsen– eine Situationsanalyse. Eine Expertise für den Lokalen Aktionsplan für Demokratie, Toleranz und für ein weltoffenes Chemnitz. https://www.researchgate.net/profile/Susanne_Rippl. Zugegriffen 24. Sept. 2018.

Roccas, S., und A. Berlin. 2016. Identification with groups and national identity: applying multidimensional models of group identification to national identification. In *Dynamics of national identity: Media and societal factors of what we are*, Hrsg. P. Schmidt, J. Grimm, L. Huddy, und J. Seethaler, 22–43. London: Routledge.

Rosch, M., und P. Schmidt. 1981. Kognitive Veränderungen vor einer Wahl: Anwendung der Theorie der kognitiven Dissonanz auf Wählerverhalten und empirische Prüfung ausgewählter Hypothesen mittels zweier alternativer statistischer Verfahren. In *Politische Psychologie, Politische Vierteljahresschrift Sonderheft*, Hrsg. H.-D. Klingemann und M. Kaase, 240–262. Wiesbaden: Springer.

Saris, W.E., und I.N. Gallhofer. 2014. *Design, evaluation, and analysis of questionnaires for survey research 2*. Hoboken: Wiley.

Saris, W.E., und P.M. Sniderman. 2004. *Studies in public opinion – attitudes, nonattitudes, measurement error, and change*. Princeton: Princeton University Press.

Schaar, J.H. 1984. Legitimacy in the modern state. In *Legitimacy and the state*, Hrsg. W.E. Connolly, 101–133. New York: University Press.

Schmidt, P., W. Bandilla, A. Heyder, und A. Glöckner-Rist. 1997. Modellierung und Dokumentation Sozialwissenschaftlicher Theorien und Operationalisierungen mit dem ZUMA-Informationssystem (ZIS): Ein Systementwurf. *Zentrum für Umfragen, Methoden und Analysen* 41:73–99.

Schmidtke, H., und S. Schneider. 2012. Methoden der empirischen Legitimationsforschung – Legitimität als mehrdimensionales Konzept. In *Der Aufstieg der Legitimitätspolitik – Rechtfertigung und Kritik politisch-ökonomischer Ordnungen*, Hrsg. C. Daase, A. Geis, und F. Nullmeier, 225–242. Nomos: Baden-Baden.

Schneider, S., F. Nullmeier, und A. Hurrelmann. 2007. Exploring the communicative dimension of legitimacy: Text analytical approaches. In *Legitimacy in an age of global politics*, Hrsg. A. Hurrelmann, S. Schneider, und J. Steffek, 126–155. Palgrave: Houndmills.

Schnell, R., P.B. Hill, und E. Esser. 2013. *Methoden der empirischen Sozialforschung*. München: Oldenbourg.

Sokolov, B. 2018. The Index of emancipative values: Measurement model misspecifications. *American Political Science Review* 112 (2): 395–408.

Tajfel, H., und J.C. Turner. 2004. The social identity theory of intergroup behavior. In *The social identity theory of intergroup behavior, political psychology: Key readings*, Hrsg. J.T. Jost und J. Sidanius, 276–293. New York: Psychology Press.

Thomassen, J., R. Andeweg, und C. van Ham. 2017. Political trust and the decline of legitimacy debate: A theoretical and empirical investigation into their interrelationship. In *Handbook on political trust*, Hrsg. S. Zmerli und T.W.G. van der Meer, 509–525. Northampton: Edward Elgar Publishing.

Wie valide ist die empirische Messung der Through- und ...   55

van der Veld, W. M., und W. E. Saris. 2018. Measurement equivalence testing 2.0. In *Cross-cultural analysis – methods and applications*, Hrsg. E. Davidov, P. Schmidt, J. Billiet, und B. Meuleman, , 245–282. New York: Routledge. https://nls.ldls.org.uk/welcome.html?ark:/81055/vdc_100054374181.0x000001. Zugegriffen 23. Juni 2018.

van Ham, C., J.A. Thomassen, K. Aarts, und R. Andeweg. 2017. *Myth and reality of the legitimacy crisis: Explaining trends and cross-national differences in established democracies*. Oxford: Oxford University Press.

Voelkle, M.C., J.H.L. Oud, E. Davidov, und P. Schmidt. 2012. An SEM approach to continuous time modeling of panel data: Relating authoritarianism and anomia. *Psychological Methods* 17 (2): 176–192.

Weatherford, M.S. 1992. Measuring political legitimacy. *American Political Science Review* 86 (1): 149–166.

Weber, M. 1972. *Die protestantische Ethik*, Bd. 2. Gütersloh: Gütersloher Verlags Haus Gert Mohn.

Welzel, C., und R.F. Inglehart. 2016. Misconceptions of measurement equivalence – Time for a paradigm shift. *Comparative Political Studies* 49 (8): 1068–1094.

Westle, B. 2007. Political beliefs and attitudes: Legitimacy in public opinion research. In *Legitimacy in an age of global politics*, Hrsg. A. Hurrelmann, S. Schneider, und J. Steffek, 93–125. Houndmills: Palgrave Macmillan.

Westle, B. 1989. *Politische Legitimität – Theorien, Konzepte, empirische Befunde*. Baden-Baden: Nomos.

Westle, B. 1999. *Kollektive Identität im vereinten Deutschland: Nation und Demokratie in der Wahrnehmung der Deutschen*. Opladen: Leske & Budrich.

Willis, G.B. 2005. *Cognitive interviewing. A tool for improving questionnaire design*. Thousand Oaks: Sage.

Zmerli, S., und M. Hooghe. 2011. Introduction: The context of political trust. In *Political trust: Why context matters*, Hrsg. S. Zmerli und M. Hooghe, 1–12. Colchester: ECPR Press.

Legitimation und Legitimität in vergleichender Perspektive

Überblick über den Forschungsstand

Christian von Haldenwang

Zusammenfassung

Die Legitimität politischer Ordnung ist in den letzten Jahren zu einem wichtigen Referenzpunkt für die Analyse politischer Regime geworden. Das Konzept ist aber schwierig zu operationalisieren und zu messen – vor allem in Ländern, wo Legitimität eine besonders wichtige Ressource zu sein scheint (Fälle politischer Transformation und hoher Staatsfragilität). Dieses Kapitel gibt einen Überblick über den Forschungsstand. Es werden vier Messdimensionen unterschieden, die auf einem dialogischen Verständnis von Legitimität beruhen. *Legitimierung,* also die strategische Einwerbung von Legitimität, wird *einerseits* als Prozess verstanden, bei dem Legitimitätserwartungen der politischen Subjekte mit Leistungen des politischen Regimes verknüpft werden. *Andererseits* treffen die Legitimitätsansprüche der Herrschenden auf beobachtbare Verhaltensmuster der Beherrschten. Der Literaturüberblick macht deutlich, dass der dialogische Charakter von Legitimität nicht immer berücksichtigt wird. Im Ergebnis messen existierende Ansätze oft nur einzelne Aspekte von Legitimität bzw. verfehlen den Kern des Konzepts sogar völlig.

C. von Haldenwang (✉)
Deutsches Institut für Entwicklungspolitik (DIE), Bonn, Deutschland
E-Mail: christian.vonhaldenwang@die-gdi.de

© Springer Fachmedien Wiesbaden GmbH, ein Teil von Springer Nature 2019
C. Wiesner und P. Harfst (Hrsg.), *Legitimität und Legitimation*, Vergleichende
Politikwissenschaft, https://doi.org/10.1007/978-3-658-26558-8_4

1 Einleitung

In der politikwissenschaftlichen Forschung erfährt der Legitimitätsbegriff seit einiger Zeit erhöhte Aufmerksamkeit. Als normativ bzw. vortheoretisch verstandener Leitbegriff war er immer schon in Gebrauch (Peter 2010). Nun aber steigt die Zahl jener Analysen, die sich um die Konzeptualisierung, Operationalisierung und empirische Messung von Legitimität bemühen. Sie begründen sich letzten Endes in der Beobachtung, dass alle auf Dauer gestellten politischen Ordnungen Ressourcen darauf verwenden, Ansprüche auf Richtigkeit oder wenigstens Angemessenheit gegenüber den gesellschaftlichen Kräften zur Geltung zu bringen (siehe dazu die Diskussion im Kapitel von Wiesner und Harfst in diesem Band). Diese Operationen werden im vorliegenden Kapitel mit dem Begriff der *Legitimierung* bezeichnet (von Haldenwang 1996). Während aus der Sicht der politischen Subjekte keineswegs jede Herrschaft als legitim gelten kann, zeigt sich doch, dass jede Herrschaft – mit mehr oder weniger großem Erfolg – Operationen der Legitimierung durchführt. Das gilt auch für nicht-demokratische Regime, deren Legitimität heute verstärkt ins Auge gefasst wird (siehe dazu Buzogany et al. in diesem Band; Inkinen und Thyen in diesem Band).[1]

Allerdings stoßen Ansätze der empirischen Überprüfung von Legitimität immer wieder auf ernsthafte Hindernisse. Trotz wachsendem Forschungsinteresse erweist sich das Konzept in Hinblick auf Operationalisierung und Messung als störrisch. Dies trifft insbesondere auf Fälle zu, die für die Legitimitätsforschung besonders interessant sind, etwa Situationen rapiden politischen Wandels oder Länder, die unter Fragilität und gewaltsam ausgetragenen Konflikten leiden. Gerade in diesen Fällen sind verlässliche Daten zur Leistung von politischen Regimen, Meinungen und Einstellungen der Bürger, politischer Partizipation, öffentlichen Debatten usw. kaum verfügbar. Solche Daten werden aber typischerweise in Studien zur Legitimität westlicher Demokratien herangezogen (vgl. z. B. Nullmeier et al. 2010).[2] Man könnte also sagen, je prekärer offenbar die Legitimität einer politischen Ordnung

---

[1]Gerade in jüngster Zeit sind zu diesem Thema wichtige Beiträge entstanden. Vgl. beispielsweise die Sonderhefte von Contemporary Politics (Dukalskis und Gerschewski 2017) sowie der Zeitschrift für Vergleichende Politikwissenschaft (Kailitz und Wurster 2017), außerdem Abulof (2015); Backes (2013); Börzel und Risse (2016); Dukalskis (2017); Gerschewski et al. (2013); Holbig (2013); Josua (2016); Kendall-Taylor und Frantz (2015); Morgenbesser (2015, 2017); Omelicheva (2016); Pickel (2013); Polese et al. (2017).

[2]Nicht alle Länder mit eingeschränkter Datenverfügbarkeit sind fragil oder durch Konflikt gekennzeichnet; einige werden dauerhaft von autoritären Regimen regiert, die den Zugang zu Information kontrollieren.

Legitimation und Legitimität in vergleichender Perspektive 59

ist, desto schwieriger ist es, diesen Eindruck einer systematischen Prüfung zu unterziehen (von Haldenwang 2016).

Jenseits des Themas der Datenverfügbarkeit stößt die Messung von Legitimität jedoch auf grundlegende konzeptionelle Probleme: Erstens ist der Begriff von Natur aus zutiefst normativ. Seine Verwendung in der Politik, aber auch in der akademischen Forschung, begründet sich auf starken Überzeugungen mit Blick auf Inhalte und Prozesse (siehe dazu auch Wiesner und Harfst in diesem Band; Anstötz et al. in diesem Band). Einige Autoren versuchen, mit dem Problem umzugehen, indem sie zwischen demokratischen und nicht-demokratischen Formen von Legitimität unterscheiden (Ferrín und Kriesi 2016; Karlsson 2012; Montero et al. 1997; Nullmeier et al. 2010; Schlumberger 2010); andere dagegen halten an der Vorstellung einer gemeinsamen normativen Basis für alle Arten von Legitimität fest (Beetham 2013; Peter 2010; Rawls 2005). Zweitens lassen sich – wie im Folgenden gezeigt wird – zwar diverse Legitimitätsquellen und verschiedene Legitimierungsmechanismen unterscheiden. Es herrscht in der Literatur aber keine Einigkeit darüber, wie Kategorien oder Typen der Legitimität zu bilden sind – auch wenn Konsens darüber besteht, *dass* Kategorien benötigt werden. Ein drittes strukturelles Problem besteht darin, gültige und verlässliche Indikatoren für die verschiedenen Dimensionen der zu messenden Legitimität zu finden.

Der vorliegende Beitrag zeigt, dass die akademische Debatte bislang keine wirklich überzeugenden Ansätze geliefert hat, um diese Probleme anzugehen. Versuche zur empirischen Untersuchung von Legitimität leiden in der Regel unter einem von zwei grundlegenden Mängeln: Entweder sie erfassen nur spezifische Arten der Legitimität (insbesondere das westliche Modell demokratischer Rechtsstaatlichkeit), oder sie messen die allgemeine Unterstützung für das Regime anstelle von Legitimität.[3] Auf der Basis eines dialogischen Begriffs von

---

[3]Neben ‚Legitimität' und ‚Legitimierung' werden in dieser Arbeit Begriffe wie ‚politische Herrschaft', ‚politische Ordnung', ‚politisches Regime', ‚Staat' und ‚Gemeinwohl' verwendet. Da an dieser Stelle keine vertiefte Diskussion zu diesen grundlegenden, gleichwohl strittigen Konzepten geführt werden kann, werden hier zur Klärung folgende Arbeitsdefinitionen vorgeschlagen (von Haldenwang 1996): i) ‚Politische Herrschaft' bezieht sich auf die Praxis, verbindliche regulative und allokative Entscheidungen zu treffen und umzusetzen. ii) ‚Politische Ordnung' ist der allgemeine institutionelle und normative Rahmen, in dem politische Herrschaft stattfindet. iii) ‚Regime' sind Institutionen, Normen und Verfahrensweisen, die bestimmte Aspekte der politischen Ordnung abdecken. Politische Regime charakterisieren eine politische Ordnung als ‚demokratisch', ‚autokratisch' etc. iv) ‚Staat' bezieht sich auf den Teil einer politischen Ordnung, der unter Bezug auf das Gemeinwohl verbindliche Entscheidungen trifft und durchsetzt. v) ‚Gemeinwohl' wird schließlich als absichtsvolles Resultat von Maßnahmen definiert, welche a) auf

Legitimierung werden vier Messdimensionen identifiziert, die jeweils unterschiedliche Forschungsstrategien und Operationalisierungen begründen: Einstellungen und Meinungen der Bürgerinnen und Bürger, Leistungen des Regimes, Legitimitätsanspruch einer politischen Ordnung sowie beobachtbare Verhaltensmuster seitens der Beherrschten. Das Kapitel gibt einen Überblick über die empirische Forschung in jeder dieser vier Dimensionen.

2   Vier Messdimensionen

Die Beschaffung von Legitimität ist von Natur aus *dialogisch:* Am Ende der Legitimitätskette stellen die individuellen Mitglieder einer Gesellschaft (die ‚Bürgerinnen und Bürger', um den republikanischen Begriff zu verwenden) Legitimität bereit – auch wenn politische Kollektive (Parteien, Gewerkschaften, Verbände usw.) vermittelnde, verstärkende und filternde Funktionen erfüllen. Es lassen sich zwei unterschiedliche, allerdings miteinander verknüpfte Kreisläufe identifizieren. Erstens reagieren Bürgerinnen und Bürger auf *Legitimitätsansprüche* der Machthaber entweder mit Anerkennung oder Ablehnung. Aus Sicht der Herrschenden besteht der Erfolg von Legitimierung in erster Linie in der effektiven Steuerung des Verhaltens der Beherrschten. Dieser Aspekt wird häufig mit dem Hinweis auf die ‚Pflicht zum Gehorsam' in einer legitimen Ordnung erfasst. Zweitens stellen die Mitglieder einer Gesellschaft aber immer auch *Legitimierungsforderungen* – an die Herrschenden gerichtete Erwartungen im Hinblick auf eine ‚richtige', ‚gute' oder ‚gerechte' Ordnung. Machthaber können diesen Forderungen prinzipiell nachkommen, sie unterdrücken oder sie kompensieren.[4] Aus Sicht der politischen Subjekte liegt der Erfolg von Legitimierung in der effektiven Gemeinwohlorientierung des politischen Regimes.

Die Faktizität von Legitimierung und ihr dialogischer Charakter können insofern als zwei politische Zyklen dargestellt werden, wobei einerseits Legitimitätsansprüche gestellt werden (Angebotszyklus), andererseits Legitimierung

---

gemeinsamen Normen und Zielen beruhen, die sich eine Gemeinschaft selbst gegeben hat, b) Verfahrensregeln unterliegen, die keine Grundrechte individueller Gemeinschaftsmitglieder verletzen, und c) darauf abzielen, die soziale Wohlfahrtsfunktion zu maximieren.

[4]Zur Vereinfachung werden die Nichtbeachtung eines Legitimitätsanspruchs hier als eine Art Ablehnung und das Ignorieren einer Legitimierungsforderung als eine Art Repression angesehen.

Legitimation und Legitimität in vergleichender Perspektive

gefordert wird (Nachfragezyklus) (von Haldenwang 2017). Die Unterscheidung dieser beiden Zyklen hilft dabei zu verstehen, dass das „Recht zu herrschen" (Gilley 2009) einer legitimen Regierung immer durch das *Widerspruchsrecht* jedes einzelnen Mitglieds der Gesellschaft begrenzt ist (Rawls 2005). Die moralische Verpflichtung, Anordnungen zu befolgen, die manche Wissenschaftler als Kernaspekt der Legitimität nennen, ist letztendlich in unserer eigenen Bereitschaft verwurzelt, die Legitimität der fraglichen Herrschaft anzuerkennen.

Die Messung von Legitimität muss also beide Seiten der Beziehung – Regierende und Regierte – einbeziehen. Es ist nicht das erste Mal, dass solch eine Unterscheidung ins Spiel gebracht wird. Weatherford (1992) unterscheidet beispielsweise zwischen einer Top-Down-Perspektive, wenn er sich auf die institutionellen Aspekte von Legitimierung bezieht, und einer Bottom-Up-Perspektive, wenn er auf die öffentliche Meinung und die Stimme von (einzelnen) Akteuren verweist. Auch Zürn (2013) geht von einem dialogischen Modell aus. Auf Grundlage der beiden oben eingeführten Legitimitätszyklen lassen sich *vier Messdimensionen* identifizieren (siehe Abb. 1). Versteht man den Erfolg von Legitimierung als eine wirksame Ausrichtung der Regierenden auf das Gemeinwohl, so bestimmen die artikulierten *Einstellungen und Meinungen* individueller und kollektiver Akteure das Spektrum der *Leistungen* des politischen Regimes und ihrer Repräsentanten. Besteht andererseits der Legitimierungserfolg darin, das Verhalten von Gesellschaftsmitgliedern wirksam zu lenken, so hat der Legitimitäts*anspruch* der Regierenden ein Inklusionsangebot zur Folge, welches sich in den *Verhaltens*mustern („evidence of consent", Beetham 2013, S. 13) der Regierten widerspiegelt.

Diese vier Dimensionen stellen *keine* Unterarten von Legitimität oder Legitimierung dar und sollten daher nicht als Konzeptualisierung von Legitimität missverstanden werden. Sie bilden stattdessen vier Operationalisierungsansätze

Schwerpunkt auf ...	Erfolgreiche Legitimierung als ...	
	...Orientierung der Regierenden auf das Gemeinwohl	...Lenkung des Verhaltens der Regierten
...individuellen und kollektiven Akteuren (Regierte)	*Einstellungen* (z. B. Vertrauen in Führungspersonen, Zufriedenheit mit dem Regime)	*Verhalten* (z. B., Wahlverhalten, Protestaktionen, Mobilisierungen)
...Regierung (Regierende)	*Leistung* (z. B. Erbringung öffentlicher Dienstleistungen, wirksam Regulierung)	*Anspruch* (z. B. Zugang zum Recht, politische Verfahren, Bürgerrechte, wohlfahrtsstaatliche Ziele, Symbole)

Abb. 1 Messdimensionen. (Quelle: eigene Zusammenstellung)

ab, die verschiedene konzeptionelle und methodologische Weichenstellungen mit sich bringen. Empirische Studien können entsprechend ihrem Schwerpunkt auf einer oder mehreren Dimensionen voneinander unterschieden werden. Auch die Auswahl von Indikatoren lässt sich mit Blick auf diese vier Dimensionen analysieren.[5]

3 Forschungsstand

Offensichtlich hat nicht jede der vier angesprochenen Dimensionen die gleiche wissenschaftliche Aufmerksamkeit auf sich gezogen. In jüngeren Studien stehen üblicherweise Einstellungen und Meinungen der Bürger im Mittelpunkt der Forschung, oder, mit den Worten von Booth und Seligson (2009, S. 8): Legitimität wird als „attitudinal phenomenon" aufgefasst. Dementsprechend überwiegen in den letzten Jahren Forschungen, die Umfrageergebnisse heranziehen.

In Übereinstimmung mit der in Abb. 1 eingeführten Unterscheidung sollen in den nachfolgenden Teilabschnitten Messansätze mit Schwerpunkt auf Einstellungen und Meinungen (Abschn. 3.1), Leistungen (Abschn. 3.2), Legitimitätsansprüchen (Abschn. 3.3) und politischem Verhalten (Abschn. 3.4) diskutiert werden. Im letzten Abschnitt werden Studien vorgestellt, bei denen verschiedene Messdimensionen oder Methoden kombiniert werden (Abschn. 3.5).

3.1 Erste Messdimension: Einstellungen und Meinungen

Wie bereits erwähnt, tendieren viele neuere Beiträge zur Legitimitätsforschung dazu, die einstellungsbezogene Dimension des Konzepts zu betonen (siehe dazu auch die Beiträge von Fuchs und Roller in diesem Band; Pickel in diesem Band; Osterberg-Kaufmann in diesem Band; Anstötz et al. in diesem Band). Diese Dimension wird fast ausschließlich mithilfe von Umfrageergebnissen untersucht.

---

[5]Dies wurde bereits früher gemacht. Einige empirische Studien unterscheiden beispielsweise i) ‚subjektive' Indikatoren (Einstellungen und Meinungen) von ‚objektiven' Indikatoren (Steuereintreibung, Indikatoren zur Performanz des Regimes, Wahlverhalten, etc.), ii) ‚Input'-Indikatoren (Merkmale der politischen Entscheidungsfindung und Inklusion) von ‚Output'-Indikatoren (Leistungen) oder iii) ‚demokratische' Indikatoren von ‚nicht-demokratischen' Indikatoren (Hurrelmann et al. 2005; Schneider 2010).

Legitimation und Legitimität in vergleichender Perspektive 63

In Übereinstimmung mit theoretischen Überlegungen sind vergleichende Studien in den letzten zwei Jahrzehnten immer anspruchsvoller geworden (Booth und Seligson 2009; Mau und Veghte 2007; Montero et al. 1997). Daten werden insbesondere dem World Values Survey (WVS) sowie regionalen Umfragen entnommen: Eurobarometer, LatinoBarómetro, AsianBarometer, AfroBarometer und ArabBarometer.[6] Untersucht werden in erster Linie westliche Demokratien und einige fortgeschrittene industrialisierte Länder. In wachsendem Ausmaß werden Umfragedaten aber auch zur Erforschung von Entwicklungsländern herangezogen (Chu et al. 2008; Esaiasson und Ottervik 2014; Levi und Sacks 2007; Levi et al. 2009; Sacks 2012; Spehr und Kassenova 2012; Tezcür et al. 2012; Thyen 2017).

Umfragedaten erfassen *Einstellungen und Meinungen* mit einer großen thematischen Bandbreite, wohingegen Erwartungen, wie Regierungen handeln oder aussehen *sollten,* in der Legitimitätsforschung kaum herangezogen werden.[7] Ich unterscheide *Meinungen* bzgl. i) Zugang zur politischen Entscheidungsfindung, ii) spezifischen Regimemerkmalen und iii) Regimeleistungen. Dagegen beziehen sich iv) *Einstellungen* auf grundlegende Prinzipien, Merkmale, Identitäten etc. des politischen Regimes.

3.1.1 Perzeption des Zugangs zu politischen Entscheidungsprozessen

Der Zugang zu politischen Entscheidungsprozessen ist ein wesentliches Merkmal politischer Inklusion. Auch wenn es keinen direkten, theoretisch abgesicherten Bezug von individuellen Zugangserfahrungen zur Anerkennung von Legitimitätsansprüchen gibt (vgl. Marquez 2016; von Haldenwang 1999), beruhen viele Studien der demokratischen Legitimitätsforschung doch auf der Annahme, dass Legitimität durch Inklusion zumindest befördert wird. In einstellungsbezogenen Ansätzen wird Zugang vor allem mittels Angaben zur *politischen Beteiligung* gemessen. Tezcür et al. (2012) nutzen iranische WVS-Daten zu Wahlfreiheit und Bürgerrechten. Chu et al. (2008) wenden den gleichen Ansatz an und decken

---

[6]Umfragedatensätze sind unter folgenden Links zugänglich: www.worldvaluessurvey.org/ (WVS) und http://ec.europa.eu/public_opinion/index_en.htm (EuroBarometer). Die anderen oben genannten regionalen Barometer sind unter www.globalbarometers.org/ zu finden (alle aufgerufen am 29. März 2016).

[7]Miller und Listhaug (1999, S. 212 ff.) befassen sich mit Erwartungen in Bezug auf Performanzstandards, aber sie leiten Erwartungen daraus ab, wie Fairness oder Gerechtigkeit wahrgenommen werden.

„über 54 Länder" (vermutlich also 55 Länder) ab, wobei sie Daten des GlobalBarometer heranziehen, welches Datensätze von LatinoBarómetro, AfroBarometer, AsiaBarometer und seit 2005 ArabBarometer vereint.

In einigen Studien wird die Einschätzung des eigenen *Einflusses* auf den politischen Prozess herangezogen. Politische Unzufriedenheit wird beispielsweise auf diese Weise von Vassilev (2004) in Bulgarien gemessen. Holmberg (1999) befasst sich mit dem Thema des Einflusses im politischen Prozess in Schweden, während Grimes (2008) spezifisch den bürgerschaftlichen Einfluss auf Planungsverfahren der schwedischen Reichsbahn untersucht. Weatherford (1992) erforscht, wie US-Bürger auf folgende Aussage reagieren: „Wählen ist die einzige Möglichkeit für Leute wie mich, ein Mitspracherecht darüber zu haben, wie die Regierung Dinge steuert". Gel'man (2010) verwendet Daten aus einer landesweiten Umfrage mit 1500 befragten Personen zu Bürgernähe und Offenheit (,responsiveness') des politischen Regimes in Russland.

3.1.2 Meinungen zu Regimemerkmalen

Einstellungsbezogene Ansätze zur Erforschung von Legitimität stellen oftmals die Haltung der Bürgerinnen und Bürger mit Blick auf bestimmte Regimemerkmale und das *Vertrauen* in die öffentlichen Institutionen in den Mittelpunkt.

* Linde (2012) misst die öffentliche Perzeption von Verfahrenstreue und Unparteilichkeit als zentrale Quelle für die Unterstützung demokratischer Herrschaft in Osteuropa. Einige Jahre zuvor analysierten Kluegel und Mason (2004) politisches Vertrauen in fünf osteuropäischen Ländern.
* Doyle (2011) zieht Daten aus dem jährlichen LatinoBarómetro heran, um einen Index des Vertrauens in nationale politische Institutionen zu erstellen, wobei er 18 lateinamerikanische Länder abdeckt. Booth und Seligson (2009) zeigen auf, dass die Wahrnehmung von Ungerechtigkeit und Korruption negative Auswirkungen auf die politische Unterstützung in acht lateinamerikanischen Ländern hat. Power und Cyr (2009) überprüfen auf Grundlage von Daten des LatinoBarómetro das Vertrauen in den Kongress und die politischen Parteien.
* Levi und Sacks (2007) nutzen Daten des AfroBarometer zur Perzeption von Effektivität, Fairness und Vertrauenswürdigkeit von Regierungen in 16 afrikanischen Ländern.

Eine weitere Dimension, die häufig bei einstellungsbezogenen Ansätzen gemessen wird, ist *Zufriedenheit mit der Demokratie*. Anderson und Just (2012) ziehen Daten zu allen freien, demokratischen Wahlen seit 1945 heran, um die Zufriedenheit der Befragten mit der Art und Weise, wie Demokratie in ihren

Legitimation und Legitimität in vergleichender Perspektive   65

jeweiligen Ländern funktioniert, zu erfassen. Zu den Autoren, die diesen Aspekt mit Daten aus unterschiedlichen Quellen untersuchen, gehören Anderson und Singer (2008), Booth und Seligson (2005), Chu et al. (2008), Finkel et al. (2001), Linde (2012), O'Lear (2007), Vassilev (2004), und Weatherford (1992).

Rechtsstaatlichkeit ist ein weiterer Aspekt. In ihrer Studie zu acht latein-amerikanischen Ländern wollen Booth und Seligson (2009) herausfinden, ob in den Augen der Befragten Gerichte faire Verfahren gewährleisten und Rechte vom politischen Regime gut geschützt werden. Auch Weatherford (1992) befasst sich mit dem Thema fairer Verfahren. Dies tun zudem Finkel et al. (2001) unter Verwendung von Paneldaten aus Leipzig zwischen 1990 und 1998. Doyle (2011) zieht als Indikator für Legitimität in seiner Studie zu lateinamerikanischem Populismus einen Index des Vertrauens in Institutionen der Politik und Justiz heran. Einen ähnlichen Ansatz verfolgen Kwak et al. (2012) für den mexikanischen Fall, Spehr und Kassenova (2012) in ihrer Analyse zu Kasachstan sowie Levi et al. (2009) für ihre Studie zu 18 afrikanischen Ländern.

Perzeption von Rechtsstaatlichkeit umfasst zudem Meinungen zu grundlegenden *Menschenrechten* (Gilley 2006a, b, 2012; Tezcür et al. 2012). Ein spezifischer Aspekt ist die Meinungsfreiheit, die etwa von O'Lear (2007) für Aserbaidschan oder von Finkel et al. (2001) in ihrer Leipziger Paneluntersuchung als Indikator herangezogen wird.

3.1.3 Meinungen zu Leistungen des politischen Regimes

In einigen Studien werden Meinungen in Hinblick auf die Performanz politischer Regime untersucht. Dabei werden sowohl die Erbringung öffentlicher Dienstleistungen und wohlfahrtsstaatlicher Aufgaben als auch die Funktionsweisen einzelner Institutionen abgedeckt, welche mit der Umsetzung öffentlicher Politiken beauftragt sind. Diese Forschungslinie hat in den letzten Jahren an Bedeutung gewonnen. Sie basiert auf der Annahme, dass Einstellungen im Hinblick auf die sog. ‚Output-Dimension' (z. B. die Erbringung öffentlicher Dienstleistungen oder Verteilungsgerechtigkeit) eine wesentliche Dimension für die Legitimität eines politischen Regimes darstellen (Letki 2006; Miller und Listhaug 1999; Weatherford 1992). Eine zentrale Frage ist in diesem Zusammenhang, ob in der Perzeption der Bürgerinnen und Bürger ein politisches Regime auf ihre Bedürfnisse eingeht.

Diese Forschungsperspektive wird manchmal als besonders vielversprechend angesehen, da dadurch Möglichkeiten entstehen, einstellungsbezogene Ansätze (Mikroebene) mit der Beobachtung von Regimemerkmalen auf der Makroebene zu verbinden (Anderson und Singer 2008).

Manche Autoren ziehen die *Unterstützung für die amtierende Regierung* als Maßstab für Meinungen zur Performanz heran, wie z. B. Rose et al. (1999). Booth und Seligson (2005) messen die Unterstützung für kommunale Regierungen. Diverse Autoren verwenden Daten des World Values Survey zu der Frage, wie die Befragten die derzeitige Regierung beurteilen (Gilley 2006a, b, 2012; Letki 2006; Mishler und Rose 2001). Seligson (2002) sowie Criado und Herreros (2007) wollen wissen, ob die Befragten die amtieren Partei gewählt haben. Tyler et al. (2010) bitten Befragte in den USA, ihre Kooperationsbereitschaft gegenüber den Behörden zu bewerten.

Die Perzeption von *Korruption* wird häufig als Indikator für einen Mangel an politischer Legitimität angesehen (Canache und Allison 2005; Gel'man 2010; Linde 2012; Manzetti und Wilson 2007; Mishler und Rose 2001; Seligson 2002). Das Argument lautet dabei: Sobald Korruption als dysfunktionales, sei es auch übliches, Verhaltensmuster *wahrgenommen* wird, sollte es negative Auswirkungen auf Legitimität haben. Die Polizei ist in diesem Zusammenhang eine der wichtigsten von der Legitimitätsforschung ermittelten Institutionen (Gilley 2006a, b, 2012; Kwak et al. 2012; Levi et al. 2009; Turner und Carballo 2009; Tyler und Fagan 2008; Tyler et al. 2010). Unterstützung für die Polizei wird als Indikator für die Legitimität des politischen Regimes allgemein herangezogen. Wie Menschen Korruption wahrnehmen, kann zudem gemessen werden, indem Fragen zu polizeilichen Praktiken gestellt werden. Dies zeigt Seligson (2002) in seiner Legitimitäts- und Korruptionsstudie in vier lateinamerikanischen Ländern.

Auch *Sozialpolitik* wird als Dimension von Performanz untersucht. Booth und Seligson (2005) beispielsweise stellen Fragen zum Erfolgs des politischen Regimes im Kampf gegen Armut. Derartige Umfragedaten werden auch von Canache und Allison (2005) und von Kluegel und Mason (2004) herangezogen. Auch andere Autoren nutzen Umfrageergebnisse (insbesondere des WVS) zur Zufriedenheit der Befragten mit ihrer eigenen wirtschaftlichen Situation (Linde 2012; Linde und Ekman 2003; Manzetti und Wilson 2007; McAllister 1999; Mishler und Rose 2001; Tezcür et al. 2012).

Neben anderen Faktoren messen O'Lear (2007) sowie Levi und Sacks (2007) Legitimität über die Perzeption der *Bereitstellung öffentlicher Leistungen*. Später erweitert Sacks (2012) diesen Ansatz und analysiert, in welchem Ausmaß die Bereitstellung von Dienstleistungen durch nicht-staatliche Akteure und Organisationen der Entwicklungszusammenarbeit den legitimierenden Glauben der Bürger an den Staat untergräbt. Die Auswertung basiert auf Daten des Afrobarometers aus 19 Ländern.

Grundsätzlich ist zu sagen, dass die Forschung zu Meinungen eine Fülle von Informationen liefert, die Auskunft darüber geben, wie zufrieden die Befragten

Legitimation und Legitimität in vergleichender Perspektive 67

im Hinblick auf die Wahrnehmung ihrer bürgerlichen Rechte, den Zugang zum Rechtsstaat und die Leistungsfähigkeit der jeweiligen Regime sind. Was aber im Allgemeinen fehlt, ist eine Theorie, wie Unzufriedenheit legitimatorisch wirksam werden kann. Eine solche Theorie müsste auf der Makroebene Auskunft darüber geben, wie sich Erwartungshorizonte zu bestimmten Legitimationstypen und damit verknüpften Leistungsversprechen verhalten. Sie müsste darüber hinaus aber auch mikrotheoretisch aufzeigen, unter welchen Umständen Unzufriedenheit auf individueller Ebene in Legitimitätsentzug umschlägt. Das leistet die Legitimitätsforschung bislang nur in Ansätzen (vgl. Akerlof 2017; Greif und Tadelis 2010).

3.1.4 Einstellungen

Gilley (2009, S. 5) bezeichnet Legitimität als „particular type of political support". Im Unterschied zu Formen der Unterstützung, die z. B. auf individueller Loyalität oder Partikularinteressen basieren, beruht Legitimität auf der Anerkennung des Gemeinwohlanspruchs von Herrschaft (von Haldenwang 1999). Vor diesem Hintergrund und zur Unterscheidung zwischen Meinungen zu bestimmten politischen Themen und grundlegenderen Haltungen zur politischen Ordnung, werden im Rahmen zahlreicher Studien Umfragedaten benutzt, die eher Einstellungen als Meinungen offenbaren sollen.

Ein Aspekt in diesem Zusammenhang bezieht sich auf das *politische Interesse* der Bürger. Dieser Ansatz stützt sich auf die Annahme, dass mangelndes Interesse das Ergebnis politischer Entfremdung und Gleichgültigkeit sein kann und insofern auf Legitimitätsdefizite hindeutet. In einer Studie zu den neuen osteuropäischen Demokratien wird herausgefunden, dass ein positiver Zusammenhang zwischen politischem Interesse und der Unterstützung von Demokratie besteht (Linde 2012). Sowohl Montero et al. (1997) als auch Vassilev (2004) verwenden Interesse an Politik als Indikator für politische Unzufriedenheit in Spanien und Bulgarien. Gleichzeitig unterscheiden sie aber diese Dimension von politischer Legitimität. Anderson und Singer (2008) ziehen politisches Interesse als Kontrollvariable in ihrer Studie zu den Auswirkungen von Einkommensunterschieden auf die Zufriedenheit mit der Demokratie und das Vertrauen in öffentliche Institutionen in 20 europäischen Ländern heran. Dies tun auch Canache und Allison (2005) in ihrer Studie zu Korruption und politischer Zustimmung in Lateinamerika. Zu weiteren Studien, in denen das Verhältnis zwischen Interesse und politischer Zustimmung oder Legitimität untersucht wird, zählen Mishler und Rose (2001), Norris (2011b), Weatherford (1992), sowie Weitz-Shapiro (2008).

Eine weitere in der Legitimitätsforschung beachtete Einstellungsdimension ist *zwischenmenschliches Vertrauen* (im Unterschied zum Vertrauen in politische

Institutionen). Nach dieser Argumentation ist zwischenmenschliches Vertrauen eine wesentliche Voraussetzung für kollektives Handeln und Inklusion. Da es sich bei Letzteren um zwei grundlegende Merkmale legitimer Herrschaft handelt, könnten niedrige Ausprägungen zwischenmenschlichen Vertrauens mit geringer Legitimität in Verbindung gebracht werden. Diverse Autoren ziehen den World Values Survey (WVS) heran, der zwischenmenschliches Vertrauen misst (Linde 2012; Mishler und Rose 2001; Spehr und Kassenova 2012). Rose et al. (1999) verwenden Daten aus dem New Korea Barometer Survey, während Weatherford (1992) US-Wählerdaten nutzt. Letki (2006) erweitert das Thema, indem sie WVS-Elemente miteinbezieht, die sich auf die Akzeptanz bestimmter Verhaltensarten in Bezug auf das Gemeinwohl beziehen, wie z. B. Steuerbetrug.

Die Identifizierung der Bürgerinnen und Bürger mit der politischen und gesellschaftlichen Ordnung, in der sie leben, stellt eine dritte einstellungsbezogene Dimension dar, die von der Legitimitätsforschung abgedeckt wird. In mehreren Fallstudien und länderübergreifenden Analysen werden Umfrageergebnisse zu Nationalstolz oder nationalen Werten herangezogen (Booth und Seligson 2009; Dalton 1999; Klingemann 1999; Kwak et al. 2012; Newton 1999; Norris 2011b; Rose et al. 1999). Andere Autoren beziehen religiöse Identität als Kontrollvariable ein (Castillo 2012; Inglehart 1999; Newton 1999; Rose et al. 1999; Tezcür et al. 2012; Tyler et al. 2010).

Was die politische Identität der Befragten angeht, so spielt *Ideologie* (einschließlich der Identifizierung mit spezifischen politischen Parteien) eine wichtige Rolle. Spehr und Kassenova (2012) untersuchen z. B. die postsowjetische Identitätskonstruktion in Kasachstan, um zu sehen, ob ein ideologischer Kontext zur Legitimierung spezifischer politischer Konstellationen existiert. Identifizierung mit Parteien erscheint auch als Variable bei Gibson und Caldeira (2009). Sie messen aber zusätzlich die ideologische Distanz zwischen den Positionen der Befragten und der Amtsinhaber. Andere untersuchen, wo sich die Befragten selbst auf einer Links-Rechts-Skala einstufen. Hierzu gehören Anderson und Singer (2008) sowie Castillo (2012) mit einer Studie zur Perzeption von Ungleichheit und Legitimität in Chile.

Wie weiter oben gesagt, geht es in diversen Studien um Zufriedenheit mit der Demokratie als Indikator für Legitimität. Linde und Ekman (2003) zufolge messen diese Elemente jedoch nicht immer *die Unterstützung für das Ideal der Demokratie,* sondern eher ihre praktische Leistungsfähigkeit im gegebenen Kontext eines Landes. Linde und Ekman (2003) nutzen Umfragedaten, in denen Demokratie als Prinzip oder Ideal im Gegensatz zu möglichen Alternativen bewertet wird. In ähnlicher Weise messen Booth und Seligson (2009), Canache und Allison (2005), Klingemann (1999), sowie Tezcür et al. (2012) die Unterstützung

Legitimation und Legitimität in vergleichender Perspektive   69

der Demokratie getrennt von der Unterstützung für die amtierende Regierung. Montero et al. (1997) messen, ob Bürgerinnen und Bürger in Spanien die Demokratie einer autoritären Herrschaft vorziehen. Ähnlich gehen Weitz-Shapiro (2008) sowie Turner und Carballo (2009) für Argentinien vor, unter Nutzung von WVS-Daten. Auch Fuchs (1999), Kluegel und Mason (2004), sowie Linde (2012) untersuchen in ihren Forschungsarbeiten zu postkommunistischen Ländern, welche Unterstützung Demokratie im Gegensatz zu sozialistischen oder autoritären Herrschaften findet.

Eine verwandte Forschungslinie zum Thema Einstellungen untersucht, wie Befragte Autorität wahrnehmen, wobei eine positivere Einschätzung von Autorität gewöhnlich mit einem größeren Hang zu autoritärer Herrschaft in Verbindung gebracht wird (Inglehart 1999; Norris 2011b).

3.2   Zweite Messdimension: Leistungen

Im vorhergehenden Abschnitt wurde gezeigt, dass die *Wahrnehmung* von Performanz eine wichtige Rolle bei einstellungsbezogenen Legitimitätsansätzen spielt. Dies beruht auf folgender Idee: Individuelle und kollektive Akteure vergleichen den ‚Output‘ politischer Regime mit ihrer Auffassung einer ‚guten‘, ‚gerechten‘ oder ‚angemessenen‘ Bereitstellung öffentlicher Güter, um Regime als legitim oder illegitim einzustufen. Diese Zuordnung bezieht sich nicht notwendig auf die Menge an Gütern und Dienstleistungen alleine. Sie kann auch Aspekte politischer Beteiligung und die Qualität der öffentlichen Verwaltung beinhalten. Norris (2011b, S. 190) drückt es folgendermaßen aus: „From this perspective, satisfaction with the democratic performance of any regime is expected to reflect an informed assessment about the cumulative record of successive governments, whether judged by normative expectations about democratic decision-making process, or by the achievement of certain desired policy outputs and outcomes".

Manche politische Regime stützen ihre Legitimitätsansprüche primär auf Performanzkriterien wie materielle Zufriedenheit und die ihrer Politik zugrunde liegenden Präferenzordnungen.[8] Sozialistische Regime z. B. rechtfertigen ihre Herrschaft typischerweise mit Bezug auf gesellschaftliche Gleichheit und

---

[8]Zur Vermeidung von Konfusion sollte beachtet werden, dass die vorliegende Analyse Performanz aus drei verschiedenen Blickwinkeln betrachtet: i) die *Wahrnehmung* von Leistungen durch die Gesellschaftsmitglieder (behandelt im Abschn. 3.1.3); ii) die Auswirkungen

Wohlstandsgewinne, auch wenn diese in ferner Zukunft liegen (Thaa 1996). Militärdiktaturen neigen dazu, ihre Leistungsfähigkeit hinsichtlich Sicherheit und öffentlicher Ordnung zu betonen, insbesondere nach Phasen politischen Aufruhrs und gewaltsamer Konflikte. In ähnlicher Weise beruhen traditionelle Konzepte guter Herrschaft auf Leistungskriterien wie die Verteilung von Ressourcen, die Herrschaft des Rechts und die Abwesenheit von Korruption.

Die moderne Legitimitätsforschung weist den Bezug auf spezifische Leistungen als ‚objektive' Grundlage von Legitimität zu Recht zurück:[9] In einer wachsenden Zahl von Studien werden aber auf Performanz beruhende Legitimitäts*ansprüche* politischer Regime analysiert und mit objektiven oder wahrgenommenen Leistungen verglichen. Hier lassen sich zwei gegenläufige Kausalitätspfeile unterscheiden: Regime gewinnen (oder verlieren) aufgrund ihrer Performanz an Zuspruch, aber sie passen ihre Leistungserbringung auch an die artikulierten Einstellungen und Meinungen der Gesellschaftsmitglieder an (siehe dazu Buzogany et al. in diesem Band; Inkinen und Thyen in diesem Band).

3.2.1 Vergleich von performanzbasierten Legitimitätsansprüchen und Leistungen

Manche Autoren befassen sich damit, ob performanzbasierte Ansprüche eines Regimes mit seiner tatsächlichen Leistungsfähigkeit übereinstimmen oder nicht. In den meisten Fällen wird diese Verbindung über qualitative Fallstudien untersucht, wobei kausale Zusammenhänge durch narrative oder *Process-Tracing*-Methoden rekonstruiert werden. Die Grundlage dafür bilden Befragungen von Interessengruppen, die Analyse der Massenmedien und Literaturrecherchen. Diese Studien bieten wertvolle Einblicke in die Mikromechanismen der

---

von *objektiven Leistungen* auf Legitimität (hier behandelt); und iii) der Bezug auf Performanz als Strategie zur *Beschaffung* von Legitimität (behandelt unten in Abschn. 3.5 zu Legitimitätsansprüchen und Inklusion).

[9]Damit ist keineswegs gemeint, dass objektive Leistungskriterien in der Legitimitätsforschung zu ignorieren sind. In ihrer Studie zum Zusammenbruch der Demokratie kommen Diskin et al. (2005) zu der Erkenntnis, dass fünf von elf Indikatoren, die gewöhnlich mit der Stabilität oder Instabilität demokratischer Herrschaft in Zusammenhang gebracht werden, für die Vorhersage demokratischer Zusammenbrüche entscheidend sind: soziale Spaltungen, eine schlecht funktionierende Wirtschaft, eine ungünstige Geschichte, geringe Dauerhaftigkeit von Regierungskoalitionen und Einmischung von außen. Die Autoren zeigen, dass das demokratische System *de facto* zum Zusammenbruch verurteilt ist, wenn vier dieser negativen Faktoren gleichzeitig auftreten (Diskin et al. 2005, S. 204).

Legitimation und Legitimität in vergleichender Perspektive   71

Legitimierung, aber sie erfüllen nicht immer die Standards rigoroser wissenschaftlicher Prüfung. Autoren operationalisieren das Konzept der Legitimität oftmals gar nicht und berufen sich stattdessen auf ein implizites normatives Legitimitätsverständnis. Dies reduziert den Vergleichswert der Arbeiten und ihre externe Validität. Rajah (2011) z. B. untersucht das Phänomen autoritärer Regime, die durch *Rechtsstaatlichkeit* für Legitimität sorgen, wobei er Singapurs Vandalismusverordnung als Fallstudie heranzieht. Er zeigt, wie die autoritär rechtsstaatliche Haltung der Regierenden in der Folge in den politischen Diskurs aufgenommen und in ein werteorientiertes Legitimierungsmuster umgewandelt wurde. Im Gegensatz dazu interpretieren Wong und Huang (2010) die Beziehung zwischen dem politischen Regime und dem Volk im Falle Singapurs als Austauschbeziehung, bei dem die Leistungen des Regimes hinsichtlich Sicherheit und materiellem Wohlstand auf weitgehend stillschweigende Anerkennung seitens der Bürgerinnen und Bürgern treffen.

Barton (2010) beobachtet, dass die Hauptquelle der Legitimität in Indonesien in einer friedlichen demokratischen Transition in Verbindung mit Wirtschaftswachstum und Umverteilung liegt. Der Erfolg in diesen Bereichen beruhte nicht zuletzt auf der generell positiven Rolle islamischer Führer und zivilgesellschaftlicher Bewegungen. Gleichzeitig trug er dazu bei, radikale islamistische Kräfte in Schach zu halten und eine breite Unterstützung für die säkulare Demokratie in Indonesien aufrechtzuerhalten.

Rothstein (2009) argumentiert zugunsten performanzbasierter Legitimität im Gegensatz zu Legitimität auf der Basis demokratischer Wahlverfahren. Demokratische Verfahren alleine, so der Autor, können nicht das Gewicht politischer Legitimität tragen, nicht einmal in den reichsten und mutmaßlich demokratischsten Ländern. Über die Erforschung des Bürgerkriegsausbruchs in Jugoslawien identifiziert Rothstein Gründe für den Zusammenbruch von Legitimität. Er kommt zu der Erkenntnis, dass mangelnde Verfahrensfairness (oder bürokratische Qualität) in der Umsetzung öffentlicher Politiken zum Ende der Legitimität des Regimes führte.

Heberer und Schubert (2008) führen eine breit angelegte qualitative Studie zu politischer Partizipation und Legitimität des Regimes in *China* durch. Sie zeigen, dass die chinesische Regierung Legitimität zu fördern versuchte, indem sie die Bereitstellung sozialer Dienstleistungen auf die lokale Ebene verlagerte und dort neue Möglichkeiten für politische Partizipation schuf. Auch Schubert und Ahlers (2012) untersuchen die Verbindung zwischen Performanz und Legitimität in China mit einem Mehrebenenansatz. Ausgehend von Interviews mit Regierung und Partei, lokalen Kadern und Dorfbewohnern sowie mit Wissenschaftlern, zeigen die Autoren, dass Führungspersonen der Bezirke und Gemeinden bei der Umsetzung von ländlichen Politiken wirkungsvoll den Staat legitimieren können. Lokale Führungskräfte agieren als Mittler zwischen Zentralstaat und Bevölkerung.

In ähnlicher Weise behauptet Zhu (2011), dass Verweise auf die Performanz des Regimes im Hinblick auf Wirtschaftswachstum, soziale Stabilität, nationale Macht und Good Governance von den Regierenden dazu benutzt werden, Legitimität für den chinesischen Modernisierungsweg zu schaffen. Die chinesische Regierung hat in diesem Zusammenhang eine Reihe von politischen Rechtfertigungs- und bürgerschaftlichen Kontrollmechanismen entwickelt. Zhao (2009) vergleicht in einer narrativen Analyse das historische mit dem gegenwärtigen China und bezeichnet die performanzbasierte Legitimierung als traditionell dominierendes Muster der Legitimierung in China. Legitimität ist heute auch in dieser Analyse eng mit wirtschaftlichem Wachstum und mit Themen der nationalen Souveränität und territorialen Integrität verknüpft. Dies birgt, so der Autor, das Risiko eines Legitimitätsverlustes, falls die tatsächlichen Leistungen des Regimes hinter den Erwartungen zurückbleiben.

3.2.2 „Objektive" Leistungsmerkmale politischer Regime

Vor allem vergleichende Studien versuchen, „objektive" Leistungsmerkmale politischer Regime – unabhängig von den Leistungserwartungen der Bürgerinnen und Bürger – für die Legitimitätsforschung heranzuziehen. Sie stützen sich dabei vor allem auf große Datensätze und Indizes, die teilweise oder ganz auf Experteneinschätzungen basieren.

Der Bericht ‚Freedom in the World' von *Freedom House* (FH) mit seinen beiden Ratings zu Bürgerfreiheiten und politischen Rechten ist beispielsweise das Produkt der Einschätzungen von etwa 90 Experten.[10] FH-Ratings werden als Kontrollvariablen und Indikatoren für politische Unterstützung oder (demokratische) Legitimität von Clark (2007), Mishler und Rose (1999, 2001), Norris (1999, 2011b), Power und Cyr (2009), sowie Schatz (2006) eingesetzt. Andere Autoren (vgl. z. B. Letki 2006) verwenden den Polity-IV-Datensatz zu Merkmalen politischer Regime und Transition.[11]

Die von der Weltbank veröffentlichten *Worldwide Governance Indicators* (WGI) basieren zum Teil auf Experteneinschätzungen aus Drittquellen wie dem

---

[10]Online: https://freedomhouse.org/sites/default/files/Methodology%20FIW%202014.pdf, aufgerufen am 07.01.2015.

[11]Online: www.systemicpeace.org/polity/polity4.htm, aufgerufen am 09.01.2015.

Legitimation und Legitimität in vergleichender Perspektive 73

FH- oder dem *Bertelsmann Transformation Index* (BTI).[12] Letzterer wird beispielsweise von Power und Cyr (2009) als Quelle für Kontrollvariablen bei ihren surveybasierten Forschungen zu Legitimität in Lateinamerika verwendet. Norris (2011b) stützt sich in ihrer wegweisenden Arbeit zu politischer Unterstützung auf die WGI als Quelle für Leistungsindikatoren im politischen Prozess.

Um die Rolle des Staats in den Bereichen *politische Gewalt, Menschenrechte und Repression* zu erfassen, stützen sich Autoren auf Datenquellen, die (teilweise) auf Expertenmeinungen beruhen. Norris (2011b) z. B. bezieht sich auf den Cingranelli-Richards (CIRI) Human Rights Datensatz. Mit Staatsgewalt befassen sich Mullins und Young (2012) und verwenden dabei Daten des Projekts *Correlates of War*. Zusätzlich nutzen die Autoren Daten der Weltgesundheitsorganisation (WHO) zu Sterblichkeit und Todesstrafen sowie die *Political Terror Scale* (PTS)[13], als Indikator für Verletzungen des Rechts auf körperliche Unversehrtheit (Wood und Gibney 2010). Die Daten für die PTS stammen aus jährlichen Länderberichten des US-Außenministeriums sowie aus Berichten von Amnesty International.

Dass *Korruption* für Legitimität eine bedeutende Rolle spielt, ist weithin anerkannt. Als illegale und meist informelle Aktivität ist sie nur schwer messbar. Die meisten Studien stützen sich auf den von Transparency International veröffentlichten *Corruption Perceptions Index* (CPI) (Canache und Allison 2005; Criado und Herreros 2007; Norris 2011b; Power und Cyr 2009; Seligson 2002). Der CPI zieht verschiedene Umfragen und Bewertungen von einer Vielzahl unabhängiger Institutionen, Unternehmen sowie Experten heran. Ein weiterer, weniger häufig verwendeter Korruptionsindex wird im Rahmen der WGI produziert (Letki 2006).

Norris (2011b) zieht einen weiteren Ansatz in Betracht, bei dem Performanz mit dem Grad an internationalem Engagement verbunden wird. Sie bezieht sich auf den KOF-Globalisierungsindex,[14] der die wirtschaftlichen, sozialen und politischen Dimensionen der Globalisierung misst. Dieser stützt sich u. a. auf Daten der Vereinten Nationen, des Internationalen Währungsfonds und der Weltbank.

---

[12]Online: http://info.worldbank.org/governance/wgi/index.aspx#doc, aufgerufen am 07.01. 2015.

[13]Online: www.humanrightsdata.com/; www.correlatesofwar.org/; www.politicalterrorscale. org/, alle aufgerufen am 08.01.2015.

[14]KOF ist das Akronym der Konjunkturforschungsstelle der Eidgenössischen Technischen Hochschule (ETH) in Zürich. Online: http://globalization.kof.ethz.ch/, aufgerufen am 12.01.2015.

Der von Norris und Inglehart (2009) erstellte *Cosmopolitanism Index* benutzt Daten des KOF-Index und kombiniert ihn mit dem *Freedom-House-Index* sowie mit dem Pro-Kopf-BIP (Bruttoinlandsprodukt). Jede Komponente wird bei der Erstellung des Gesamtindex gleich gewichtet – ein recht übliches Verfahren für aggregierte Messungen von Eigenschaften oder Leistungen politischer Regime.

Zu anderen größeren Datensätzen, die nicht auf Expertenbeurteilungen beruhen, zählt der vom Entwicklungsprogramm der Vereinten Nationen (UNDP) veröffentlichte *Human Development Index*, der als Indikator für sozioökonomische Entwicklung herangezogen wird (Norris 2011b; Power und Cyr 2009). In diesem Index werden Lebenserwartung, Bildungsniveau und Pro-Kopf-Einkommen kombiniert. Zudem werden Daten aus den *World Development Indicators* häufig als Indikatoren für wirtschaftliche Entwicklung herangezogen (Jhee 2008; Norris 2011b; Power und Cyr 2009). Turner und Carballo (2009) verwenden Daten aus dem *CIA World Factbook*. Miller und Listhaug (1999) verwenden zur Einschätzung von Performanz fiskalische Daten des Internationalen Währungsfonds (IWF).

Regimewandel kann als weiterer Ansatz der Performanzmessung betrachtet werden. Mishler und Rose (2001) kodieren Länder im Hinblick darauf, ob in den letzten 20 Jahren ein Regimewandel stattgefunden hat oder nicht. In ähnlicher Weise kategorisieren Gandhi und Przeworski (2007) Länder in Hinblick darauf, welche Art von autokratischer Herrschaft abgelöst wurde (Monarchie, Militärdiktatur, zivile Autokratien, andere). Norris (2011b) verwendet das *Handbook of Electoral System Design* des *International Institute for Democracy and Electoral Assistance* (IDEA) als Datenquelle für politischen Regimewandel.

Das *Center for Systemic Peace* (CSP) misst *Legitimität* hauptsächlich auf Grundlage von Performanz entlang von vier Dimensionen (Vasu und Cheong 2014): Sicherheit, Politik, Wirtschaft und Soziales. i) Legitimität im Bereich Sicherheit basiert auf dem PTS-Indikator für staatliche Repression. ii) Politische Legitimität beruht auf Daten zu politischer Zersplitterung, Diskriminierung ethnischer Gruppen, politischer Bedeutung ethnischer Zugehörigkeit von Eliten, Fragmentierung der politischen Ordnung und ausschließender Ideologie der regierenden Elite; alle stammen aus Berichten des CSP. Wirtschaftliche Legitimität basiert iii) auf dem Anteil verarbeiteter Produkte am Gesamtexport, iv) soziale Legitimität auf der Kindersterblichkeitsrate. Zugrunde liegt die Argumentation, dass „[g]reater levels of societal-systemic development favor and support more inclusive and deliberative forms of decision making and legitimate sources of authority" (Vasu und Cheong 2014, S. 7). Aufgrund der begrenzten Anzahl an Indikatoren und des daraus resultierenden Informationsmangels, bleiben die mikrotheoretischen Grundlagen dieses Ansatzes allerdings im Dunkeln.

Die Verwendung von Daten aus Indizes zu politischen Regimen und bestimmten Leistungsdimensionen ist in der politikwissenschaftlichen Literatur durchaus üblich. Solche Indizes sind beliebt, weil sie Daten für zahlreiche Länder liefern und die Forscher von der mühsamen Aufgabe entlasten, Daten zu kodieren, ihre Validität zu prüfen und Grenzwerte oder Aggregationsregeln festzulegen. Es ist daher nicht überraschend, dass diese Indizes in den letzten Jahren auch in der Legitimitätsforschung vermehrt Verwendung finden. In theoretischer Hinsicht macht es jedoch wenig Sinn, allein auf dieser hochaggregierten Basis zu suggerieren, dass spezifische Merkmale oder Leistungsparameter auf die An- oder Abwesenheit von Legitimität schließen lassen. In den meisten Fällen sind die Kategorien zu breit, die Aggregationsregeln zu pauschal, die Messfehler zu groß und die Schwellenwerte zu beliebig, als dass aussagekräftige Verallgemeinerungen jenseits von einfachen statistischen Zusammenhängen gemacht werden könnten (Gisselquist 2014).

3.3 Dritte Messdimension: Legitimitätsanspruch

Jeder Legitimitätsanspruch beinhaltet ein Angebot politischer Inklusion. Die Adressaten des Anspruchs werden eingeladen, Teil eines Kollektivs mit spezifischen Merkmalen, Zielen und Prinzipien zu sein. Inklusion kann unter Berufung auf materielle Strategien und Leistungen (z. B. Sozialleistungen, Beschäftigung) oder als Einladung zu politischer Partizipation durch Wahlen, Massenmobilisierung usw. gestaltet werden. Sie äußert sich in der Identifizierung mit einer charismatischen Führungsperson, mit der Nation, mit übergeordneten Zielen (z. B. Unabhängigkeit von Kolonialherrschaft) oder mit grundlegenden Prinzipien und Normen, die beispielsweise dem demokratischen Rechtsstaat zugrunde liegen. Wie bereits oben gesagt, macht jede politische Ordnung, die auf Dauer gestellt ist, derartige Angebote und verknüpft damit die Erwartung, dass die Gesellschaftsmitglieder ihre Verhaltensmuster als Reaktion auf dieses Angebot anpassen. In der Fachliteratur werden Strategien, die Inklusionsangebote als kontrollierte politische oder materielle Partizipation für spezifische Oppositions- oder Elitegruppen formulieren, teilweise auch als Kooptation bezeichnet.[15]

---

[15]Kooptation wird manchmal zusammen mit Repression und Legitimität als dritte Modalität von Herrschaft diskutiert (Gerschewski 2013, 2017; Lueders und Croissant 2014;

3.3.1 Autokratische Inklusionsangebote

Immer mehr Literatur zu Legitimität in nicht-demokratischen Regimen konzentriert sich auf die Frage, wie sich Regierende um Legitimität *bemühen* und welche Inklusionsangebote sie einsetzen. Ähnlich wie bei der oben diskutierten Performanzdimension überwiegen qualitative Fallstudien, wobei die methodologische Qualität der Arbeiten auch hier gemischt ist. Ein besonders vielversprechender Ansatz stammt von Grauvogel und von Soest (2017). Sie vergleichen Legitimationsstrategien von Autokratien mithilfe eines selbst entwickelten Datensatzes, dem Expertenbefragungen für 98 Länder weltweit zugrunde liegen (vgl. auch von Soest und Grauvogel 2015, 2017). Die Autoren zeigen, wie sich sechs Legitimationsdimensionen jeweils unterschiedlich gruppieren, wenn verschiedene Typen autokratischer Herrschaft betrachtet werden. Zum Beispiel wird deutlich, dass Regime vom Typus „closed autocracy" stärker als vermutet ideologisch motivierte Legitimitätsansprüche einsetzen, während für „electoral autocracies" Wahlen eine Rolle spielen, die über eine bloße „Feigenblattfunktion" hinausgeht.

Verschiedene Autoren analysieren die Legitimität autokratischer Regime in der *Region Naher Osten/Nordafrika* (Middle East/North Africa, MENA) – ein Teil der Welt, wo einige der widerstandsfähigsten autokratischen Regime zu finden sind, obgleich in den letzten Jahren radikale Veränderungen in vielen MENA-Ländern zu beobachten sind. Interessanterweise schreiben manche Studien externen (internationalen) Legitimitätsquellen eine wichtige Rolle zu.

Pruzan-Jorgensen (2010) untersucht, wie Anfang der 2000er Jahre eine Reform des traditionellen Familienrechts (einschließlich neuer Rollen und Rechte für Frauen) in Marokko legitimiert wurde. Ausgehend von einer Diskursanalyse zweier Reden von König Mohammed VI., ermittelt die Autorin eine Mischung aus charismatischen, traditionellen und rational-legalen Ansprüchen, die teilweise an externe Akteure gerichtet sind. In der Arbeit wird darüber hinaus diskutiert, wie die Inklusionsangebote von spezifischen Gruppen in Marokko wahrgenommen wurden (Liberale, Islamisten, Traditionalisten).

Schlumberger (2010) diskutiert traditionelle, materielle, ideologische und religiöse Legitimität als die vier von arabischen Autokratien hauptsächlich eingesetzten Legitimierungsstrategien. Er kommt zu dem Schluss, dass mit wenigen

---

Schneider und Maerz 2017). Sie wird in diesem Zusammenhang als Beziehung verstanden, die auf Interesse und materieller Belohnung beruht. Aber Kooptation bringt auch Inklusionsangebote mit sich. In dieser Hinsicht kann sie auch Teil einer Legitimierungsstrategie sein (Josua 2016; Kendall-Taylor und Frantz 2015).

Legitimation und Legitimität in vergleichender Perspektive 77

Ausnahmen (z. B. Saudi-Arabien) Religion eine weniger wichtige Rolle bei der Legitimierung regionaler Autokratien spielt, als für gewöhnlich in der politikwissenschaftlichen Forschung angenommen wird. Tradition (insbesondere die dynastische Rechtfertigung dauerhafter Herrschaft) stellt eine wichtige Säule zur Legitimierung des Status quo dar, manchmal in Verbindung mit wohlfahrtsstaatlichen Leistungen. Im Gegensatz dazu wird Ideologie (auch in Verbindung mit Religion) immer stärker von Kräften ins Spiel gebracht, die bestehende Regime infrage stellen. Zentrale Legitimierungsbegriffe sind heutzutage Widerstand (gegen etablierte Regime und westlichen Einfluss) und Solidarität (mit Palästinensern und Irakern).

Ähnlich wie Pruzan-Jorgensen (2010) ermittelt Sedgwick (2010) als Schlüssel zur Regimestabilität in Ägypten externe (primär westliche) Legitimitätsquellen. Gestützt auf eine Institutionenanalyse und Umfragen zeigt er, dass traditionelle Legitimität stark war, als wirtschaftliche (auf Leistung beruhende) Legitimierung eine eher negative Rolle spielte und die ägyptischen Regierungen in den Bereichen Wohlfahrt und öffentliche Dienstleistungen offensichtlich hinter den Erwartungen zurückblieben. Allgemein weist Sedgwicks Analyse der Hochs und Tiefs spezifischer Legitimierungsmuster auf grundlegende Legitimitätsdefizite im Ägypten Mubaraks hin.

Einige Jahre zuvor untersuchte Albrecht (2005) autoritäre Überlebensstrategien unter Bezugnahme auf Ägypten. Er fand heraus, dass die kontrollierte Beteiligung der Opposition (Kooptation) die autoritäre Herrschaft scheinbar stärkte und daher eher zur Legitimität als zur Untergrabung des ägyptischen Staats beitrug. In ihrer Studie zu Jordanien kommt Josua (2016) zu ähnlichen Schlussfolgerungen. Ihrer Meinung nach stützte sich das Regime eher auf Kooptation, um die Beziehungen mit unterstützenden Gruppen zu stärken, als dass neue Gesellschaftssektoren integriert würden. Abulof (2015) diskutiert, wie autokratische Regime mithilfe des Zugangs zu Rohstoffrenten Wohlfahrtsversprechen erfüllen und damit eine auf Performanz basierende Legitimität (oder „negative Legitimität", Abulof 2015, S. 2) festigen.

In den letzten Jahren hat eine wachsende Zahl von Studien Inklusionsmuster anhand des *chinesischen Falles* untersucht. Nicht selten werden medien- und diskursanalytische Ansätze verwendet, um unterschiedliche Inklusionsmuster zu identifizieren. Die meisten Arbeiten beobachten eine Relegitimierung des Regimes seit den 1990er Jahren. In ihrer Studie zur Überzeugung von Massen als Legitimierungsmittel in China rekonstruiert Brady (2009) die von der Kommunistischen Partei gesteuerte ideologische und kommunikative Transformation Chinas. Ihr zufolge hat marktwirtschaftlicher Liberalismus zusammen mit einer zunehmenden Betonung von ,Patriotismus' die Ideologie sozialer Transformation der Mao-Ära ersetzt. Ein wesentliches Inklusionsinstrument besteht in der Fähigkeit der regierenden Partei, die öffentliche Debatte zu lenken. Hsu (2001) bezieht in ihrer Studie zu Korruption in China offizielle Erklärungen der Kommunistischen Partei Chinas ebenso ein wie bürgerschaftliche und regimekritische Äußerungen. Ausgehend von Interviews und einer Analyse der Massenmedien gelangt die Autorin zu der Erkenntnis, dass seit den 1990er Jahren und in einem Kontext marktorientierter Reformen die Rolle des Staats neu dargestellt wird, wobei ideologische oder moralische Führungsansprüche zunehmend durch wirtschaftliche Steuerungsansprüche ersetzt werden. In diesem neuen Rahmen ist Korruption keine (de-legitimierende) moralische Dysfunktion des Staates mehr, sondern Fehlverhalten individueller Personen. Der Kampf gegen Korruption wird zu einer (legitimierenden) Leistung der Behörden, die damit augenscheinlich auf Forderungen der Bürgerinnen und Bürger reagieren. Er ist Teil einer Legitimierungsstrategie, die letztendlich auf Wirtschaftswachstum und sozialer Stabilität beruht.

Holbig und Gilley (2010) untersuchen die chinesische Legitimitätsdebatte anhand von 168 Artikeln aus Partei- und Fachzeitschriften. Im Unterschied zu anderen hier zitierten Quellen gelangen sie zu der Erkenntnis, dass die Legitimität des kommunistischen Regimes verschiedene Quellen heranzieht. Wirtschaftliche Entwicklung und Nationalismus sind nur zwei davon. Weitere, dauerhaftere Inklusionsangebote beziehen sich auf Ideologie, Kultur und Governance (siehe dazu auch Holbig 2013). Song und Chang (2012) analysieren die Berichterstattung in Chinas wichtigster Zeitung *People's Daily* im Hinblick auf die Entwicklung ländlicher Räume im Zeitraum 1997–2006. Sie kommen zu dem Schluss, dass die politische Verantwortung im Endeffekt von den zentralen Behörden an die örtlichen Bürokratien übertragen wurde, und zwar als Strategie, das zentrale Regime von den delegitimierenden Auswirkungen von Performanzdefiziten bei der Implementierung öffentlicher Politiken zu isolieren.

Mit Blick auf weitere asiatische Fälle betonen andere Autoren Spannungen, die von konkurrierenden Angeboten traditioneller und moderner politischer Inklusion ausgehen. McCarthy (2010) z. B. untersucht Legitimierungsstrategien der Militärregierungen in Myanmar. Diese verweisen auf historische Errungenschaften bei der Verteidigung des Landes gegen ethnischen Separatismus und kommunistische Aufstände, aber auch auf die Förderung und Verteidigung des Buddhismus, die Wiederbelebung monarchischer Traditionen in einem Kontext nationaler Unabhängigkeit und Souveränität sowie die Förderung des Wirtschaftswachstums und der regionalen Integration. Der Autor zeigt auf, wie diese Strategien infrage gestellt und auf vielfältige Weise angepasst wurden. Thayer (2010) legt dar, dass die Legitimität des Ein-Parteien-Regimes in Vietnam in den letzten Jahrzehnten zunehmend infrage gestellt wurde. Auf diese Herausforderungen

Legitimation und Legitimität in vergleichender Perspektive 79

reagierte das Regime mit Repression, aber es passte auch seine Legitimierungsmuster in einem graduellen Liberalisierungsprozess an. Beispielsweise vertiefte es Marktreformen, reformierte staatliche Einrichtungen und beschleunigte die Erneuerung der Führungselite in Partei und Staat. Thayer zufolge wurde nach jahrzehntelangem Krieg Stabilität zu einer wichtigen Säule der Legitimität. Zusätzlich waren hohe Wachstumsraten für die performanzbasierte Legitimierung des sozialistischen Regimes wichtig.

Ein weiteres Beispiel für Ein-Parteien-Herrschaft präsentiert Case (2010). Der Autor untersucht Proteste gegen das Regime in Malaysia, die teilweise von ethnischen Spaltungen herrühren. Der nicht-malaiische Teil (etwa die Hälfte) der Bevölkerung lehnte Angebote ethnisch-nationalistischer Inklusion ab, die eigens auf Malaien ausgerichtet waren. Neben wachsenden religiösen Konflikten, Ämterpatronage und hoher Korruption (was die Glaubhaftigkeit der Inklusion sogar in den Augen der begünstigten Gruppe der Malaien untergrub), führte dies für das Regime zu einem schweren Debakel bei den Wahlen 2008.

Dressel (2010) analysiert die fragile ideologische Transformation in Thailand ausgehend von einer ‚historisch-institutionellen‘ Darstellung von Machtkämpfen und Legitimitätsansprüchen. Dem Autor zufolge besteht ein Konflikt zwischen dem traditionellen Konzept eines paternalistisch-autoritären Staates, wo Religion, der König und sein Netzwerk für Stabilität sorgen, und neueren Forderungen nach Volkssouveränität, Konstitutionalismus und materiellen Leistungen. Beide konkurrierenden Inklusionsvorschläge haben zu bestimmten Zeitpunkten versagt und zur wachsenden Polarisierung in der thailändischen Politik beigetragen. In ähnlicher Weise zeigen Vasu und Cheong (2014), dass korporatistische Inklusionsmuster in Singapur durch genau jene ethnische Fraktionalisierung infrage gestellt werden, die sie eigentlich legitimatorisch ‚neutralisieren‘ sollen.

Die strategische Nutzung von Wahlen zur Beschaffung innerstaatlicher und internationaler Legitimität unter autokratischer Herrschaft analysiert Morgenbesser (2015) mit Bezug auf Myanmar. Nach Auffassung des Autors sind kontrollierte Wahlen eine Möglichkeit, Anhänger des Regimes zu mobilisieren, Signale der Regimestärke zu senden und durch die vorgetäuschte Einhaltung demokratischer Normen internationale Anerkennung zu gewinnen (siehe auch Kendall-Taylor und Frantz 2015; Morgenbesser 2017). Ebenso zeigt Lambert (2011) in ihrer Fallstudie zu politischen Reformen in Katar, dass die Entscheidung des neuen katarischen Regimes, Wahlen abzuhalten und Frauen politische Rechte zu gewähren, vor allem durch die Suche nach externer Legitimität motiviert wurde, um westliche Sicherheitsgarantien und mehr Unabhängigkeit vom Nachbarland Saudi-Arabien zu erlangen.

Bei aller methodischen und empirischen Diversität machen diese Studien doch deutlich, dass nicht-demokratische Regime ihren Herrschaftsanspruch mit einer Vielzahl unterschiedlicher Inklusionsangebote verknüpfen und dabei im Hinblick auf Regimestabilisierung durchaus große Erfolge verzeichnen können. Gleichzeitig weist diese Forschung aber auch darauf hin, dass diese Angebote oft vergleichsweise prekär sind und in Reaktion auf veränderte Rahmenbedingungen immer wieder angepasst werden müssen. Dies mag damit zusammenhängen, dass sich nicht-demokratische Regime generell stärker über die Performanzdimension legitimieren (siehe dazu Buzogany et al. in diesem Band; Inkinen und Thyen in diesem Band).

3.3.2 Demokratische Inklusionsangebote

Demokratische Inklusionsangebote werden oft aus einer einstellungsbezogenen Perspektive (siehe oben, Abschn. 3.1) oder im Zusammenhang eines mehrdimensionalen Forschungsdesigns (siehe unten, Abschn. 3.5) diskutiert. In mehreren Studien werden aber auch spezifische Inklusionsaspekte in demokratischen Settings untersucht.

In ihrer Studie zur argentinischen Krise 2001–2002 verwenden Armony und Armony (2005) ein computergestütztes Programm, das spezifische Schlüsselwörter in Internetforen zählt (z. B. ‚Land‘, ‚Stolz‘, ‚Volk‘, ‚Arbeit‘), und untersuchen Reden des Präsidenten. Ziel ist es, herauszufinden, wie Bürgerinnen und Bürger auf populistische Inklusionsangebote in Krisenzeiten reagieren. Jagers und Walgrave (2007) messen Populismus als politischen Kommunikationsstil in Belgien, wobei sie sich auf eine Analyse von Fernsehprogrammen stützen. Hawkins (2009) präsentiert eine vergleichende Populismusanalyse, indem er über 200 Reden von mehr als 40 (hauptsächlich lateinamerikanischen) Regierungschefs analysiert. Er gelangt zu der Schlussfolgerung, dass Populismus als ein hinreichend kohärentes und konsistentes Phänomen identifiziert werden kann.

Satoh (2010) rekonstruiert den Wandel der japanischen Legitimität. Sie zeigt, dass Inklusionsangebote, die auf bürgerlichem Gehorsam und Nationalismus beruhen, immer stärker angefochten und schrittweise von Mustern demokratischer Partizipation und Volkssouveränität ersetzt werden. Wisman und Smith (2011) analysieren die historische Legitimierung von Ungleichheit in westlichen Gesellschaften. Sie kommen zu der Erkenntnis, dass Religion durch wirtschaftliches Denken als ideologische Rechtfertigung von Ungleichheit ersetzt wurde.

Legitimation und Legitimität in vergleichender Perspektive 81

3.4 Vierte Messdimension: Verhaltensmuster

Die letzte oben eingeführte Messdimension bezieht sich auf das Verhalten individueller und kollektiver Akteure. Versteht man erfolgreiche Legitimierung als wirksame Steuerung des Verhaltens der Regierten (der ‚Angebotszyklus' der Legitimierung), so können die beobachteten Verhaltensmuster wichtige Hinweise auf die Legitimität politischer Ordnungen geben. Zusätzlich können Verhaltensmuster auch als Indikatoren für Einstellungen und Meinungen dienen. Auch wenn dies grundsätzlich anerkannt ist, müht sich die Wissenschaft damit, aussagekräftige und valide Indikatoren zur Messung dieser Dimension zu ermitteln.

- Die erste Herausforderung besteht darin, den zu untersuchenden Effekt von anderen möglichen Effekten zu isolieren: Ist beispielsweise eine hohe Wahlbeteiligung im Land X der Legitimität dieser politischen Ordnung zuzuschreiben? Oder ist sie vielleicht das Ergebnis politischer Mobilisierung, weil die Legitimität der politischen Ordnung von oppositionellen Gruppen infrage gestellt wird? Oder drohen womöglich (legale oder illegale) Sanktionen, wenn man nicht wählen geht? Und umgekehrt, bringen Nichtwähler notwendigerweise Unzufriedenheit oder gar Delegitimierung zum Ausdruck, oder könnte ihr Verhalten aus apolitischen (nicht unbedingt anti-politischen) Einstellungen erwachsen – oder einfach aus der Tatsache, dass zum Zeitpunkt der Wahl keine politisch brisanten Themen zur Debatte stehen?
- Eine zweite Herausforderung in diesem Zusammenhang betrifft den Zugang zu Daten, um Verhaltensmuster vergleichend zu analysieren. Fiskalsoziologische bzw. *fiscal contractualism*-Ansätze zum Thema Besteuerung (Bräutigam 2002; Levi et al. 2009; Moore 2008; Timmons 2005) betrachten das Zahlen von Steuern (insbesondere von direkten Steuern auf private Einkommen und Vermögen) teilweise als Indikator für Legitimität. Jenseits der Welt der OECD-Mitgliedsstaaten fällt es Forschern aber schwer, an die zur Untersuchung dieses Zusammenhangs notwendigen Daten heranzukommen.

Gilley (2006a, b) untersucht Legitimität anhand von drei Messdimensionen (Rechtmäßigkeit, Rechtfertigungen und Zustimmungshandlungen). Zwei verhaltensbezogene Indikatoren beziehen sich auf die dritte Dimension: Wahlbeteiligung sowie die Zahlung von Steuern. Der zweite Indikator wurde erstmals von Levi (1988) eingeführt. Wahlbeteiligung wird auch von Doyle (2011) und Jhee (2008) herangezogen. Alternativ messen Grävingholt et al. (2015) (mangelnde) Regimeunterstützung u. a. mittels Daten zur Gewährung von politischem Asyl nach Ursprungsland, welche vom UN-Flüchtlingshilfswerk (UNHCR) veröffentlicht werden.

Einige Autoren verwenden Verhaltensmuster als Indikatoren für politisches Interesse – Newton (1999) z. B. Umfragedaten zur Zeitungs- und Fernsehnutzung. Broms (2015) zieht in seiner Studie zum Verhältnis von Steuerzahlung und politischem Interesse in Subsahara-Afrika Umfrageergebnisse zur Beteiligung an politischen Diskussionen heran. Dasselbe tut auch Vassilev (2004) bei seiner Forschung zu Bulgarien.

Politische Partizipation bewerten Criado und Herreros (2007) sowie Booth und Seligson (2009) auch anhand von Umfragedaten. Dadurch entsteht ein differenzierteres Bild politischer Partizipation als nur durch die Verwendung von Wahldaten. Letki (2006), Mishler und Rose (2001) sowie Newton (1999) berufen sich auf Daten des World Values Survey zur Mitwirkung in zivilgesellschaftlichen Organisationen, während Norris (2011a) aus derselben Quelle Informationen zur Beteiligung an Demonstrationen, Petitionen und dem Boykott von Konsumgütern gewinnt.

In politischen Regimen, die politische Mobilisierung einer engen Kontrolle unterwerfen, können Massenproteste ein Indikator für Legitimitätsprobleme sein, wobei eine verlässliche Interpretation der Ereignisse häufig erst in der Rückschau möglich wird. Lueders und Croissant (2014) benutzen in ihrer vergleichenden Studie von 68 Autokratien Daten zu Protesten der Bevölkerung sowie der Elite gegen das Regime, verweisen aber auch auf die oben erwähnte Problematik, derartige Daten als Indikator für Legitimierungsdefizite heranziehen zu können.

Tezcür et al. (2012) überprüfen die Annahme, dass religiöse Aktivität ein Faktor zur Förderung politischer Beteiligung sein kann, anhand von Umfrageergebnissen zu Moscheebesuchen und zum Einfluss religiöser Führungspersonen. Mishler und Rose (1999) erfassen den Besuch von Gottesdiensten. Und schließlich erforschen Heberer und Schubert (2008) politische Partizipation und Legitimität in China anhand von Informationen zu lokalen (nachbarschaftlichen) Partizipationsmustern in mehreren chinesischen Städten und Dörfern.

3.5 Mehrdimensionale Ansätze

Mehrere Ansätze zur Messung von Legitimität oder Legitimierung decken mehr als nur eine der oben diskutierten Dimensionen ab (siehe dazu Osterberg-Kaufmann in diesem Band; Anstötz et al. in diesem Band). In diesem Abschnitt werden beispielhaft Studien diskutiert, die i) einstellungs- und verhaltensbezogene Messungen sowie ii) performanz- und verhaltensbezogenen Messungen kombinieren.

Legitimation und Legitimität in vergleichender Perspektive 83

Außerdem werden iii) Studien vorgestellt, die auf Diskurs- oder Medienanalysen beruhen (siehe dazu Wiesner in diesem Band).

3.5.1 Kombinationen von einstellungs- und verhaltensbezogenen Messungen

Viele Autoren räumen ein, dass durch die Messung von Meinungen und Einstellungen Legitimität und Legitimierung nicht vollständig analysiert werden können, und bemühen sich um den Nachweis bestimmter politischer Handlungsmuster in Verbindung mit politischen Einstellungen oder Meinungen. Der in dieser Hinsicht wahrscheinlich am weitesten fortgeschrittene Ansatz stammt von Gilley (2006a, b, 2012). Ausgehend von Beethams (2013) Verständnis von Legitimität als einer Kombination aus Rechtsgültigkeit, moralischer Rechtfertigung und öffentlicher Zustimmung, verwendet er sechs einstellungsbezogene (auf Umfragen beruhende) und drei verhaltensbezogene Indikatoren. Die dritte Dimension (Zustimmung) wird mittels Daten zu Wahlbeteiligung und zu Steuerzahlungen, erfasst. Die Nutzung von Steuerdaten als Indikator für Legitimität wurde von Levi (1988) eingeführt. Gilley zieht zusätzlich einen weiteren verhaltensbezogenen Indikator heran, und zwar den Einsatz von Gewalt in zivilgesellschaftlichen Protestbewegungen. Die Daten stammen aus dem *World Handbook of Political and Social Indicators.*

3.5.2 Kombinationen von performanz- und verhaltensbezogenen Messungen

Zur Erfassung von Legitimität im Kontext ihrer Forschung zu fragilen Staaten stützen sich Grävingholt et al. (2015) auf zwei performanz- und einen verhaltensbezogenen Indikator. Zunächst verwenden sie PTS-Daten zu staatlicher Gewalt. Dem liegt die Annahme zugrunde, dass Repression und Legitimität zueinander in einem reziproken Verhältnis stehen und dass Regierende aufgrund der hohen Kosten von Repression Legitimität bevorzugen. Zudem verwenden die Autoren von der NGO *Reporters Without Borders* bereitgestellte Daten zur Pressefreiheit. Als verhaltensbezogener Indikator wird in der Studie die Gewährung politischen Asyls (Zahl der Fälle nach Ursprungsland) betrachtet. Die Daten stammen vom UNHCR.

Dieser Ansatz hat den Vorteil, sich auf beide Legitimierungszyklen (‚Angebot' und ‚Nachfrage') sowie auf Regierte wie auch Regierende zu beziehen – wenn auch nicht in dialogischem Bezug aufeinander (siehe Abb. 1). Allerdings ist die Aussagekraft der Indikatoren eher begrenzt. Insbesondere die (im Übrigen weitverbreitete) Annahme, Repression stünde in einem reziproken Verhältnis zu Legitimität und sei teurer als diese, bedürfte weiterer Überprüfung. Zum Teil als

Reaktion auf derartige Einwände sind Grävingholt et al. (2015) bei der Aggregation der Indikatoren vorsichtiger als andere Autorinnen und Autoren. Anstelle der sonst üblichen Addition von Werten bzw. Berechnung von Durchschnitten verwenden sie für jede Beobachtung (Land/Jahr) eine Minimalregel. So geht allerdings Information und darum bei der abschließenden Messung Detailgenauigkeit verloren, da nur der ‚schlechteste' Indikator bei der Einstufung jeder Beobachtung berücksichtigt wird. Der grundlegende Ansatz der Studie – die Identifizierung von Mustern staatlicher Fragilität – rechtfertigt jedoch eine derartige Vorgehensweise.

Lueders und Croissant (2014) untersuchen das Überleben autokratischer Regierungen unter Bezug auf drei Faktoren: Legitimation, Repression und Kooptation (vgl. Gerschewski 2013). Für die Messung von Legitimation kombinieren sie ebenfalls performanz- und verhaltensbezogene Indikatoren, nämlich Wirtschaftswachstum und Kindersterblichkeit einerseits sowie Protestverhalten der Bevölkerung und Eliten andererseits. Auf Protestverhalten wurde oben bereits eingegangen. Wirtschaftliche und sozialpolitische Leistungen erfüllen in vielen Fällen wichtige Funktionen bei der Legitimierung autokratischer Regime. Möglicherweise wären aber *Veränderungen* im Wirtschaftswachstum ein besserer Indikator als die Wachstumsraten an sich. So stellen z. B. jährliche Zuwächse von sieben Prozent eine legitimatorische Herausforderung für China dar, während sie in Ländern mit traditionell weniger dynamischen Ökonomien vermutlich eher regimestabilisierend wirken würden. Kindersterblichkeit ist demgegenüber ein Indikator, der sich in Normalfall nur langsam verändert und daher für die legitimatorische Betrachtung von Performanz nur bedingt geeignet sein dürfte.

3.5.3 Diskurs-/Medienanalyse

Einige Wissenschaftler wenden Methoden der Diskurs- oder Medienanalyse auf die Messung von Legitimität bzw. Legitimierung an. Diesem Ansatz entsprechend werden bei der Untersuchung politischer Kommunikation Einstellungen, Meinungen und Handlungen offengelegt, die für die Legitimierung von Regimen relevant sind (siehe dazu auch Wiesner in diesem Band):

> [M]edia discourses are particularly important suppliers and repositories of the frames, interpretations and knowledge (e.g., knowledge about appropriate normative standards) that citizens are likely to draw upon in the development and transformation of their own legitimacy beliefs, or in the translation of behavioural dispositions into acts of support and dissent (Hurrelmann et al. 2009, S. 487).

Anstelle individueller Bürgerinnen und Bürger konzentriert sich diese Forschungslinie eher auf *politische Eliten* (auch wenn das Argument nicht immer als solches formuliert wird). Diese werden hier allgemein als Akteure mit privilegiertem

Legitimation und Legitimität in vergleichender Perspektive

Zugang zur politischen Entscheidungsfindung verstanden. Der Ansatz schließt in dieser Hinsicht einen Relevanzfilter für politische Handlungen mit ein. Es wird davon ausgegangen, dass jene Sichtweisen, die es in die Massenmedien schaffen, eher Auswirkungen auf den Legitimierungszyklus haben. Dies spiegelt sich auch in der Tatsache wider, dass manche Autoren ‚öffentliche Zustimmung' als konstitutives Element von Legitimität betrachten (Beetham 2013; Gilley 2009). Der Ansatz kombiniert den kollektiven Ausdruck von Einstellungen und Meinungen mit der Erzeugung von Legitimität in einem elitären Rahmen deliberativer Demokratie.

Ein methodischer Ansatz im Rahmen dieser Forschungslinie besteht darin, Artikel ausgewählter Zeitungen in westlichen Demokratien (Schweiz, Deutschland, Großbritannien, USA) in Hinblick auf den Legitimierungsgegenstand, das im Artikel ausgedrückte normative Urteil (legitim oder illegitim) und die behandelten vorherrschenden Legitimitätsmuster zu kodieren (Hurrelmann et al. 2005, 2009; Nullmeier et al. 2010; Schneider et al. 2007). Die Analyse beruht auf einer automatisierten Suche nach ausgewählten Schlüsselwörtern. Hurrelmann et al. (2009) kommen dabei zu einer wesentlichen Schlussfolgerung: Delegitimierend wirkende Kommunikation tendiert dazu, sich auf marginale politische Institutionen zu beziehen, während die tief in den politischen Kulturen verwurzelten Hauptprinzipien der politischen Ordnung eher zur Verankerung von Legitimität dienen.

Zur Einteilung von Zeitungsartikeln ermitteln Nullmeier et al. (2010) vier verschiedene Ebenen von Legitimationsobjekten, 29 Legitimationsmuster, die in vier Gruppen zusammengefasst sind, vier Gruppen von Akteuren und (bis zu) acht Themenbereiche. Die zugrunde liegende Konzeptionalisierungsleistung ist beeindruckend. Zudem finden die Autoren etliche Lösungen für das Problem, Komplexität zu reduzieren (v. a. durch die Unterscheidung demokratischer und undemokratischer Legitimation). Gleichwohl enthält das Forschungsdesign viele diskretionäre Entscheidungen, etwa mit Blick auf die Auswahl der Zeitungen, die Schwellenwerte zur Auswertung der Daten, die Kategorisierung der Legitimierungsmuster, die Wahl der Beobachtungszeiträume und die Vergleichbarkeit öffentlicher Debatten und der ihnen zugrunde liegenden politischen Kulturen. Während einige dieser Entscheidungen offenbar eher durch die Datenlage motiviert sind, basieren viele andere durchaus auf sorgfältigen Erwägungen. Insgesamt gesehen beeinträchtigen sie jedoch das Forschungsdesign und die Gültigkeit der Erkenntnisse, indem sie eine Illusion von Objektivität schaffen. Die Ergebnisse sind demzufolge auch alles andere als solide und es stellt sich die Frage, ob das Ergebnis die Mühen eines derart komplexen Forschungsdesigns rechtfertigt.

4 Schlussbemerkung

Die empirische Forschung zu Legitimität muss dem dialogischen Charakter des Konzepts Rechnung tragen. Sie muss daher die hier diskutierten Messdimensionen stärker miteinander verknüpfen. Dies gelingt bislang nur in Ansätzen. Abhängig von den zu untersuchenden Kausalitätsbezügen können Wissenschaftler entweder betrachten, wie Regierende auf die Einstellungen ihrer Wählerschaften reagieren, indem sie die Leistungen der politischen Regime anpassen – oder sie analysieren Verhaltensmuster individueller und kollektiver Akteure in Reaktion auf Legitimitätsansprüche des Regimes. Dieser zuletzt genannte Zyklus (der ‚Angebotszyklus') dürfte sich eher für empirische Forschung in nicht-demokratischen Kontexten eignen, da valide Daten zu Einstellungen und Meinungen in dieser Ländergruppe schwieriger zu beschaffen sind. Der ‚Nachfragezyklus' dürfte jedoch eher zur Erfassung der Legitimierungsbemühungen von Regimen geeignet sein, die einen tiefgreifenden Wandel durchmachen und um ihr Überleben kämpfen. Denn man kann davon ausgehen, dass unter Stress stehende Regierungen eher dazu neigen, den Legitimierungsforderungen relevanter Gesellschaftsgruppen Beachtung zu schenken. Im Idealfall sollte sich die Legitimitätsforschung darum bemühen, beide Zyklen abzudecken, da beide empirisch von Bedeutung sind.

Der oben präsentierte Literaturüberblick lässt allerdings vermuten, dass Forschungsdesigns manchmal zu schnell an die Zwänge praktischer Forschung angepasst werden. Dies bedeutet, sie konzentrieren sich auf isolierte Aspekte oder – noch schlimmer – sie beruhen auf unbegründeten Annahmen im Hinblick auf Beziehungen zwischen unzulänglich operationalisierten Variablen. Darüber hinaus befassen sich vergleichende Analysen noch zu selten mit der longitudinalen oder länderübergreifenden Reliabilität von Messwerten.

Die akademische Debatte zur Legitimierung politischer Herrschaft stützt sich auf eine große Bandbreite an methodischen Ansätzen und Datenquellen. Die meisten Studien folgen der Annahme, dass Legitimität durch die Betrachtung von Einstellungen und Meinungen individueller oder kollektiver Akteure beurteilt werden kann. Somit überwiegen Studien, in denen Umfragedaten zum Einsatz kommen. Zudem verwenden Wissenschaftler andere umfangreiche Datensätze, Medien- oder Diskursanalysen, stützen sich auf Expertenmeinungen oder führen qualitative Fallstudien durch (siehe Abb. 2). Wenige Studien befassen sich jedoch explizit mit dem dialogischen Charakter der Legitimierung; geschweige denn, dass sie zwischen dem Angebotszyklus ausgehend von *Legitimitätsansprüchen* und dem Nachfragezyklus ausgehend von *Legitimierungsforderungen* unterscheiden würden.

Legitimation und Legitimität in vergleichender Perspektive

Methode	Datenquelle
Umfragen / Interviews	Antworten von Individuen oder spezifischen Gruppen
Analysen anderer aggregierter Daten	Daten zu Gewalt, Wahlverhalten, politischer Partizipation, Steuern, Regimewandel, Korruption, etc.
Medien-/Diskursanalyse	Zeitungen, Regierungsdokumente, öffentliche Reden politischer Führungspersonen
Experteneinschätzungen	Durch zahlreiche Quellen beeinflusste Expertenmeinungen
Qualitative Fallstudien	Mischung von Datenquellen: Analyse sekundärer Daten, Literaturrecherche, Expertenmeinungen, Textanalyse, etc.

Abb. 2 Methoden und Datenquellen. (Quelle: eigene Zusammenstellung)

Ein wichtiger Einwand gegen einstellungsbezogene Studien besteht darin, dass sie dem ungleichen Zugang zur politischen Entscheidungsfindung oft nicht Rechnung tragen: Im Rahmen von Umfragedaten (die Hauptinformationsquelle bei diesem Ansatz) werden alle Befragten einer Stichprobe gleich gewichtet. Es gibt jedoch keinen Grund zur Annahme, dass in der realen Politik jedes Gesellschaftsmitglied dieselbe Möglichkeit hat, tatsächlich Legitimierungsforderungen zu stellen oder auf Legitimitätsansprüche zu reagieren (Schmidtke und Schneider 2012). Darüber hinaus bieten auf Umfrageergebnissen beruhende Studien selten eine fundierte theoretische Basis, um Einstellungen und Meinungen mit politischen Handlungen in Verbindung zu bringen. Diverse Autoren diskutieren, ob durch Erhebungen von Vertrauen oder Zufriedenheit tatsächlich Legitimität gemessen werden kann (oder eher andere Arten der Unterstützung), und die damit verbundene Frage nach dem kausalen Zusammenhang zwischen Perzeption und Legitimität (Grimes 2006; Norris 1999; Schmidtke und Schneider 2012; Vassilev 2004).

Die Messung von Legitimität mit Hilfe von Einstellungen und Meinungen kann mit der Wiedergabe eines Telefonats verglichen werden, bei dem nur einer der beiden Gesprächspartner zu hören ist: Man kann *möglicherweise* einen recht guten Eindruck der behandelten Themen bekommen, aber es ist auch möglich, dass wichtige Informationen verloren gehen. Hierzu ein Beispiel: Der Grad an Unterstützung für Präsident Maduro hat in Venezuela im Jahr 2017 wahrscheinlich eine viel höhere Relevanz für die Legitimität des politischen Regimes, als jener für die Bundeskanzlerin Merkel in Deutschland zur selben Zeit. Dies liegt daran, dass die Erzeugung von Legitimität in Venezuela unter Maduro viel mehr auf persönlicher Führung (charismatischer Herrschaft) beruht als im deutschen Fall. Darum ist es entscheidend, den dialogischen Charakter von Legitimierung von beiden Seiten aus zu beurteilen, Regierenden wie auch Regierten. Allgemeine Umfrageergebnisse können nur in Verbindung mit der politischen Ökonomie von Legitimierung sinnvoll zur Messung von Legitimität herangezogen werden.

Unter den Studien, die diese Fragen systematisch behandeln, erscheint jene von Montero et al. (1997) besonders relevant. Das Argument der Autoren lautet, dass sich demokratische Legitimität nicht mit Daten zu politischer Unzufriedenheit, Entfremdung oder Politikverdrossenheit erfassen lässt. Ein zentrales Ergebnis ihrer Fallstudie zu Spanien zwischen 1976 und 1996 ist, dass schwankende Zustimmungsraten zur politischen und wirtschaftlichen Performanz mit relativ stabilen Quoten bezüglich der Unterstützung der Demokratie im Gegensatz zu autoritärer Herrschaft einhergingen. Das ist im Grunde nicht überraschend: Demokratische Regime verfügen über Mechanismen, um mit politischer Unzufriedenheit und sogar Politikverdrossenheit so umzugehen, dass diese nicht auf die Legitimität der politischen Ordnung durchschlagen.

Es stellt sich jedoch die Frage, ob im Kontext demokratischer Herrschaft entwickelte Ansätze sinnvoll auf nicht-demokratische oder stark im Wandel befindliche Regime angewendet werden können. Spezifische politische Handlungsmuster können je nach Art des politischen Regimes etwas komplett anderes für die Legitimität einer politischen Ordnung bedeuten. Zum Beispiel werden öffentliche Demonstrationen und Proteste für gewöhnlich als positives Merkmal offener Demokratien betrachtet, da sie zu ihrer Legitimität beitragen. Finden diese jedoch unter autokratischer Herrschaft statt, werden sie üblicherweise als Indikator für Legitimierungsprobleme angesehen (Josua 2016). Auch in Zeiten schnellen politischen Wandels ist die Mobilisierung von Anhängern ein wichtiges Element der Legitimierung. Die dadurch geschaffene Legitimität kann aber ziemlich instabil sein, solange sie nicht in stärker institutionalisierte Muster überführt wird (von Haldenwang 2011).

Ein weiteres Thema bezieht sich auf die Auswirkungen staatlicher Leistungen auf die Legitimität: „Across all types of regime, variations in regime support are most closely linked to current economic and political performance" (Mishler und Rose 2001, S. 316). Diese Art von Begründung hat in den letzten Jahren zu einem gewissen Anstieg performanzbasierter Forschungsansätze geführt. Sie beziehen sich auf den oben beschriebenen ‚Nachfragezyklus', d. h. den Zyklus, der Einstellungen und Meinungen mit staatlichen Leistungen verbindet (Hwang und Schneider 2011; Linde 2012; Lueders und Croissant 2014; Mazepus et al. 2016; von Soest und Grauvogel 2015; Zhao 2009; Zhu 2011). Leistungskriterien werden manchmal als unabhängige Variablen zur Erklärung von veränderten Einstellungen verwendet. Im Gegensatz dazu wurden die Mechanismen, durch die öffentlich artikulierte Einstellungen und Meinungen die Performanz politischer Regime beeinflussen, bislang weniger stark untersucht (Miller und Listhaug 1999). In diesem Sinne wird Legitimierung noch immer vorrangig als Beziehung vom Regierenden hin zum Regierten verstanden (Anderson und Singer 2008).

Nun trifft es durchaus zu, dass Performanz die Legitimität einer politischen Ordnung zu einem gewissen Grad beeinflusst. Offensichtlich sind jedoch manche Regime weniger gut geeignet als andere, um mit den legitimatorischen Auswirkungen schwankender Regimeleistungen umzugehen. Derartige Schwankungen dürften insbesondere solche Regime beeinflussen, die das Versprechen von materieller Wohlfahrt oder die Aufrechterhaltung der öffentlichen Ordnung ins Zentrum ihrer wertebasierten Legitimierungsstrategien stellen. Die Frage, wie politische Führungspersonen in politischen Stress- oder Krisensituationen mit Legitimierungsforderungen umgehen, ist insofern durchaus relevant für unser Verständnis von politischem Wandel. Mehr Forschung zum Nachfragezyklus der Legitimierung wäre nützlich, um bestehende Wissenslücken bei der Untersuchung zum Fortbestand und zur Transformation politischer Regime zu füllen.

In den vergangenen Jahren wurden wichtige Fortschritte bei der Ermittlung und Kategorisierung von Legitimierungsansprüchen in nicht-demokratischen Regimen erzielt (Gerschewski 2013, 2017; Grauvogel und von Soest 2017; Kailitz 2013; Kailitz et al. 2017; Kendall-Taylor und Frantz 2015; Mazepus et al. 2016; Morgenbesser 2015, 2017; von Soest und Grauvogel 2017). Zwar ist weitere konzeptionelle Arbeit notwendig, um jene Mechanismen zu ermitteln, die Legitimitätsansprüche mit bestimmten Verhaltensmustern verbinden. Generell scheint jedoch gerade eine vielversprechende Forschungslinie in Hinblick auf den Angebotszyklus von Legitimierung unter nicht-demokratischer Herrschaft zu entstehen.

Literatur

Abulof, U. 2015. 'Can't buy me legitimacy': The elusive stability of Mideast rentier regimes. *Journal of International Relations and Development* 20 (1): 55–79.
Akerlof, R. 2017. The importance of legitimacy. *The World Bank Economic Review* 30 (1): 157–165.
Albrecht, H. 2005. How can opposition support authoritarianism? Lessons from Egypt. *Democratization* 12 (3): 378–397.
Anderson, C.J., und A. Just. 2012. Partisan legitimacy across generations. *Electoral Studies* 31 (2): 306–316.
Anderson, C.J., und M.M. Singer. 2008. The sensitive left and the impervious right. *Comparative Political Studies* 41 (4–5): 564–599.
Armony, A.C., und V. Armony. 2005. Indictments, myths, and citizen mobilization in Argentina: A discourse analysis. *Latin American Politics & Society* 47 (4): 27–54.
Backes, U. 2013. Vier Grundtypen der Autokratie und ihre Legitimierungsstrategien. *Politische Vierteljahresschrift* 47:157–175.

Barton, G. 2010. Indonesia: Legitimacy, secular democracy, and Islam. *Politics & Policy* 38 (3): 471–496.

Beetham, D. 2013. *The legitimation of power, Zweite Ausgabe*. Basingstoke: Macmillan.

Booth, J.A., und M.A. Seligson. 2005. Political legitimacy and participation in Costa Rica: Evidence of arena shopping. *Political Research Quarterly* 58 (4): 537–550.

Booth, J.A., und M.A. Seligson. 2009. *The legitimacy puzzle in Latin America: Political support and democracy in eight nations*. Cambridge: Cambridge University Press.

Börzel, T.A., und T. Risse. 2016. Dysfunctional state institutions, trust, and governance in areas of limited statehood. *Regulation & Governance* 10 (2): 149–160.

Brady, A.-M. 2009. Mass persuasion as a means of legitimation and China's popular authoritarianism. *American Behavioral Scientist* 53 (3): 434–457.

Bräutigam, D. 2002. Building Leviathan: Revenue, state capacity and governance. *IDS Bulletin* 33 (3): 1–17.

Broms, R. 2015. Putting up or shutting up: On the individual-level relationship between taxpaying and political interest in a developmental context. *Journal of Development Studies* 51 (1): 93–109.

Canache, D., und M.E. Allison. 2005. Perceptions of political corruption in Latin American democracies. *Latin American Politics and Society* 47 (3): 91–111.

Case, W. 2010. Political legitimacy in Malaysia: Historical roots and contemporary deficits. *Politics & Policy* 38 (3): 497–522.

Castillo, J.C. 2012. Is inequality becoming just? Changes in public opinion about economic distribution in Chile. *Bulletin of Latin American Research* 31 (1): 1–18.

Chu, Y., M. Bratton, M. Lagos, und S. Shastri. 2008. Public opinion and democratic legitimacy. *Journal of Democracy* 19 (2): 74–87.

Clark, I. 2007. Legitimacy in international or world society? In *Legitimacy in an age of global politics*, Hrsg. A. Hurrelmann, S. Schneider, und J. Steffek, 193–210. Basingstoke: Palgrave Macmillan.

Criado, H., und F. Herreros. 2007. Political support. *Comparative Political Studies* 40 (12): 1511–1532.

Dalton, R.J. 1999. Political support in advanced industrial democracies. In *Critical citizens – Global support for democratic governance*, Hrsg. P. Norris, 57–77. New York: Oxford University Press.

Diskin, A., H. Diskin, und R.Y. Hazan. 2005. Why democracies collapse: The reasons for democratic failure and success. *International Political Science Review* 26 (3): 291–309.

Doyle, D. 2011. The legitimacy of political Institutions: Explaining contemporary populism in Latin America. *Comparative Political Studies* 44 (11): 1447–1473.

Dressel, B. 2010. When notions of legitimacy conflict: The case of Thailand. *Politics & Policy* 38 (3): 445–469.

Dukalskis, A. 2017. *The authoritarian public sphere. Legitimation and autocratic power in North Korea, Burma, and China*. London: Routledge.

Dukalskis, A., und J. Gerschewski. 2017. What autocracies say (and what citizens hear): Proposing four mechanisms of autocratic legitimation. *Contemporary Politics* 23 (3): 251–268.

Esaiasson, P., und M. Ottervik. 2014. Attitudinal political support and behavioral compliance – New evidence to a long-standing debate. APSA 2014 Annual Meeting, Washington, DC, 28.–31.08.2014.

Legitimation und Legitimität in vergleichender Perspektive 91

Ferrín, M., und H. Kriesi, Hrsg. 2016. *How Europeans view and evaluate democracy*. Oxford: Oxford University Press.

Finkel, S.E., S. Humphries, und K.-D. Opp. 2001. Socialist values and the development of democratic support in the former East Germany. *International Political Science Review* 22 (4): 339–361.

Fuchs, D. 1999. The democratic culture of unified Germany. In *Critical citizens – Global support for democratic governance*, Hrsg. P. Norris, 123–145. New York: Oxford University Press.

Gandhi, J., und A. Przeworski. 2007. Authoritarian institutions and the survival of autocrats. *Comparative Political Studies* 40 (11): 1279–1301.

Gel'man, V. 2010. Regime changes despite legitimacy crises: Exit, voice, and loyalty in post-communist Russia. *Journal of Eurasian Studies* 1:54–63.

Gerschewski, J. 2013. The three pillars of stability: Legitimation, repression, and co-optation in autocratic regimes. *Democratization* 20 (1): 13–38.

Gerschewski, J. 2017. Die drei Säulen und das Überleben elektoraler Autokratien – Eine Replik. *Zeitschrift für Vergleichende Politikwissenschaft* 11 (2): 237–246.

Gerschewski, J., W. Merkel, A. Schmotz, C.H. Stefes, und D. Tanneberg. 2013. Warum überleben Diktaturen? *Politische Vierteljahresschrift PVS Sonderheft* 47:106–130.

Gibson, J.L., und G.A. Caldeira. 2009. Confirmation politics and the legitimacy of the U.S. Supreme Court: Institutional loyalty, positivity bias, and the Alito nomination. *American Journal of Political Science* 53 (1): 139–155.

Gilley, B. 2006a. The determinants of state legitimacy: Results for 72 countries. *International Political Science Review* 27 (1): 47–71.

Gilley, B. 2006b. The meaning and measure of state legitimacy: Results for 72 countries. *European Journal of Political Research* 45:499–525.

Gilley, B. 2009. *The right to rule. How states win and lose legitimacy*. New York: Columbia University Press.

Gilley, B. 2012. State legitimacy: An updated dataset for 52 countries. *European Journal of Political Research* 51 (5): 693–699.

Gisselquist, R.M. 2014. Developing and evaluating governance indexes: 10 questions. *Policy Studies* 35 (5): 513–531.

Grauvogel, J., und C. von Soest. 2017. Legitimationsstrategien von Autokratien im Vergleich: Ergebnisse einer neuen Expertenumfrage. *Zeitschrift für Vergleichende Politikwissenschaft* 11 (2): 153–180.

Grävingholt, J., S. Ziaja, und M. Kreibaum. 2015. Disaggregating state fragility: A method to establish a multidimensional empirical typology. *Third World Quarterly* 36 (7): 1281–1298.

Greif, A., und S. Tadelis. 2010. A theory of moral persistence: Crypto-morality and political legitimacy. *Journal of Comparative Economics* 38 (3): 229–244.

Grimes, M. 2006. Organizing consent: The role of procedural fairness in political trust and compliance. *European Journal of Political Research* 45 (2): 285–315.

Grimes, M. 2008. Consent, political trust and compliance: Rejoinder to Kaina's remarks on 'Organizing consent'. *European Journal of Political Research* 47 (4): 522–535.

Hawkins, K.A. 2009. Is Chávez populist? *Comparative Political Studies* 42 (8): 1040–1067.

Heberer, T., und G. Schubert. 2008. *Politische Partizipation und Regimelegitimität in der VR China. Der urbane Raum, Ostasien im 21. Jahrhundert.* Politik – Gesellschaft – Sicherheit – Regionale Integration, Bd. I. Wiesbaden: VS Verlag.

Holbig, H. 2013. Ideology after the end of ideology. China and the quest for autocratic legitimation. *Democratization* 20 (1): 61–81.

Holbig, H., und B. Gilley. 2010. Reclaiming legitimacy in China. *Politics & Policy* 38 (3): 395–422.

Holmberg, S. 1999. Down and down we go: Political trust in Sweden. In *Critical citizens – Global support for democratic governance*, Hrsg. P. Norris, 103–122. New York: Oxford University Press.

Hsu, C.L. 2001. Political narratives and the production of legitimacy: The case of corruption in post-Mao China. *Qualitative Sociology* 24 (1): 25–54.

Hurrelmann, A., Z. Krell-Laluhová, R. Lhotta, F. Nullmeier, und S. Schneider. 2005. Is there a legitimation crisis of the nation-state? *European Review* 13 (1): 119–137.

Hurrelmann, A., Z. Krell-Laluhová, F. Nullmeier, S. Schneider, und A. Wiesner. 2009. Why the democratic nation-state is still legitimate: A study of media discourses. *European Journal of Political Research* 48 (4): 483–515.

Hwang, Y.-J., und F. Schneider. 2011. Performance, meaning, and ideology in the making of legitimacy: The celebrations of the People's Republic of China's sixty-year anniversary. *China Review* 11 (1): 27–55.

Inglehart, R. 1999. Postmodernization erodes respect for authority, but increases support for democracy. In *critical citizens – Global support for democratic governance*, Hrsg. P. Norris, 236–256. New York: Oxford University Press.

Jagers, J.A.N., und S. Walgrave. 2007. Populism as political communication style: An empirical study of political parties' discourse in Belgium. *European Journal of Political Research* 46 (3): 319–345.

Jhee, B.-K. 2008. Economic origins of electoral support for authoritarian successors. *Comparative Political Studies* 41 (3): 362–388.

Josua, M. 2016. Co-optation reconsidered: Authoritarian regime legitimation strategies in the Jordanian 'Arab Spring'. *Middle East Law and Governance* 8 (1): 32–56.

Kailitz, S. 2013. Classifying political regimes revisited: Legitimation and durability. *Democratization* 20 (1): 39–60.

Kailitz, S., und S. Wurster. 2017. Legitimationsstrategien von Autokratien. *Zeitschrift für Vergleichende Politikwissenschaft* 11 (2): 141–151.

Kailitz, S., S. Wurster, und D. Tanneberg. 2017. Autokratische Regimelegitimation und soziale Entwicklung. *Zeitschrift für Vergleichende Politikwissenschaft* 11 (2): 275–299.

Karlsson, M. 2012. Democratic legitimacy and recruitment strategies in E-participation projects. In *Empowering open and collaborative governance: Technologies and methods for on-line citizen engagement in public policy making*, Hrsg. Y. Charalabidis und S. Koussouris, 3–20. Berlin: Springer.

Kendall-Taylor, A., und E. Frantz. 2015. Mimicking democracy to prolong autocracies. *The Washington Quarterly* 37 (4): 71–84.

Klingemann, H.-D. 1999. Mapping political support in the 1990s: A global analysis. In *Critical citizens – Global support for democratic governance*, Hrsg. P. Norris, 31–56. Oxford: Oxford University Press.

Kluegel, J.R., und D.S. Mason. 2004. Fairness matters: Social justice and political legitimacy in post-communist Europe. *Europe-Asia Studies* 56 (6): 813–834.

Kwak, D.-H., C.E. San Miguel, und D.L. Carreon. 2012. Political legitimacy and public confidence in police. An analysis of attitudes toward Mexican police. *Policing* 35 (1): 124–146.

Lambert, J. 2011. Political reform in Qatar: Participation, legitimacy and security. *Middle East Policy* 18 (1): 89–101.

Letki, N. 2006. Investigating the roots of civic morality: Trust, social capital, and institutional performance. *Political Behavior* 28 (4): 305–325.

Levi, M. 1988. *Of rule and revenue, California series on social choice and political economy*. Berkeley: University of California Press.

Levi, M., und A. Sacks. 2007. Legitimating beliefs: Sources and indicators. Working Paper 74, Afrobarometer, Cape Town.

Levi, M., A. Sacks, und T. Tyler. 2009. Conceptualizing legitimacy, measuring legitimating beliefs. *American Behavioral Scientist* 53 (3): 354–375.

Linde, J. 2012. Why feed the hand that bites you? Perceptions of procedural fairness and system support in post-communist democracies. *European Journal of Political Research* 51 (3): 410–434.

Linde, J., und J. Ekman. 2003. Satisfaction with democracy: A note on a frequently used indicator in comparative politics. *European Journal of Political Research* 42 (3): 391–408.

Lueders, H., und A. Croissant. 2014. Wahlen, Strategien autokratischer Herrschaftssicherung und das Überleben autokratischer Regierungen. *Zeitschrift für Vergleichende Politikwissenschaft* 8 (3): 329–355.

Manzetti, L., und C.J. Wilson. 2007. Why do corrupt governments maintain public support? *Comparative Political Studies* 40 (8): 949–970.

Marquez, X. 2016. The irrelevance of legitimacy. *Political Studies* 64:19–34.

Mau, S., und B. Veghte, Hrsg. 2007. *Social justice, legitimacy and the welfare state*. Aldershot: Ashgate.

Mazepus, H., W. Veenendaal, A. McCarthy-Jones, und J.M. Trak Vásquez. 2016. A comparative study of legitimation strategies in hybrid regimes. *Policy Studies* 37 (4): 350–369.

McAllister, I. 1999. The economic performance of governments. In *Critical citizens – Global support for democratic governance*, Hrsg. P. Norris, 169–187. New York: Oxford University Press.

McCarthy, S. 2010. Legitimacy under military rule: Burma. *Politics & Policy* 38 (3): 545–569.

Miller, A., und O. Listhaug. 1999. Political performance and institutional trust. In *Critical citizens – Global support for democratic governance*, Hrsg. P. Norris, 204–216. New York: Oxford University Press.

Mishler, W., und R. Rose. 1999. Five years after the fall: Trajectories of support for democracy in post-communist Europe. In *Critical citizens – Global support for democratic governance*, Hrsg. P. Norris, 78–102. New York: Oxford University Press.

Mishler, W., und R. Rose. 2001. Political support for incomplete democracies: Realist vs. idealist theories and measures. *International Political Science Review* 22 (4): 303–320.

Montero, J.R., R. Gunther, und M. Torcal. 1997. Democracy in Spain: Legitimacy, discontent, and disaffection. *Studies in Comparative International Development* 32 (3): 124–160.

Moore, M. 2008. Between coercion and contract: Competing narratives on taxation and governance. In *Taxation and state-building in developing countries*, Hrsg. D. Bräutigam, O.-H. Fjeldstad, und M. Moore, 34–63. Cambridge: Cambridge University Press.

Morgenbesser, L. 2015. In search of stability. Electoral legitimation under authoritarianism in Myanmar. *European Journal of East Asian Studies* 14 (2): 163–188.

Morgenbesser, L. 2017. The autocratic mandate: Elections, legitimacy and regime stability in Singapore. *The Pacific Review* 30 (2): 205–231.

Mullins, C.W., und J.K. Young. 2012. Cultures of violence and acts of terror. *Crime & Delinquency* 58 (1): 28–56.

Newton, K. 1999. Social and political trust in established democracies. In *Critical citizens – Global support for democratic governance*, Hrsg. P. Norris, 169–187. New York: Oxford University Press.

Norris, P., Hrsg. 1999. *Critical citizens – Global support for democratic governance*. New York: Oxford University Press.

Norris, P. 2011a. Cultural explanations of electoral reform: A policy cycle model. *West European Politics* 34 (3): 531–550.

Norris, P. 2011b. *Democratic deficit – Critical citizens revisited*. New York: Oxford University Press.

Norris, P., und R. Inglehart. 2009. *Cosmopolitan communications. Cultural diversity in a globalized world*. Cambridge: Cambridge University Press.

Nullmeier, F., D. Biegon, J. Gronau, M. Nonhoff, H. Schmidtke, und S. Schneider, Hrsg. 2010. *Prekäre Legitimitäten. Rechtfertigung von Herrschaft in der postnationalen Konstellation*. New York: Campus.

O'Lear, S. 2007. Azerbaijan's resource wealth: Political legitimacy and public opinion. *Geographical Journal* 173 (3): 207–223.

Omelicheva, M.Y. 2016. Islam and power legitimation: Instrumentalisation of religion in Central Asian States. *Contemporary Politics* 22 (2): 144–163.

Peter, F. 2010. Political Legitimacy. In *Stanford Encyclopedia of Philosophy*, Hrsg. E. N. Zalta. Stanford: Stanford University. http://plato.stanford.edu/entries/legitimacy/. Zugegriffen: 18. Juli 2012.

Pickel, G. 2013. Die kulturelle Verankerung von Autokratien – Bestandserhalt durch ideologische Legitimationsstrategien und ökonomische Legitimität oder Demokratisierung? *Politische Vierteljahresschrift PVS Sonderheft* 47:174–204.

Polese, A., D.Ó. Beacháin, und S. Horák. 2017. Strategies of legitimation in Central Asia: Regime durability in Turkmenistan. *Contemporary Politics* 23 (4): 427–445.

Power, T.J., und J.M. Cyr. 2009. Mapping political legitimacy in Latin America. *International Social Science Journal* 60 (196): 253–272.

Pruzan-Jorgensen, J.E. 2010. Analyzing authoritarian regime legitimation: Findings from Morocco. *Middle East Critique* 19 (3): 269–286.

Rajah, J. 2011. Punishing bodies, securing the nation: How rule of law can legitimate the urbane authoritarian state. *Law & Social Inquiry* 36 (4): 945–970.

Rawls, J. 2005. *Political liberalism (expanded edition), Columbia classics in philosophy*. New York: Columbia University Press.

Rose, R., D. Shin, und N. Munro. 1999. Tensions between the democratic ideal and reality: South Korea. In *Critical citizens – Global support for democratic governance*, Hrsg. P. Norris, 146–168. New York: Oxford University Press.

Rothstein, B. 2009. Creating political legitimacy: Electoral democracy versus quality of government. *American Behavioral Scientist* 53 (3): 311–330.

Legitimation und Legitimität in vergleichender Perspektive 95

Sacks, A. 2012. Can donors and non-state actors undermine citizens' legitimating beliefs? Policy Research Working Paper 6158, World Bank, Washington, DC.

Satoh, H. 2010. Legitimacy deficit in Japan: The road to true popular sovereignty. *Politics & Policy* 38 (3): 571–588.

Schatz, E. 2006. Access by accident: Legitimacy claims and democracy promotion in authoritarian Central Asia. *International Political Science Review* 27 (3): 263–284.

Schlumberger, O. 2010. Opening old bottles in search of new wine: On nondemocratic legitimacy in the Middle East. *Middle East Critique* 19 (3): 233–250.

Schmidtke, H., und S. Schneider. 2012. Methoden der empirischen Legitimationsforschung: Legitimität als mehrdimensionales Konzept. *Leviathan* 40 (27): 225–242.

Schneider, C.Q., und S.F. Maerz. 2017. Legitimation, cooptation, and repression and the survival of electoral autocracies. *Zeitschrift für Vergleichende Politikwissenschaft* 11 (2): 213–235.

Schneider, S. 2010. Empirische Legitimationsforschung. In *Prekäre Legitimitäten – Rechtfertigung von Herrschaft in der postnationalen Konstellation*, Hrsg. F. Nullmeier, D. Biegon, J. Gronau, M. Nonhoff, H. Schmidtke, und S. Schneider, 45–67. New York: Campus.

Schneider, S., F. Nullmeier, und A. Hurrelmann. 2007. Exploring the communicative dimension of legitimacy: Text analytical approaches. In *Legitimacy in an age of global politics*, Hrsg. A. Hurrelmann, S. Schneider, und J. Steffek, 126–155. Basingstoke: Palgrave Macmillan.

Schubert, G., und A.L. Ahlers. 2012. County and township cadres as a strategic group: Building a new socialist countryside in three provinces. *China Journal* 1 (67): 67–86.

Sedgwick, M. 2010. Measuring Egyptian regime legitimacy. *Middle East Critique* 19 (9): 251–267.

Seligson, M.A. 2002. The impact of corruption on regime legitimacy: A comparative study of four Latin American countries. *The Journal of Politics* 64 (2): 408–433.

Song, Y., und T.-K. Chang. 2012. Legitimizing ruptures of development trajectories. *The International Journal of Press/Politics* 17 (3): 316–340.

Spehr, S., und N. Kassenova. 2012. Kazakhstan: Constructing identity in a post-Soviet society. *Asian Ethnicity* 13 (2): 135–151.

Tezcür, G.M., T. Azadarmaki, M. Bahar, und H. Nayebi. 2012. Support for democracy in Iran. *Political Research Quarterly* 65 (2): 235–247.

Thaa, W. 1996. *Die Wiedergeburt des Politischen. Zivilgesellschaft und Legitimitätskonflikt in den Revolutionen von 1989*. Opladen: Leske und Budrich.

Thayer, C.A. 2010. Political legitimacy in Vietnam: Challenge and response. *Politics & Policy* 38 (3): 423–444.

Thyen, K. 2017. Promising democracy, legitimizing autocracy? Perceptions of regime democraticness among university students in Morocco. *Zeitschrift für Vergleichende Politikwissenschaft* 11 (2): 325–347.

Timmons, J.F. 2005. The fiscal contract: States, taxes and public services. *World Politics* 57 (4): 530–567.

Turner, F.C., und M. Carballo. 2009. Cycles of legitimacy and delegitimation across regimes in Argentina, 1900–2008. *International Social Science Journal* 60 (196): 273–283.

Tyler, T.R., und J. Fagan. 2008. Legitimacy and cooperation: Why do people help the police fight crime in their communities? *Ohio State Journal of Criminal Law* 6:44.

Tyler, T.R., S. Schulhofer, und A.Z. Huq. 2010. Legitimacy and deterrence effects in counterterrorism policing: A study of Muslim Americans. *Law & Society Review* 44 (2): 365–402.

Vassilev, R. 2004. Economic performance and regime legitimacy in post-communist Bulgaria. *Politics* 24 (2): 113–121.

Vasu, N., und D.D. Cheong. 2014. Narratives and governance: The eroding corporatist narrative of governance in Singapore. *Journal of Comparative Asian Development* 13 (1): 105–130.

von Haldenwang, C. 1996. Die Legitimierung von Anpassungsregimen: Eine theoretische Annäherung. *Zeitschrift für Politik* 43 (3): 285–303.

von Haldenwang, C. 1999. Staatliches Handeln und politische Regulierung. Die Legitimität politischer Ordnungen im 21. Jahrhundert. *Politische Vierteljahresschrift* 40 (3): 365–389.

von Haldenwang, C. 2011. *Mapping legitimation: How do states manage situations of stress and change.* Bonn: German Development Institute & Deutsches Institut für Entwicklungspolitik (DIE).

von Haldenwang, C. 2016. Measuring legitimacy – New trends, old shortcomings? DIE Discussion Paper 18/2016, German Development Institute – Deutsches Institut für Entwicklungspolitik (DIE), Bonn.

von Haldenwang, C. 2017. The relevance of legitimation – A new framework for analysis. *Contemporary Politics* 23 (3): 269–286.

von Soest, C., und J. Grauvogel. 2015. How do non-democratic regimes claim legitimacy? Comparative insights from post-Soviet countries. GIGA Working Paper No. 277, GIGA, Hamburg.

von Soest, C., und J. Grauvogel. 2017. Identity, procedures and performance: How authoritarian regimes legitimize their rule. *Contemporary Politics* 23 (3): 287–305.

Weatherford, M.S. 1992. Measuring political legitimacy. *American Political Science Review* 86 (1): 149–166.

Weitz-Shapiro, R. 2008. The local connection. *Comparative Political Studies* 41 (3): 285–308.

Wisman, J.D., und J.F. Smith. 2011. Legitimating inequality: Fooling most of the people all of the time. *American Journal of Economics and Sociology* 70 (4): 974–1013.

Wong, B., und X. Huang. 2010. Political legitimacy in Singapore. *Politics & Policy* 38 (3): 523–543.

Wood, R.M., und M. Gibney. 2010. The Political Terror Scale (PTS): A re-introduction and a comparison to CIRI. *Human Rights Quarterly* 32 (2): 367–400.

Zhao, D. 2009. The mandate of heaven and performance legitimation in historical and contemporary China. *American Behavioral Scientist* 53 (3): 416–433.

Zhu, Y. 2011. ‚Performance legitimacy‘ and China's political adaptation strategy. *Journal of Chinese Political Science* 16 (2): 123–140.

Zürn, M. 2013. ‚Critical Citizens‘ oder ‚Critical Decisions‘ – Eine Erwiderung. *Politische Vierteljahresschrift* 54 (1): 173–185.

Auf dem Weg in die Postdemokratie?

Die empirische Legitimität von Demokratien in vergleichender Perspektive

Gert Pickel

Zusammenfassung

Legitimität ist eine zentrale Ressource für Demokratien. Sie ist aber gleichfalls eine zentrale Ressource für alle politischen Systeme, also auch Autokratien. Für demokratische Systeme benötigt man die Akzeptanz des normativen Konzeptes der Demokratie bei den Bürgern, also die empirische Legitimität. Diese beruht auf teilweise variierenden Vorstellungen von Demokratie. Gleichwohl sind sich die Vorstellungen dieser Konzepte oft sehr ähnlich und der Aspekt der individuellen Freiheit steht im Vordergrund. Empirische Analysen zeigen dies nicht nur für Europa. Angesichts der vorliegenden Daten kann für Europa derzeit nicht von einer Legitimitätskrise oder Politikverdrossenheit gesprochen werden. Allerdings ist eine weit verbreitete Politiker- und Parteienverdrossenheit zu konstatieren. Gefahren für die aktuellen Demokratien bestehen trotzdem. So wirken sich neben ökonomischer Ineffektivität in den Augen der Bürger gefühlte Gefährdungen der kollektiven Identität und der eigenen sozialen Lage ungünstig auf die Systemunterstützung des aktuellen politischen Systems aus. Und dies kann gefährlich genug sein, scheint für nicht wenige Bürger Demokratie mit der einen oder anderen autoritären Beimischung unter Begründung der Systemeffektivität akzeptabel zu sein.

G. Pickel (✉)
Institut für praktische Theologie, Universität Leipzig, Leipzig, Deutschland
E-Mail: pickel@rz.uni-leipzig.de

© Springer Fachmedien Wiesbaden GmbH, ein Teil von Springer Nature 2019
C. Wiesner und P. Harfst (Hrsg.), *Legitimität und Legitimation,* Vergleichende
Politikwissenschaft, https://doi.org/10.1007/978-3-658-26558-8_5

1 Auf dem Weg in die Postdemokratie, oder erst gar nicht in die Demokratie?

Betrachtete man die Diskussionen der letzten Jahre, so drängt sich einem der Eindruck auf, als ginge das Zeitalter der Demokratie nun doch recht schnell zu Ende.[1] So weisen Leiter von amerikanischen *think tanks* (Puddington 2016; Diamond 2008) auf den Rückgang der Zahl demokratischer Regime in der Welt hin.[2] Auch die Feststellung, dass nicht jede ehemalige Autokratie nach einem Zwischenstadium als hybrides Regime den Weg zur Demokratie nimmt, führt zu einer gewissen Ernüchterung unter Demokratieforscherinnen und Demokratieforschern (Kailitz und Köllner 2013). Die als demokratisch gefestigt geltenden westlichen Demokratien werden seitens Intellektueller sowie Bürgerinnen und Bürger immer häufiger aufgrund ihrer Mängel kritisiert. Mit dem Stichwort der *Postdemokratie* (Crouch 2008) erfolgt die Markierung schleichender Einbrüche in der demokratischen Gestalt von Herrschaft: So würde das, was an Demokratien demokratisch ist (angeblich) unterhöhlt. Doch nicht nur die Sorge, dass die Ideale der Demokratie durch deren Eliten verletzt werden, wird zunehmend diskutiert, auch die Verankerung demokratischer Regime in den Bevölkerungen unterliegt in den letzten Jahrzehnten scheinbar einem drastischen Wandel. So ist es zumindest schwierig, die in Europa zunehmenden Erfolge rechtspopulistischer Parteien unter dem Aspekt einer Zunahme kritischer Demokraten zu verhandeln (Norris 1999, 2011). Die zunehmenden Wahlerfolge von populistisch agierenden Politikerinnen und Politikern, wie in den USA, Ungarn oder Polen, bzw. eine gesteigerte Protestkultur im Umfeld der Flüchtlingsbewegungen tragen dazu bei, die scheinbare Sicherheit der Verankerung von Demokratie in den europäischen Bevölkerungen in den Schatten des Zweifels zu rücken. Die Anerkennungswürdigkeit der Demokratie und ihre reale soziale Anerkennung scheinen in einigen Ländern ins Schlingern geraten zu sein. Materialisiert sich nun vielleicht wirklich die seit Jahrzehnten beschworene Legitimitätskrise der Demokratie?

---

[1]Demokratie wird in diesem Beitrag als übergeordneter Begriff einer Volksherrschaft verstanden. Entscheidend ist die Einordnung der Bevölkerung, die durchaus elektorale Demokratien als Demokratien ansehen kann oder umgekehrt repräsentative Elemente der Demokratie als undemokratisch bemängelt.

[2]So ist man doch seit den 1945er Jahren eine beständige Zunahme der Zahl von Demokratien gewohnt gewesen und hatte diese Entwicklung als den übergreifenden Universaltrend angesehen.

Eine gewisse Skepsis ist hinsichtlich dieser Deutung angebracht. Zum einen aufgrund der bereits lange währenden Existenz dieses „Lamentos". Seit den 1970er Jahren (Watanuki et al. 1975; Pharr und Putnam 2000) wurde immer wieder eine Legitimitätskrise der Demokratie beschworen. Zumindest die Folge eines Systemzusammenbruchs unterblieb aber. Nun bedeutet die lange Adressierung eines Zustandes weder, dass dieser zutrifft, noch er nicht irgendwann Gestalt annehmen könnte. Skeptisch machen die Beispiele, die als Beleg für eine Legitimitätskrise der Demokratie angeführt werden: Sie betreffen häufig weniger den Entzug von Legitimität für die Demokratie als Herrschaftssystem, als vielmehr eine instabile Unzufriedenheit mit dem aktuellen politischen System. Dies wird an Debatten zur Politikverdrossenheit deutlich, die eher eine Politiker- und Parteienverdrossenheit als eine Verdrossenheit mit der Demokratie oder dem Sammelbegriff Politik ist.[3] Möglicherweise sind die angeblichen Legitimitätskrisen ja doch eher temporäre Krisen der Performanz und Leistungsfähigkeit der aktuellen politischen Systeme und des sie regierenden Personals. An dieser Stelle hilft die *politische Kulturforschung* weiter, welche nicht nur die Auswirkungen von politischen Krisen auf die Einstellungen der Bevölkerungen empirisch zu ergründen versucht, sondern auch die Relevanz der Bevölkerungseinstellungen hinsichtlich der Stabilität politischer Systeme in den Blick nimmt (Almond und Verba 1963; Easton 1975; Fuchs 1989; Lipset 1981). So wie der Begriff der *Legitimität* für die Stabilität von Herrschaftssystemen die entscheidende Rolle spielt, erweist er sich aber bis heute als sperrig in seiner Verwendung: Die Abgrenzung normativer und empirischer Aspekte ist genauso eine Schwierigkeit, wie seine empirische Bestimmung.[4] Gleichwohl markiert Legitimität etwas aus Sicht von sozialen Systemen wichtiges: den auf längerfristige Stabilität zielenden Aspekt des Verhältnisses der Bürger zu ihrem Herrschaftssystem. Legitimität wird als die Ressource angesehen, welche politische Systeme jenseits von Repressionsmaßnahmen längerfristig am Leben erhält und eröffnet einen Handlungsspielraum, in dem

---

[3]Politikverdrossenheit ist keine neue Erscheinung, wie man vielleicht bei Rezeption vieler dies verkündenden Talkshows annehmen könnte, sondern war bereits 2002 in Deutschland Unwort des Jahres. Bemerkenswert ist eher die zurückkehrend neue Beschäftigung mit der Thematik, ohne Anschluss an die vorliegende Literatur von vor fast zwei Dekaden mit seiner theoretischen, konzeptionellen und empirischen Verortung (Arzheimer 2002; Maier 2000; Pickel 2002).

[4]Dieser Begriff wird verwendet, um keine Präjudizierung in Richtung Messung zu gelangen (Patberg 2012).

politischen Entscheidungen getroffen werden können, ohne sie jeweils in Einzeldiskursen behandeln oder einzelnen durch die Bevölkerung abstimmen lassen zu müssen. Selbst wenn Demokratien aufgrund ihres (normativen) Anspruchs besonders auf die Anerkennung seitens ihrer Bürgerinnen und Bürger angewiesen sind, kann jede Herrschaftsform Legitimität erlangen. Dies ist kein Vorrecht von Demokratien.

Die Frage ist, ob und wie sich die *empirische Legitimität* politischer Systeme (und insbesondere von Demokratien) in den letzten Jahrzehnten entwickelt hat (siehe dazu auch den Beitrag von Fuchs und Roller in diesem Band). Diese Frage wird in diesem Beitrag unter Nutzung komparativen Datenmaterials aus der Umfrageforschung beantwortet. Aus Kapazitätsgründen, und weil sich die Debatten zu Postdemokratie wie einer Legitimitätskrise (Pharr und Putnam 2000) vornehmlich auf die westliche Welt beziehen, liegt das Zentrum der empirischen Überprüfung auf Europa, wobei die Ergebnisse in einen globaleren Vergleich gestellt werden.[5] Meine Hypothese ist:

> ▶ *Wir finden in den europäischen Demokratien nur geringe Anzeichen für eine Legitimitätskrise der Demokratie als Ideal und Herrschaftsform, aber doch erste Anzeichen für eine Krise der politischen Umsetzung der selbigen. Für letzteres entscheidend sind Diskrepanzen zwischen den Wünschen der Bürgerinnen und Bürger sowie den aktuellen Umsetzungen der Demokratie.* Damit liegt der Fokus des Beitrages auf der Erfassung *empirischer Legitimität.*

Sie wird in einem strengen Sinne als soziale Anerkennung des Herrschaftssystems und seiner politischen Komponenten (Objekte) verstanden. Durch den Bezug auf Demokratie wird allerdings ein, wenn auch noch breiter, normativer Bewertungsrahmen angelegt.

---

[5]Leider ist es schwierig eine den Idealvorstellungen der vergleichenden Methode angemessene systematische Länderkomposition vorzunehmen (Lauth et al. 2015), ohne zu viel an Information verlorenzugeben. Aus Gründen einer möglichst breiten Vergleichbarkeit werden Daten der World Values Surveys, der European Values Surveys, des European Social Surveys für die empirische Darstellung zusammengezogen. Dies ermöglicht eine breite Streuung an Ländern, aber basiert leider auf einer variierenden Länderauswahl. Da die Daten vor allem als Illustrationen dienen, scheint diese Abweichung von einem strengen komparativen Analysedesign für den vorliegenden Beitrag vertretbar.

2 Legitimität, Legitimation und politische Kulturforschung

2.1 Legitimität – was ist das?

Bevor man etwas vergleicht muss klar sein, was man untersucht. Gerade hinsichtlich Legitimität und Legitimation hat sich eine gewisse Unsicherheit eingestellt. Was ist nun Legitimität überhaupt? Folgt man Max Weber, so hat Legitimität immer mit der Ordnung von Herrschaft zu tun. Herrschaft ist nach Weber (2005, S. 38) „die Chance für einen Befehl bestimmten Inhalts bei angebbaren Personen Gehorsam zu finden". Bei den angebbaren Personen handelt es sich in der Regel um Mitglieder einer abgrenzbaren politischen Gemeinschaft. Damit wird die Gruppe der Betroffenen genauso definiert, wie, dass es sich um die Bürger und deren Haltungen zum Herrschaftssystem handelt, die im Vordergrund der Legitimitätszuweisung stehen. Für die Folgsamkeit der Herrschaftsunterworfenen bedarf es nach Weber deren *Legitimitätsglauben*. „Jede (Herrschaft) sucht vielmehr den Glauben an ihre Legitimität zu erwecken und zu pflegen" (Weber 2005, S. 157). Einfach gesagt, die Herrschaftsunterworfenen sollten die Herrschaft, die politische Ordnung und das politische System anerkennen, sonst könnte deren Bestand gefährdet sein. Legitim ist dann die Ordnung, die seitens der Bürger anerkannt wird. Legitimität ist von Legitimation zu unterscheiden. Legitimationsstrategien werden durch Personen und Herrscher angewandt um Legitimität zu erlangen. *Legitimation* ist das Resultat eines zielgerichteten Prozesses von herrschenden Akteuren, um sich selbst abzusichern – also eine Strategie (auch Beetham 2013, S. 11; Zürn 2011, S. 606). Legitimität beschreibt dagegen den Zustand in der politischen Gemeinschaft (zu dieser Diskussion siehe auch Wiesner und Harfst in diesem Band; Anstötz et al. in diesem Band).[6]

Warum ist Legitimität überhaupt wichtig für eine politische Ordnung? Zum einen sichert sie eine gewisse Langfristigkeit der Herrschaftsausübung. Man ist weniger von konjunkturellen politischen Schwankungen der Meinungen in den Bevölkerungen abhängig.[7] Zum anderen reduziert Legitimität die Investition in andere Maßnahmen zum Herrschaftserhalt, zum Beispiel Repression. Speziell das aus Legitimität resultierende (Vorschuss-)*Vertrauen* in die Herrschenden auf

---

[6]Am besten ist es vermutlich, Legitimation als das strategische Element von Akteurinnen und Akteuren zu verstehen.

[7]Auch dies betont bereits Weber (2005, S. 157).

ein Wirken im Wohle der Gemeinschaft (und somit im Wohle von einem selbst) senkt den Ressourceneinsatz auf der exekutiven Seite der politischen Herrscher. Legitimität stabilisiert also das Herrschaftssystem. Dies zu erreichen, können verschiedene Legitimationsstrategien angewandt werden. Ihr Erfolg ist aber nicht garantiert, sondern immer von der Anerkennung der verwendeten Strategie seitens der Bürger abhängig. Wiederum ist Weber als Ausgangspunkt der Bestimmung unterschiedlicher Quellen der Legitimität hilfreich. Er nennt Charisma, Rationalität und Tradition (Sitte) als Basis einer Legitimitätsgeltung (Weber 2005, S. 159). Dem folgt Schmidt (2013, S. 555–556) in seiner Definition von Legitimität im Wörterbuch zur Politik und unterscheidet: 1) die Rechtmäßigkeit einer Herrschaftsordnung im Sinne der Bindung staatlichen und individuellen Handelns an Recht und Verfassung *(Legalität)*, 2) die Rechtmäßigkeit einer Herrschaftsordnung im Sinne ihrer durch allgemeinverbindliche Prinzipien begründeten Anerkennungswürdigkeit *(normative Legitimität)* und 3) die Anerkennung einer Herrschaftsordnung als rechtmäßig und verbindlich seitens der Herrschaftsunterworfenen *(empirische Legitimität)*. Setzt man die Stabilität eines politischen Regimes als zentrales Erkenntnisinteresse, zeigt sich in allen drei Quellen eine Dominanz der empirischen Legitimität. So ist ja auch die Akzeptanz der Ressource Charisma wie die der Tradition und der bürokratischen Legalität als Basis von Legitimität von der vorherigen Anerkennung dieser Legitimitätsquellen seitens der Bürgerinnen und Bürger abhängig. Eine rechtliche Ordnung ist nur dann anerkennungswürdig, wenn die Prinzipien, auf die sie aufbaut, bereits vorher seitens einem entscheidenden Teil der Bevölkerung als legitim anerkannt wurden. Wie man es dreht und wendet, nicht nur aus Untersuchungszwecken, sondern auch aus einem grundlegenden Verständnis von Legitimität heraus, ist Legitimität immer als etwas sozial Anerkanntes zu verstehen. Die prinzipielle *Anerkennungswürdigkeit* der Herrschaftsform hilft bei dieser Anerkennung weiter, sichert sie aber weder vollständig ab, noch ersetzt sie die empirische Anerkennung. Anerkennungswürdigkeit spendet zwar Legitimität, allerdings nur auf normative Weise (Braun und Schmitt 2009, S. 53; Nohlen 2002).

Entsprechend ist es forschungstechnisch wichtig kategorial und konzeptionell empirische Legitimität von *normativer Legitimität* zu unterscheiden (Patberg 2012, S. 158–160; Rosanvallon 2010; Thornhill und Ashenden 2010). Letztere ermöglicht eine politische Ordnung als legitim zu bezeichnen, wenn sie dem entsprechenden normativen *Legitimitätsanspruch* gerecht wird. Dies impliziert zwei Anforderungen: Zum einen muss der normative Legitimitätsanspruch auf der Werteebene begründet sein, zum anderen muss er für seine Wirksamkeit auf politische Systeme in der Realität eine Umsetzung finden. Auf diesem Wege werden einmal aufgestellte Werterwartungen an die Realität angelegt. Sie sind

Auf dem Weg in die Postdemokratie? 103

natürlicherweise wieder subjektiv, hängen doch auch normative Vorgaben maßgeblich von denen ab, die sie festlegen.[8] Eine legitime Herrschaftsordnung ergibt sich erst, wenn das normativ gesetzte Ideal in die Realität transferiert wird (auch Beetham 2013, S. 14; Ferrin und Kriesi 2016, S. 10; Patberg 2012, S. 159).[9] Man könnte diesen Teil des normativen Zugangs zur besseren Unterscheidung normativ-empirische Legitimität nennen. Es kann z. B. festgestellt werden, ob institutionell gesichert Partizipationsrechte eingeräumt werden – oder eben auch nicht. Diese ebenfalls empirische Erfassung erfolgt durch Wissenschaftlerinnen und Wissenschaftlern an normativen Kriterien orientiert. Ein solches Vorgehen gehört zum Standardgeschäft des Forschungszweigs der empirischen Demokratieforschung und Demokratiemessung (Lauth et al. 2000; Lauth 2004; Müller und S. Pickel 2007). Wie Patberg (2012, S. 163) richtig sagt, „die Beurteilung der Legitimität politischer System (wird) durch den Forscher und nicht durch die Bürger vorgenommen". Übertragen kann man dies am Prinzip der Herrschaft *für das Volk* orientiert ansehen. Eine normative Anerkennungswürdigkeit und selbst deren empirische Umsetzung schützen jedoch nicht vor Entzug des Legitimitätsglaubens – und damit des Systemzusammenbruchs (Abb. 1).[10] Zudem ist die Einigung über die Gültigkeit einer normativen Legitimitätsgrundlage nicht von einer Aushandlung unter Akteurinnen und Akteuren abgelöst.

Um die Sache gleichzeitig zu verkomplizieren und zu vereinfachen, müssen für die Realisierung des bislang als empirischen Legitimitätsbegriff gebrauchten Zugangs in der Tradition von Weber normative Setzungen berücksichtigt werden. Die normative Setzung eines Herrschaftssystems, zum Beispiel als Demokratie, ist eine wichtige Komponente für seine soziale Anerkennung. Eine andere, wie sich die Herrschaftsunterworfenen eine Herrschaftsform und politische Institutionen vorstellen, damit sie diese anerkennen. Ideale und Wünsche prägen die soziale Anerkennung und empirische Legitimität. Im zweiten Fall ist man erneut auf der Ebene, Legitimität durch soziale Anerkennung zu bestimmen.

---

[8]In der westlichen Hemisphäre hat sich das liberale Ideal von Demokratie verbreitet. Anhänger postkolonialer Ansätze kritisieren diese normative Festlegung häufig als ideologisch, wobei auch das diesen Ansätzen zugrunde liegendes endogene Verständnis von Herrschaft einer empirischen Relevanz und Reflexion hinsichtlich seiner Aussagekraft bedarf.

[9]Ferrin und Kriesi (2016, S. 10–13) ordnen die Übereinstimmung von Wünschen und Evaluationen als Kern der Legitimität an. Dies fällt an einigen Stellen hinter die Überlegungen Webers zum Legitimitätsglauben zurück und unterschätzt möglicherweise den Einfluss alternativer Bedingungsfaktoren politischer Stabilität.

[10]Umgekehrt sichert eine Legitimität auf der Ebene sozialer Anerkennung keine normative Legitimität.

Form der Legitimität	Modus	Empirische Prüfung	Aussagebreite
Normative Legitimität	Anerkennungswürdigkeit Legitimitätsanspruch einer Herrschaftsordnung auf Basis von Prinzipien und Wertvorstellungen	Begrenzt: Hilfsaussaugen über die Anerkennung der vorher bestimmten normativen Prinzipien durch die Bürger	Anerkennungswürdigkeit auf der Basis von Normen Problem: normative Kriterien wandelbar nach Kulturkreis und je nach normativer Position diskutabel
Normativ-empirische Legitimität	Anerkennung der Herrschaftsordnung auf der Basis der Einhaltung normativer Prinzipien	Beurteilung Realität an der Einhaltung der Prinzipien (durch Beobachter)	Institutionenevaluation an gesetzten normativen Kriterien Problem: normative Kriterien wandelbar nach Kulturkreis, Variation der normativen Bezugsgrundlage, keine Aussage über Stabilität
Empirische Legitimität	Soziale Anerkennung der Herrschaftsordnung (Legitimitätsglaube)	Faktische empirische und soziale Anerkennung Herrschaftsordnung durch Herrschaftsuntergebene	Verankerung der Ordnung bei Bürgern und Aussagen über Bedingungen politischer Stabilität der Ordnungen Problem: Nur pragmatische Anerkennung ohne Stützung durch Legitimität, keine tiefer greifende Legitimität aufgrund fehlenden Ideals

Abb. 1 Differenzierung von Legitimität. *Anmerkungen:* Eigene Zusammenstellung

So ist die Anerkennung demokratischer Regelungsverfahren nur dann legitim, wenn man die zugrunde liegende Annahme der normativen Überlegenheit der bürokratischen, verfahrensorientierten Demokratie anerkennt. Werden diese in der Folge eingehalten, dann kann das Regime als legitim gelten. Im anspruchsvollsten Falle sind es drei Aspekte, die einzuhalten sind, damit ein Herrschaftssystem legitim ist: 1) Die *normative Anerkennungswürdigkeit* einer bestimmten

Auf dem Weg in die Postdemokratie?

Herrschaftsform. 2) Die *Umsetzung* der normativ anerkannten Herrschaftsform in die Realität, zum Beispiel über die Schaffung geeigneter Institutionen. 3) Die *empirische Anerkennung* der bestehenden Herrschaftsordnung durch die Herrschaftsuntergebenen. Für empirische Zwecke eignen sich normative Vorgaben nur dann, wenn sie frühzeitig explizit gemacht werden: Z. B. durch die Explikation, ob man die Legitimität von demokratischen Regimen oder anderen Herrschaftssystemen untersucht. So können politische Regime nach ihren normativen Maßstäben legitim sein, ohne dass sie den normativen Maßstäben anderer entsprechen. Auch können politische Regime nach normativen Maßstäben legitim sein, ohne dass dies in den Augen der Bürgerinnen und Bürger der Fall ist. Über die Weiterexistenz des Herrschaftssystems entscheidet aber allein die empirische Legitimität. Wenn man so will, bewegt man sich nun auf der Ebene der „Herrschaft *durch das Volk*". Damit wird erkennbar, warum die aktuelle empirische Legitimitätsforschung ihr Augenmerk auf die faktische soziale Anerkennung von Herrschaftsordnungen und Systemen legt – nur diese gibt einem mit einer gewissen Konkretion Auskunft über die Stabilität der Herrschaftsordnung. Nicht nur die Herrschaftsordnung als Ganzes, sondern auch ihre festen Bestandteile können Legitimität erhalten – und benötigen sie auch. Die Anerkennung eines Bundesverfassungsgerichtes setzt genauso seine Legitimität voraus, wie ein parlamentarisches System. Und beide politischen Objekte können unabhängig voneinander legitim oder illegitim sein.[11] Auch die Bestimmung der empirischen Legitimität benötigt *Bezugspunkte*. Untersuchen wir die Legitimität von Demokratien, dann wird deren Legitimität am Bild demokratischer Institutionen bemessen.[12] Es ist also relevant zu wissen, was für ein (normatives) Bild von Demokratie man besitzt. Dies birgt Folgen für die Legitimität und die Stabilität des politischen Regimes. Praktisch betrachtet bleibt dieses Verständnis für die politische Kulturforschung, mit ihrem Ziel Aussagen über die Stabilität politischer Herrschaft zu treffen, im ersten Zugriff irrelevant: Denn unabhängig davon, was sich Bürgerinnen und Bürger unter einem bestimmten politischen Objekt

---

[11]Legalität kann ebenfalls an der normativen Grundlage ihrer Einhaltung, wie an der empirischen Durchsetzungsfähigkeit bemessen werden. Letztere hat sogar einen so großen Einfluss, dass Elemente der Legalität an die empirischen Verhältnisse angepasst werden (müssen).

[12]Das ist zwingend der Fall, wenn von demokratischer Legitimität gesprochen wird. In diesem Fall wird nicht die Legitimität von Demokratie untersucht, sondern normativ gesetzt – auch in Autokratien oder hybriden Regimen – deren Legitimitätsanteil, der sich auf demokratische Normen und Ideale bezieht.

oder Herrschaftssystem vorstellen, für seinen Erhalt benötigt es die soziale Anerkennung. Diese kann auf falschen Voraussetzungen basieren und Bürger können ein normativ illegitimes politisches Regime unterstützen: Wenn es auf der empirischen Ebene Legitimität und Unterstützung erreicht, bleibt dies aus Stabilitätsgründen nachrangig. Für die Legitimitätsgewinnung besitzt die Differenz zwischen Wunsch und Realität eine entscheidende Bedeutung. Mit dieser Argumentation ist man tief in die politische Kulturforschung eingedrungen, welche sich die Bestimmung der Rahmenbedingungen für politische Stabilität unter Berücksichtigung der Bürgerinnen und Bürger und ihrer Einstellungen widmet.

2.2 Legitimität in der politischen Kulturforschung

Die empirische Legitimität ist auch ein wichtiges Element in der politischen Kulturforschung. Lipset (1981) weist ihr sogar die zentrale Rolle für die Stabilität eines politischen Systems, welcher Ausrichtung auch immer, zu. „Legitimacy involves the capacity of the system to engender and maintain the belief that the existing political institutions are the most appropriate ones for the society" (Lipset 1981, S. 64). Legitimität stellt somit einen wichtigen Schutz gegen den Zusammenbruch eines politischen Systems in Krisenzeiten dar (zusammenfassend Pickel und Pickel 2006, S. 86–88). Lipset setzt sie dabei in das Verhältnis zur Effektivität, oder besser zur Wahrnehmung der Effektivität des politischen Systems durch seine Bürgerinnen und Bürger. Daraus resultiert eine Art Ablaufmodel, welches die Verbindung zwischen Legitimität und Stabilität herstellt. Etwas sparsamer setzt ein anderer zentraler Propagandist der politischen Kulturforschung, David Easton (1975, 1979) den Begriff der Legitimität ein. Er unterscheidet ihn von Vertrauen und bezieht ihn exakter auf politische Objekte. Auch bei Easton ist Legitimität eine Ausprägung der politischen Kultur, die Dauerhaftigkeit auf sich zieht. Neben der so eingeführten Unterscheidung zwischen Vertrauen und Legitimität werden zudem die politischen Bezugsobjekte differenziert. Damit ist eine breitere Evaluation von empirischer Legitimität wie ein differenzierteres Urteil hinsichtlich der Folgen von Bevölkerungseinstellungen für die Stabilität eines Herrschaftssystems möglich. Alle Objekte können nach Easton übrigens positiv oder negativ unterstützt werden. Für den Erhalt der Persistenz eines politischen Systems ist allerdings eine überwiegend positive politische Unterstützung vonnöten. Diese Unterstützung *(support)* erhält das politische Regime im systemtheoretischen input-output-Modell Eastons zumeist dann, wenn die Forderungen der Bürgerinnen und Bürger an das System *(demands)* erfüllt werden. An diese Überlegungen schließt Larry Diamond (1999), allerdings mit

Auf dem Weg in die Postdemokratie?

einem klaren Fokus auf Demokratien an. Dieser Fokus ist in dem ursprünglichen Modell von Easton so gar nicht vorgesehen. An diesem Beispiel wird aber die Richtung deutlich, in welche die aktuelle Legitimitäts- und politische Kulturforschung gegangen ist – hin zu einer Evaluation der Legitimität und politischen Unterstützung von Demokratien. Dies hängt zweifelsohne genauso mit dem Zuwachs der Demokratien seit 1945, wie mit Interesse durch die Sozialwissenschaften für das Konzept der Demokratie auf der normativen Seite zusammen. Dabei können – wie bereits gesagt – nicht per se nur Demokratien auf Legitimität zurückgreifen, wie es sich manchmal in Diskussionen über Legitimität einzuschleichen scheint. Auch andere Herrschafts- und Regimeformen profitieren von Legitimität (Pickel und Stark 2010) und verwenden in umfangreichen Maße Legitimationsstrategien um eben eine solche zu erhalten. Auch der Grund hierfür wurde bereits genannt: Legitimität reduziert die Kosten für Unterdrückungsmaßnahmen genauso wie andere notwendige Investitionen, um an der Macht und der Herrschaft zu bleiben. Diese Begründungsfigur greift zurück bis Weber (2005, S. 157).

An die obigen Modelle knüpfen sich Überlegungen, welche das Konzept der politischen Unterstützung unter Sichtbarmachung einer normativen Ausrichtung an Demokratie in seiner Bezugskraft präzisieren. Sie nehmen die Verschiebung des Interesses der Legitimitätsforschung hin zur Demokratie auf (Buchanan 2002). Fuchs (2002, auch im vorliegenden Band Fuchs und Roller) setzte dabei die Anerkennung des Ideals der Demokratie an die Stelle der politischen Gemeinschaft – und damit den Aspekt einer generellen *Legitimität der Demokratie.* Faktisch handelt es sich dabei um eine Anerkennung der normativen Gültigkeit einer Idee. Davon unterschied er die Anerkennung des politischen (demokratischen) Systems und seiner Performanzbeurteilung. So, wie zwischen den verschiedenen Ebenen Wechselwirkungen bestehen, kann man die Objekte der Einstellungen der Bürgerinnen und Bürger zu Demokratie unterscheiden. Susanne Pickel differenzierte dieses Modell unlängst mit Bezug auf die politischen Einstellungen und politischen Objekte. Ihr Ziel war es, die Fokussierung auf die Demokratie als Bezugsform wieder etwas zurückzunehmen, ohne die analytischen Gewinne aus den vorherigen Weiterentwicklungen auf der Ebene der Zustimmung zu Werten und zu realen Herrschaftsformen aufzugeben. Dafür trennte sie die Systemunterstützung von der Legitimität des politischen Herrschaftssystems und reintegrierte die Ebene der politischen Gemeinschaft in ihr Modell (Abb. 2), da diese für die Identitätsbildung einer politischen Gemeinschaft und deren Zusammenhalt eine nicht zu unterschätzende Rolle mit Wechselwirkung zu den anderen politischen Objekten spielt. Interessant ist speziell der neu ausgegliederte Aspekt der Systemunterstützung, welcher stark die Umsetzung der normativen Grundlagen in einem

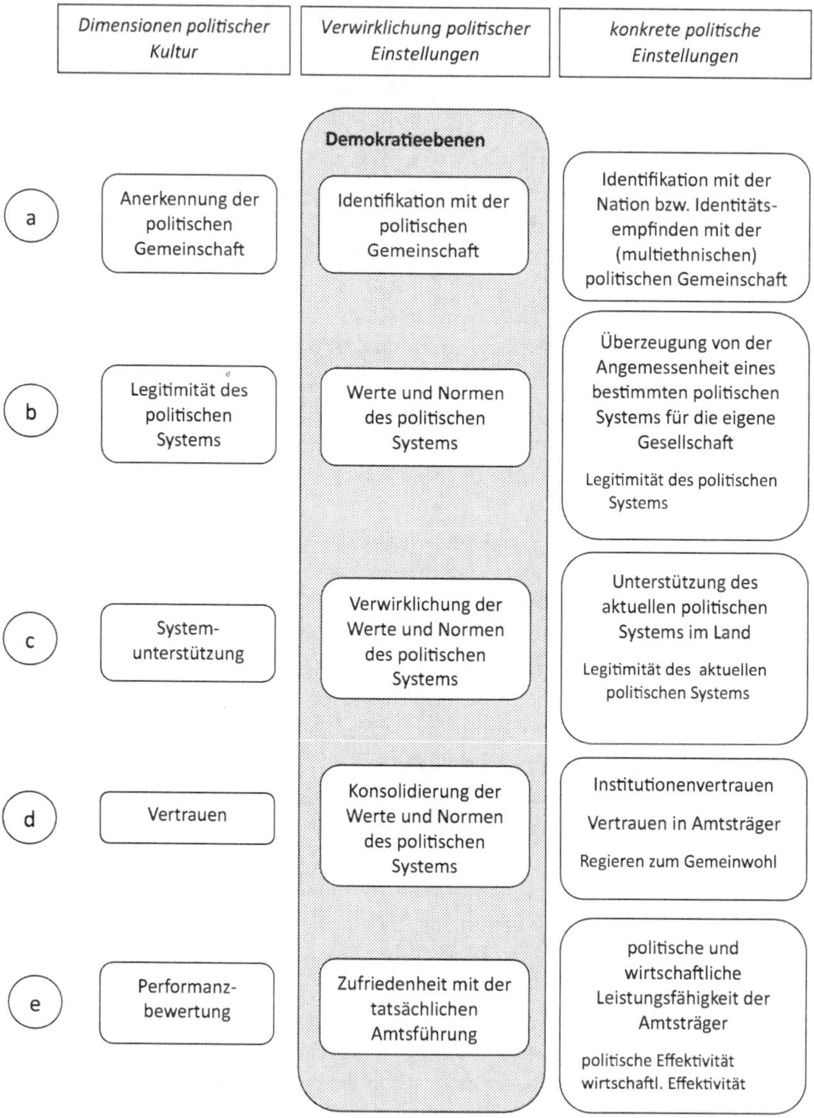

| Dimensionen politischer Kultur | Verwirklichung politischer Einstellungen | konkrete politische Einstellungen |

Demokratieebenen

a — Anerkennung der politischen Gemeinschaft — Identifikation mit der politischen Gemeinschaft — Identifikation mit der Nation bzw. Identitätsempfinden mit der (multiethnischen) politischen Gemeinschaft

b — Legitimität des politischen Systems — Werte und Normen des politischen Systems — Überzeugung von der Angemessenheit eines bestimmten politischen Systems für die eigene Gesellschaft / Legitimität des politischen Systems

c — System-unterstützung — Verwirklichung der Werte und Normen des politischen Systems — Unterstützung des aktuellen politischen Systems im Land / Legitimität des aktuellen politischen Systems

d — Vertrauen — Konsolidierung der Werte und Normen des politischen Systems — Institutionenvertrauen / Vertrauen in Amtsträger / Regieren zum Gemeinwohl

e — Performanz-bewertung — Zufriedenheit mit der tatsächlichen Amtsführung — politische und wirtschaftliche Leistungsfähigkeit der Amtsträger / politische Effektivität / wirtschaftl. Effektivität

Abb. 2 Demokratieebenen und politische Kultur. *Anmerkungen:* Darstellung basierend auf Fuchs (2002, S. 37), Norris (1999, 2011, S. 24, 44) und den umfangreichen Ergänzungen durch Pickel, S. (2016)

Auf dem Weg in die Postdemokratie? 109

realen politischen Regime in das Zentrum der Analyse rückt und von der Überzeugung der Angemessenheit eines bestimmten politischen Systems für die eigene Gesellschaft unterscheidet. Er ist in Beziehung zu der Einschätzung der politischen Performanz des Regimes. Diese Aspekte unterscheidet sie wiederum von dem Vertrauen, welches ein politisches Regime oder seine Vertreter gewinnen kann.

2.3 Legitimität, Legitimitätskrise – und ihre Untersuchung?

Die vorangegangene Entfaltung hat gezeigt: Legitimität ist nur an zwei Stellen konkret empirisch untersuchbar: Zum einen in der Umsetzung eines vorher definierten Normenmodells in die institutionelle Realität, zum anderen mit Blick auf die soziale Anerkennung oder den Legitimitätsglauben in der Bevölkerung. Im ersten Fall vergleicht man die bestehende Ordnung mit dem normativen Ideal und beurteilt dies aus der Sicht des Forschers (Patberg 2012, S. 159). Richtet man seinen Blick auf die institutionellen Ebene bzw. die Stabilität oder Instabilität des politischen Regimes, wird deutlich, warum das Gros der empirischen Legitimitätsforschung der letzten Jahrzehnte seinen Fokus vor allem auf die empirische Analyse von Umfragedaten und Aussagen über den Legitimitätsglauben gelegt hat (Ferrin und Kriesi 2016; Torcal und Morlino 2006; Weßels 2016). Wird heute von empirischer Legitimität gesprochen, dann ist vor allem diese Form der Legitimitätsbestimmung gemeint. Interessant dabei ist, dass durch die Differenzierung in der politischen Kulturforschung zwei Objekte der Legitimität in den Blick kommen – erstens die Demokratie als normatives Ideal und zweitens das aktuelle politische Regime (also die aktuelle Ausformung der Demokratie). Überhaupt hat die Ausrichtung der Debatte über *Legitimitätskrisen* und Postdemokratie den Blick der empirischen Legitimitätsforschung wieder verstärkt in die Richtung von Demokratien gelenkt und damit an die Demokratieforschung angeschlossen. Schon die frühen Gedanken in die Richtung einer Legitimitätskrise (Watanuki et al. 1975; Pharr und Putnam 2000) beschreiben die Unsicherheit hinsichtlich der Akzeptanz und Verankerung von demokratischen politischen Systemen in ihrer Bevölkerung. Dabei spielen noch Vorüberzeugungen aus stärker elitentheoretischen Ansätzen eine Rolle. In der Folge konzentriert sich das Forschungsinteresse verstärkt auf die sogenannte westliche Welt und die OECD-Staaten. Sie besaßen zudem den nicht zu unterschätzenden Vorteil, dass für sie, anders als für die meisten anderen Gebiete der Welt, halbwegs belastbare *Umfragedaten* vorlagen. Diese sind für die Erforschung empirischer Legitimität im Sinne von Legitimitätsglauben nun zwingend erforderlich. Sie besitzen allerdings ein nicht unerhebliches Manko: Es ist nicht sicher, inwieweit Umfragedaten für weniger demokratische Regime in ihrer Aussagekraft belastbar – und nicht Folge sozialer Erwünschtheit – sind. So bleibt vermutlich die Diskussion unentschieden, inwieweit die positive Haltung zur Demokratie als bester Staatsform in China sowie eine hohe Demokratiezufriedenheit Konsequenz realer Empfindungen, eines anders gearteten Demokratieverständnisses oder einfach sozialer Erwünschtheit sind.[13]

In Kombination hat dies dazu geführt, dass bis heute die Legitimitätsforschung ihren *Schwerpunkt auf Demokratien und die westliche Welt* legt, auch wenn in den letzten Jahrzehnten einiges an Erkenntnissen über Autokratien (Kailitz und Köllner 2013; Gerschewski 2010; G. Pickel 2010) oder Demokratien jenseits des Westens (zusammenfassend Schubert 2012; Schubert und Weiß 2016) vorgelegt wurde. Die Erkenntnis aus diesen Analysen ist, dass auch Nichtdemokratien Legitimität erreichen können. Eine andere Erkenntnis ist aber auch, dass lange Zeit Demokratien wesentlich erfolgreicher in der Gewinnung von Legitimität waren. Ein Grund ist die Zugkraft des normativen Leitbilds Demokratie für die Bürgerinnen und Bürger (Inglehart und Welzel 2005; Welzel 2013) sowie ihre (ökonomischen und sozialen) Fortschritt versprechende Vorbildwirkung. Diese „Erfolgsstory der Demokratie" drückt sich übertragen darin aus, dass nicht wenige Legitimationsstrategien den Verweis auf die eigene demokratische Ausrichtung herausheben, so wenig diese Regime oft auch in der Realität demokratische Prinzipien umsetzen. Als Konsequenz hat die Legitimitätsforschung in den letzten Jahrzehnten einen merklichen Schub erfahren. Zum anderen zeigen zunehmende Proteste und eine Ausbreitung der Erfolge populistischer Argumente in der westlichen Welt, dass der Aspekt einer Legitimitätskrise der Demokratie sorgfältiger als bisher behandelt werden muss. Ist es wirklich so, dass der Demokratie die Unterstützung und Legitimität entzogen wird, oder handelt es sich um Performanzschwankungen, die dann doch nur eine begrenzte Relevanz für die Stabilität demokratischer Systeme besitzen? Verschiedene Gründe können für diese Entwicklungen verantwortlich gemacht werden: Performanzschwankungen aufgrund sinkender ökonomischer oder politischer Effektivität (Gasiorowski 2000; Teorell 2010; in Teilen Acemoglu und Robinson 2012), eine Erosion des Leitbildes einer liberalen Demokratie – oder aber eine wachsende

---

[13]In autokratischen oder teil-autokratischen politischen Regimen dürfte das Vertrauen der Bürger in Interviewerinnen und Interviewer aufgrund der Sorge um eine Gefährdung der eigenen Person bzw. wegen fehlender Meinungsfreiheit nicht so groß sein. Entsprechende Ergebnisse sind folglich vorsichtig zu interpretieren.

Auf dem Weg in die Postdemokratie? 111

Distanz zwischen Wunsch und Wirklichkeit aufgrund einer zunehmenden Steigerung der Ansprüche an die Demokratie (Pharr und Putnam 2000).[14] Gerade im Anschluss an den letzten Punkt wird deutlich, dass eine empirische Überprüfung von Legitimität Modelle erfordert, welche das Demokratieverständnis der Bürgerinnen und Bürger mit in ihr Denken einbeziehen, wie sie die Differenz zwischen Wunsch und Realität bzw. die Differenz zwischen objektiver Gegebenheit und subjektiver Wahrnehmung berücksichtigen müssen.[15] Die Frage ist: *Stimmt es, dass gerade die auf den Bürgerinnen und Bürger ausgerichteten Demokratien immer mehr unter einem Entzug von Legitimität durch die Bürgerinnen und Bürger leiden?* Und eine Folgefrage lautet: *Wie kommt es dazu* (siehe dazu auch Fuchs und Roller in diesem Band)?

3 Indikatoren der empirischen Legitimität im internationalen Vergleich

Schließt man nun an die empirische Legitimitätsforschung an, dann interessiert vorrangig die soziale Anerkennung, welche Herrschaftssysteme erfahren. Angesichts der vorgestellten Differenzierung sowohl von Legitimität wie auch von Objekten der politischen Unterstützung benötigt aber bereits ein solch einfach klingender deskriptiver Blick einiges an Differenzierung. Selbst wenn man die empirische Untersuchung auf Demokratien konzentriert, muss zwingend zwischen der Legitimität der Herrschaftsform (und des Ideals) Demokratie im Allgemeinen sowie der Legitimität seiner aktuellen politisch-institutionellen Ausprägung unterschieden werden (auch Westle 1989; Abb. 2). Beides setzt voraus, dass man die Legitimität der Demokratie überhaupt empirisch erfassen kann. In der politischen Kulturforschung geschieht dies in der Regel über Fragen, welche die allgemeine, damit nach Easton (1979) diffuse, Unterstützung der Demokratie aufnehmen. Gemeinhin wird erkundet, inwieweit Bürgerinnen und Bürger es für

---

[14]Es stellt sich die Frage, ob nicht die Erfolge der Demokratie unter ihren Bürgerinnen und Bürgern steigende Ansprüche entfachen. So reichen z. B. Wohlstandszuwächse nicht mehr aus, wenn sie nicht gerecht verteilt werden oder damit keine Verbesserung des Lebensstandards erreicht werden kann. Es handelt sich um Relationen, die sich verschieben und so in den Augen der Bürgerinnen und Bürger die Systemunterstützung (und möglicherweise die Legitimität der konkreten demokratischen Systeme) untergraben.

[15]Dies ist erstmals mit den 2012 erhobenen Daten des European Social Surveys möglich, der auf Basis eines erweiterten Konzeptes des Verständnisses von Demokratie fußt (Ferrin und Kriesi 2016).

gut halten in einer Demokratie zu leben, oder ob sie diese als die angemessene Herrschaftsform einschätzen. Speziell Fragen zur Idee der Demokratie sind aber (nicht nur) in der vergleichenden Umfrageforschung Mangelware. Immerhin wurde 2000 eine entsprechende Frage in einer Gruppe von (zumeist ost-) europäischen Ländern gestellt (Pollack et al. 2006). Die Zustimmungsgrade zu ihr sind über fast alle Untersuchungsländer sehr hoch, dabei in den drei westeuropäischen Staaten höher als in den osteuropäischen Ländern. In Russland ist die Zustimmung am niedrigsten. Noch ein weiterer Aspekt wird mit Blick auf die Daten erkennbar: Das Antwortverhalten auf die Fragen zur Demokratie als angemessenster Regierungsform, oder die im World Values Survey bzw. European Values Survey erhobene Einstufung, dass es gut sei, in einer Demokratie zu leben (Struktur der Demokratie), unterscheidet sich kaum vom Antwortverhaltenen zur Idee der Demokratie (Binnenkorrelation der Individualdaten unter 13 europäischen Ländern r = ,69). Es handelt sich an dieser Stelle scheinbar nur um Variationen ein und derselben Objektbeurteilung durch unterschiedliche Fragen – die *Legitimität der Demokratie als Herrschaftsform*.[16] Betrachtet man das Antwortverhalten über eine größere Zahl an Länder hinweg (siehe Tab. 1), dann ist die Dominanz einer Zuneigung der Menschen zur Herrschaftsform Demokratie im europäischen Vergleich unübersehbar.[17] Selbst wenn man über Europa hinausblickt, bleibt diese Zustimmung extrem hoch und verweist auf eine hohe Grundakzeptanz der Demokratie bei den Befragten. Man könnte auch sagen, dass die Legitimität des normativen (oder funktional-institutionellen) Konzeptes Demokratie weltweit beachtenswert hoch ist. Bürgerinnen und Bürger präferieren Demokratie gegenüber anderen Herrschaftsformen deutlich. Dies gilt quasi durchgängig für Westeuropa, Osteuropa, Asien, Lateinamerika und Afrika.

---

[16]Antwortvariationen ergeben sich dann überwiegend aus den Variationen in den Frageformulierungen. So verleiten die weicheren Formulierungen (es ist gut in einer Demokratie zu leben, Demokratie ist die angemessenste Regierungsform) zu einem etwas positiveren Antwortverhalten als etwas strenger gesetzte Formulierungen (die Idee der Demokratie ist immer gut).

[17]Da eine Abbildung aller Länder, zu denen Daten verfügbar sind die Darstellung unübersichtlich machen würde, wurde eine Selektion vorgenommen, die die Chance eröffnet verschiedene Regionen der Welt miteinander zu vergleichen. Eine zu starke Komprimierung würde allerdings der Diversität der Länder nicht gerecht werden. Im ungünstigsten Fall käme es zu methodisch bedenklichen, weil in der Zusammensetzung der jeweiligen Ländergruppen hochselektiven Gruppenaussagen (als ungünstiges Beispiel Lane und Erson 2003). Aus Umfanggründen kann im Beitrag nicht in Detail auf die jeweiligen Länderentwicklungen eingegangen werden.

Auf dem Weg in die Postdemokratie?

Tab. 1 Politische Unterstützung und Legitimität der Herrschaftsform Demokratie

	Performanz Demokratie		Struktur Demokratie		Idee
	2000	2008	2000	2008	2000
Westdeutschland	65	68	97	96	97
Österreich	–	54	–	96	–
Schweiz	–	–	–	96	–
Italien	–	–	–	95	–
Frankreich	–	40	–	94	–
Belgien	–	60	–	90	–
Niederlande	–	55	–	94	–
Irland	–	63	–	85	–
Dänemark	–	76	–	99	–
Schweden	–	–	–	98	–
Portugal	–	39	–	93	–
Spanien	57	57	97	96	95
Griechenland	41	43	95	97	89
Türkei	–	–	–	93	–
Estland	44	44	87	89	73
Lettland	30	29	89	86	–
Litauen	–	32	–	91	–
Ostdeutschland	49	41	92	94	94
Polen	45	54	88	84/83*	76
Ungarn	31	21	88	81	71
Tschechische Republik	44	40	89	85	88
Slowakische Republik	20	43	85	90	78
Slowenien	45	49	86	87/83*	80
Bulgarien	19	10	75	87	63
Rumänien	11	41	87	95	81
Bosnien-Herzegowina	–	25	–	83	–
Serbien	–	20	–	80	–

(Fortsetzung)

Tab. 1 (Fortsetzung)

	Performanz Demokratie		Struktur Demokratie		Idee
	2000	2008	2000	2008	2000
Albanien	35	19	92	93	91
Ukraine	16	16	82	80/85*	–
Georgien	–	40	–	93	–
Moldawien	10	27	78	80	–
Belarus	–	62	–	86	–
Russland	21	38	71	81/80*	53
USA			87		
Australien			90		
Japan			88		
Südkorea			79		
Indien			92		
Indonesien			97		
China			94		
Taiwan			94		
Argentinien			95		
Brasilien			91		
Chile			93		
Peru			89		
Ägypten			98		
Marokko			96		
Jordanien			96		
Ghana			96		
Sambia			92		
Südafrika			91		

Anmerkungen: Eigene Berechnungen PCND 2000/2002; WVS 2005–2008; durchschnittlich 1000 Befragte; Idee = Die Idee der Demokratie ist immer gut; Struktur = Die Demokratie ist die angemessenste Regierungsform/Sehr gut oder gut ein demokratisches System zu haben; Performanz = Ich bin mit der Demokratie, wie sie in unserem Land ist, zufrieden

Doch einige Ergebnisse zwingen zum Nachdenken und schütten Wasser in den Wein der politischen Kulturforschung. So wie es für viele schwierig sein dürfte zu verstehen, warum die Legitimität der Demokratie in China so beeindruckend ausfällt, so schwierig ist es aus dieser breiten Zustimmung zur Herrschaftsform Demokratie auch in Nichtdemokratien einen Schluss auf die Stabilität der dort existierenden politischen Ordnungen zu schließen (Klingemann und Fuchs 1995; G. Pickel 2013). Im Vorgriff auf die Betrachtung der Performanzebene, werden schon deutliche Differenzen zwischen Legitimität der Demokratie als Ideal und Herrschaftsform und den aktuellen demokratischen Systemen erkennbar. Gleichwohl geben die Ergebnisse darüber Auskunft, dass der „catch-term" Demokratie eine gewisse Zugkraft besitzt. Nicht nur, dass fast alle, auch aus westlicher Sicht noch so wenig demokratischen, Staaten dieser Erde das Label Demokratie für sich als Legitimationsstrategie in Anspruch nehmen wollen, in grober Sicht stimmt dies auch mit der Zielrichtung der Bürgerinnen und Bürger überein. Angesichts der hohen weltweiten Legitimität liegt es allerdings nahe, Differenzen im Demokratieverständnis der Bürgerinnen und Bürger – oder zumindest unterschiedliche Vorstellungen darüber, was momentan in der bestehenden Demokratie am wichtigsten ist – anzunehmen (S. Pickel et al. 2016). Vor allem, wenn man die bestehende Vielfalt in den Herrschaftsformen, die existieren, ins Kalkül zieht. Eine diffuse Vorstellung von Demokratie, die positiv konnotiert und gewünscht wird, scheint allerdings Bürgerinnen und Bürger in verschiedenen Kulturen zu vereinen. Man kann vermuten, dass die Identifikation mit Volksherrschaft, aber auch mit individueller Freiheit eine Bedeutung besitzt (Welzel 2003, 2013).

Aussagen hinsichtlich der Ablehnung sogenannter *antidemokratischer Systemalternativen* zeigen in die Richtung eines weiten Verständnisses dessen, was mit Demokratie vereinbar ist. So scheint es in einigen hybriden Regimen oder Autokratien kein Problem zu sein, mit dem westlichen Verständnis von Demokratie unvereinbare Elemente des politischen Lebens mit einem Demokratiebild zu verbinden. Zwar finden sich in den westlichen Demokratien ebenfalls gelegentlich Tendenzen „einem starken Führer, der nicht mehr auf das Parlament achten muss", ein gewisses Verständnis entgegenzubringen, gleichwohl sind die Zustimmungswerte deutlich niedriger als in anderen Regionen der Welt (Tab. 2). Nun kann man einen starken Führer in gewisser Hinsicht noch mit Demokratie vereinbaren, allerdings gibt der zumeist in der Antwortvorgabe mit enthaltene Hinweis „ohne auf das Parlament Rücksicht nehmen zu müssen" Anlass zum Nachdenken. Wenn in Russland, Rumänien und Bulgarien 2008 deutliche Bevölkerungsmehrheiten sich einen „starken Führer" wünschen, kann dies zum einen auf eine mangelnde Effektivität des Regimes hindeuten, zum anderen aber auch den Wunsch nach einer starken Zentralgewalt ausdrücken. Dann entsprechen

Tab. 2 Zustimmung zu antidemokratischen Systemalternativen

	Einparteien-system	Armee soll regieren		Präferenz für starken Führer		Sozialismus
	2000	2000	2008	2000	2008	2000
Westdeutsch-land	–	2	2	7	18	27
Österreich	–	–	7	–	23	–
Schweiz	–	–	4	–	17	–
Italien	–	–	7	–	14	–
Frankreich	–	–	5	–	26	–
Belgien	–	–	8	–	39	–
Niederlande	–	–	3	–	40	–
Irland	–	–	10	–	34	–
Dänemark	–	–	1	–	15	–
Schweden	–	–	5	–	18	–
Portugal	–	–	16	–	43	–
Griechenland	–	13	8	7	7	–
Spanien	–	3	5	7	20	–
Türkei	–	–	33	–	58	–
Estland	23	4	4	29	26	8
Lettland	–	–	10	–	62	–
Litauen	–	–	7	–	52	–
Ostdeutsch-land	18	3	1	11	15	17
Polen	40	7	13	29	21/22*	18
Ungarn	25	3	6	20	27	20
Tschechische Rep.	21	1	7	12	29	10
Slowakische Rep.	39	4	3	11	12	24
Slowenien	22	5	5	18	26	16
Bulgarien	37	16	12	43	62	33
Rumänien	32	14	26	36	73/74*	21
Russland	51	10	17	53	58/76*	33

(Fortsetzung)

Auf dem Weg in die Postdemokratie? 117

Tab. 2 (Fortsetzung)

	Einparteien-system	Armee soll regieren		Präferenz für starken Führer		Sozialismus
	2000	2000	2008	2000	2008	2000
Belarus	–	–	–	–	47*	–
Ukraine	–	–	13	–	67	–
Bos-nien-Herz.	–	–	29	–	42	–
Serbien	–	–	28	–	68	–
Albanien	18	7	19	16	38	4
USA	–	–	14	–	32	–
Australien	–	–	6	–	22	–
Japan	–	–	2	–	25	–
Südkorea	–	–	6	–	48	–
Indien	–	–	36	–	64	–
Indonesien	–	–	96	–	24	–
China	–	–	36	–	36	–
Taiwan	–	–	12	–	58	–
Argentinien	–	–	11	–	37	–
Brasilien	–	–	35	–	64	–
Chile	–	–	18	–	32	–
Peru	–	–	31	–	47	–
Ägypten	–	–	57	–	16	–
Marokko	–	–	28	–	27	–
Jordanien	–	–	75	–	18	–
Ghana	–	–	16	–	22	–
Sambia	–	–	23	–	37	–
Südafrika	–	–	31	–	43	–

Anmerkungen: Darstellung auf der Basis von PCND 2000/2002; WVS 2000–2009; zustimmende Werte auf einer Skala mit vier Antwortvorgaben in Prozent; * = Zusatzdaten WVS 2010–2014; Armee soll regieren = Die Armee soll unser Land regieren; Präferenz für starken Führer = Es ist das Beste das Parlament loszuwerden und einen starken Führer zu haben, der Dinge schnell entscheiden kann; Sozialismus = Wir sollten zur sozialistischen Ordnung zurückkehren/Wir sollten eine sozialistische Ordnung haben die Einrichtung einer „gelenkten Demokratie" und der gezielte Einsatz dieses Sprachgebrauchs nur den Wünschen einer Bevölkerungsmehrheit – und entsprechende Institutionalisierungen wären im Sinne der sozialen Anerkennung legitim. Auf unterschiedlichen Erfahrungen beruht die Einschätzung eines *Militärregimes*. Während dies in Europa (übrigens trotz oder wegen einem relativ hohen Vertrauen in die Streitkräfte) diese Herrschaftsform weitgehend für illegitim gehalten wird, sieht man einmal von der Türkei ab, gilt dies nicht für alle Gebiete der Welt. Sowohl in Indonesien als auch in Jordanien trifft diese Herrschaftsform auf empirische Legitimität. Hybride Regime oder Autokratien sind somit nicht generell vom Erwerb von Legitimität ausgeschlossen (Hadenius und Teorell 2007; G. Pickel 2013; Teorell 2010).

Doch ist damit etwas über die Stabilität der Regime und ihre Legitimität ausgesagt? Greifen wir auf die Einordnung in Abb. 2 zurück, so besitzt Demokratie an sich scheinbar wirklich eine hohe Legitimität. Dies bezieht sich aber auf ein noch extrem breites und inhaltlich auffüllbares normatives Verständnis von Demokratie, welches viele Nuancen und Möglichkeiten in der Realität zulässt. Zudem kann nicht direkt auf Unterstützung dessen geschlossen werden, was man im eigenen Land als Demokratie vorfindet. Mit Blick auf die Systemalternativen könnte ja vielen Bürgerinnen und Bürgern gerade für Demokratien der starke Führer fehlen und sich daraus ein Entzug an politischer Unterstützung und empirischer Legitimität ausbilden. Hier nun wendet sich die Frage hin zur *Stabilität der existierenden Demokratien*. Auskunft gibt die Bereitschaft, sich antidemokratischen Systemalternativen gegenüber zu öffnen. Hier zeigte sich weltweit eine bemerkenswerte Spannbreite. Auch in Europa finden sich nicht wenige politische Gemeinschaften, in welchen wesentliche Bevölkerungsgruppen einen starken Führer als nicht unvereinbar mit Demokratie ansehen und sich in ihrem Land vorstellen könnten. Die Demokratie ist somit legitim, bestimmte Alternativen sind es aber unter Umständen ebenfalls.

Eine weitere Möglichkeit ist, dass man Demokratie auf der Ebene normativer Idealvorstellungen für legitim hält, aber sein demokratisches Regime nicht unterstützt. Über diese politische Unterstützung oder Anerkennung geben Indikatoren der Demokratiezufriedenheit oder des Vertrauens in politische Institutionen Auskunft. Nun sind diese schon dem Namen nach („Vertrauen") konzeptionell nur begrenzt auf der Ebene der Legitimität angesiedelt. Andererseits sind sie wiederum für den Erhalt des herrschenden Systems von hoher Aussagekraft, wird doch letztlich die für die Bürgerinnen und Bürger so wichtige Effektivität des agierenden Herrschaftssystems auf der politischen, ökonomischen und sozialen Ebene im Lichte der grundsätzlichen Legitimität des Herrschaftstyps beurteilt. So reichen dann die Antworten auf die (leider unterschiedlich formulierten und erhobenen)

Auf dem Weg in die Postdemokratie?

Fragen nach der Zufriedenheit mit der Demokratie im Lande über reine Performanzbeurteilungen hinaus. Gerade dieser Zwischenbereich zwischen Legitimität und Effektivität zeichnet damit für den Erhalt eines politischen Regimes von Bedeutung.[18] Dies markiert die in der politischen Kulturforschung letztendlich ungelöste Schwierigkeit der Erhebung und Verbindung von politischer Stabilität und Legitimität. Der Blick auf diese Indikatoren (Tab. 1) zeigt die erwartet niedrigeren Werte in der Performanzbeurteilung der Demokratien (oder Zufriedenheit mit der Demokratie), sichtbar werden allerdings auch Differenzen zwischen unterschiedlichen Ländern.[19] In Westeuropa fallen die Zustimmungswerte durchweg am höchsten aus, wobei es dort auch Abweichungen nach unten gibt. Für die Abweichungen dürften ungünstige Effektivitätserfahrungen – oder Erfahrungen der Ineffektivität von politischen Regimen und ihren Führenden – verantwortlich zeichnen. Dies bezieht sich vor allem auf wirtschaftliche Einbrüche, wie sie nach der Transformationsphase in einigen osteuropäischen Ländern zu beobachten waren. So sinken regional gebündelt in Osteuropa die Performanzbeurteilungen massiv ab.[20] Diese Einschätzungen werden durchgehend durch (hier nicht ausgewiesene) Zahlen zum Vertrauen in das Parlament gestützt. Damit mischt sich an dieser Stelle die Beurteilung des Vertrauens mit dem Gedanken der Legitimität, welche beide ja in Eastons Konzeption erst einmal analytisch getrennt einen

---

[18]Westle (1989) ordnet die Indikatoren dieses Bereichs als diffus-spezifisch in das Model von Easton (1975) ein. Bis heute ist es nicht gelungen diese Doppelzuordnung aufzulösen (Fuchs 1989, 2004; Pickel und Pickel 2006). Allerdings kann damit die Grauprägung der Wirklichkeit realistisch erfasst werden.

[19]Über die Belastbarkeit der die Performanz der Demokratie erfassenden Indikatoren ist viel diskutiert worden. Zum einen werden sie als reine Performanzbeurteilung gesehen, manchmal werden sie gerne als Legitimität gedeutet. Vermutlich am tragfähigsten ist hier Westle (1989; auch Pickel 2002) zu folgen und diese Indikatoren als diffus-spezifische Unterstützung anzusehen. Durch den Bezug auf Demokratie, und dies stützen auch empirische Analysen, sind sie der Legitimität der Demokratie verbunden und basieren nicht alleine auf reinen Effektivitätserwägungen. Entsprechend Abb. 2 dürfte es günstig sein sie als Systemunterstützung zu verstehen. Ihre Bedeutung für die Stabilität der politischen Regime ist nicht zu unterschätzen, ist es doch gerade die Verzahnung von Legitimität des Herrschaftstyps und Effektivitätsbeurteilung, welche eine politische Ordnung im Gesamten am Leben erhält.

[20]Die Korrelation zwischen dem Indikator Zufriedenheit mit Arbeiten der Demokratie im eigenen Land und der Einschätzung, wie demokratisch das Land ist im European Social Survey beträgt auf der globalen ebene über die Individualdaten aller Länder r = ,73. Entsprechend gibt die Zufriedenheit mit der Demokratie, oder wie sie arbeitet guten Aufschluss über die Demokratieeinschätzung auch des Landes.

Unterstützungskorridor aufspannen. Die wiederum beachtlichen (und, wie Daten aus der Eurobarometerreihe von 1973 bis 2016 zeigen: konsistenten) Zufriedenheitswerte mit der aktuellen Demokratie in Westeuropa weisen darauf hin, dass Elemente einer grundsätzlichen Legitimität übergreifen können.[21] Es ist allerdings analytisch nicht auszuschließen, dass es positive Erfahrungseffekte sind, die zu dieser Höhe und Stabilität in der Einschätzung beitragen. Wäre dies der Fall, müssten diese Effekte eher der Komponente des Vertrauens zugeordnet werden.

Ohne Frage spielen viele *Faktoren* für diese Ergebnisse eine Rolle. Sie müssten breiter behandelt werden, was in einem in seinem Umfang beschränkten Aufsatz empirisch nicht möglich ist. Nichtsdestoweniger macht ein Blick auf die Faktoren der Differenzierung zwischen den Ländern Sinn. Von zentraler Bedeutung in der Erklärung ist, und hier kann man an Lipset (1981, S. 68) anschließen, die wirtschaftliche Effektivität des politischen Regimes. Die Korrespondenzen zwischen der eigenen wirtschaftlichen Situation und der Zufriedenheit mit dem aktuellen System sind durchweg eng. Neben dem deutlichen Bezug auf der Aggregatebene findet sich auch auf der Individualebene eine Korrelation von r = ,20 zwischen der Einschätzung der eigenen Haushaltslage und der Zufriedenheit mit der Demokratie. Dieser Zusammenhang besteht gleichermaßen in Demokratien, Autokratien und hybriden Regimen. Eine wahrgenommene ökonomische Effektivität ist eine tragende Kraft zum Systemerhalt für bestehende Regime, wenngleich Wohlstandssteigerungen im Modernisierungszusammenhang gelegentlich auch eine kurzfristig destabilisierende Wirkung entfalten können (Teorell 2010, S. 56–60; G. Pickel 2013, S. 192–194; Gasiorowski 2000). Einzig in China kann der Zusammenhang nicht nachgewiesen werden. Neben die reine ökonomische Effektivität treten in empirischen Analysen weitere Aspekte. Zu nennen sind die tiefere Verankerung von Demokratie in der Bevölkerung aufgrund ihrer längeren positiven Erfahrung mit ihr – oder Gewöhnung. Umgekehrt, und dies zeigen in Osteuropa bestehende sozialistische Legacies, wirken

---

[21]Dies zeigen auch hier nicht präsentierbare Regressionsanalysen mit den Daten der 2000er PCND Studie wie auch des WVS 2005–2009, wo Indikatoren der Legitimität der Demokratie in unterschiedlichen Länderzusammensetzungen immer einen signifikant positiven Effekt auf die Demokratiezufriedenheit erzielten. Allerdings fiel dieser Effekt immer schwächer aus als die Effekte der Einschätzung der wirtschaftlichen Lage oder die Einschätzung den gerechten Anteil am Lebensstandard zu erhalten.

Auf dem Weg in die Postdemokratie? 121

	Theoretischer Fokus	Legitimität des aktuellen demokratischen Systems		Legitimität der Demokratie	
	Ebene	Mikro	Makro	Mikro	Makro
(1)	Institutionelle Verankerung und Etablierung der Demokratie	++	++	/	++
(2)	Politische Strukturmerkmale und institutionelle Rahmenbedingungen	(Nur Makro)	+(+)	(Nur Makro)	++(+)
(3)	Art des Umbruchs (Elitengelenkter Umbruch)	(Nur Makro)	--	(Nur Makro)	--
(4)	Demokratische Tradition	(Nur Makro)	+	(Nur Makro)	+
(5)	Religiös-kulturelle Einbettung	/	+	/	+
(6)	Rechtsstaatlichkeit	+++	+++	+(+)	+++
(7)	Wohlfahrt - Modernisierungsstand	++(+)	++(+)	/	+(+)
(8)	Humanentwicklung	/	++(+)	+	++
(9)	Politische Effektivität	+	+(+)	(+)	++
(10)	Soziale Ungleichheit	+(+)	+	(+)	+
(11)	Sozialist Legacies	-	--(-)	--	--(-)
(12)	Bezug zur Europäischen Union	(+)	+	(+)	+

Abb. 3 Einflussfaktoren der Demokratiebewertung in Europa (schematische Darstellung). *Anmerkungen:* Zusammenstellung auf Basis verschiedener empirischer Berechnungen 8; +++ = hoher Zusammenhang, ++ = mittlerer Zusammenhang, + = noch signifikanter Zusammenhang; Zusammenhänge in negativer Richtung = −; / = kein Zusammenhang; ( ) = Eingeschränkte bzw. über verschiedene Indikatoren inkonsistente Wirkung. Für die hinter den Ergebnissen stehenden vielfältigen Berechnungen siehe Pickel (2015)

historische Erfahrungen auf die Legitimität ein – und dies dann auch auf die grundsätzliche Legitimität der Demokratie. Bestimmte institutionelle Rahmenbedingungen, unter anderem die Einführung von Wahlen oder auch Rechtsstaatsinstitutionen, befördern ebenfalls die Legitimität der Demokratie und des aktuellen demokratischen Systems (Acemoglu und Robinson 2012; Rothstein 2009). In besonderem Ausmaß trägt das Gefühl von Rechtsstaatlichkeit und Freiheit (Welzel 2013) zu den Unterschieden in den messbaren Legitimitätsglauben zwischen den Ländern bei. Speziell die Faktoren Emanzipation und Gewährleistung von Menschenrechten, als Abbildungen individueller Freiheit, funktionieren als unabhängige Faktoren. Ebenfalls von Bedeutung ist die politische Effektivität, erkennt man für diese die Fähigkeit, Korruption zu reglementieren, als einen möglichen Indikator an. Die Einflussfaktoren können als Einblick für Europa kurz tabellarisch zusammengefasst werden (Abb. 3).[22]

Stellt man die beiden Formen der *Demokratiebewertung* – die Unterstützung des aktuellen demokratischen Systems und die Legitimität der Demokratie – einander gegenüber, so wird zweierlei deutlich: Zum einen finden sich in den Einflussstrukturen *relativ große Überschneidungen*. D. h., wirkt sich ein Hintergrundfaktor auf die Beurteilung des aktuellen demokratischen Systems aus, dann ist er auch oft für die allgemeine Anerkennung der Demokratie als am besten geeignete Staatsform von Relevanz. Wie es Lipset (1959) herausgearbeitet hat, besteht zwischen der Performanz und der Legitimität der Demokratie eine Verbindung. Unterschiede in den Bedingungsstrukturen verweisen auf die jeweilige Eigenständigkeit der beiden Dimensionen. Insbesondere die Einflüsse von ökonomischer Wohlfahrt, sozialer Ungleichheit oder aber von institutionellen Rahmenbedingungen variieren merklich im Einfluss auf die Legitimität der Demokratie und die Legitimität, die ein spezifisches demokratisches Regime auf sich vereinen kann. Die starken Effekte auf der Effektivitätsebene lassen allerdings Zweifel aufkommen, dass es sich bei der Beurteilung des aktuellen demokratischen Regimes immer um reine Legitimität handelt. Möglicherweise ist der aus dem Forschungskonzept von Easton (1975, 1979) stammende Begriff der Systemunterstützung besser zur Beschreibung dieser Einstellungen geeignet (Abb. 2). Bringt man die Einflussfaktoren in eine Relation der Wertigkeiten zueinander, so wird die Bedeutung von vier Faktoren erkennbar. Die *ökonomische Modernisierung* kontrolliert im Zusammenspiel mit der aktuellen Gewährleistung von *Rechtsstaatlichkeit* die politische Unterstützung der aktuellen demokratischen Systeme in Osteuropa. *Sozialistische Hinterlassenschaften* oder aber ein geringer *Autonomiegrad* in der Gesellschaft wirken dem entgegen. Die Haltung zum aktuellen demokratischen System wird stark durch die Performanzleistung der Regierungen auf dem ökonomischen und politischen Sektor geprägt, wobei die Bürgerinnen und Bürger dort die Pflichten des demokratischen Systems sehen (Bekämpfung von Korruption, Eintreten für das Gemeinwohl, Schaffung ökonomischer Wohlfahrt). Deren Erfüllung nehmen sie als Bewertungsmaßstab für ihre politische Unterstützung. So wird die generelle Akzeptanz der Demokratie

---

[22]Aufgrund der Zusammenstellung von Daten aus verschiedenen Datensätzen, zwecks einer belastbaren Aussage auf der Makroebene, wurde hier auf die Verwendung des Instrumentariums der Mehrebenenanalyse verzichtet. Angesichts der begrenzten Fallzahlen wären entsprechende Berechnungen sowieso hinsichtlich ihrer statistischen Grundlagen zu hinterfragen.

Auf dem Weg in die Postdemokratie? 123

als Herrschaftsform nur dann eingeschränkt, wenn ihr ideologische Faktoren (Sozialistische Hinterlassenschaften, Ablehnung der marktwirtschaftlichen Ideologie) oder strukturelle-institutionelle Defizite (Einschränkung der Rechtsstaatlichkeit, präsidentieller Systemtyp) der Demokratie entgegenstehen. Allem Anschein nach erwarten sich die Bürgerinnen und Bürger von einer einmal etablierten Demokratie keine Halbheiten. D. h., wird ein demokratisches System installiert, so sollte es Freiheiten und Rechte sowie entsprechende Strukturen gewährleisten. Gelingt dies nicht, dann sinkt in der Bevölkerung die Bereitschaft der demokratischen Herrschaftsform eine umfassende Legitimität zu gewähren.[23] Damit stellt sich verstärkt die Frage nach dem Verständnis von Demokratie bei den Bürgerinnen und Bürgern.

4 Das Verständnis von Demokratie: Wünsche, Folgen – und potenzielle Erklärungen

Inwieweit ist es nun ausreichend, die Stabilität von Demokratien so stark auf ihre Effektivität auszurichten, hat doch Lipset (1981) eine zu starke Abhängigkeit von Effektivitätsbewertungen seitens der Bürgerinnen und Bürger als problematisch für die Stabilität der Demokratie hervorgehoben? Weit weniger Probleme hat hier Scharpf (1999), der diesen Bereich in gewisser Tradition zu Easton (1979) kurzerhand als *Output-Legitimität* ausweist. Die Herrschenden handeln also im Sinne der Bürgerinnen und Bürger, ohne dass diese zustimmen müssen. Das Ergebnis ist durch die Effektivität der Umsetzung der (normativ) geteilten politischen Ziele legitimiert. Davon zu unterscheiden ist die „Input-Legitimität", welche auf die Möglichkeiten zielt, die eine Demokratie ihren Bürgerinnen und Bürgern zur politischen Mitbestimmung einräumt. Nun kann man auf der Basis demokratietheoretischer Überlegungen der Input-Legitimität einen gewissen (normativen) Vorrang einräumen. Gleichwohl ist (aus meiner Sicht) völlig offen, welche Form aus Sicht der Bürgerinnen und Bürger die wichtigere für ihre soziale Anerkennung des aktuellen politischen Systems ist. So kann ja jede Bürgerinnen und jeder Bürger unterschiedliche Anforderungen an eine Demokratie stellen. Je nach solchen Anforderungen und die Responsivität der Herrschenden auf diese fällt dann die Evaluation der gegenwärtigen Lage unterschiedlich aus.

---

[23]Die hohen Zustimmungswerte zur Demokratie als angemessene Staatsform zeigen allerdings, dass es sich bei den „Demokratiefeinden" überwiegend um Minderheiten handelt.

Damit nicht genug. Zwischen dem Wunsch nach einer demokratischen Herrschaft und der vorherrschenden Situation in einem System besteht immer eine gewisse Kluft (G. Pickel 2013, S. 188–189). Genau diese Kluft kann aber nun maßgeblich für den Entzug von Legitimität für das bestehende demokratische Regime sein. Für eine solche Kluft ist dann aber auch maßgeblich, was man unter Demokratie versteht. Gerade in den letzten Jahren wurde einiges an Forschung zum Bereich des Demokratieverständnisses etabliert (Ferrin und Kriesi 2016; S. Pickel 2016). Auf die Ergebnisse dieses Forschungszweiges kann an dieser Stelle aus Platzgründen nicht ausführlich eingegangen werden, zumal es sich mittlerweile um eine methodisch und inhaltlich sehr ausdifferenzierte Forschung handelt. Hier hilft ein kurzer Blick auf die andernorts ausführlich dokumentierten Ergebnisse: Neben der Erkenntnis, dass divergierende Demokratieverständnisse existieren, ist es vor allem die Feststellung der starken Dominanz der Verbindung von Demokratie mit individueller Freiheit in den Augen der Bürgerinnen und Bürger, die dort auffällig ist. Fragen, welche die Bürgerinnen und Bürger dazu zwingen, eine Entscheidung zwischen unterschiedlichen Demokratieprinzipien zu treffen, ergeben konsistent und für fast alle befragten Länder, dass individuelle Freiheit für die Anerkennung der Demokratie die größte Bedeutung besitzt (Welzel 2013). Vergleichbare Ergebnisse lassen sich für viele afrikanische Staaten über die Afrobarometer-Datenserie herausarbeiten (Bratton et al. 2005; Cho 2015; G. Pickel 2016, S. 9–12; S. Pickel 2016, S. 321). Die Prinzipien der Freiheit, Gerechtigkeit, Partizipation, Rechtsstaatlichkeit und Kontrolle werden über die verschiedenen Länder einhellig als Kernmerkmale der Demokratie genannt (Kriesi et al. 2016, S. 86–87). Unter den Entscheidungsbedingungen wird Freiheit allen anderen Demokratieprinzipien durchgängig vorgezogen.[24] Auch Erhebungen in anderen Regionen der Welt zeigen eine hohes Deckungsverhältnis zwischen der westlichen Sicht auf Demokratie und einem Verständnis von Demokratie jenseits des Westen (PEW Global Attitudes Report Spring 2012). Bei einer vorgegebenen Sortierung wählen die Bürgerinnen und Bürger der meisten lateinamerikanischen Länder freie und faire Wahlen sowie die Freiheit individuellen persönlicher Meinungsäußerung als zentrale Merkmale einer Demokratie (http://www.latinobarometro.org/latOnline.jsp). Konform zu den Überlegungen Welzels (2013) besitzt der Aspekt der *individuellen Freiheit* hohe Bedeutung für Verständnis und Wertschätzung der Demokratie (Dalton et al. 2007; Welzel und Alvarez 2014). Dies

---

[24]Diese Ergebnisse werden 2008 mit Antwortvignetten und 2011 sowie 2014 mit vorgegebenen Antwortvorgaben sogar noch prägnanter in Richtung eines westlichen Demokratieverständnisses (http://afrobarometer.org/online-data-analysis/analyse-online).

Auf dem Weg in die Postdemokratie?

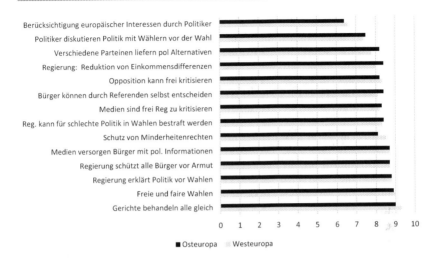

Abb. 4 Soll der Demokratie 2012 in Europa. *Anmerkungen:* Mittelwerte einer Skala mit elf Antwortvorgaben. (Quelle: ESS 2012)

korrespondiert mit dem Wunsch nach dem Schutz von Menschenrechten als auch mit der in vielen Ländern beobachtbaren Präferenz für freie Wahlen.

Das Demokratieverständnis kann man entweder grob in ein libertäres, liberales, sozialistisches oder republikanisches Demokratieverständnis unterscheiden oder entlang der von Ferrin und Kriesi (2014, 2016) theoretisch vorbestimmten Aspekte des Demokratieverständnisses in liberal, sozial gerecht, direktdemokratisch und elektoral ordnen. Dabei kommt es fast natürlicherweise in der Realität zu Mischungen der Dimensionen des Demokratieverständnisses. Dabei dominiert aber in der Regel das westliche Demokratieverständnis. Verschiebungen von einer Betonung des Wettbewerbscharakters hin zu einem stärker auf sozialen Ausgleich ausgerichteten Demokratieverständnis finden sich dann weniger durchgängig zwischen Staaten mit unterschiedlicher Vorprägung als im Falle von ökonomischen Krisen (S. Pickel 2016, S. 335). Entsprechend ist die Bezugsgröße der Wünsche an eine Demokratie scheinbar nicht so different, wie man nach manchen Diskussionen aus der Richtung postkolonialer Theorien vermuten würde. Auf der ersten Ebene normativer Legitimität haben wir somit was die Wünsche der Bürgerinnen und Bürger angeht, eine erstaunlich hohe Konsistenz.

Ein Vergleich zwischen Wünschen und Umsetzung einzelner Bezugspunkte ist mit dem European Social Survey 2012 möglich. Generell müssten diese Vergleiche zwischen den beiden Einschätzungen entlang der Länder durchgeführt werden, doch dies würde den Text überlasten und die Argumentationslinie eher überdecken als sichtbar machen. Interessant ist die Feststellung, dass – wenn Befragte sich nicht zwischen den verschiedenen Prinzipien der Demokratie entscheiden müssen – ein breiter Katalog an wichtigen Aspekten betont wird.[25] Diese können in verschiedene Richtungen zerfallen und Differenzen zwischen einem eher liberalen, oder einem eher sozialistisch angehauchten Demokratieverständnis offerieren. Stellt man diese Differenzierung erst einmal zurück, dann wird schnell deutlich, dass die Ansprüche an die Demokratie zwischen den Europäern im Grunde nur marginal differieren. Eine, etwas artifizielle, aber (wie später zu sehen sein wird) aussagekräftige, Unterscheidung in der Darstellung zwischen den Werten in West- und Osteuropa bestätigt diese Nähe (Abb. 4). Aspekte der Responsivität (Regierung erklärt Politik vor den Wahlen), Gerechtigkeit für Individuen (Gerichte behandeln alle gleich) oder soziale Verantwortlichkeit für die Gemeinschaft (Regierung schützt alle Bürgerinnen und Bürger vor Armut) sind quasi allen Bürgerinnen und Bürgern ein Bestimmungsmerkmal für eine Demokratie. Man hat es in Europa mit einem breiten Anspruch an die Demokratien zu tun. Zwar stehen die Aspekte eines liberalen Verständnisses und der individuellen Freiheit an der Spitze, gleichwohl sind es Nuancen, welche die Wünsche in ihrer Äußerung unterscheiden.

An diesem Soll, oder man könnte auch sagen: am vom Bürgerinnen und Bürger zugewiesenen Legitimitätsanspruch, werden dann die Demokratien bemessen. Abb. 4 zeigt nun aber, dass die Urteile über den Ist-Zustand im eigenen Land gelegentlich ungünstig ausfallen. Zudem bestehen Differenzen auf der West-Ost-Achse. Erinnern wir uns an die vorherigen Aussagen zur Performanz der Demokratie, dann passt dies gut zusammen. Die Umsetzung im eigenen Land verhindert dann den Übertrag der bestehenden Legitimität von Demokratie als Herrschaftsform auf das aktuelle politische System. Denn letztendlich werden dem politischen System an dieser Stelle, ungeachtet der konkreten institutionellen Ausformungen, eben massive Defizite in der Umsetzung demokratischer Prinzipien attestiert. Diese fallen differenziert aus. Davon abgesehen, dass in Osteuropa

---

[25]Zu diesem Resultat kommen auch Analysen des ESS 2012 in Kriesi et al. (2016): „There is a minimal common understanding of democracy that has diffused across Europe" (Hernandez 2016, S. 63), „that the basic principles of liberal democracy are universally endorsed across Europe" Kriesi et al. (2016, S. 87).

die Umsetzungswerte immer hinter denen in Westeuropa zurückliegen, scheinen es gerade die auf Freiheit bezogenen Aspekte zu sein, welche in Westeuropa eine bessere Evaluation erhalten. Die stärksten Defizite sieht man auf dem sozialen Sektor und auf der Dimension soziale Gerechtigkeit. So gelingt es aus Sicht der Bürgerinnen und Bürger nur wenigen Regierungen, ihre Bürgerinnen und Bürger ausreichend vor Armut zu schützen oder Einkommensungleichheit zu reduzieren. Wenn man für Europa Aspekte einer Legitimitätskrise identifizieren will, dann liegen sie auf der sozialen Dimension. „But the main problem of democracies in Europe concerns the social dimension of democracy" (Weßels 2016, S. 256).

Dabei ist es wichtig, sich zwei Dinge vor Augen zu halten: Zum ersten handelt es sich hier um Einschätzungen der Realität aus Sicht der Bürgerinnen und Bürger. Es sind also *Wahrnehmungen*, die nicht zwingend in einem eins-zu-eins-Verhältnis zur objektiven Realität stehen. Hier kommt Vermittlung und Transparenz der Umsetzungen von politischen Handlungen eine wesentliche Bedeutung zu. Zum zweiten ist anzunehmen, dass nicht alle der benannten Aspekte in Relation zueinander gleich wichtig sind. Es liegt die Vermutung nahe, dass Umsetzungen, die mit Freiheit zu tun haben, eine größere Bedeutung besitzen als die Einführung von Referendumsentscheidungen und erweiterter Bürgerpartizipation. Einfach gesagt: Selbst eine große Differenz zwischen *Soll* und *Ist* demokratischer Prinzipien muss noch keine Konsequenzen für die Einschätzung des politischen Systems oder gar für politisches Handeln mit sich bringen. Allerdings markieren die verschiedenen Aspekte wesentliche Bestandteile der Demokratie, wie sie Bürgerinnen und Bürger sehen. Betrachtet man relativ global die Beziehungen zwischen den Einschätzungen der Umsetzung im eigenen Land und der Zufriedenheit mit der Demokratie, dann wird deutlich, dass keines der Elemente der Demokratie für deren Einschätzung irrelevant ist. Durchweg – und wieder in der Trennung zwischen West- und Osteuropa – finden wir signifikante Effekte auf die im ESS gestellte Frage nach der Demokratieperformanz.[26] Allerdings fallen diese nicht gleich hoch und in beiden Gebieten gleich aus. In Westeuropa ist die Gleichheit vor der Justiz der dominante Prädiktor, gefolgt von der Bereitschaft von Politikern zu Transparenz und Bürgereinbindung sowie freien und fairen Wahlen. Fast gleichauf folgt die Bekämpfung sozialer Ungleichheit und Armut. Die anderen Aspekte stehen hinter diesen Aspekten etwas zurück. In Osteuropa sticht dagegen die Umsetzung von freien und fairen Wahlen mit der

---

[26]Die Demokratieperformanz wird erhoben über die Antworten auf die Frage „Wie zufrieden sind sie alles in allem mit dem Weg, wie die Demokratie in ihrem Land funktioniert".

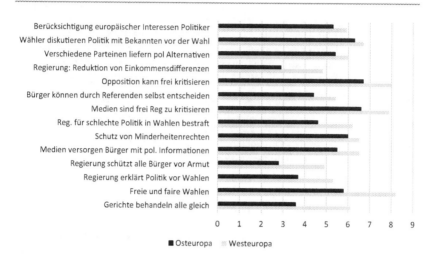

Abb. 5 Ist der Demokratie 2012 in Europa – Was ist im Land umgesetzt? *Anmerkungen:* Mittelwerte einer Skala mit elf Antwortvorgaben. (Quelle: ESS 2012)

stärksten Korrelation aus der Gruppe demokratischer Prinzipien hervor. Hier folgt ebenfalls gleich wieder die soziale Komponente der Bekämpfung von Armut und sozialer Ungleichheit. Minderheitenrechte und die Möglichkeit eine Regierung bei schlechter Performance zu bestrafen, wirken sich diesen Indikatoren gegenüber relational nachrangig aus.

Insgesamt ist für alle Länder zweifelsfrei nachzuweisen, dass die Umsetzungen der verschiedenen Aspekte der Demokratie einen Einfluss auf die Zufriedenheit mit ihr besitzen. Dies ist deshalb bemerkenswert, weil zwischen der Äußerung, dass einem das Leben in einer Demokratie wichtig ist und den entsprechenden Indikatoren keine signifikanten Zusammenhänge bestehen. Hier geht es eindeutig um die Performanzleistung der betrachteten politischen Systeme. Eine Systemunterstützung ist wahrscheinlicher, wenn die Rahmenprinzipien umgesetzt werden. Dies ist vor dem Hintergrund der hohen Bedeutung, welche diesen Aspekten ja zugewiesen wurde, auch kaum verwunderlich. Es stellt sich allerdings noch die Frage, inwieweit Differenzen zwischen Anspruch und Wirklichkeit zu einer Unzufriedenheit mit der Demokratie führen und die Bürgerinnen und Bürger auch dazu bringen, diese als nur begrenzt demokratisch anzusehen. Korrelationen mit diesem Bewertungsindikator im ESS ergeben faktisch

Auf dem Weg in die Postdemokratie?

Abb. 6 Demokratiezufriedenheit und ihre Effekte durch Umsetzungen. *Anmerkungen:* Pearsons Produkt-Moment-Korrelationen, p < ,05; Korrelationen zwischen Zufriedenheit mit dem Weg, wie die Demokratie im Land funktioniert und Die Umsetzung der verschiedenen Demokratieprinzipien im eigenen Land. (Quelle: ESS 2012)

deckungsgleiche Werte. Die Ergebnisse fallen ähnlich aus, dies zeigt bereits das Muster, welches man in Abb. 7 erkennen kann. Einige der Differenzen zwischen West- und Osteuropa werden jetzt bei den Korrelationen deutlicher als in Abb. 6. Allerdings halten sich die Unterschiede in Grenzen. Die geringen Unterschiede zu Abb. 6 sind nicht überraschend, hatte doch Abb. 5 gezeigt, dass eigentlich alle genannten Prinzipien der Demokratie in West- wie in Osteuropa auf eine hohe Zustimmung stoßen. Folglich beruhen die feststellbaren Differenzen zwischen Realität und Wunsch vor allem auf der Ebene der Umsetzung, deren Effekte in Abb. 7 zum Ausdruck kamen.

Die soziale Anerkennung eines demokratischen Regimes oder dessen Systemunterstützung speist sich demnach in großem Maße aus seiner (wahrgenommenen) Fähigkeit, diese Prinzipien umzusetzen. Einige sind wichtiger als andere. Entsprechend kommt dem, was man als maßgeblich für eine Demokratie empfindet, Bedeutung zu, setzen doch dort die Bürgerinnen und Bürger ihre Maßstäbe für spätere Beurteilungen. Die Beurteilung des Ist-Zustandes an diesem

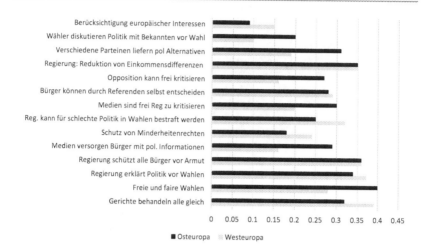

Abb. 7 Demokratiezufriedenheit und Effekte von Differenzen. *Anmerkungen:* Pearsons Produkt-Moment-Korrelationen (invertiert), p < ,05; Korrelationen zwischen Zufriedenheit mit dem Weg, wie die Demokratie im Land funktioniert und Soll-Ist-Differenzen der verschiedenen Demokratieprinzipien. (Quelle: ESS 2012)

Maßstab führt zu Differenzen in der Zufriedenheit mit dem aktuellen Regime. Allein die Umsetzung der Prinzipien im Lebensalltag der Menschen führt zum Transfer der Legitimität der Demokratie hin zu einer Legitimität des bestehenden demokratischen Regimes. Das Regime kann nur auf Systemunterstützung hoffen, wenn es ihm gelingt, die bestehende Legitimität der Herrschaftsform Demokratie auch anzuzapfen.

5 Fazit – Viel Legitimität, wenig Postdemokratie, aber Parteienverdrossenheit

Legitimität ist eine wichtige Ressource für jedes Herrschaftssystem. Entsprechend unternehmen alle politischen Regime, ob Autokratien oder Demokratien, Anstrengungen unter ihren Bürgerinnen und Bürgern Vertrauen zu erlangen und den Glauben an die Legitimität ihres Regimes zu erzeugen. Um diesen *Legitimitätsglauben* zu erreichen, verwenden sie unterschiedliche

Auf dem Weg in die Postdemokratie?

Legitimationsstrategien (siehe dazu von Haldenwang in diesem Band; Wiesner und Harfst in diesem Band; Buzogany u. a. in diesem Band). Die Gewährung ökonomischer Unterstützung stellt genauso eine erfolgversprechende Strategie dar, wie die Verbreitung einer Ideologie, das Beschwören der kollektiven (nationalen) Identität oder der plakative Abbau sozialer Ungleichheit. Um wirklich Legitimität in der Bevölkerung zu erreichen, müssen zwei Kriterien erfüllt werden: Erstens benötigt die gewählte Strategie eine normative Bezugsvorgabe. Man kann sich erfolgreich auf eine Legitimation durch Einhalten von Rechtsstandards nur berufen, wenn diese auf der Werteebene der Bürgerinnen und Bürger abgesichert ist – also eine normative Legitimität besitzt. Doch damit nicht genug. Selbst die normative Verankerung reicht für sich alleine nicht aus, wenn die konkrete Umsetzung seitens der Bürgerinnen und Bürger nicht faktisch anerkannt wird. Speziell wenn eine Diskrepanz zwischen dem normativen Anspruch und der Realität entsteht, ist das politische Herrschaftssystem in seinem Bestand auf Dauer und in der Zukunft hochgradig gefährdet. Um eine Korrespondenz zwischen normativer und Umsetzungsebene zu erlangen, ist es erfolgversprechend eine Ideologie zu verankern, welche unter den Bürgerinnen und Bürgern Anerkennung findet *und* die umgesetzt werden kann. Die Effektivität in der Umsetzung der Prinzipien ist also eine wichtige Komponente der Legitimität. Diese Effektivität kann von einer Beobachterinnen und Beobachterperspektive aus evaluiert werden. Problem: Aussagen über den Systemerhalt lässt dieser Abgleich, selbst wenn er positiv ausfällt, immer noch nicht zu. Hierzu bedarf es einer *empirischen Legitimität*, die sich auf die soziale Anerkennung seitens der Bürgerinnen und Bürger bezieht. Diese, in der politischen Kulturforschung im Zentrum stehende Form von Legitimität richtet ihr Augenmerk speziell auf den Erhalt politischer Systeme. Entscheidend ist (ganz im Sinne Webers) die faktische Anerkennung des Herrschaftssystems und seiner Komponenten durch die Bürgerinnen und Bürger im Sinne eines Glaubens an die Legitimität des Systems. Dieser Glauben kann auf unterschiedlichen Quellen beruhen. Er umfasst das Ergebnis eines Abgleichs einer für Bürgerinnen und Bürger spezifisch anerkannten normativen Legitimation mit der Umsetzung in der Realität genauso, wie Abwägungen über die Effektivität des Systems für das Individuum selbst (und die Gemeinschaft). Weder ist also die empirische Legitimität frei von normativen Voraussetzungen, an denen sie bemessen wird, noch reichen normative Ideale für sich aus, um Systeme am Leben zu erhalten. Hinzu tritt, dass es zusätzlich noch *unterschiedliche normative Vorstellungen* sein können, an denen sich der Bürgerinnen und Bürger in seiner Realitätsbewertung orientiert.

An dieser Stelle hat sich die Demokratie in den letzten Jahrzehnten als erfolgreiches Modell präsentiert. Gerade die Komponente *individueller Freiheit* besitzt eine erhebliche Zugkraft unter den Bürgerinnen und Bürgern – und dies in allen Teilen der Welt (Welzel 2013). Sicher nicht nachteilig ist die ebenfalls weit verbreitete Identifikation von Demokratie mit wirtschaftlichem Wohlstand. Diese Verknüpfung bewirkt einen starken Anreiz auch für Länder außerhalb der westlichen Welt, sich einer Form von Demokratie zuzuwenden. Dies bestätigt die hohe Anerkennung der Demokratie als beste Herrschaftsform in Afrika und in anderen Gebieten der Welt genauso eindrücklich, wie die positive Entwicklung der Demokratisierung seit 1945 (siehe Huntington 1991). Gleichzeitig bedeutet diese Erfolgsstory nicht, dass die Bürgerinnen und Bürger immer, vollständig und dauerhaft mit der vorherrschenden Umsetzung dieser Demokratie einverstanden sind. Es bedeutet auch nicht, dass überall genau die gleiche Zusammensetzung an Prinzipien unter Demokratie verstanden und als wichtig eingeschätzt wird. Und zu guter Letzt schließt es auch nicht gelegentlich eine Offenheit für populistische Einflüsterungen aus. Es gibt *unterschiedliche Gewichtungen* dessen, was eine Demokratie aus Sicht der Bürgerinnen und Bürger leisten muss. Dabei sind es weniger differierende Verständnisse, was zu einer Demokratie dazuzählt, als vielmehr die *Abwägung* der Wertigkeit verschiedener Elemente gegeneinander. Dem einem sind die individuelle Freiheit und der ökonomische Erfolg wichtiger als Parteienwettbewerb oder Medienfreiheit, beim nächsten ist es umgekehrt. Ein solch abgestuftes Verhältnis zu Elementen der Demokratie ist bislang kaum empirisch erhoben worden, entspricht aber der Realität des Verständnisses von Demokratie auf der Welt und der damit einhergehenden Unterstützung. Dies erklärt auch das Aufkommen von Formen der „gelenkten Demokratie" oder begrenzte Probleme der Bevölkerungen in manchen Ländern, gewisse Einschränkungen normativ als notwendig angesehener demokratischer Grundrechte recht gelassen hinzunehmen.

In eine entsprechende Richtung kann man Debatten zur Legitimitätskrise der westlichen Demokratien, zu Postdemokratie oder zu Politikverdrossenheit interpretieren. So anerkannt Demokratie auf der allgemeinen Ebene ist und Legitimität auf sich vereinen kann, so deutlich besteht schon über Jahrzehnte ein Legitimitäts- und Vertrauensverlust von Politikern und Parteien (siehe dazu auch Fuchs und Roller in diesem Band). Hinweise auf Postdemokratie, mit ihrer Deutung von abgekoppelten Eliten, weisen auf eine kritischere Position zu den herrschenden Eliten hin. Spricht man von Legitimitätskrise, dann betrifft diese vor allem die in den liberalen Demokratien Europas bevorzugte die repräsentative Demokratie – und dort speziell deren Vertreter. Man traut dem „politischen Establishment" oft nicht mehr zu, die politischen Entscheidungen im Dienste des Gemeinwohls zu lösen oder den existierenden normativen Erwartungen an die Demokratie gerecht zu werden. Ob daraus resultierende radikale

Auf dem Weg in die Postdemokratie?

Umentscheidungen in der politischen Präferenz und ein sich radikalisierendes Protestverhalten den gewünschten Wandel erbringen, bleibt allerdings zumindest zweifelhaft. Geäußert wird also nicht der Wunsch nach weniger Demokratie, sondern vordergründig nach einem mehr an bestimmten Komponenten an Demokratie. Diese Ausrichtung ist es, warum selbst Rechtspopulisten und andere Demokratiefeindinnen und Demokratiefeinde den Begriff Demokratie in den Mund nehmen und vehement auf die Beteiligung des Volkes verweisen. Entsprechend sind es gerade Diskrepanzen zwischen den Forderungen, welche man an eine Demokratie stellt und dem was man sieht, die Unzufriedenheit unter den Bürgerinnen und Bürgern hervorrufen.

Hier ist es ins Kalkül zu ziehen, dass Wünsche *Ansprüche* mit sich bringen. Pharr und Putnam (2000) betonten bereits vor mehr als einem Jahrzehnt, dass in den westlichen Demokratien die Ansprüche an Demokratie, Beteiligung und Responsivität für die Bürgerinteressen gestiegen sind. Deren Erfüllung von Parteien und Politikerinnen sowie Politikern sei das aber nicht gleichem Maße. Für Demokratien wird die Situation dahin gehend problematisch, weil ihre Bürgerinnen und Bürger in sich *verändernden Relationen* denken: Bestehende Demokratiegewinne werden als gegeben, selbstverständlich und nicht mehr von Verlust bedroht eingeschätzt. Zu diesen will man nun weiteres hinzugewinne. Anders gesagt: Mit einem mehr an Demokratie steigen auch die Ansprüche an die demokratischen Systeme. Werden diese Ansprüche nicht in dem aus subjektiver Sicht ausreichendem Maße erfüllt, kommt es zu einem Entzug an politischer Unterstützung der Herrschenden und einem Legitimitätsverlust der politischen Autoritäten. Dies kann, finden sich keine politischen Alternativen, welche besser in der Lage sind, die Ansprüche zu erfüllen, einen Legitimitätsverlust des politischen Systems nach sich ziehen. Die Legitimität der Demokratie als angemessenste Herrschaftsform ist davon wenig tangiert, sie reicht aber nur begrenzt aus, demokratische Regime zu schützen, wenn z. B. Populisten sich eine Verbesserung der Demokratie auf die Fahnen schreiben. Um sich dem zu verschließen, müssen die Bürgerinnen und Bürger schon den Eindruck gewinnen, dass Populisten andere Gewinne aus der Demokratie gefährden. Entsprechenden Problemen sind auch andere Herrschaftsformen ausgesetzt, werden sie doch an den vertretenen normativen Ansprüchen gemessen. Von einem sozialistischen System wird erwartet, dass es neben versprochenen wirtschaftlichen Verbesserungen soziale Ungleichheit abbaut und dass ein theokratisches System seine Gesetze und Handlungen an Gott ausrichtet. Die führt vielleicht nicht direkt zu einem Zusammenbruch des politischen Regimes, legt aber die Grundlage dafür, wenn andere notwendige Faktoren einmal eintreten (schlagkräftige Opposition, schwieriger Herrschaftsübergang, wirtschaftliche Krise, ausländische Intervention usw.).

Empirisch finden wir in den europäischen Demokratien faktisch *keine Anzeichen für eine Legitimitätskrise der Demokratie als Herrschaftsform* (siehe dazu auch die Befunde von Fuchs und Roller, in diesem Band). Nun waren die vorgestellten Analysen weitgehend auf Europa begrenzt und die Ansprüche können außerhalb Europas variieren (S. Pickel 2016). Doch auch außerhalb Europas besitzt die Herrschaftsform der Demokratie hohe Legitimität. Damit ist die Systemunterstützung der Demokratien in und außerhalb Europas nicht per se gesichert, hängt diese doch häufig stark von ihrer Effektivität ab, was nicht nur den ökonomischen, politischen oder sozialen Output meint, sondern auch die Umsetzung der Normen in reale politische Systeme aus der Sicht der Bürgerinnen und Bürger. Für die empirische Legitimität ist die objektive Umsetzung eines demokratischen Rechtssystems auf dem Papier notwendig, die Bürgerinnen und Bürger müssen das *Gefühl* haben, dass es entsprechend umgesetzt ist. Dies ist nicht bei allen Bürgerinnen und Bürgern der Fall, auch nicht in Europa. So finden sich da und dort Anzeichen für eine Krise der politischen Umsetzung demokratischer Regime. In Osteuropa stärker als in Westeuropa, was aus der Abhängigkeit der Systemunterstützung von sozioökonomischen und politischen Krisen erklärbar ist. Wenn entsprechende Erosionen von Systemunterstützung als Legitimitätskrise interpretiert werden können, betreffen diese fast nie die Prinzipien der liberalen Demokratie, sondern vornehmlich – da aber oft deutlich – die Dimension der sozialen Demokratie (auch Weßels 2016). Einfach gesagt: Die Effektivität der Umsetzung von Demokratie entscheidet sich vor dem Hintergrund ihrer Legitimität: Ein Systemzusammenbruch eines politischen Regimes erfolgt allein durch fehlende Systemunterstützung. Dieser Mechanismus gilt auch für Nichtdemokratien. Damit hat man eine Erklärung für den langen Siegeszug der Demokratisierung in den letzten Jahrzehnten: Nichtdemokratien sehen sich durch die Ansprüche, die aus der Legitimität dieses Modells bei ihren Bürgerinnen und Bürgern resultiert unter Druck, sich diesen Ansprüchen zumindest in den wichtigsten Punkten anzunähern. Folglich sind für die Zukunft Demokratisierung *und* Demokratisierungseinbrüche zu erwarten, entscheidend ist die systemische Legitimität.

Literatur

Acemoglu, D., und J.A. Robinson. 2012. *Why nations fail: The origins of power, prosperity, and poverty.* New York: Crown Publishers.
Almond, G., und S. Verba. 1963. *The civic culture. Political attitudes and democracy in five nations.* Princeton: Princeton University Press.

Auf dem Weg in die Postdemokratie?

Beetham, D. 2013. *The legitimation of power*. Basingstoke: Palgrave.

Bratton, M., R. Mattes, und E. Gyimah-Boadi. 2005. *Public opinion, democracy, and market reform in Africa*. New York: Cambridge University Press.

Braun, D., und H. Schmitt. 2009. Politische Legitimität. In *Politische Soziologie Ein Studienbuch*, Hrsg. V. Kaina und A. Römmele, 53–81. Wiesbaden: VS Verlag.

Buchanan, A. 2002. Political legitimacy and democracy. *Ethics* 112 (4): 689–719.

Crouch, C. 2008. *Postdemokratie*. Frankfurt a. M.: Suhrkamp.

Dalton, R., D.C. Shin, und W. Jou. 2007. Understanding democracy: Data from unlikely places. *Journal of Democracy* 18:142–156.

Diamond, L. 1999. *Developing democracy. Toward consolidation*. Baltimore: Johns Hopkins University Press.

Diamond, L. 2008. The democratic rollback. The resurgence of the predatory state. *Foreign Affairs* 2:36–48.

Easton, D. 1975. A re-assessment of the concept of political support. *British Journal of Political Science* 5:435–457.

Easton, D. 1979. *A system analysis of political life*. New York: Harper.

Ferrin, M., und H. Kriesi. 2016. *How Europeans view and evaluate democracy*. Oxford: Oxford University Press.

Fuchs, D. 1989. *Die Unterstützung des politischen Systems der Bundesrepublik Deutschland*. Wiesbaden: Westdeutscher Verlag.

Fuchs, D. 2004. Modelle der Demokratie: Partizipatorische, Liberale und Elektronische Demokratie. In *Demokratietheorie und Demokratieentwicklung*, Hrsg. A. Kaiser und T. Zittel, 19–53. Wiesbaden: VS Verlag.

Gasiorowski, M.J. 2000. Democracy and macroeconomic performance in underdeveloped countries. An empirical analysis. *Comparative Political Studies* 33:319–349.

Gerschewski, J. 2010. *The three pillars of stability. Towards an explanation of the durability of autocratic regimes in East Asia*. Paper presented at the 106. Annual Conference of the American Political Science Association, Washington.

Gerschewski, J., W. Merkel, A. Schmotz, C. Stefes, und D. Tanneberg. 2013. Warum überleben Diktaturen? In *Autokratien im Vergleich*, Hrsg. S. Kailitz und P. Köllner, 106–131. Baden-Baden: Nomos.

Hadenius, A., und J. Teorell. 2007. Pathways from authoritarism. *Journal of Democracy* 18:143–156.

Hernandez, E. 2016. European's view on democracy: The core elements of democracy. In *How Europeans view and evaluate democracy*, Hrsg. M. Ferrin und H. Kriesi, 43–63. Oxford: Oxford University Press.

Huntington, S.P. 1991. *The third wave: Democratization in the late twentieth century*. New York: Norman.

Inglehart, R., und C. Welzel. 2005. *Modernization, cultural change, and democracy. The human development sequence*. Cambridge: University Press.

Kailitz, S., und P. Köllner, Hrsg. 2013. *Autokratien im Vergleich*. Sonderheft 47 der PVS. Baden-Baden: Nomos.

Klingemann, H.-D., und D. Fuchs. 1995. *Citizens and the state. Beliefs in government*. Oxford: Oxford University Press.

Kratochwil, F. 2006. On legitimacy. *International Relations* 20:302–308.

Kriesi, H., W. Saris, und P. Moncagatta. 2016. The strucutre of European's view of democracy: Citizens' models of democracy. In *How Europeans view and evaluate democracy*, Hrsg. M. Ferrin und H. Kriesi, 64–89. Oxford: Oxford University Press.

Lane, J.-E., und S. Errson. 2003. *Democracy: A comparative approach*. London: Palgrave.

Lauth, H.-J. 2004. Demokratie und Demokratiemessung: *Eine konzeptionelle Grundlegung für den interkulturellen Vergleich*. Wiesbaden: VS Verlag.

Lauth, H.-J., G. Pickel, und C. Welzel, Hrsg. 2000. *Demokratiemessung. Konzepte und Befunde im internationalen Vergleich*. Wiesbaden: Westdeutscher Verlag.

Lipset, S.M. 1959. Some social requisites of democracy: Economic development and political legacy. *American Political Science Review* 53:69–105.

Lipset, S.M. 1981. *Political man. The social bases of politics*. Baltimore: John Hopkins.

Müller, T., und S. Pickel. 2007. Wie lässt sich Demokratie am besten messen? Zur Konzeptqualität von Demokratie-Indizes. *Politische Vierteljahresschrift* 3:511–539.

Nohlen, D. 2002. Legitimität. In *Lexikon der Politikwissenschaft*, Bd. 1, Hrsg. D. Nohlen und R.O. Schultze, 467–477. München: Beck.

Norris, P. 1999. *Critical citizens. Global support for democratic governance*. Oxford: Oxford University Press.

Norris, P. 2011. *Democratic defizit. Critical citizens revisited*. Cambridge: Cambridge University Press.

Patberg, M. 2012. Zwei Modelle empirischer Legitimitätsforschung – Eine Replik auf Michael Zürns Gastbeitrag in der PVS 4/2011. *Politische Vierteljahresschrift* 54 (1): 155–172.

Pharr, S., und R. Putnam. 2000. *Disaffected democracies. What's troubling the trilateral countries?*. Princeton: University Press.

Pickel, G. 2010. Staat, Bürger und politische Stabilität: Benötigen Autokratien politische Legitimität? In *Autoritarismus Reloaded. Neuere Ansätze und Erkenntnisse der Autokratieforschung*, Hrsg. H. Albrecht und R. Frankenberger, 179–200. Baden-Baden: Nomos.

Pickel, G. 2013. Die kulturelle Verankerung von Autokratie – Bestandserhalt durch ideologische Legitimationsstrategien und ökonomische Legitimität oder Demokratisierung? In *Autokratien im Vergleich*, Hrsg. S. Kailitz und P. Köllner, 176–204. Baden-Baden: Nomos.

Pickel, G. 2015. *Die subjektive Verankerung von Demokratie in Osteuropa – Stand, Gründe und Konsequenzen von Bevölkerungseinstellungen in den jungen Demokratien Osteuropas*. (unv. Manuskript). Greifswald.

Pickel, G. 2016. Weltweite Demokratisierung als pfadabhängige Modernisierungsfolge? Über den bleibenden Nutzen differenziert angewandter Modernisierungstheorie(n). In *Demokratie jenseits des Westens*, Hrsg. S. Schubert und A. Weiß, 268–295. Baden-Baden: Nomos.

Pickel, S. 2016. Konzept und Verständnisse von Demokratie in West- und Osteuropa. In *Demokratie jenseits des Westens*, Hrsg. S. Schubert und A. Weiß, 318–342. Baden-Baden: Nomos.

Pickel, S., und G. Pickel. 2006. *Politische Kultur- und Demokratieforschung. Grundbegriffe, Theorien, Methoden. Eine Einführung*. Wiesbaden: VS Verlag.

Pickel, S., und T. Stark. 2010. Politische Kultur(en) von Autokratien. In *Autoritarismus Reloaded. Neuere Ansätze und Erkenntnisse der Autokratieforschung*, Hrsg. H. Albrecht und R. Frankenberger, 201–226. Baden-Baden: Nomos.

Auf dem Weg in die Postdemokratie? 137

Pickel, G., D. Pollack, O. Müller, und J. Jacobs. 2006. *Osteuropas Bevölkerung auf dem Weg in die Demokratie*. Wiesbaden: VS Verlag.

Rosanvallon, P. 2010. *Demokratische Legitimität. Unparteilichkeit – Reflexivität – Nähe*. Hamburg: Hamburger Edition.

Rose, R., und D.C. Shin. 2001. Democratization backwards: The problem of third-wave-democracies. *British Journal of Political Science* 31:331–354.

Rothstein, B. 2009. Creating political legitimacy. Electoral democracy versus quality of government. *American Behavioral Scientist* 53 (3): 311–330.

Schmidt, V.A. 2013. Democracy and legitimacy in the European Union revisited: Input, output and throughput. *Political Studies* 61:2–22.

Schubert, S. 2012. *Die globale Konfiguration politischer Kulturen: Eine theoretische und empirische Analyse*. Wiesbaden: Springer VS.

Smith, B. 2004. Oil wealth and regime survival in the developing world, 1960–1999. *American Journal of Political Science* 48:232–246.

Teorell, J. 2010. *Determinants of democratization. Explaining regime change in the world 1972–2006*. Cambridge: Cambridge University Press.

Thornhill, C., und S. Asheden. 2010. *Legality and legitimacy. Normative and sociological approaches*. Baden-Baden: Nomos.

Torcal, M., und J.R. Montero. 2006. *Political dissaffection in contemporary democracies: Social capital, institutions, and politics*. London: Routledge.

Watanuki, J., M. Crozier, und S.P. Huntington. 1975. *The crisis of democracy: Report on the governability of democracies to the trilateral commission*. New York: New York University Press.

Weber, M. 2005. *Wirtschaft und Gesellschaft*. Neu Isenburg: Melzer.

Weßels, B. 2016. Democratic legitimacy. In *How Europeans view and evaluate democracy*, Hrsg. M. Ferrin und H. Kriesi, 235–256. Oxford: Oxford University Press.

Welzel, C. 2013. *Freedom rising. Human empowerment and the quest for emancipation*. Cambridge: University Press.

Welzel, C., und A. Moreno Alvarez. 2014. Enlightening people: The spark of emancipative values. In *The civic culture transformed. From allegiant to assertive citizens*, Hrsg. R.J. Dalton und C. Welzel, 59–90. Cambridge: Cambridge University Press.

Westle, B. 1989. *Politische Legitimität – Theorien, Konzepte, empirische Befunde*. Baden-Baden: Nomos.

Zürn, M. 2011. Perspektiven des demokratischen Regierens und die Rolle der Politikwissenschaft im 21. Jahrhundert. *Politische Vierteljahresschrift* 52 (4): 603–635.

Die Legitimitätsproblematik in den westeuropäischen Demokratien

Eine Analyse unter Bedingungen der Globalisierung

Dieter Fuchs und Edeltraud Roller

Zusammenfassung

In dem Beitrag wird für siebzehn westeuropäische Länder analysiert, ob es eine Legitimitätskrise der Demokratie gibt oder ob sich Anzeichen für eine Erosion der Legitimität feststellen lassen. Die Annahme dabei ist, dass die Auswirkungen der Globalisierung zu stärkeren Legitimitätsproblemen führen könnten. Die theoretische Grundlage bilden erstens ein Konzept politischer Unterstützung zur Konzeptualisierung und Messung von Legitimität und zweitens theoretische Überlegungen zum Zusammenhang zwischen Globalisierung und Demokratie. Nach den empirischen Befunden kann zumindest bis 2014 nicht von einer Legitimitätskrise der Demokratie gesprochen werden. Allerdings gibt es in einigen Ländern Anzeichen für eine gewisse Erosion der Legitimität und der Demokratiezufriedenheit. Zudem kann gezeigt werden, dass es Effekte der Globalisierung auf die Zufriedenheit mit der Demokratie des eigenen Landes gibt.

D. Fuchs (✉)
Institut für Sozialwissenschaften, Universität Stuttgart, Stuttgart, Deutschland
E-Mail: dieter.fuchs@f10.uni-stuttgart.de

E. Roller
Institut für Politikwissenschaft, Johannes Gutenberg-Universität Mainz, Mainz, Deutschland
E-Mail: roller@politik.uni-mainz.de

© Springer Fachmedien Wiesbaden GmbH, ein Teil von Springer Nature 2019
C. Wiesner und P. Harfst (Hrsg.), *Legitimität und Legitimation*, Vergleichende Politikwissenschaft, https://doi.org/10.1007/978-3-658-26558-8_6

1 Einleitung

Gibt es eine Legitimitätskrise der Demokratie? Und sofern der Bestand und das Funktionieren der Demokratie von ihrer Legitimität abhängen, stellt sich zugleich die Frage: Gibt es eine Krise der Demokratie? Diese beiden Fragen sind schon seit Jahrzehnten Thema in der politikwissenschaftlichen Debatte und wie jedes brisante Thema durchläuft es Aufmerksamkeitszyklen. Gegenwärtig erfährt diese Debatte eine ausgesprochene Renaissance (Kriesi 2013; Fuchs und Escher 2015; Merkel 2015; Levitsky und Way 2015; Plattner 2015; Diamond et al. 2016; Foa und Mounk 2016, 2017; Weßels 2016; van Ham et al. 2017; Pickel in diesem Band).

Für diese Renaissance können zumindest drei Gründe angeführt werden. Erstens der theoretische Grund, dass die Globalisierung vielfältige soziale, ökonomische und politische Probleme erzeugt, die die Handlungskapazitäten der nationalstaatlichen Demokratien überfordern und in einer Erosion ihrer Legitimität münden kann (u. a. Held 1999, 2006; Habermas 1998, 2011). Zweitens der ökonomische Erfolg autokratischer Staaten wie China und Singapur, die sich mit autoritärer Politik und der Revitalisierung eigener kultureller Traditionen aggressiv als Alternative zum Westen darstellen. Walker, Plattner und Diamond (2016) sprechen von einem „neuen und unerwarteten Wettbewerb zwischen demokratischem Liberalismus und autoritärem Illiberalismus". Drittens die von Foa und Mounk (2016, 2017) präsentierten Befunde, die eine sinkende Unterstützung für die Demokratie sowie eine steigende Unterstützung für autoritäre Alternativen gerade bei jüngeren Alterskohorten festgestellt haben. Das Besorgniserregende an diesen Befunden ist, dass sie für westliche Demokratien ermittelt wurden. Daran kann die beunruhigende Erkenntnis angeschlossen werden, dass der Bestand und das Funktionieren einer Demokratie eine fragile und voraussetzungsvolle Angelegenheit ist und es selbst in den etablierten Demokratien des Westens zu De-Konsolidierungen kommen kann. Während in vielen nicht-westlichen Staaten die Bedingungen für die Herausbildung und die Bewahrung einer Demokratie durchaus fraglich sind (Fuchs und Roller 2016), kann das kaum für die westlichen Demokratien gelten. Wenn sich bereits für diese eine Legitimitätskrise konstatieren lässt, dann kann man durchaus verallgemeinernd von einer Legitimitätskrise der Demokratie sprechen.

Die folgende Analyse konzentriert sich auf die westeuropäischen Demokratien und analysiert die Legitimität dieser Demokratien unter den Bedingungen der Globalisierung. Es werden drei Fragen untersucht: 1) Lassen sich in westeuropäischen Demokratien Anzeichen für grundsätzliche Legitimitätsprobleme der liberalen Demokratie identifizieren? 2) Lässt sich eine zunehmende

Unzufriedenheit der Bürger mit der Demokratie im eigenen Land feststellen? 3) Kann diese Unzufriedenheit mit der Demokratie im eigenen Land mit Faktoren erklärt werden, die durch die Globalisierung entstanden sind? In Bezug auf alle drei Fragen wird zudem geprüft, ob sich insbesondere die jüngeren Alterskohorten von der Demokratie distanzieren.

Theoretisch basiert die Analyse auf einem Konzept politischer Unterstützung, dem Ebenenmodell der Demokratie (Fuchs 2007), mit dem die Legitimität und weitere zentrale Einstellungen zur Demokratie konzeptualisiert werden. Zur Analyse des Zusammenhangs zwischen Globalisierung und Demokratie wird zum einen die allgemeine theoretische Diskussion dieses Verhältnisses herangezogen (Habermas 1998, 2011; Held 1999, 2006). Zum anderen wird auf die Theorie der „transformative power of globalization and the structure of political conflict in Western Europe" (Grande und Kriesi 2012) zurückgegriffen, die eine umfassende empirische Studie zu politischen Konflikten in Westeuropa unter Bedingungen der Globalisierung anleitet (Kriesi et al. 2012). Die Überlegungen dieser letztgenannten Theorie konzentrieren sich auf die Akteursebene, doch diese können auch für die hier untersuchte grundlegendere Ebene der Legitimität der westeuropäischen Demokratien fruchtbar gemacht werden.

Der Beitrag ist folgendermaßen aufgebaut: Im nachfolgenden Abschnitt wird zwischen einem normativen und subjektiven Legitimitätsbegriff unterschieden und auf der Grundlage des Ebenenmodells der Demokratie eine Konzeptualisierung und Operationalisierung von (subjektiver) Legitimität vorgeschlagen. Danach erfolgt eine theoretische Diskussion des Zusammenhangs zwischen Globalisierung und Demokratie. Auf der Basis dieser beiden konzeptuellen Überlegungen wird die empirische Analyse vorgenommen. In einem ersten Schritt werden Niveau und Entwicklung der Legitimität der Demokratie untersucht, in einem zweiten Schritt Niveau und Entwicklung der Zufriedenheit der Bürger mit der Demokratie im eigenen Land und in einem dritten Schritt werden die auf Globalisierung beziehbaren Determinanten der Zufriedenheit mit dem Funktionieren der Demokratie im eigenen Land analysiert. Untersuchungsländer sind insgesamt siebzehn westeuropäische Länder, und zwar alle westlichen EU-Mitgliedsländer (Belgien, Dänemark, Deutschland, Finnland, Frankreich, Griechenland, Großbritannien, Irland, Italien, Luxemburg, Niederlande, Österreich, Portugal, Schweden, Spanien) sowie Norwegen und die Schweiz. Der Untersuchungszeitraum reicht von der Jahrtausendwende bis 2014. Datenbasis bilden drei Wellen des European Values Survey/World Values Survey (1999–2004, 2005–2009, 2010–2014) und sieben Wellen des European Social Survey (2002, 2004, 2006, 2008, 2010, 2012, 2014). Der Beitrag endet mit einem Fazit zur Frage der Legitimität in westeuropäischen Demokratien.

2 Konzeptualisierung und Operationalisierung von Legitimität

Die Beantwortung der Frage, ob und inwieweit es eine Legitimitätskrise der Demokratie gibt, hängt von der Konzeptualisierung und Operationalisierung der Legitimität ab. Sowohl bei der Konzeptualisierung als auch bei der Operationalisierung gibt es trotz der Prominenz der Legitimitätskategorie erhebliche Differenzen in der politikwissenschaftlichen Debatte und demgemäß werden auch unterschiedliche Schlussfolgerungen gezogen (siehe dazu auch Wiesner und Harfst in diesem Band; von Haldenwang in diesem Band; Anstötz et al. in diesem Band). Das hat unseres Erachtens zwei Gründe. Zum einen gelingt es in vielen Studien nicht, den philosophischen von dem empirischen Legitimitätsbegriff zu separieren und in Beziehung zu setzen. Zum anderen gibt es in vielen empirischen Studien sehr unterschiedliche und zum Teil auch unreflektierte Zuordnungen von Indikatoren zum theoretischen Konstrukt der Legitimität. Auf beide Punkte wird im Folgenden eingegangen und es wird erläutert, wie mit beiden Problemen verfahren wird.

Weitgehende Übereinstimmung besteht bei der Definition des Bedeutungskerns von Legitimität. Dieser besteht in der Rechtfertigung einer politischen Herrschaftsordnung mit guten Gründen, die einen normativen Charakter haben (Habermas 1992; Rawls 1993; Beetham und Lord 1998; Føllesdal 2006; Fuchs 2011; Weßels 2016; van Ham et al. 2017). Man kann diesen Bedeutungskern präziser fassen durch den Begriff der *normativen Legitimität*. Wenn ein politisches Regime mit guten Gründen, die eine normative Qualität besitzen, gerechtfertigt werden kann, dann kann es als *anerkennungswürdig* bezeichnet werden. Mit dieser Anerkennungswürdigkeit grenzt zum Beispiel Habermas (1992) Legitimität von einer bloßen faktischen Anerkennung der Herrschaftsordnung durch die Herrschaftsunterworfenen ab. Die entscheidende Frage ist aber, wie diese Anerkennungswürdigkeit bestimmt wird – oder anders gewendet – welche normativen Gründe von wem zur Rechtfertigung einer politischen Herrschaftsordnung herangezogen werden können. Wenn diese Frage vor allem eine Angelegenheit der Debatte in der politischen Philosophie und in der Demokratietheorie ist und die Masse der Bürger nicht erreicht, dann bleibt sie relativ folgenlos. Die Frage des Bestandes und des Funktionierens einer Demokratie hängt aber vor allem von den Bürgern ab und demgemäß schlägt Scharpf (2009) vor, dass bei der Legitimitätsdiskussion eine funktionale Perspektive eingenommen werden muss. Das bedeutet, dass die Frage der Legitimität auf die Bürger und deren Sichtweise der Legitimität einer politischen Herrschaftsordnung zu beziehen ist. Dieser Sachverhalt kann mit dem Begriff der *subjektiven Legitimität* beschrieben werden.

Die folgenreichste und immer noch überzeugendste funktionale Konzeptualisierung von subjektiver Legitimität hat Easton (1965, 1975) vorgeschlagen, die auch den meisten empirischen Legitimitätsstudien zugrunde liegt (u. a. Fuchs et al. 1995; Dalton 2004; Fuchs 2011; Norris 2011; van Ham et al. 2017; Pickel in diesem Band). Auch bei Easton wird die subjektive Legitimität nicht bloß auf die faktische Anerkennung eines Regimes reduziert. Legitimität ist eine Form der diffusen Unterstützung eines politischen Regimes und wird folgendermaßen definiert: „Legitimacy reflects the fact that in some vague or explicit way [a person] sees these objects as conforming to his own moral principles, his own sense what is right and proper in the political sphere" (Easton 1975, S. 451). Das heißt, ein Individuum X beurteilt ein politisches Regime dann als legitim, wenn es den von ihm präferierten Werten und Normen einer politischen Herrschaftsordnung entspricht.

Wenn man es den Individuen überlässt, welche Werte und Normen sie als Beurteilungskriterium eines politischen Regimes heranziehen, dann stellt sich ein Problem: Es müssen nicht demokratische Kriterien sein wie bspw. freie und faire Wahlen oder liberale Grundrechte, sondern es können auch autokratische Kriterien sein wie bspw. die Befürwortung eines starken Führers, der unabhängig von einem Parlament seine Entscheidungen treffen kann. Dies erscheint zunächst einmal normativ problematisch, ist aber aus einer funktionalen und empirischen Perspektive folgenreich, wie die in Abb. 1 dargestellten möglichen Konstellationen von institutioneller Struktur und politischer Kultur zeigen: Ein demokratisches Regime kann aus einer subjektiven Perspektive dann als legitim betrachtet werden, wenn es eine dazu kongruente demokratische Kultur gibt. Es kann konzeptuell und empirisch aber nicht ausgeschlossen werden, dass ein demokratisches Regime von Bürgern als illegitim begriffen wird, wenn diese autokratische Werte bevorzugen (siehe auch die Diskussion im Beitrag von Wiesner und Harfst in diesem Band). Diese Inkongruenz könnte einer der Faktoren für den Rückfall eines demokratischen in ein autokratisches Regime sein, wenn z. B. auf institutioneller Ebene eine Demokratie eingeführt wurde, sich aber keine dazu kongruente demokratische Kultur entwickelt hat. Umgekehrt kann es sein, dass sich in einem autokratischen Regime aufgrund von Modernisierungsprozessen

Institutionelle Struktur	Politische Kultur	
	Demokratische Kultur	Autokratische Kultur
Demokratisches Regime	Legitimität	Illegitimität
Autokratisches Regime	Illegitimität	Legitimität

Abb. 1 Institutionelle Struktur und politische Kultur. (Quelle: Eigene Darstellung)

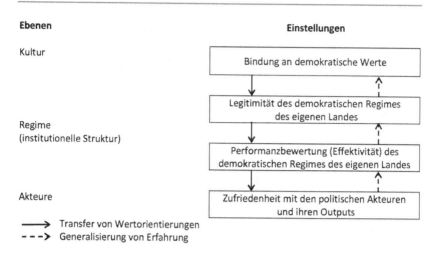

Abb. 2 Ebenen eines demokratischen Systems und korrespondierende Einstellungen. (Quelle: Eigene Darstellung basierend auf Fuchs 2007, S. 166)

eine demokratische Kultur herausgebildet hat und somit das autokratische Regime als illegitim wahrgenommen wird. Es ist ebenso möglich, dass in einem autokratischen Regime bei den Bürgern autokratische Werte und Normen vorherrschen und somit dieses Regime von ihnen als legitim angesehen wird.

Die Konzeptualisierung der Legitimität der Demokratie basiert auf einem Ebenenmodell der Demokratie, das die zentralen Einstellungen gegenüber der Demokratie identifiziert (Fuchs 2007). Das in Abb. 2 dargestellte Modell ist nur für Demokratien spezifiziert, es kann aber problemlos für alle politischen Systeme und somit auch für Autokratien konzeptualisiert werden. Es werden drei Ebenen unterschieden: die Kulturebene, die Regimeebene sowie die Ebene der Akteure und jeder dieser Ebenen sind entsprechende Einstellungen zugeordnet. Die Kulturebene[1] wird durch die Bindung an demokratische Werte bestimmt. Der zentrale

---

[1] In der Tradition von Almond und Verba (1963) wird politische Kultur sehr viel breiter gefasst, und zwar als subjektive Orientierungen gegenüber allen politischen Objekten. In Anlehnung an den gängigen soziologischen Kulturbegriff wird im Ebenenmodell Kultur auf die grundlegenden Wertorientierungen beschränkt (Hofstede 1980; Schwartz 1992; Gerhards 2006). Auf diese Weise bekommt Kultur einen präziseren Gehalt und macht die subjektive Legitimität im Sinne von Easton plausibler, die auf einer Differenzierung von Werte- und Regimeebene beruht.

Die Legitimitätsproblematik in den westeuropäischen Demokratien   145

Wert ist die Demokratie selbst (Volksherrschaft); dazu zählen auch Werte wie politische Gleichheit und Freiheit, die eng mit Demokratie verbunden sind. Die erste Definition von Legitimität kann auf dieser kulturellen Ebene erfolgen. Sie besagt, je mehr Bürger eines Landes eine Bindung an demokratische Werte besitzen, umso höher die Legitimität der Demokratie als Herrschaftsordnung. In diesem Fall bezieht sich die Legitimität nicht auf die Demokratie des eigenen Landes. Eine weitere Definition von Legitimität, die auf der Ebene des Regimes angesiedelt ist, basiert auf Easton: Je mehr Bürger eines Landes eine Kongruenz zwischen ihren demokratischen Werten und dem demokratischen Regime des eigenen Landes sehen, umso höher die Legitimität dieses demokratischen Regimes. Das zweite Einstellungskonstrukt auf der Regimeebene, die Bewertung der Performanz des demokratischen Regimes des eigenen Landes, geht ebenfalls auf Easton zurück. Neben der Legitimität postuliert Easton eine zweite Form der diffusen Unterstützung, die er *trust* nennt. *Trust* wird definiert als eine generalisierte Performanzbewertung des Regimes des eigenen Landes: „Trust will be stimulated by the experiences that members have of the authorities over time" (Easton 1975, S. 484). Diese Generalisierung über die Zeit und für verschiedene Akteure führt dazu, dass die entsprechende Performanzbewertung von den Akteuren entkoppelt und dem Regime zugerechnet wird. Im Unterschied zu dieser generalisierten Performanzbewertung oder Effektivität (um den Begriff von Lipset 1960 zu verwenden) bezieht sich die Zufriedenheit mit den politischen Akteuren und ihren alltäglichen Outputs auf die unterste Ebene des hierarchischen Modells. Easton (1965) bezeichnet diese Einstellung als spezifische Unterstützung.

Zwischen den verschiedenen Einstellungen sind grundsätzlich zwei Einflussrichtungen möglich. Zum einen ein Transfer von Wertorientierungen von oben nach unten und zum anderen eine Generalisierung von Erfahrungen von unten nach oben. Welche Einflussrichtung dominiert, hängt maßgeblich von dem Ausmaß der Konsolidierung der Demokratie eines Landes ab. Wenn eine demokratische Kultur mit den entsprechenden Werten bei der Mehrheit der Bürger fest verankert ist, dann ist der Transfer von oben nach unten wahrscheinlich. Wenn umgekehrt in einer neuen Demokratie die demokratischen Werte noch nicht fest verankert sind, dann ist eine Generalisierung von unten nach oben wahrscheinlich.

Für die empirische Analyse der Legitimität werden Indikatoren für die Kultur- und die Regimeebene benötigt. Die Analyse der untersten Ebene der Akteure ist für unsere Fragestellung nicht notwendig. Die Zufriedenheit oder Unzufriedenheit mit den Akteuren wird zumindest theoretisch durch die Wiederwahl oder Abwahl dieser Akteure absorbiert und ist für die Systemfolgen gewissermaßen neutral.

Zur Messung der Legitimität der Demokratie als Herrschaftsordnung (Kulturebene) werden die beiden folgenden Indikatoren aus dem European Values Survey/World Values Survey verwendet:

> „I'm going to describe various types of political systems and ask what you think about each as a way of governing this country. For each one, would you say it is a very good, fairly good, fairly bad or very bad way of governing this country? 1. Having a democratic political system; 2. Having a strong leader who does not have to bother with parliament and elections."

Mit dem ersten Indikator „having a democratic political system" wird die Demokratie als normativ gewünschte Herrschaftsordnung erfasst, und zwar unabhängig von der spezifischen Form der Demokratie des eigenen Landes. Bei diesem Indikator wird unterstellt, dass die Befragten auch ein Verständnis von Demokratie haben, welches dem theoretisch gemeinten Sinn entspricht. Das kann für die etablierten Demokratien der westeuropäischen Länder angenommen werden (Ferrín und Kriesi 2016; Schubert und Weiss 2016). Der zweite Indikator „having a strong leader" ist dann eine Messung der Befürwortung einer Demokratie, wenn dieses Merkmal abgelehnt wird. Der Indikator hat einen Doppelcharakter. Wenn die Aussage befürwortet wird, dann ist es ein Indikator für die Präferenz eines autokratischen Regimes.

Für die Legitimität des demokratischen Regimes des eigenen Landes (Regimeebene) ist in den vorliegenden komparativen Studien kein Indikator vorhanden.[2] Am häufigsten wird die Frage nach der Zufriedenheit mit dem Funktionieren dieser Demokratie verwendet. Die folgende Analyse basiert auf dem Indikator aus dem European Social Survey: „And on the whole, how satisfied are you with the way democracy works in [country]? 0=extremely dissatisfied … 10=extremely satisfied." Dieser Indikator bezieht sich nicht explizit auf die institutionelle Form der Demokratie und damit deren Legitimität, sondern auf deren Performanz oder Effektivität. Für die Legitimitätsproblematik ist er dennoch relevant, denn eine dauernde Unzufriedenheit mit der Performanz der Demokratie des eigenen Landes kann auch negative Rückwirkungen auf die Legitimität dieser Demokratie haben und schließlich auch auf die Legitimität der Demokratie allgemein. Die Demokratiezufriedenheit kann also als eine Art Frühwarnindikator angesehen werden.

---

[2] Ein Beispiel für eine derartige Frage, die sich auf die institutionelle Struktur bezieht, wäre die folgende: „Glauben Sie, dass die Demokratie in (Land) die beste Staatsform ist oder gibt es eine andere Staatsform, die besser ist?" (Fuchs und Roller 2013, S. 371).

Die Legitimitätsproblematik in den westeuropäischen Demokratien 147

3 Globalisierung und Demokratie

Ausgangspunkt unserer Studie ist die Prämisse, dass mögliche Legitimitätsprobleme der heutigen Demokratien vor allem auf Folgeprobleme der Globalisierung zurückzuführen sind. Im Folgenden werden theoretische Überlegungen zum Zusammenhang zwischen Globalisierung und Demokratie diskutiert.

Eine knappe und prägnante Definition von Globalisierung nimmt Habermas (1998, S. 101) vor: „Er [der Begriff der Globalisierung] kennzeichnet den zunehmenden Umfang und die Intensivierung von Verkehrs-, Kommunikations- und Austauschbeziehungen über nationale Grenzen hinweg." Ähnlich ist auch die Definition von Held (2006, S. 293): „Globalization denotes a shift in the spatial form of human organization and activity to transcontinental or interregional patterns of activity, interaction and the exercise of power. It involves a stretching and deepening of social relations and institutions across space and time."

Was bedeutet Globalisierung für die Politik der nationalstaatlichen Demokratien? Erstens entstehen durch die Globalisierung Probleme außerhalb der Nationalstaaten, die gleichwohl innerhalb der Nationalstaaten Auswirkungen haben wie z. B. Umweltprobleme, organisierte Kriminalität und Drogenhandel. In neuerer Zeit sind verstärkt Immigrationsbewegungen und Terrorismus hinzugekommen. Zweitens entstehen im Zuge der Globalisierung transnationale Akteure wie multinationale Unternehmen und internationale Organisationen wie die WTO, der IWF und die Weltbank. Beide Entwicklungen schränken die Autonomie der Nationalstaaten empfindlich ein. Daraus zieht Held (1999, S. 103) die folgenden Schlussfolgerungen: „First, the locus of effective political power can no longer be assumed to be national governments [...]. Second, the idea of a political community of fate – of a self-determining collectivity – can no longer meaningfully be located within the boundaries of a single nation state alone." In einer späteren Publikation fasst Held (2006, S. 191–192) dies folgendermaßen zusammen: „The idea of a community that rightly governs itself and determines its own future – an idea at the very heart of the democratic polity – is today, accordingly problematic."

Ähnlich wie Held nimmt Habermas (2011, S. 50) an, dass die Globalisierungsprozesse eine immer interdependenter werdende Weltgesellschaft erzeugen, die die Handlungsspielräume der Nationalstaaten immer weiter einschränkt. Die Nationalstaaten haben dem „Verlust an Problemlösungsfähigkeiten teilweise mithilfe internationaler Organisationen auszugleichen versucht" (Habermas 2011, S. 50). Aber damit ist nach Habermas (2011, S. 108–109) eine doppelte Legitimitätsproblematik verbunden. Zum einen entbehren die internationalen Organisationen „einer Legitimation, die auch nur entfernt den Anforderungen der nationalstaatlich institutionalisierten Verfahren genügen würde." Zum anderen werden durch den Kompetenztransfer von den Nationalstaaten auf die internationalen Organisationen die demokratischen Verfahren der Nationalstaaten ausgehöhlt (Habermas 2011, S. 51). Formal bleiben diese Verfahren zwar intakt, aber sie beziehen sich zunehmend weniger auf politische Entscheidungen, die für die Gestaltung der Lebensverhältnisse der Individuen relevant sind.

Damit die von Habermas diagnostizierte objektive Legitimitätsproblematik auch zu einer Legitimitätsproblematik auf der subjektiven Ebene der Bürger wird, müssen diese Globalisierungsfolgen innerhalb der Nationalstaaten politisiert werden. Das heißt, sie müssen zum Gegenstand politischer Konflikte zwischen relevanten politischen Akteuren in diesen Nationalstaaten werden. Diese Frage haben Grande und Kriesi (2012, S. 3) aufgegriffen: „What are the consequences of globalization for the structure of political conflicts in Western Europe?" Sie postulieren theoretisch eine zweidimensionale Konfliktstruktur mit einer ökonomischen und einer kulturellen Dimension (Grande und Kriesi 2012, S. 22). Der maßgebliche Auslöser für die ökonomische Konfliktlinie ist die Zunahme an transnationalem ökonomischen und politischen Wettbewerb, der gleichzeitig zu einer Zunahme an ökonomischen und sozialen Risiken führt. Das wird besonders deutlich an der Finanz- und Wirtschaftskrise in der EU. Der maßgebliche Auslöser für die kulturelle Konfliktlinie ist die Zunahme an Immigration, die zu einer größeren kulturellen Diversität führt, aber auch die langfristig gewachsenen Identitäten der jeweiligen Nationen beeinträchtigen können. Die Pole der ökonomischen Konfliktlinie sind Neo-Liberalismus einerseits und Interventionismus andererseits; die der kulturellen Konfliktlinie eine kosmopolitische versus nationalistische Orientierung. Diese Konfliktstruktur führt zu einer Dynamik innerhalb der bestehenden Parteiensysteme, die vor allem von rechtspopulistischen Parteien ausgelöst wird (Grande und Kriesi 2012, S. 22). Diese theoretisch postulierte Konfliktstruktur, die Verortung der Parteifamilien in dieser Konfliktstruktur sowie die Entwicklungsdynamik politischer Parteien werden in den empirischen Analysen des Buches weitgehend bestätigt (Kriesi et al. 2012).[3]

Die Fragestellung unserer Analyse geht über die durch die Globalisierung erzeugte Konfliktstruktur auf der Issue- und Akteursebene hinaus und bezieht sich auf die Legitimität der westeuropäischen Demokratien. Diese kann in einer

---

[3]Möglicherweise ist durch die Vielzahl von Terrorakten in einigen westeuropäischen Demokratien in den letzten Jahren eine weitere Konfliktlinie hinzugekommen, die von Grande und Kriesi (2012) noch nicht systematisch berücksichtigt werden konnte. Diese kann durch die beiden Pole Freiheit versus Sicherheit begriffen werden und durch den Gegensatz zwischen einem starken Staat und einem begrenzten Staat.

Die Legitimitätsproblematik in den westeuropäischen Demokratien 149

zweifachen Weise ins Spiel kommen. Erstens zeigen die relativen Erfolge der rechtspopulistischen Parteien, dass bestimmte Probleme wie beispielsweise die durch Immigration bedrohte kollektive Identität oder ökonomische Unsicherheit in der bisherigen Politik vernachlässigt worden sind. Wenn aus der Perspektive der Bürger diese Probleme aber dauerhaft nicht gelöst werden, dann können sie zu einer grundlegenden Skepsis gegenüber der demokratischen Politik des eigenen Landes führen und längerfristig auch zu Legitimationsproblemen der Demokratie des eigenen Landes. Zweitens kann die durch die Globalisierung enorm erhöhte Komplexität der ökonomischen und politischen Probleme bei gleichzeitig begrenzter Problemlösungsfähigkeit der Nationalstaaten zu einer kognitiven und emotionalen Überlastung der Bürger führen. Das könnte zu einer populistischen und autoritären Herausforderung der westlichen Demokratien führen. Die populistischen Parteien konstruieren einen Gegensatz von „the pure people" and „the corrupt elite" (Mudde und Kaltwasser 2017, S. 6) und prätendieren zum einen das Wohl des Volkes zu kennen und zu repräsentieren und zum anderen eine einfache Lösung für komplexe Probleme zu haben.

Diese möglichen Konsequenzen der Globalisierung werden in der nachfolgenden empirischen Analyse untersucht. Es wird überprüft, ob sich erstens in den westeuropäischen Demokratien Anzeichen für grundsätzliche Legitimitätsprobleme der liberalen Demokratie identifizieren lassen; zweitens, ob sich eine zunehmende Unzufriedenheit der Bürger mit dem Funktionieren der Demokratie im eigenen Land feststellen lässt; und drittens, ob diese Unzufriedenheit auf Faktoren zurückzuführen ist, die durch Globalisierung entstanden sind.

4 Empirische Analyse

4.1 Legitimität der Demokratie

Ein zentraler Wert auf der Kulturebene eines demokratischen Systems ist die Demokratie selbst. Die Bindung an diesen Wert kann durch die Frage nach der Präferenz für Demokratie als Herrschaftsordnung erhoben werden. In Abb. 3 sind die Prozentsätze der beiden positiven Antwortkategorien „very good" und „fairly good" abgetragen. Danach liegt in fast allen westeuropäischen Ländern der Prozentsatz für die Demokratie bei 90 % und höher. Lediglich in Großbritannien im Jahr 1999 und 2005/2009 sowie in Irland im Jahr 2008 liegt er geringfügig darunter (zu den genauen Erhebungsjahren vgl. Tab. 2 im Anhang). Wenn die durch Globalisierung verursachten Probleme sich auf diese Präferenz für Demokratie ausgewirkt haben sollten, dann müsste sich das in einer Abnahme dieser Präferenz

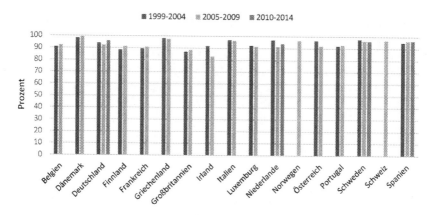

Abb. 3 Präferenz für Demokratie. Zusammenfassung der Antwortkategorien „very good" und „fairly good". (Quelle: European Values Survey/World Values Survey 1999–2004, 2005–2009, 2010–2014)

im Zeitverlauf ausdrücken. In fast allen Ländern ist entweder eine solche Abnahme überhaupt nicht festzustellen oder bestenfalls in einem ganz geringen Ausmaß, und in einigen Ländern ist sogar eine Zunahme der Präferenz für Demokratie im Zeitverlauf zu verzeichnen.

Anzeichen für eine mögliche autoritäre Herausforderung der Demokratie wären das Ausmaß und die Zunahme einer Präferenz für einen starken Führer. In Abb. 4 sind wiederum die Prozentsätze der beiden positiven Antwortkategorien „very good" und „fairly good" aufgeführt. Bei dieser Präferenz für einen starken Führer sind die Länderunterschiede sehr viel größer als bei der Präferenz für Demokratie. Über 30 % der Bürger in Belgien, Frankreich, Irland, Luxemburg, Niederlande, Portugal und Spanien präferieren einen starken Führer. In Portugal sind es im Jahr 2008 sogar knapp über 50 % und in Spanien im Jahr 2011 nahezu 50 %. Beide Länder waren von der Finanzkrise besonders stark betroffen. Interessant ist aber, dass in den beiden anderen Krisenländern Griechenland und Italien der Prozentsatz der Präferenz für Autokratie sehr gering ist und im Zeitverlauf auch nicht zugenommen hat. Eine Zunahme der Präferenz für einen starken Führer lässt sich in insgesamt sechs Ländern – Belgien, Irland, Österreich, Portugal, Schweden und Spanien – beobachten, sehr deutlich ist die Zunahme in den beiden Krisenländern Portugal und Spanien (17 bzw. 20 Prozentpunkte).

In einigen Ländern präferiert eine erhebliche Mehrheit eine Demokratie als Herrschaftsordnung und gleichzeitig spricht sich eine beträchtliche Anzahl von

Die Legitimitätsproblematik in den westeuropäischen Demokratien

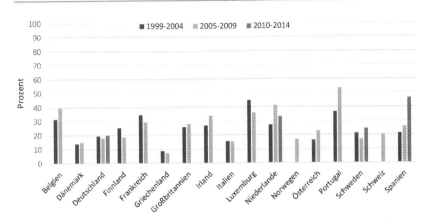

Abb. 4 Präferenz für Autokratie (starker Führer). Zusammenfassung der Antwortkategorien „very good" und „fairly good". (Quelle: European Values Survey/World Values Survey 1999–2004, 2005–2009, 2010–2014)

Bürgern für die autoritäre Alternative eines starken Führers aus. Eine uneingeschränkte Befürwortung der Demokratie liegt dann vor, wenn die Demokratie befürwortet und zugleich ein starker Führer abgelehnt wird. In Abb. 5 sind die Prozentsätze der Befragten für diese Kombination abgetragen. Die Prozentsätze liegen mit einer Ausnahme in allen westeuropäischen Ländern über der 50-Prozentschwelle, d. h. eine relative Mehrheit der Bürger befürwortet uneingeschränkt eine Demokratie. Die Ausnahme ist Portugal, in der der Wert zum Zeitpunkt 2008 nur knapp über 40 % liegt. Im Zeitverlauf ist in den drei Krisenländern Irland, Portugal und Spanien eine deutliche Abnahme (13 bzw. 15 bzw. 20 Prozentpunkte) festzustellen. In drei weiteren Ländern – Belgien, Österreich und Schweden – lässt sich eine moderate Abnahme beobachten (8 Prozentpunkte). Das sind allesamt die sechs Länder, für die eine Zunahme der Präferenz für einen starken Führer festgestellt wurde.

Einer der irritierenden Befunde der Analyse von Foa und Mounk (2016, 2017) ist, dass vor allem bei den jüngeren Kohorten eine Abnahme der Präferenz von Demokratie und eine Zunahme der Präferenz für Autokratie sowohl in den USA als auch in einigen europäischen Ländern vorliegt. Dieser Sachverhalt kann mit den letzten verfügbaren Daten des European Values Survey/World Values Survey für vier Länder überprüft werden, und zwar für Deutschland (2013), Niederlande (2012), Schweden (2011) und Spanien (2011). Ein linearer Trend der abnehmenden Präferenz für Demokratie ist für die untersuchten fünf

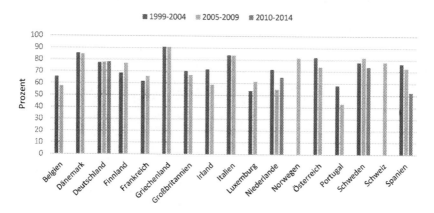

Abb. 5 Differenz Demokratie – Autokratie. Anteil der Bürger, die eine Demokratie präferieren („very good" und „fairly good") und gleichzeitig einen starken Führer ablehnen („fairly bad" und „very bad"). (Quelle: European Values Survey/World Values Survey 1999–2004, 2005–2009, 2010–2014)

Geburtsjahrgangskohorten[4] nicht festzustellen, allerdings liegt in allen vier Ländern bei der jüngsten Alterskohorte der sog. Millenials (geboren im Zeitraum 1982–2000) die relativ geringste Präferenz von Demokratie vor (Abb. 6). Der Unterschied zu den anderen Kohorten ist jedoch gering, die Präferenz für Demokratie liegt auch bei dieser jüngsten Kohorte bei 90 % und darüber.

Bei der Präferenz für die Autokratie gibt es ebenfalls einen klaren Befund (Abb. 7). In allen vier Ländern ist diese Präferenz bei der ältesten Kohorte am größten. In Deutschland, den Niederlanden und Spanien unterscheidet sich die jüngste Kohorte nur unwesentlich von den anderen. In Schweden ist die Präferenz für einen starken Führer aber bei der jüngsten Kohorte deutlich ausgeprägter als bei den vorangehenden. Im Unterschied zu den Ergebnissen der Studie von Foa und Mounk (2016, 2017) ist in den vier westeuropäischen Ländern kein eindeutiger Trend einer zunehmenden Präferenz für einen starken Führer feststellbar.

Da die überwiegende Mehrheit in den untersuchten siebzehn westeuropäischen Ländern eine Präferenz für Demokratie aufweist und in den meisten Ländern nur eine Minderheit eine Präferenz für einen starken Führer äußert, kann

---

[4]Die Unterscheidung der Geburtsjahrgangskohorten erfolgt auf der Grundlage von Grasso (2014).

Die Legitimitätsproblematik in den westeuropäischen Demokratien 153

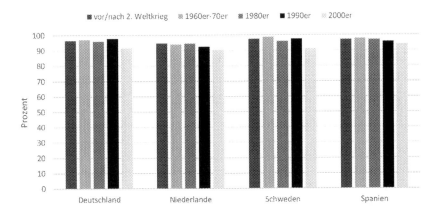

Abb. 6 Präferenz für Demokratie für Kohorten (2010–2014). Zusammenfassung der Antwortkategorien „very good" und „fairly good"; Definition der Geburtsjahrgangskohorten: vor/nach 2. Weltkrieg (1885–1945), 1960er-70er (1946–1957), 1980er (1958–1968), 1990er (1969–1981), 2000er (1982–2000). (Quelle: European Values Survey/World Values Survey 2010–2014)

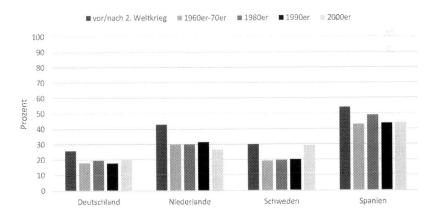

Abb. 7 Präferenz für Autokratie (starker Führer) für Kohorten (2010–2014). Zusammenfassung der Antwortkategorien „very good" und „fairly good"; Definition der Geburtsjahrgangskohorten: vor/nach 2. Weltkrieg (1885–1945), 1960er-70er (1946–1957), 1980er (1958–1968), 1990er (1969–1981), 2000er (1982–2000). (Quelle: European Values Survey/ World Values Survey 2010–2014)

man nicht von einer Legitimitätskrise der Demokratie sprechen. Allerdings können Anzeichen für eine Erosion der Legitimität von Demokratie vor allem in den drei Krisenländern Irland, Portugal und Spanien festgestellt werden, bei denen eine Präferenz für einen starken Führer im Zeitverlauf beträchtlich zugenommen hat. In etwas schwächerer Form gilt das auch für Belgien, Österreich und Schweden. Wie sieht es aber mit der Zufriedenheit mit dem Funktionieren der Demokratie des eigenen Landes aus?

4.2   Demokratiezufriedenheit

Die Frage nach der Zufriedenheit mit dem Funktionieren der Demokratie des eigenen Landes ist ein Indikator für die Performanzbewertung dieser Demokratie. Für eine solche Bewertung können die Bürger unterschiedliche Kriterien heranziehen. Ein Kriterium ist das faktische Funktionieren der Institutionen der Demokratie des eigenen Landes wie Gleichheit vor dem Gesetz, Gewährleistung von Grundrechten, Fairness von Wahlen und politische Gleichheit. Ein anderes Kriterium ist die Bewältigung grundlegender Probleme des Landes wie Sicherung des Wirtschaftswachstums, Bekämpfung der Arbeitslosigkeit und Gewährleistung innerer Sicherheit. Diese unterschiedlichen Kriterien können mit dem Begriffspaar demokratische und systemische Performanz gefasst werden (Roller 2015). Es kann vermutet werden, dass die systemische im Vergleich zur demokratischen Performanz in Ländern mit größeren ökonomischen und politischen Problemen ein wichtigeres Beurteilungskriterium darstellt als in Ländern ohne solche gravierenden Probleme.

In Abb. 8 sind die Prozentsätze der Zufriedenheit mit dem Funktionieren der Demokratie dargestellt (Zusammenfassung der Werte 6–10 der Skala mit dem Wertebereich von 0 bis 10). Im Unterschied zur Unterstützung der Demokratie allgemein gibt es bei der Zufriedenheit mit der Demokratie des eigenen Landes erhebliche Unterschiede zwischen den westeuropäischen Ländern. In sieben Ländern – Dänemark, Finnland, Luxemburg, Niederlande, Norwegen, Schweden und Schweiz – sind im Zeitraum von 2002 bis 2014 zwischen 60 und 80 % der Bürger mit dem Funktionieren ihrer Demokratie zufrieden. In Portugal ist die Demokratiezufriedenheit dagegen sehr gering; der Prozentsatz der Zufriedenen liegt um bzw. unter 30 %. Da der Indikator relativ stark auf Situationseffekte reagiert, gibt es in allen Ländern Schwankungen im Zeitverlauf. Drastische Änderungen in Richtung einer abnehmenden Demokratiezufriedenheit lassen sich in den drei Ländern Italien, Griechenland und Spanien beobachten, die im Rahmen der Finanzkrise häufig als Krisenländer bezeichnet werden.

Die Legitimitätsproblematik in den westeuropäischen Demokratien

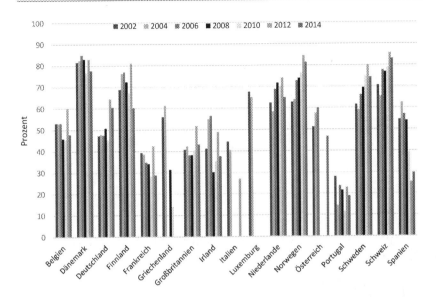

Abb. 8 Zufriedenheit mit dem Funktionieren der Demokratie. Werte 6–10 auf der Skala von 0 = extremely dissatisfied … 10 = extremely satisfied. (Quelle: European Social Survey 2002–2014)

Wie sieht es mit den Generationen bei der Zufriedenheit mit dem Funktionieren der Demokratie des eigenen Landes aus? In keinem der Länder lässt sich im Zeitverlauf ein nennenswerter Unterschied der jüngeren Kohorten gegenüber den älteren Kohorten feststellen (Abb. 9). Alle Kohorten folgen dem allgemeinen Trend des jeweiligen Landes. Auch für die Zufriedenheit mit dem Funktionieren der Demokratie des eigenen Landes kann die These einer zunehmenden Unzufriedenheit der jüngeren Generationen also nicht bestätigt werden.

4.3 Globalisierung und Demokratiezufriedenheit

Im Folgenden wird die dritte Frage untersucht, inwieweit Faktoren, die auf Globalisierungsprozesse zurückgeführt werden können, einen systematischen Effekt auf die Performanzbewertung der Demokratie des eigenen Landes haben. Die empirische Analyse basiert auf den Daten der letzten Welle des European Social Survey aus dem Jahr 2014, die für insgesamt vierzehn der siebzehn Untersuchungsländer zur Verfügung stehen (es fehlen Griechenland, Italien und

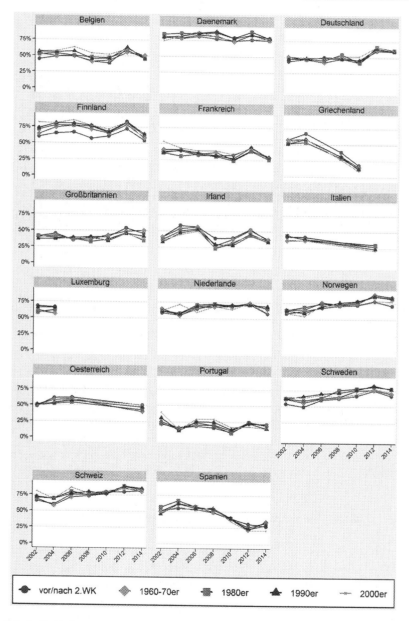

Abb. 9 Zufriedenheit mit dem Funktionieren der Demokratie für Kohorten. Werte 6–10 auf der Skala von 0 = extremely dissatisfied ... 10 = extremely satisfied. (Quelle: European Social Survey 2002–2014)

Luxemburg). Es wird eine OLS-Regression durchgeführt. Die abhängige Variable ist die Frage nach der Zufriedenheit mit dem Funktionieren der Demokratie des eigenen Landes und als Determinanten werden soweit wie möglich die Faktoren berücksichtigt, die im Abschn. 3 über Globalisierung und Demokratie diskutiert worden sind.

Als eine Globalisierungsfolge wird die abnehmende Kapazität der Nationalstaaten zur Steuerung der eigenen Gesellschaft angenommen. Für diese Steuerungsdefizite und den damit verbundenen Restriktionen der Realisierung von Politikzielen werden die Bürger vermutlich nach wie vor die nationalstaatliche Regierung verantwortlich machen. Deshalb wird die Regierungszufriedenheit als eine Determinante spezifiziert (zu den Frageformulierungen und Codierungen vgl. Tab. 3 im Anhang). Zudem kann die Wirtschafts- und Finanzkrise der letzten Jahre als eine Globalisierungsfolge interpretiert werden. Entsprechend werden die Einschätzungen der nationalen und der persönlichen Wirtschaftslage als Determinanten berücksichtigt. Während die Einschätzung der nationalen Wirtschaftslage mit der gängigen Frage nach der Zufriedenheit mit der nationalen wirtschaftlichen Lage erhoben wird, kann die persönliche wirtschaftliche Lage lediglich mit einem Indikator gemessen werden, der danach fragt, ob man mit dem gegenwärtigen Haushaltseinkommen bequem leben oder nur sehr schwer zurechtkommen kann.

Eine weitere negative Nebenfolge der Globalisierung ist der Anstieg der ökonomischen Ungleichheit (OECD 2015, S. 42 ff.). Dieser Faktor kann in der Regressionsanalyse lediglich durch die Zurechnung staatlicher Verantwortung zur Reduktion der Einkommensungleichheit berücksichtigt werden. Wenn die ökonomische Ungleichheit kritisch bewertet wird, dann müsste die Zustimmung zur Staatsverantwortung einen negativen Effekt auf die Demokratiezufriedenheit haben. Ein wichtiges Problem der letzten Jahre, das ebenfalls auf Globalisierung zurückgeführt werden kann, sind die Immigrationsbewegungen in die westeuropäischen Länder, die vor allem durch konservative und rechtspopulistische Parteien politisiert wurden. Dieser Faktor wird in dem Modell durch die Einstellung der Bürger zur Immigration aufgegriffen. Gefragt wird, ob die Immigration negative oder positive Effekte für die Ökonomie, das kulturelle Leben und das Land insgesamt hat. Und schließlich ist eine der zentralen Thesen zu den negativen Effekten der Globalisierung, dass sogenannte Globalisierungsverlierer, zu denen insbesondere die unteren Schichten zählen, davon stärker negativ betroffen sind als die höheren Schichten. Dieser Aspekt wird über das Bildungsniveau erfasst.

Zusätzlich zu diesen mit der Globalisierung verbundenen Determinanten werden Kohorten unterschieden, um auch bei dieser Analyse die These von Foa und Mounk (2016, 2017) überprüfen zu können, dass es vor allem die jüngeren Kohorten der nach 1980 Geborenen (sog. Millenials) sind, die im Vergleich zu den älteren Kohorten mit der Demokratie unzufriedener sind. Dazu wird eine dichotome Variable spezifiziert, die zwischen dieser jüngeren Kohorte und den anderen Kohorten unterscheidet. Mit dem Geschlecht wird schließlich eine klassische Kontrollvariable aufgenommen.

Die Ergebnisse der Regressionsanalyse weisen eine klare Struktur auf (Tab. 1). Im Aggregat aller Länder (gepoolte Analyse mit einer Gleichgewichtung der Länder) und in den meisten Ländern haben drei Determinanten – die Regierungszufriedenheit, die Einschätzung der nationalen Wirtschaftslage und die Einstellungen zur Immigration – einen signifikanten und nennenswerten Effekt. Zudem ist die erklärte Varianz sehr hoch, sie variiert um .30 und liegt in einer Reihe von Ländern sogar über .40. Sowohl im Aggregat der Länder als auch in den einzelnen Ländern ist die Regierungszufriedenheit der Prädiktor mit dem relativ stärksten Effekt, danach folgt – mit Ausnahme der Niederlande – die Einschätzung der nationalen Wirtschaftslage (vgl. Beta-Koeffizienten).

Die Regierungszufriedenheit und die Einschätzung der nationalen Wirtschaftslage zählten auch in den Zeiten vor den wahrgenommenen Auswirkungen der Globalisierung zu den zwei zentralen Determinanten der Demokratiezufriedenheit. Diese Befunde können also nur teilweise den Globalisierungsprozessen zugerechnet werden. Von den drei wichtigsten Determinanten ist die Einstellung zur Immigration der Faktor, der am direktesten auf Globalisierung bezogen werden kann. In allen Ländern existiert ein positiver Zusammenhang, d. h. wahrgenommene negative Folgen der Immigration mindern die Demokratiezufriedenheit. Der Effekt dieser Variablen ist nur in Irland nicht signifikant und in der Schweiz schwach signifikant. In allen anderen Ländern ist er hochsignifikant und der Regressionskoeffizient b variiert von .11 (Spanien) bis .25 (Finnland). Wenn man die relative Bedeutung dieses Prädiktors innerhalb der Länder betrachtet (Beta), dann ist er in einer Reihe von Ländern – Belgien, Dänemark, Finnland, Großbritannien, Niederlande und Schweden – nach der Regierungszufriedenheit der Prädiktor mit der stärksten Erklärungskapazität.

Die drei anderen mit Bezug zur Globalisierung spezifizierten Determinanten weisen lediglich in einzelnen Ländern signifikante Effekte auf; teilweise sogar mit nicht-prognostizierten Vorzeichen. Der Effekt der individuellen wirtschaftlichen Lage ist signifikant in Frankreich und in Irland; die Staatsverantwortung für die Reduktion der Einkommensgleichheit hat einen signifikanten Effekt in

Die Legitimitätsproblematik in den westeuropäischen Demokratien 159

Tab. 1 Determinanten der Demokratiezufriedenheit 2014 (OLS-Regressionsanalyse)

	Alle Länder		Belgien		Dänemark		Deutschland	
	b	beta	b	beta	b	beta	b	beta
Regierungs-zufriedenheit	0,42***	0,41	0,50***	0,48	0,28***	0,29	0,51***	0,46
Wirtschaft: Nation	0,25***	0,25	0,14***	0,13	0,20***	0,19	0,24***	0,21
Wirtschaft: Ego	0,14***	0,045	-0,068	-0,026	0,20*	0,060	0,11*	0,034
Staatsverantwortung Eink.-Gleichheit	-0,096***	-0,041	-0,015	-0,0075	-0,16***	-0,086	-0,043	-0,019
Immigration	0,17***	0,14	0,20***	0,18	0,21***	0,21	0,23***	0,19
Bildung	0,059***	0,032	0,055	0,035	0,026	0,016	-0,077*	-0,035
Jüngste Kohorte	-0,0035	-0,00054	0,072	0,014	0,11	0,021	-0,029	-0,0047
Geschlecht	-0,046	-0,0091	-0,11	-0,024	-0,074	-0,017	0,057	0,012
Konstante	1,36***		1,54***		3,05***		0,58*	
Adj. R²	0,483		0,421		0,316		0,490	
N	22158		1495		1285		2638	

(Fortsetzung)

Tab. 1 (Fortsetzung)

	Finnland		Frankreich		Großbritannien		Irland	
	b	beta	b	beta	b	beta	b	beta
Regierungs-zufriedenheit	0,48***	0,48	0,40***	0,34	0,53***	0,50	0,49***	0,48
Wirtschaft: Nation	0,11***	0,10	0,24***	0,18	0,17***	0,15	0,13***	0,12
Wirtschaft: Ego	0,043	0,014	0,38***	0,12	−0,00085	−0,00028	0,19***	0,066
Staatsverantwortung Eink.-Gleichheit	−0,037	−0,018	−0,13***	−0,066	0,0034	0,0014	−0,011	−0,0045
Immigration	0,25***	0,22	0,18***	0,17	0,19***	0,18	0,0073	0,0066
Bildung	0,092**	0,061	0,13**	0,071	0,056	0,035	0,095**	0,057
Jüngste Kohorte	−0,047	−0,0088	−0,13	−0,020	−0,27*	−0,040	0,33**	0,056
Geschlecht	−0,48***	−0,12	−0,092	−0,019	−0,016	−0,0033	−0,20*	−0,043
Konstante	2,21***		0,49		0,99***		1,75***	
Adj. R²	0,451		0,385		0,482		0,359	
N	1867		1684		1865		1860	

(Fortsetzung)

Tab. 1 (Fortsetzung)

	Niederlande		Norwegen		Österreich		Portugal	
	b	beta	b	beta	b	beta	b	beta
Regierungs-zufriedenheit	0,55***	0,56	0,28***	0,31	0,51***	0,46	0,36***	0,38
Wirtschaft: Nation	0,028	0,026	0,29***	0,27	0,22***	0,20	0,28***	0,25
Wirtschaft: Ego	0,045	0,018	−0,024	−0,0084	0,056	0,016	0,089	0,031
Staatsverantwortung Eink.-Gleichheit	0,0093	0,0054	0,12*	0,065	−0,027	−0,010	0,075	0,025
Immigration	0,19***	0,16	0,22***	0,22	0,14***	0,12	0,15***	0,13
Bildung	0,12***	0,088	0,063	0,039	0,042	0,017	−0,086*	−0,053
Jüngste Kohorte	−0,18*	−0,038	0,20	0,043	−0,066	−0,011	−0,051	−0,0083
Geschlecht	−0,11	−0,029	0,076	0,020	0,087	0,018	0,13	0,028
Konstante	1,62***		1,45***		1,24**		0,31	
Adj. R²	0,458		0,302		0,433		0,376	
N	1669		1216		1460		1056	

(Fortsetzung)

Tab. 1 (Fortsetzung)

	Schweden		Schweiz		Spanien			
	b	beta	b	beta	b	beta	b	beta
Regierungs-zufriedenheit	0,29***	0,32	0,51***	0,52	0,48***	0,46		
Wirtschaft: Nation	0,21***	0,20	0,15***	0,13	0,13***	0,11		
Wirtschaft: Ego	−0,091	−0,030	0,10	0,038	0,055	0,018		
Staatsverantwortung Eink.-Gleichheit	0,013	0,0059	−0,083*	−0,050	−0,054	−0,019		
Immigration	0,24***	0,23	0,066*	0,063	0,11***	0,093		
Bildung	0,073	0,046	0,0043	0,0026	−0,075	−0,045		
Jüngste Kohorte	−0,13	−0,026	0,15	0,033	−0,45***	−0,076		
Geschlecht	0,058	0,014	−0,097	−0,026	0,086	0,017		
Konstante	2,22***		2,62***		2,16***			
Adj. R^2	0,304		0,386		0,299			
N	1449		1104		1510			

* $p<0{,}05$, ** $p<0{,}01$, *** $p<0{,}001$; Alle Länder: Gleichgewichtung der Länder
Quelle: European Social Survey 2014

Die Legitimitätsproblematik in den westeuropäischen Demokratien 163

Dänemark, Frankreich und der Schweiz (und mit nicht-erwartetem positiven Vorzeichen in Norwegen) und die Bildung in Finnland, Frankreich, Irland und Niederlande (und mit nicht-erwartetem negativen Vorzeichen in Deutschland und in Portugal). Für die individuelle wirtschaftliche Lage, die Staatsverantwortung für die Reduktion der Einkommensgleichheit und die Bildung lassen sich also nur in einigen wenigen Ländern die postulierten negativen Folgen der Globalisierung auf die Demokratiezufriedenheit ermitteln.

Und was schließlich die Hypothese angeht, wonach die jüngste Kohorte der nach 1980 Geborenen im Vergleich zu den älteren Kohorten unzufriedener ist mit der Demokratie in ihrem Land, so lässt sich ein stark signifikanter negativer Effekt auf die Demokratiezufriedenheit nur im Krisenland Spanien und ein schwach signifikanter negativer Effekt in Großbritannien und den Niederlanden beobachten (in Irland liegt ein signifikanter nicht-erwarteter positiver Effekt vor).

Die Befunde der präsentierten Regressionsanalysen können zwar nicht in allen Fällen eindeutig als Konsequenz von Globalisierungsprozessen interpretiert werden. Es gibt aber Anzeichen dafür, dass diese Prozesse negative Auswirkungen auf die Einschätzung der Performanz der Demokratie des eigenen Landes haben.

5 Fazit

Gibt es eine Legitimitätskrise der Demokratie und damit verbunden eine Krise der Demokratie? Wir haben diese Frage für die Länder Westeuropas auf der Grundlage komparativer Umfragedaten von der Jahrtausendwende bis zum Jahr 2014 analysiert. Untersucht wurden erstens Niveau und Entwicklung der Legitimität der Demokratie, zweitens Niveau und Entwicklung der Zufriedenheit mit der Demokratie des eigenen Landes und drittens Determinanten der Demokratiezufriedenheit, die auf Globalisierung zurückgeführt werden können.

Erstens: Ein Indikator für die Legitimität der Demokratie allgemein ist die Frage nach der Präferenz für Demokratie als Herrschaftsordnung. Es gibt zwar kein theoretisches Kriterium, wie gering diese Präferenz sein muss, damit von einer Legitimitätskrise gesprochen werden kann. Aber die Befunde sind so eindeutig, dass sich dieses Problem erledigt. In allen westeuropäischen Ländern äußern mehr als 80 % eine Präferenz für Demokratie als Herrschaftsordnung und in einigen Ländern sind es über 90 %. Eine Erosion im Sinne einer abnehmenden Präferenz für Demokratie ist im Zeitraum von 2000 bis 2014 für die westeuropäischen Länder ebenfalls nicht feststellbar.

Dieses sehr positive Bild wird aber etwas relativiert, wenn man den Indikator Präferenz für einen starken Führer berücksichtigt. Zum einen liegt diese Präferenz in sieben westeuropäischen Ländern bei über 30 % und in sechs Ländern nimmt diese Präferenz im Zeitverlauf von 2000 bis 2014 zu. Zum anderen ist die uneingeschränkte Befürwortung der Demokratie – die Demokratie wird befürwortet und zugleich ein starker Führer abgelehnt – niedriger als die Befürwortung der Demokratie. Allerdings wird mit einer Ausnahme (Portugal im Jahr 2008) in allen westeuropäischen Ländern die 50-Prozentschwelle für die uneingeschränkte Befürwortung von Demokratie überschritten. Und schließlich lässt sich für sechs Länder im Zeitverlauf eine Erosion der uneingeschränkten Befürwortung der Demokratie beobachten. Diese Abnahme ist am deutlichsten in den drei Krisenländern Irland, Portugal und Spanien und kann als Globalisierungseffekt interpretiert werden. Vor allem im Hinblick auf diese Länder stellt sich die Frage, ob es sich dabei lediglich um eine temporäre Abnahme handelt und sich die Zustimmungswerte bei einer verbesserten ökonomischen Lage wieder erholen. Oder ob sich die negativen Globalisierungseffekte verfestigen und ein beträchtlicher Teil der Bürger dieser Länder angesichts der zunehmenden Komplexität der Probleme und der begrenzten Problemlösungskapazität der Nationalstaaten dauerhaft einen starken Führer präferiert.

Zweitens: Mit der Frage nach der Zufriedenheit mit dem Funktionieren der Demokratie des eigenen Landes wird vor allem die Bewertung der Performanz dieser Demokratie gemessen. Obgleich mit diesem Indikator nicht direkt die Legitimität der Demokratie des eigenen Landes – die Kongruenz der demokratischen Werte der Bürger mit der institutionellen Struktur ihrer Demokratie – erfasst werden kann, ist dieser Indikator für die Legitimitätsproblematik dennoch relevant. Eine andauernde Unzufriedenheit mit der Performanz der Demokratie des eigenen Landes kann langfristig negative Rückwirkungen auf die Legitimität dieser Demokratie im eigenen Land haben und sich schließlich auch negativ auf die Legitimität der Demokratie als Herrschaftsordnung allgemein auswirken. Insofern kann die Demokratiezufriedenheit als ein Frühwarnindikator fungieren. Bei diesem Indikator gibt es sowohl beim Niveau als auch der Entwicklung starke Länderunterschiede. In sieben Ländern ist der Anteil der Zufriedenen 60 % und höher. Von einer Performanzkrise in Westeuropa insgesamt kann demgemäß nicht die Rede sein. Ein starker Abfall der Demokratiezufriedenheit ist vor allem in den Krisenländern Griechenland, Portugal und Spanien zu verzeichnen. Dieses Muster impliziert aber nicht notwendigerweise Legitimitätsprobleme für die Demokratie allgemein, wie man in Griechenland und Italien sieht, in denen die

Die Legitimitätsproblematik in den westeuropäischen Demokratien 165

Präferenz für Demokratie überdurchschnittlich und die Präferenz für einen starken Führer unterdurchschnittlich ausgeprägt ist.

Drittens: Mittels einer Regressionsanalyse wurden die möglichen Effekte der Globalisierung auf die Zufriedenheit mit dem Funktionieren der Demokratie des eigenen Landes analysiert. Von den untersuchten Variablen konnten für die Regierungszufriedenheit, die Einschätzung der nationalen Wirtschaftslage und die Einstellung zur Immigration signifikante negative Effekte ermittelt werden. Da die Immigration relativ eindeutig als Globalisierungsfolge begriffen werden kann, die Regierungszufriedenheit und die Einschätzung der nationalen Wirtschaftslage vermutlich teilweise auf die Folgeprobleme der Globalisierung zurückzuführen sind, können die Befunde dahin gehend interpretiert werden, dass es mehr oder weniger deutliche negative Effekte der Globalisierung auf die Demokratiezufriedenheit gibt.

Für die weitere Entwicklung der westeuropäischen Demokratien ist besonders wichtig, wie die jüngeren Alterskohorten zur Demokratie allgemein und zur Demokratie des eigenen Landes stehen. Foa und Mounk (2016, 2017) haben für die nach 1980 geborenen sog. Millenials eine unterdurchschnittliche Präferenz der Demokratie und eine überdurchschnittliche Präferenz der Autokratie festgestellt. Diesen Befund können wir nicht bestätigen.[5] In den westeuropäischen Ländern unterscheiden sich die jüngeren Alterskohorten weder bei der Präferenz für Demokratie und Autokratie noch bei der Zufriedenheit mit dem Funktionieren der Demokratie des eigenen Landes systematisch von älteren Kohorten.

Insgesamt kann aus den von uns präsentierten empirischen Befunden die Schlussfolgerung gezogen werden, dass es in den westeuropäischen Ländern keine Legitimitätskrise der Demokratie gibt und dass sich gravierende Legitimitätsprobleme zumindest bis 2014 nicht feststellen lassen. Lediglich in sechs der siebzehn Länder sind gewisse Erosionserscheinungen festzustellen; am deutlichsten sind diese für die drei Krisenländer Irland, Portugal, Spanien.

---

[5]Die beiden Autoren sind allerdings etwas anders vorgegangen, sie haben lediglich die Befragten berücksichtigt, die auf der Skala der Präferenz für Demokratie von 0 bis 10 den höchsten Wert gewählt haben, während bei unserer Analyse, die auf einer Dichotomisierung einer Vierer-Skala basiert, nicht nur der höchste Wert berücksichtigt wurde. Im Unterschied zu unserer Analyse haben Foa und Mounk also eine Abnahme der Intensität der Demokratieunterstützung ermittelt. Eine Replikation des Vorgehens von Foa und Mounk haben für die westeuropäischen Länder aber keine anderen Ergebnisse erbracht (Daten nicht ausgewiesen).

Allerdings sind nach 2014 einige Entwicklungen eingetreten, die sich auf die Legitimitätsproblematik negativ auswirken könnten. Erstens haben erst danach die Flüchtlingsströme nach Westeuropa deutlich zugenommen und zweitens kam es danach vermehrt zu Terrorakten in westeuropäischen Ländern. Das bedeutet, dass gravierende Folgeprobleme der Globalisierung durch unsere Analyse nicht erfasst werden konnten. Ein weiterer legitimitätsrelevanter Faktor, der ebenfalls durch unsere Analyse nicht erfasst werden konnte, ist die in den letzten Jahren beobachtbare Zunahme des Erfolges rechtspopulistischer Parteien. Diese Parteien sind zumindest in einigen Ländern durch „charismatische" Führungspersonen, einer Befürwortung einer eingeschränkten Gewaltenteilung und eingeschränkten Minderheitsrechten gekennzeichnet, die die Tendenz einer autoritären Herausforderung durch einen starken Führer fördern könnten. Diese genannten Entwicklungen müssen nicht zwangsläufig zu einer abnehmenden Legitimität der Demokratie führen, sie sollten aber unseren insgesamt eher positiven Befund mit einer gewissen Skepsis versehen.

Anhang

Tab. 2 Erhebungszeitpunkte der European Value Surveys/World Value Surveys

Belgien 1999, 2009	Großbritannien 1999, 2005, 2009	Österreich 1999, 2008
Dänemark 1999, 2008	Irland 1999, 2008	Portugal 1999, 2008
Deutschland 1999, 2006, 2008, 2013	Italien 1999, 2005, 2009	Schweden 1999, 2006, 2009, 2011
Finnland 2000, 2005, 2009	Luxemburg 1999, 2008	Schweiz 2007, 2008
Frankreich 1999, 2006, 2008	Niederlande 1999, 2006, 2008, 2012	Spanien 1999, 2000, 2007, 2008, 2011
Griechenland 1999, 2008	Norwegen 2007, 2008	

Anmerkungen: Eigene Zusammenstellung.

Die Legitimitätsproblematik in den westeuropäischen Demokratien 167

Tab. 3 Konstrukte und Indikatoren

Konstrukte	Indikatoren
Demokratiezufriedenheit	And on the whole, how satisfied are you with the way democracy works in [country]? 0 = extremely dissatisfied ... 10 = extremely satisfied
Regierungszufriedenheit	Now thinking about the [country] government, how satisfied are you with the way it is doing its job? 0 = extremely dissatisfied ... 10 = extremely satisfied
Wirtschaft: Nation	On the whole how satisfied are you with the present state of the economy in [country]? 0 = extremely dissatisfied ... 10 = extremely satisfied
Wirtschaft: Ego	Which of the descriptions on this card comes closest to how you feel about your household's income nowadays? 1 = very difficult on present income, 2 = difficult on present income, 3 = coping on present income, 4 = living comfortably on present income
Staatsverantwortung: Einkommensgleichheit	The government should take measures to reduce differences in income levels. 1 = disagree strongly, 2 = disagree, 3 = neither agree nor disagree, 4 = agree, 5 = agree strongly
Immigration	Mittelwert aus den folgenden drei Fragen: • Would you say it is generally bad or good for [country]'s economy that people come to live here from other countries? 0 = bad for the economy ... 10 = good for the economy • Would you say that [country]'s cultural life is generally undermined or enriched by people coming to live here from other countries? 0 = cultural life undermined ... 10 = cultural life enriched • Is [country] made a worse or a better place to live by people coming to live here from other countries? 0 = worse place to live ... 10 = better place to live
Bildung	What is the highest level of education you have achieved? 1 = Less than lower secondary education (ISCED 0–1), 2 = Lower secondary education completed (ISCED 2), 3 = Upper secondary education completed (ISCED 3), 4 = Post-secondary non-tertiary education completed (ISCED 4), 5 = Tertiary education completed (ISCED 5–6)
Jüngste Kohorte	0 = year of birth 1885–1981, 1 = year of birth 1982–2000
Geschlecht	1 = male, 2 = female

Anmerkungen: Eigene Zusammenstellung auf der Grundlage von European Social Survey (2014).

Literatur

Almond, G.A., und S. Verba. 1963. *The civic culture. Political attitudes and democracy in five nations*. Princeton: Princeton University Press.

Beetham, D., und C. Lord. 1998. *Legitimacy and the European Union*. London: Longman.

Dalton, R.J. 2014. *Democratic challenges, democratic choices. The erosion of political support in advanced industrial democracies*. Oxford: Oxford University Press.

Diamond, L., M.F. Plattner, und C. Walker. 2016. *Authoritarianism goes global: The challenge to democracy*. Baltimore: Johns Hopkins University Press.

Easton, D. 1965. *A systems analysis of political life*. New York: Wiley.

Easton, D. 1975. A Re-assessment of the concept of political support. *British Journal of Political Science* 5:435–457.

Ferrín, M., und H. Kriesi, Hrsg. 2016. *How Europeans view and evaluate democracy*. Oxford: Oxford University Press.

Foa, R.S., und Y. Mounk. 2016. The democratic disconnect. *Journal of Democracy* 27: 5–17.

Foa, R.S., und Y. Mounk. 2017. The signs of deconsolidation. *Journal of Democracy* 28: 5–15.

Føllesdal, A. 2006. Survey article: The legitimacy deficits of the European Union. *The Journal of Political Philosophy* 14:441–468.

Fuchs, D. 2007. The political culture paradigm. In *The Oxford handbook of political behavior*, Hrsg. R.J. Dalton und H.-D. Klingemann, 161–184. Oxford: Oxford University Press.

Fuchs, D. 2011. Cultural diversity, the legitimacy of the EU and European identity: A theoretical framework. In *Cultural diversity, European identity and the legitimacy of the EU*, Hrsg. D. Fuchs und H.-D. Klingemann, 27–57. Cheltenham: Elgar.

Fuchs, D., und R. Escher. 2015. Is there a legitimacy crisis in the European Union? In *The legitimacy of regional integration in Europe and the Americas*, Hrsg. A. Hurrelmann und S. Schneider, 75–97. Basingstoke: Palgrave Macmillan.

Fuchs, D., G. Guidorossi, und P. Svensson. 1995. Support for the democratic system. In *Citizens and the state*, Hrsg. H.-D. Klingemann und D. Fuchs, 323–353. Oxford: Oxford University Press.

Fuchs, D., und E. Roller. 2013. Einstellungen zu Demokratie und Sozialstaat. In *Datenreport 2013*, Hrsg. Statistisches Bundesamt und Wissenschaftszentrum Berlin für Sozialforschung, 370–376. Bonn: Bundeszentrale für politische Bildung.

Fuchs, D., und E. Roller. 2016. Demokratiekonzeptionen der Bürger und demokratische Gemeinschaftsorientierungen: Westliche, ostasiatische und arabische Länder im Vergleich. In *Demokratie jenseits des Westens: Theorien, Diskurse, Einstellungen. Sonderheft 51 der Politischen Vierteljahresschrift*, Hrsg. S. Schubert und A. Weiss, 296–317. Baden-Baden: Nomos.

Gerhards, J., unter Mitarbeit von M. Hölscher. 2006. *Kulturelle Unterschiede in der Europäischen Union. Ein Vergleich zwischen Mitgliedsländern, Beitrittskandidaten und der Türkei*. Wiesbaden: VS Verlag (2. durchgesehene Aufl.).

Die Legitimitätsproblematik in den westeuropäischen Demokratien 169

Grande, E., und H. Kriesi. 2012. The transformative power of globalization and the structure of political conflict in Western Europe. In *political conflict in Western Europe*, Hrsg. H. Kriesi, E. Grande, M. Dolezal, M. Helbling, D. Höglinger, S. Hutter, und B. Wüest, 3–35. Cambridge: Cambridge University Press.

Grasso, M.T. 2014. Age, period and cohort analysis in a comparative context: Political generations and political participation repertoires in Western Europe. *Electoral Studies* 33:63–76.

Habermas, J. 1992. *Faktizität und Geltung. Beiträge zur Diskurstheorie des Rechts und des demokratischen Rechtstaates*. Frankfurt a. M.: Suhrkamp.

Habermas, J. 1998. *Die postnationale Konstellation: Politische Essays*. Frankfurt a. M.: Suhrkamp.

Habermas, J. 2011. *Zur Verfassung Europas: Ein Essay*. Berlin: Suhrkamp.

Held, D. 1999. The transformation of political community: Rethinking democracy in the context of globalization. In *Democracy's edges*, Hrsg. I. Shapiro und C. Hacker-Cordón, 84–111. Cambridge: Cambridge University Press.

Held, D. 2006. *Models of democracy*, 3. Aufl. Stanford: Stanford University Press.

Hofstede, G. 1980. *Culture's consequences*. Beverly Hills: Sage.

Kriesi, H. 2013. Democratic legitimacy: Is there are legitimacy crisis in contemporary politics? *Politische Vierteljahresschrift* 54:609–638.

Kriesi, H., E. Grande, M. Dolezal, M. Helbling, D. Höglinger, S. Hutter, und B. Wüst. 2012. *Political conflict in Western Europe*. Cambridge: Cambridge University Press.

Levitsky, S., und L. Way. 2015. The myth of democratic recession. *Journal of Democracy* 26:45–58.

Lipset, S.M. 1960. *Political man. The social bases of politics*. Garden City: Doubleday & Company.

Merkel, W., Hrsg. 2015. *Krise der Demokratie. Zum schwierigen Verhältnis von Theorie und Empirie*. Wiesbaden: Springer VS.

Mudde, C., und C. R. Kaltwasser. 2017. *Populism. A very short introduction*. Oxford: Oxford University Press.

Norris, P. 2011. *Democratic deficit: Critical citizens revisited*. Cambridge: Cambridge University Press.

OECD. 2015. *Income inequality: The gap between the rich and the poor*. Paris: OECD Publishing.

Plattner, M.F. 2015. Is democracy in decline? *Journal of Democracy* 26:5–10.

Rawls, J. 1993. *Political liberalism*. New York: Columbia University Press.

Roller, E. 2015. *The performance of democracies*. Oxford: Oxford University Press.

Scharpf, F. 2009. Legitimacy in the multilevel European polity. *European Political Science Review* 1:173–204.

Schubert, S., und A. Weiss, Hrsg. 2016. *Demokratie jenseits des Westens: Theorien, Diskurse, Einstellungen. Sonderheft 51 der Politischen Vierteljahresschrift*. Baden-Baden: Nomos.

Schwartz, S.H. 1992. Universals in the content and structure of values: Theoretical advances and empirical tests in 20 countries. *Advances in Experimental Social Psychology* 25:1–65.

Van Ham, C., J. Thomassen, K. Aarts, und R. Andeweg, Hrsg. 2017. *Myth and reality of the legitimacy crisis. Explaining trends and cross-national differences in established democracies*. Oxford: Oxford University Press.

Walker, C., M. F. Plattner, und L. Diamond. 2016. Die Globalisierung des Autoritarismus. *FAZ.net*.

Weßels, B. 2016. Democratic legitimacy: Concepts, measures, outcomes. In *How Europeans view and evaluate democracy*, Hrsg. M. Ferrín und H. Kriesi, 235–256. Oxford: Oxford University Press.

Legitime Motive?

Die AfD-Wahl als Artikulation von Nebenwahlverhalten, Systemkritik oder Sachfragenpräferenzen bei der Europawahl 2014

Aiko Wagner, Heiko Giebler und Marcel Lewandowsky

Zusammenfassung

Dieser Beitrag befasst sich mit der Frage, welche individuellen Motive die Wahlentscheidung zugunsten der Alternative für Deutschland (AfD) bei der Europawahl 2014 begünstigten. Wir unterscheiden dabei zwischen Nebenwahlverhalten, Systemkritik an der Europäischen Union sowie allgemeine Sachfragenpräferenzen. Dabei argumentieren wir, dass der die beiden ersten Motive die Legitimität der EU, auf die sich der Wahlakt bezieht, entweder passiv (als Protestwahlverhalten) oder aktiv (als Äußerung grundlegender Systemkritik durch den Wahlakt) infrage stellen. Empirisch zeigen wir auf Grundlage von Vorwahlbefragungen im Rahmen der German Longitudinal Election Study (GLES), dass die Unterstützung für die AfD bei der Europawahl 2014 vor allem durch Sachfragenpositionen motiviert war. Damit lassen sich die

---

A. Wagner (✉)
Wirtschafts- und Sozialwissenschaftliche Fakultät, Universität Potsdam, Potsdam, Deutschland
E-Mail: aiko.wagner@uni-potsdam.de

H. Giebler
Demokratie und Demokratisierung, Wissenschaftszentrum Berlin für Sozialforschung, Berlin, Deutschland
E-Mail: heiko.giebler@wzb.eu

M. Lewandowsky
Center for European Studies, University of Florida, Gainesville, FL, Vereinigte Staaten
E-Mail: mlewandowsky@ufl.edu

© Springer Fachmedien Wiesbaden GmbH, ein Teil von Springer Nature 2019
C. Wiesner und P. Harfst (Hrsg.), *Legitimität und Legitimation*, Vergleichende Politikwissenschaft, https://doi.org/10.1007/978-3-658-26558-8_7

Wahlmotive nicht primär durch Push-Faktoren erklären – und damit als Protest klassifizieren –, sondern durch Pull-Faktoren: die Wahl der AfD drückt demnach nicht zwingend eine Infragestellung der Europäischen Union aus, sondern kann, wie die Wahl anderer Parteien, durch Sachfragenorientierungen erklärt werden.

1 Einleitung

Der Begriff der Legitimation kann mit Blick auf zwei Dimensionen politischer Entscheidungsprozesse in Demokratien unterschieden werden. Während die Output-Legitimation die „objektive[n] Anforderungen an die Regierenden" bezeichnet, mithin also auf die gouvernementale Performanz und Problemlösungsfähigkeit abstellt, umfasst die Input-Legitimation die Präferenzen, die die Bürgerinnen und Bürger als Regierte in das politische System einspeisen (Scharpf 2004, S. 1). Demokratische Wahlen liegen vor diesem Hintergrund an der Schnittstelle beider Legitimationsformen. Auf der einen Seite sind sie (auch) als Abstimmungen über die Regierungspolitik der vormaligen Legislaturperiode zu verstehen. Andererseits bilden sie selbst als bedeutsamster Moment politischer Legitimation den Wesenskern repräsentativer Demokratien (bspw. Merkel 2004, S. 37). Beinhaltet der Wahl*akt* eine funktionale Legitimationsdimension, so lassen sich die „hinter" den Wahlentscheidungen stehenden Wahl*motive* mit einer normativen Legitimationsdimension in Verbindung bringen. Genauer gesagt stellt sich mit Blick auf die Motive der Bürgerinnen und Bürger die Frage, inwieweit die Wahlentscheidung auf der Anerkennung des politischen Gemeinwesens fußt oder ob diese durch andere Gründe – etwa Protest – begründet ist. Das Interesse der vorliegenden Studie setzt an dieser Problematik an, indem sie die hinter der Unterstützung der Alternative für Deutschland (AfD) stehenden Motive bei der Europawahl 2014 untersucht.

Die Banken- und Wirtschaftskrise, die 2007 in den USA ihren Ursprung nahm, entwickelte sich spätestens 2009/10 auch zu einer europäischen Krise: einer Krise der Europäischen Union (EU) und insbesondere des Euroraums. Zur Bewältigung und Bearbeitung der Staatsschulden- bzw. Währungskrise wurden (transnationale) Instrumente geschaffen und umgesetzt, deren Implementierung in Nichtkrisenzeiten nur schwer vorstellbar schienen. Diese Maßnahmen und daran anknüpfende politische Entscheidungen wurden maßgeblich auf internationaler Ebene beschlossen. Den nationalen Parlamenten blieb oftmals wenig Spielraum, eigene Vorstellungen umzusetzen, und auch die Beteiligung der nationalen Parlamente an den Entscheidungsprozessen entsprach selten demokratischen Standards.

Die Schritte zur Bewältigung der Krise stießen dementsprechend nicht überall auf ungeteilte Zustimmung. Ganz im Gegenteil: Die gegangenen Lösungswege werden gemeinsam mit den im Zuge der Krise zum Vorschein kommenden Dysfunktionen im EU- und Euroraum für den Aufschwung von anti-europäischen Einstellungen und – damit zusammenhängend – anti-europäischen Parteien in Verbindung gebracht (siehe z. B. Schmitt-Beck 2014). Dies gilt nicht zuletzt für die Bundesrepublik: Mit der Alternative für Deutschland trat bei der Bundestagswahl 2013, besonders aber bei der Europawahl 2014 und den darauffolgenden Landtagswahlen, ein neuer politischer Akteur erfolgreich hervor, welcher das grundsätzlich eher proeuropäische Parteienspektrum Deutschlands (u. a. Giebler und Wagner 2015) in Form eines Gegenpols signifikant erweiterte. Dieser definierte sich insbesondere in den ersten beiden Jahren des Bestehens zu großen Teilen über die Kritik an der Gemeinschaftswährung und der voranschreitenden Beschneidung nationaler Souveränität durch die EU. Zugleich bediente (und bedient) die AfD aber auch schon früh Abwehrhaltungen gegen Migrantinnen und Migranten, ohne sich dabei allerdings in das typische Bild einer rechtsextremen Partei, wie etwa der NPD, einzufügen.

Dieses Papier widmet sich der Frage, wie der Erfolg der AfD im Allgemeinen, aber vor allem im Speziellen bei der Europawahl 2014 zu erklären ist. Wir schließen hierbei an Studien zur Wählerschaft (rechts-)populistischer Parteien an (Akkerman et al. 2014; Spruyt et al. 2016; van Hauwaert und van Kessel 2018), fokussieren jedoch anstelle populistischer Einstellungsmerkmale auf die Frage nach der spezifischen Qualität der hinter der Stimmabgabe stehenden Motive. Der Begriff der „Qualität" bezieht sich hierbei nicht primär auf eine normative Bewertung der Motive, sondern auf deren explizite Unterscheidung, die wir neben gängigen Theorien des Wahlverhaltens (vgl. Falter und Schoen 2014) auch aus aktuellen Debatten zu Fragen der demokratischen Legitimität (vgl. Kneip und Merkel 2018 und die Beiträge in diesem Band, insbesondere Wiesner und Harfst sowie von Haldenwang) ableiten bzw. entsprechend gruppieren. In verschiedenen Studien, aber vor allem im öffentlichen Diskurs, wurde der Wahlerfolg der AfD aber auch anderer (rechts-)populistischer Parteien auf verschiedene Gründe zurückgeführt. Diese reichen von einem bloßen Ausdruck von Protestwahl- oder Nebenwahlverhalten über den Angriff auf die liberale Demokratie und ihre institutionelle Ordnung bis hin zu einem Ausdruck politisch-gesellschaftlicher Präferenzen, für die bislang kein politisches Angebot existiert hatte. Begreifen wir den Wahlakt als zentrales Moment der Legitimation in repräsentativen Demokratien, so bedeutet dies, dass das Ausmaß der Anerkennung letztlich auf der Motivebene zu suchen ist. Von mangelnder Legitimation können wir dann sprechen, wenn das dominante Handlungsmotiv die Ablehnung des Gemeinwesens wäre. Im Falle der Wahl zum Europäischen Parlament (EP) hieße das, dass die Wählerinnen und Wähler Motiven Ausdruck verleihen würden, die die Legitimität der EU in Zweifel ziehen.

In diesem Beitrag konzentrieren wir uns auf drei Motive, die potenziell eine Wahlentscheidung für die AfD bei der Europawahl 2014 erklären können:[1] 1) Nebenwahlverhalten, also Motive, die eng mit dem Second-Order-Ansatz (Reif und Schmitt 1980) verknüpft sind, 2) auf die EU bezogene Systemkritik im Sinn einer Legitimitätskrise bzw. fehlendem Legitimitätsglauben (Lipset 1960; Easton 1965) und 3) allgemeine Sachfragenpräferenzen (van der Eijk und Franklin 2009, Kap. 6). Wir argumentieren, dass den ersten beiden Motiven zwei Aspekte gemein sind, die für Fragen der demokratischen Legitimität von Relevanz sind. Erstens handelt es sich eher um einen Ausdruck von Abstoßungsfaktoren, die Bürgerinnen und Bürger weg von den anderen, als etabliert geltenden Parteien schieben, dabei allerdings noch keine anziehende Wirkung hin zu spezifischen, neuen Wettbewerbern ausüben (vgl. Krause et al. 2017). Weil den etablierten Parteien bzw. der Bundesregierung im Sinn der Nebenwahl ein Denkzettel verpasst werden soll, wird eine andere Partei, die aber prinzipiell austauschbar ist, gewählt. Mit anderen Worten: Die Wahl der AfD wäre maßgeblich ein Ausdruck der Ablehnung der EU in ihrer jetzigen Struktur und Ausformung. Zweitens wird bei beiden Motiven die Legitimität der europäischen Ebene abgelehnt oder ist ein perzipierter Mangel derselben der zentrale Motor der Wahlentscheidung, da die Wahl zum EP entweder als irrelevant betrachtet und damit als Barometerwahl genutzt werden kann (Anderson und Ward 1996) oder die Parteiwahl ein direktes Ergebnis des mangelnden Legitimitätsglaubens in die EU darstellt. Das dritte Motiv beinhaltet dagegen gerade keine grundsätzliche Infragestellung der Legitimität der EU. Es besteht vielmehr im Sinne eines positionellen Wettbewerbs der Parteien darin, dass Positionen zu allgemeinen politischen Sachfragen die Wahlentscheidung bestimmen – jenseits eines ausschließlichen Fokus auf die Legitimität der EU. Wenn eine neue Partei, im konkreten Fall die AfD, die Sachfragenpositionen eines Individuums vertritt, dann ist eine Wahlentscheidung für die AfD kein Ausdruck von Legitimitätskritik, sondern schlicht von einem Anziehungseffekt und rationalem Wahlverhalten.

---

[1]Konkret untersuchen wir in diesem Beitrag die Motive der Wahl*absicht* und nicht der Wahlentscheidung, da es sich bei den verwendeten Umfragedaten um eine Vorwahlbefragung handelt. Der Einfachheit halber – und weil Daten zu Wahlabsicht und Wahlentscheidung analog verwendet werden und sich auch prinzipiell keine Unterschiede in den Determinanten aufzeigen lassen – sprechen wir aber im Beitrag nach dem üblichen Sprachgebrauch von Wahlentscheidung.

Legitime Motive? 175

Wir verfahren in diesem Beitrag wie folgt: Der sich anschließende Abschnitt fragt zunächst nach möglichen Determinanten der Wahlentscheidung zugunsten der AfD und leitet drei Motivlagen ab. Darauf aufbauend soll der Frage nachgegangen werden, wie bzw. wo die AfD insbesondere hinsichtlich ihrer europapolitischen Positionen und ihrer Kritik am bestehenden Institutionensystem zu verorten ist, um die nachfrageorientierte Ableitung der Motive mit einem Blick auf die Angebotsseite zu plausibilisieren. Abschn. 4 präsentiert deskriptive Befunde zur Verortung der Bevölkerung sowie der deutschen Parteien im für die vorgestellten Fragestellungen relevanten Politikraum, der sich u. a. durch die Demokratiezufriedenheit und die EU-Einstellungen aufspannen lässt. Abschn. 5 stellt ein multivariates Regressionsmodell zur Bestimmung der Wahlmotive der AfD bei der Europawahl 2014 vor, in welchem die drei entwickelten Motivlagen auch gegeneinander getestet werden. Abschn. 6 fasst die Befunde zusammen. Er widmet sich zugleich der normativen Fragestellung nach der Legitimität von Wahlentscheidungen.

2 Motive der AfD-Wahl: Theoretische Überlegungen und Hypothesen

Es lassen sich viele unterschiedliche Theorien heranziehen sowie Faktoren benennen, um Wahlentscheidungen zu erklären (vgl. Rudi und Schoen 2014; Weßels et al. 2014). Im Folgenden betrachten wir Gruppen von Faktoren, die mit verschiedenen potenziellen Handlungsmotiven assoziiert sind und die insbesondere für das Abschneiden der AfD bei der Europawahl 2014 von Relevanz gewesen sein sollten. Dabei können drei mögliche Motivstrukturen hinsichtlich der Wahlentscheidung für die AfD unterschieden werden.[2] Erstens kann eine Stimme für die Rechtspopulisten als Ausdruck von reinem Protest gelesen werden (O'Brien 2015) – und so wird ihr Erfolg zuweilen, vor allem in der

---

[2]Grundsätzlich geht die Forschung von weiteren Motiven aus, die aber für den vorliegenden Fall weniger Relevanz aufweisen. Dies gilt etwa für die sozialpsychologische Verbundenheit – Parteiidentifikation – die aufgrund ihrer langfristigen und mit Sozialisation verbundenen Begründungsmerkmale bei einer Partei etwas mehr als ein Jahr nach Ihrer Gründung nicht plausibel ist. Dies gilt jedoch nicht für ein Wahlmotiv, das sich auf das politische Personal bezieht. Insbesondere bei populistischen Parteien wie der AfD spielen die Spitzenkräfte eine zentrale Rolle. Im Fall der AfD bzw. ihres damaligen Vorsitzenden und Spitzenkandidaten Bernd Lucke ist allerdings anzumerken, dass dieser laut Umfragen kaum bekannt war und somit dieses Motiv auch für weite Teile der Bevölkerung ausgeschlossen werden kann.

Medienlandschaft, bis heute verstanden (Pauly 2016; Rudzio 2016). Dieser Protest würde zwar ganz im Sinne des Second-Order-Ansatzes (vgl. Reif und Schmitt 1980) bei der Europawahl geäußert, bezöge sich jedoch auf die nationale Ebene. Die Bundesregierung würde durch die Stimmabgabe für die AfD für ihre nationale Performanz, etwa bezogen auf ökonomische Entwicklungen, abgestraft; verallgemeinert handelt es sich also um Protestverhalten und andere Faktoren, die sich unter dem Begriff „Nebenwahlverhalten" subsumieren lassen (vgl. Giebler 2014). Gerade bei Europawahlen als klassischen Nebenwahlen ist es durchaus üblich, dass Protest- oder Neuparteien im Vergleich zur nationalen Ebene große Erfolge feiern können. Diese sind aber weniger als Erfolge der spezifischen Partei zu werten, sondern vielmehr ein Ausdruck der Unzufriedenheit mit nationalen Regierungen, respektive mit den etablierten Parteien (vgl. Giebler und Wagner 2015). Das bedeutet zugleich auch, dass die Relevanz der EU-Wahl als eher gering eingeschätzt wird; sie dient vielmehr als Vehikel, um auf einer anderen Ebene gelagerte Unzufriedenheit zu artikulieren.

Zweitens könnte die AfD ihre Erfolge ihrer Rolle als radikale EU-Kritikerin verdanken. Dies impliziert, dass die Wählerinnen und Wähler sich in ihren Entscheidungen maßgeblich auf ein perzipiertes Legitimationsdefizit der EU bezögen und somit ihrer Systemkritik Ausdruck verleihen. Der Kompetenzzuwachs im Zuge der multiplen Krisen seit 2009 machte aus dieser Perspektive Defizite der EU und der Mehrebenendemokratie virulenter und führte damit zu lauter werdenden EU-kritischen Stimmen, die sich auch in den Motiven des Wahlverhaltens niederschlagen sollten (Hobolt und de Vries 2016). Auch diese Sicht ist plausibel, beinhaltet der Populismus doch die Kritik an der Legitimität des existierenden demokratischen Systems bzw. des Legitimitätsanspruchs der herrschenden Eliten; die EU und ihre Institutionen stellen ein Paradebeispiel für „Die-da-oben", dem Feindbild populistischer Bewegungen, dar (Lewandowsky et al. 2016). Im Detail kann sich dieses Motiv sowohl auf eine generelle Unzufriedenheit mit der EU als auch auf geringes Vertrauen in das EP beziehen. Denkbar wären aber auch Positionen zu einer (institutionellen) Reform der EU bzw. des europäischen Institutionengefüges.[3]

---

[3]Prinzipiell stellen letztere Aspekte des Systemkrisemotivs Sachfragen oder zumindest sachfragenähnliche Positionen dar. Wir unterscheiden sie nichtsdestotrotz von den allgemeinen Sachfragen insofern, als sie sich auf das System der EU als solches beziehen und weniger Policy als Polity und Politics repräsentieren. Es geht also nicht um Fragen, ob die EU beispielsweise mehr oder weniger Agrarsubventionen ausschütten soll, sondern etwa um die Zurückdrängung des Repräsentativsystems zugunsten der direkten Demokratie oder die systemische Frage des präferierten Integrationsgrads.

Legitime Motive? 177

Diesen beiden plausiblen Wahlmotiven ist gemein, dass sie demokratietheoretisch problematisch sind, da sie, wenn auch auf unterschiedliche Art und Weise, die Legitimität der EU, mithin die Anerkennungswürdigkeit der europäischen politischen Ordnung (siehe dazu auch Osterberg-Kaufmann sowie Wiesner in diesem Band), wie man die Legitimation durch die Bürgerinnen und Bürger begreifen kann, in Abrede stellten. Es ist also geboten, an dieser Stelle auch normative Überlegungen zum Tragen kommen zu lassen. Im ersten Fall stellte die Wahl zum Europäischen Parlament eine reine Nebenwahl dar und ignorierte die europäischen Institutionen und die europäische Wahlebene zugunsten eines Signals an die nationale Regierung. Ein solches Wahlmotiv verneint die Relevanz der europäischen Ebene, was klar als Absage an deren Legitimität zu beurteilen ist. Umgekehrt folgt daraus, dass das Nebenwahlmotiv keine Legitimität bezogen auf die eigentliche Funktion von Wahlen in der Demokratie hat. Im zweiten Fall mangelte es der EU offenkundig an Legitimität im Sinne empirisch belegbarer Akzeptanz, steht diese Frage doch im Mittelpunkt der Wahlentscheidung. Wir kontrastieren diese eher pessimistischen Sichtweisen mit einer dritten Perspektive auf den Wahlerfolg der AfD. Demnach wäre die Wahlentscheidung auf inhaltliche Übereinstimmung mit den zu wählenden Objekten, also Parteien, zurückzuführen. Sie würde also vornehmlich aus Anziehungs- und nur nachrangig aus Abstoßungseffekten resultieren (vgl. Wagner et al. 2015). Dieses Wahlmotiv, also eine Wahlentscheidung auf Basis von Sachfragenpräferenzen, setzt nicht nur voraus, dass der Wahl und dem zu wählenden Parlament ein ausreichendes Maß an Legitimität zugeschrieben wird, sondern bildet auch die Grundidee der repräsentativen Demokratie im Sinn einer angestrebten substanziellen Repräsentation (Pitkin 1967) und der spezifischen Regimeunterstützung (Easton 1965) ab. Sowohl eine positionelle als auch eine Valenzperspektive auf politische Sachfragen ist mit dieser Argumentation vereinbar.[4]

Eine Stimmabgabe für die AfD aus Nebenwahlmotiven oder Systemkritik an der EU besäße also weniger Legitimität – sie wäre nur Abstoßung (weg von den anderen Parteien) und nicht Anziehung (aufgrund positioneller Übereinstimmung

---

[4]Aus normativer Sicht lässt sich argumentieren, dass dies dem Standard einer demokratischen Wahl entspricht. So könnte man davon ausgehen, dass Wahlentscheidungen dann einerseits die Input-Legitimität stärkten und andererseits Ausdruck der Legitimation eines demokratischen Systems seien, wenn sie auf der Anziehungskraft der gewählten Partei fußt, die ihrerseits auf inhaltliche Gründe zurückzuführen ist. Wir werden diese Perspektive hier allerdings nicht weiter vertiefen, sie bildet aber prinzipiell den normativen Hintergrund unserer auf Legitimität zielenden Argumentation.

zwischen Wählerinnen und Wählern und Parteiprogramm). Zumindest im Fall der Wahlentscheidung als Kritik an der Legitimität der EU kann eine Beurteilung aber auch weniger negativ ausfallen. So kann argumentiert werden, dass eine Ablehnung der institutionellen Ordnung der EU zwar deren Legitimität anzweifele, diese Kritik aber durchaus lediglich auf eine Reform der Mehrebenendemokratie ausgerichtet sein könnte. Somit ginge sie über eine ebenenübergreifende Protestwahl hinaus und wäre zumindest auf konkrete Inhalte ausgerichtet, die unter gewissen Umständen sogar Ähnlichkeiten zu allgemeinen Sachfragenorientierungen aufweisen können.

Gerade in ihrer Anfangsphase wurde die AfD häufig als Protestwahlphänomen beschrieben. Demnach sei die Unterstützung für die Partei zumindest nicht allein substanziell – also etwa auf Präferenzkongruenz und damit der Repräsentation des Willens der Wählerinnen und Wähler beruhend –, sondern es gehe dabei zu einem großen Teil auch um den Protest gegen etablierte Kräfte, zu denen auch die EU zu zählen ist (Berbuir et al. 2015, S. 163). Wäre die AfD tatsächlich eine „reine" Protestpartei, so wäre deren Wahl nur ein möglicher Kanal der Unmutsäußerung. Jedoch erfüllte jede andere als Protestpartei antretende Partei, unabhängig von den konkreten inhaltlichen Forderungen, den gleichen Zweck. Ließe sich die Wahlentscheidung für die AfD jedoch im Gegenteil zu großen Teilen auf Anziehungseffekte (jenseits der geäußerten Demokratiekritik) zurückführen, wäre die Unterstützung dieser Partei durch die Wählerinnen und Wähler mit ähnlich legitimierender Kraft ausgestattet wie die der anderen Parteien.

Durch den Vergleich dieser drei, teilweise konkurrierenden, Perspektiven auf den AfD-Erfolg können zugleich vertiefende Antworten auf die Frage gegeben werden, inwiefern es sich bei der selbsternannten „Alternative" lediglich um ein kurzzeitiges (Protest-)Phänomen handelt oder ob Indizien auf eine langfristige und damit auch relevantere Veränderung des bundesdeutschen Parteiensystems vorliegen. Während sich Schwarzbözl und Fatke (2016) etwa mit der Frage nach dem Zusammenhang zwischen Protest und Wahl der AfD auf der nationalen Ebene befassen, fokussieren wir uns gerade deshalb auf den europäischen Urnengang, weil es sich um einen kritischen Fall im klassischen Sinne handelt: Wenn sich nicht einmal bei einer klassischen Nebenwahl zuvorderst Protestmotive erkennen lassen, muss die Klassifizierung der AfD als Protestpartei grundsätzlich infrage gestellt werden. Lassen sich demnach in einer Analyse der Präferenzen für die AfD andere Gründe als eine reine Protestwahl identifizieren – in diesem Beitrag und der (frühen) AfD generell vor allem Sachfragenorientierungen im Kontext der EU – so ist zumindest mittelfristig mit dem Verbleib bzw. dem Einzug der AfD in die Parlamente zu rechnen.

Des Weiteren lassen sich aus dem empirischen Vergleich der relativen Relevanz der drei Motive auch Indizien für die Rolle der AfD für die demokratische Legitimität der Wahlen in der Bundesrepublik herausarbeiten. Sollten vor allem Sachfragenpräferenzen den Ausschlag geben, so kann aufgrund der Positionen der AfD in der kulturellen Politikdimension zwar eine Gefahr für die offene Gesellschaft prognostiziert werden. Im engeren Sinn läge dann aber keine Verringerung der demokratischen Legitimität vor. Aus diesem Blickwinkel unterscheidet sich beispielsweise die Frage, ob Deutschland mehr oder weniger Flüchtlinge aufnehmen soll, nicht von jener, ob es einen Mindestlohn geben soll oder nicht. Offensichtlich stellt sich die Legitimitätsfrage bezüglich der zweiten Sachfrage nicht; wir argumentieren, dass sie sich logisch auch nicht für Themen wie die Flüchtlingsfrage stellen sollte.

Zusammengefasst: Ist das Nebenwahlmotiv dominierend, verwiese dies demokratietheoretisch gewendet auf eine geringe Legitimität der Wahl selbst. Wahlen als *die* Quelle von Inputlegitimität verlören ebendiese Funktion, weil durch sie nicht politische Präferenzen im Sinne von Policies auf europäischer Ebene, sondern als Ablehnung des nationalen Status quo ausgedrückt würden. Wenn sich das Motiv der Systemkritik an der EU bestätigte, verwiese dies natürlich auf eine von den AfD-Wählern und -Wählerinnen wahrgenommene mangelhafte Legitimität der EU. Auch dies wäre problematisch und eventuell als krisenhaft zu bezeichnen, könnte jedoch andererseits auch als Artikulation von „voice" im Sinne Hirschmans (1970) verstanden werden und eröffnete damit mitunter sogar die Möglichkeit eines heilsamen Effekts. Sollten jedoch in erster Linie allgemeine Sachfragen ausschlaggebend sein, wären die individuellen Entscheidungsfindungsprozesse und damit die Input-Legitimität nicht als problematisch zu bezeichnen. Solange die für die Wahl relevanten individuellen Positionen bzw. Einstellungen seitens des Elektorats nicht mit den Grundwerten der Demokratie in Konflikt stehen – was wir im vorliegenden Beitrag allerdings nicht thematisieren werden –, verwiesen die Wahlerfolge der AfD nicht *per se* auf ein Legitimitätsdefizit der Europawahlen im AfD-Elektorat.[5]

---

[5]Hier kann allerdings darauf verwiesen werden, dass die AfD grundsätzlich nicht als rechtsextreme, sondern als rechtspopulistische Partei eingeordnet wird. Gerade die prinzipielle Akzeptanz der Demokratie, wenn auch vielleicht nicht in der gegenwärtigen Form, bildet neben der Fokussierung auf kulturelle statt ethnische Ungleichheitsmerkmale ein zentrales Unterscheidungsmerkmal zwischen diesen Parteienfamilien (vgl. Decker 2004, S. 31; Decker 2006, S. 16).

3 Die AfD im Spiegel der Legitimität und der Eurokrise

Aus unserer Sicht lassen sich drei unterschiedliche Motive für eine Stimmabgabe zugunsten der AfD unterscheiden. Personen können die Parteiwahl entweder als Protestwahl (passive Legitimitätskritik), aktive Kritik an der Legitimität der EU oder aufgrund von Sachfragenübereinstimmung mit der AfD getroffen haben. Mit einem Blick auf die Partei selbst, ihre Inhalte und Entwicklung von der Gründung bis zur Europawahl 2014 soll plausibilisiert werden, dass die AfD alle Motivlagen, wenn auch in unterschiedlicher Qualität und Quantität, bespielt hat.

Mit der AfD gründete sich in Deutschland zu Anfang des Jahres 2013 eine neue Partei, deren wechselhafte Entwicklungsgeschichte und ideologischer Wandel augenscheinlich sowohl eine Interpretation als reine Protestpartei als auch als euroskeptische – also: die Legitimität der EU infrage stellende – bzw. als Programmpartei zulässt. Ihre ideologische sowie programmatische Verortung fiel tatsächlich lange Zeit schwer (Lewandowsky 2015). Ordneten sie einige Autorinnen und Autoren von Beginn an der „Neuen Rechten" zu (Häusler 2013), so erschien sie anderen eher moderat (Arzheimer 2015; Franzmann 2014). Die Ursache für diese scheinbar mehrdeutige Ausrichtung lag in ihrer thematischen Fokussierung auf die Eurokrise und, in einem weiteren Sinne, das „Demokratie-defizit" der Europäischen Union in der Anfangszeit der Partei (Schmitt-Beck 2017). Ihre Kritik war dabei vordergründig an ökonomischer Sachpolitik ausgerichtet und entzündete sich vor allem an der Währungs- sowie an der Haftungs-union, von der sie hohe Belastungen für die deutschen Steuerzahler erwartete. Zugleich warnte sie davor, dass die Politik der Geberländer, zuvorderst Deutschland, gegenüber den Krisenstaaten, vor allem Griechenland, Grundprinzipien der EU wie Subsidiarität und Wettbewerb aushöhlte. Neben der umfassenden Kritik an der Euro-Rettungspolitik wandte sich die AfD daher auch grundsätzlich gegen die Erweiterung der EU-Kompetenzen und sprach sich für eine Rückkehr zu nationalstaatlichen Regelungen aus (Ketelhut et al. 2016, S. 296). Sie plädierte zwar in dieser Phase nie für einen Austritt aus der EU und auch innerhalb des Kreises ihrer Sympathisantinnen und Sympathisanten war keine Mehrheit für einen Austritts Deutschlands aus der Europäischen Union erkennbar, wohl aber Unterstützung für die Forderung, den Euroraum zu verlassen und die D-Mark wieder einzuführen (Berbuir et al. 2015, S. 170 f.).

Die ökonomischen Positionen der AfD waren jedoch von Beginn an mit der Frage verknüpft, inwiefern sowohl die europäischen politischen Eliten als auch die Institutionen der Europäischen Union demokratisch legitimiert waren und handelten. Anstelle eines Staatenbundes interpretierte die AfD Europa als

Legitime Motive? 181

„Kunststaat", der die nationale Souveränität und das Prinzip der Subsidiarität durch Rechts- und Vertragsbrüche auszuhöhlen drohe (Ketelhut et al. 2016, S. 291). Im Populismus der AfD zeigte sich also sowohl eine protest- als auch eine legitimationspolitische Haltung. Indem populistische Parteien für sich in Anspruch nehmen, als einzige den „wahren Volkswillen" zu vertreten (Mudde 2004), stellen sie zugleich die Legitimität politischer Entscheidungen durch die etablierten Politikerinnen und Politiker sowie Parteien infrage. Dieses Postulat der Illegitimität richtet die AfD vor allem gegen die EU, aber auch gegen die Akteure im nationalstaatlichen Rahmen. In diesem Sinne und mit Blick auf die ersten beiden Hypothesen war die AfD gewissermaßen populistische Protest- und euroskeptische Partei zugleich.

Zugleich profilierte sich die AfD bereits früh auch als Partei mit konservativen Positionen in gesellschaftspolitischen Themen. Dabei zeigte sich ein starkes Gefälle zwischen den relativ moderaten programmatischen Positionen (Arzheimer 2015; Franzmann 2014) und den zum Teil wesentlich radikaleren Aussagen zur Integrations- oder Familienpolitik, die einige Akteurinnen und Akteure der Partei im politischen Diskurs trafen. Ebenso zeigten ihre Sympathisantinnen und Sympathisanten in gesellschaftspolitischen Fragen eine deutliche Tendenz zu rechten Wertorientierungen (Berbuir et al. 2015, S. 172). Auch in ihrer Kandidatinnen- und Kandidatenschaft machten sich vergleichsweise deutliche, gegen die herrschende Politik gerichtete und gesellschaftspolitisch konservative Orientierungen bemerkbar (Lewandowsky et al. 2016). Beides war in der Programmatik zu diesem Zeitpunkt nicht klar zu erkennen, im Umfeld aus Wählerinnen und Wählern sowie Kandidatinnen und Kandidaten der Partei jedoch sichtbar. Dies könnte durchaus ein Hinweis darauf sein, dass die dritte Hypothese nicht zutrifft – die AfD wäre dann bei der Europawahl eher Projektionsfläche für Protest oder legitimitätspolitische Einstellungen gewesen als für sachpolitische Artikulation an der Wahlurne.

Die Geschichte der AfD bis zur Europawahl 2014 zeigt also gerade aufgrund ihrer zunächst nicht eindeutigen und erst später klar rechtspopulistischen Programmatik, dass die Partei sowohl diffusen Protest artikulierte als auch – insbesondere mit Blick auf die EU – die Frage nach der Legitimität der europäischen Institutionen stellte. Erst nach den Wahlen im Herbst 2014 und insbesondere ab Sommer 2015 traten weitere sachpolitische Forderungen im Bereich der Asyl- und der Integrationspolitik in den Vordergrund. Die bisherigen empirischen Befunde zu den Wahlmotiven bilden diese – scheinbare – Disparität ab. Auf der einen Seite ist der Anteil derjenigen an der AfD-Wählerinnen- und Wählerschaft, die „der Politik einen Denkzettel verpassen wollen", relativ hoch und entspricht darin auch dem Programm der Partei. Andererseits zeigt sich insbesondere eine hohe Konvergenz zwischen Wählerinnen und Wählern und Partei in sozio-kulturellen Positionen (Schwarzbözl und Fatke 2016). Demnach spielen sowohl sachbezogene als auch legitimitätskritische und protestorientierte Positionen bei der Unterstützung der AfD offenbar eine Rolle. Es bietet sich also mit Blick auf das programmatische Profil der AfD an, die Motive der Wählerinnen und Wähler bereits bei der Europawahl 2014 – die ja chronologisch in etwa die letzte primär euroskeptische Phase der Partei markiert – empirisch genauer zu untersuchen.

4 Deskriptive Analysen der Motivlagen der AfD-Wahl

Im ersten Schritt der empirischen Auswertung nähern wir uns der Beantwortung der zugrunde liegenden Fragestellung deskriptiv. Dabei werfen wir einen Blick auf zentrale Erklärungsfaktoren, die jeweils einem der drei Motive – Neben- bzw. Protestwahlverhalten, Systemkritik der EU und allgemeine Sachfragenpräferenzen – zugeordnet sind. Auf diese Weise kann ein erster Eindruck darüber gewonnen werden, welche Motive für den Wahlerfolg der AfD bei der Europawahl 2014 eine Rolle gespielt haben.

Für das Nebenwahlmotiv bietet sich an zu überprüfen, inwiefern nationale oder europäische Beweggründe ausschlaggebend für die Wahlentscheidung gewesen sind. Eine Bestätigung der Relevanz dieses Motivs ergäbe sich dann, wenn die AfD primär aufgrund nationaler Faktoren, also als Reaktion auf und Zeichen an die Bundesregierung, gewählt worden wäre. Als Datengrundlage für diese Veranschaulichung – und auch weitere Darstellungen und Analysen im Verlauf – dient eine Vorwahlbefragung, die im Rahmen der German Longitudinal Election Study (GLES) durchgeführt wurde (Rattinger et al. 2015).[6] In Abb. 1 präsentieren wir den jeweiligen Anteil der befragten Personen mit einer Wahlabsicht für die AfD für unterschiedliche Grade der Relevanz der nationalen Ebene. Diese Relevanz wird relativ gemessen, also als Differenz zwischen der Relevanz der nationalen Ebene im Vergleich zur europäischen Ebene.[7] Entsprechend bedeuten positive Werte auf der x-Achse in der Abbildung, dass nationale Faktoren relevanter waren als europäische.

---

[6]Detaillierte Informationen zur Studie bzw. den anderen verwendeten Studien können den jeweiligen Studienbeschreibungen entnommen werden.

[7]Für eine bessere Lesbarkeit des Beitrags findet sich eine Übersicht aller verwendeten Variablen bezüglich ihrer Quellen und Kodierungen im Anhang (Tab. 2). Der Syntax zur Erstellung der Grafiken und der Durchführung der Analysen ist auf Nachfrage erhältlich.

Legitime Motive?

Auf den ersten Blick wird deutlich, dass der Anteil von AfD-Wählerinnen und -Wählern sowohl im niedrigen als auch im hohen Bereich der Relevanzskala eher hoch ist. Gleichsam ergeben sich aber auch nur für sehr wenige befragte Personen diese extremen Werte. Betrachtet man hingegen den Wertebereich von -2 bis 3, in dem auch weit mehr als 90 % der Fälle liegen, so bestätigt sich das Nebenwahlmotiv in dieser deskriptiven Darstellung nicht.

Die deskriptive Überprüfung des zweiten Motivs – Systemkritik der EU – folgt einer anderen Logik als Abb. 1. Aus unserer Sicht scheint es sinnvoll, hier stärker eine zeitliche Dimension in den Vordergrund zu rücken. So können wir aufzeigen, inwiefern es überhaupt, erstens, ein Potenzial an Wählerinnen und Wählern bzgl. einer Systemkritik der EU gegeben hat und, zweitens, ob dieses Potenzial im Vergleich zur Europawahl 2009 größer geworden ist. Wir knüpfen hier an andere Studien an, die zum einen für die Europawahl 2009 in Deutschland wenig Hinweise für die Relevanz europäischer Themen finden konnten

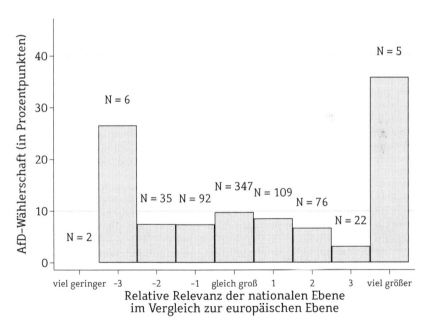

Abb. 1 Relative Relevanz der nationalen Wahlebene und AfD-Wahl. *Anmerkungen:* Bei allen Berechnungen wurden Anpassungsgewichte verwendet, um die Repräsentativität der Befragung sicherzustellen. Für alle Ausprägungen der relativen Relevanz wurden jeweils die Fallzahlen angegeben. (Quelle: Rattinger et al. 2015)

(vgl. Giebler und Wagner 2015), zum anderen aber nachweisen, dass sich für die Wahl 2014 ein Anstieg dieser Relevanz aufzeigen lässt (vgl. Hobolt und de Vries 2016). Es könnte entsprechend vermutet werden, dass es der AfD gelungen ist, Bürgerinnen und Bürger mit kritischen Einstellungen zu mobilisieren, für die es vorher im deutschen Parteiensystem keine echte Heimat gegeben hat. Wäre dies der Fall, dann wäre das Systemkritik-Motiv entscheidend gewesen.

Abb. 2 stellt eine Visualisierung zur Überprüfung dieser Überlegungen dar. Die beiden Achsen bilden die Demokratiezufriedenheit (y-Achse) und die Position zur europäischen Integration (x-Achse) ab. Unstrittig stellen diese beiden Faktoren zentrale Aspekte einer potenziellen Systemkritik der EU dar. Die Einfärbungen der Fläche geben die Häufigkeit an, mit der eine bestimmte Kombination dieser

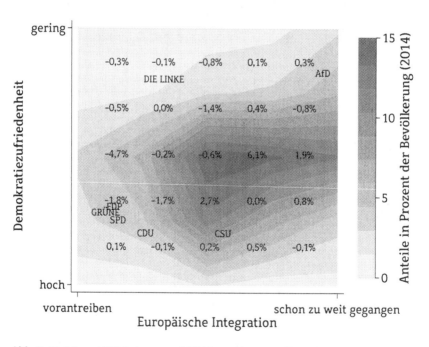

Abb. 2 Partei- und Wählerinnen- und Wählerpositionen zu Europäischer Integration und Demokratiezufriedenheit. *Anmerkungen:* Bei allen Berechnungen wurden Anpassungsgewichte verwendet, um die Repräsentativität der einzelnen Befragungen sicherzustellen. Für eine Vereinfachung der Darstellung wurde die 11er Skala, auf welcher die Position zur Europäischen Integration gemessen wurde, auf eine 5er Skala rekodiert (s. Tabelle im Anhang). Entsprechend liegt der Darstellung eine 5 mal 5 Matrix zugrunde. (Quellen: Rattinger et al. 2011, 2015 und Roßteutscher et al. 2016)

Legitime Motive? 185

beiden Einstellungen in der wahlberechtigten Bevölkerung im Vorfeld der Europawahl 2014 vorhanden ist. Je dunkler die Einfärbung, desto mehr Personen weisen entsprechende Einstellungen auf. Erneut nutzen wir Daten aus der 2014 von der GLES durchgeführten Vorwahlbefragung. Die in der Grafik abgebildeten Prozentzahlen geben die Veränderungen der Verteilung im Vergleich zu einer identischen Vorwahlbefragung im Jahr 2009, also Daten zur vorangegangen Europawahl, die ebenfalls durch die GLES veröffentlicht wurden (Rattinger et al. 2011), an. Positive Werte bedeuten, dass der jeweilige Anteil in der Bevölkerung, welcher die entsprechende Kombination aus den beiden Einstellungen aufweist, angewachsen ist.[8] Schließlich zeigt die Abbildung die Positionen der relevanten Parteien bezüglich der Demokratiezufriedenheit und der europäischen Integration, gemessen als Mittelwerte der für die jeweilige Partei bei der Europawahl 2014 angetretenen Kandidatinnen und Kandidaten.[9]

Betrachtet man in einem ersten Schritt die Verteilung der Einstellungskombinationen im Jahr 2014, so findet sich eine dunklere Einfärbung im eher EU-Integrationsskeptischen Bereich und dort, wo man mit der Demokratie weder zufrieden noch unzufrieden ist. Verbindet man dies mit den Positionen der politischen Parteien im Vorfeld der Europawahl, ergeben sich am ehesten Überschneidungen zwischen weiten Teilen der Wählerinnen- und Wählerschaft und der AfD bzw. mit Abstrichen der CSU. Alle anderen Parteien nehmen eine eher positive Position zur europäischen Integration ein. Während sich bezogen auf die Bewertung der Demokratie also wenig Übereinstimmung ergibt und somit auch eine Wahlentscheidung aufgrund dieser Perspektive im Sinn eines

---

[8]Es handelt sich dabei nicht um Paneldaten. Nichtsdestotrotz kann auf diese Weise veranschaulicht werden, welche Veränderungen sich in den fünf Jahren zwar nicht intraindividuell, aber zwischen den beiden quotierten und mit Repräsentativgewichten angepassten Stichproben, ergeben haben.

[9]Wir nutzen die Kandidatinnen- und Kandidatenumfrage zur Europawahl 2014 (Roßteutscher et al. 2016). Die Mittelwerte wurden unter Berücksichtigung von Anpassungsgewichten berechnet. Für eine Begründung zur Verwendung von Kandidatinnen- und Kandidatenumfragen zur Bestimmung von Parteipositionen sei an dieser Stelle auf u. a. Lewandowsky et al. (2016) verwiesen. Leider wurde die Demokratiezufriedenheit in dieser Kandidatinnen- und Kandidatenumfrage nur – wie international, aber nicht in Deutschland üblich – auf einer Skala mit vier Antwortmöglichkeiten gemessen. Um eine Vergleichbarkeit mit den Bevölkerungsumfragen zu ermöglichen, wurde die Skala rekodiert (s. Anhang, Tab. 2). Durch das Fehlen der Mittelkategorie ist anzunehmen, dass die Mittelwerte auf der Demokratiezufriedenheitsskala für die Parteien etwas extremer ausfallen. Anders ausgedrückt: Die Unterschiede zwischen den Parteien auf dieser Achse sind sicherlich substanziell, aber ggf. weniger stark ausgeprägt als abgebildet.

Repräsentationsmodells weniger plausibel ist, spricht die Position der AfD bezogen auf die Europäische Integration durchaus viele Bürgerinnen und Bürger an. Der euroskeptische Raum der Grafik ist bis auf die AfD quasi leer und eine räumlich definierte Wahlentscheidung für diese Partei, sowohl in einer Logik der Übereinstimmung von Präferenzen als auch vor allem einer direktionalen Logik, wird wahrscheinlicher (vgl. Merrill und Grofman 1999).

Vergleicht man die Situation 2014 mit jener bei der vorangegangenen Europawahl, so fällt nicht nur auf, dass nun eine tatsächlich euroskeptische Partei mit reellen Erfolgschancen angetreten ist. Auch haben integrationsskeptische Einstellungen deutlich zugenommen, insofern sich positive Prozentzahlen vor allem auf der rechten Seite der Abbildung finden. So stieg etwa der Anteil an Personen, welche eine weitergehende Integration eher oder sogar strikt ablehnen um fast 10 Prozentpunkte auf nun fast die Hälfte der Bevölkerung im Vergleich zu 2009. Interessanterweise ist ein solcher Trend für die Demokratiezufriedenheit nicht zu beobachten. Faktisch sind die Bürgerinnen und Bürger mit dem Zustand der Demokratie im Jahr 2014 sogar etwas zufriedener (der Anteil der unzufriedenen Personen sank um knapp drei Prozentpunkte auf etwa 18 %). Während also ein gestiegenes Potenzial an Wählerinnen- und Wählern der AfD bezogen auf das Thema Europäische Integration konstatiert werden kann, ist dies für eine allgemeine Kritik der Demokratie bzw. eine generelle Unzufriedenheit mit der Demokratie nicht der Fall. Es kann also festgehalten werden, dass die Bedeutung der Systemkritik an der EU als Motiv nicht ausgeschlossen werden kann, aber gleichsam auch kein eindeutiger Befund zu ihren Gunsten vorliegt.[10]

Schließlich wenden wir uns in Abb. 3 – und in analoger Darstellungsform zu Abb. 1 – den Sachfragenpräferenzen als Wahlmotiv zu. Hier fokussieren wir auf die für die AfD, wie auch für andere rechtspopulistische Parteien, zentrale horizontale Abgrenzung gegen „Die-da-draußen". Konkret geht es um die Frage, ob der Zuzug von Migrantinnen und Migranten nach Deutschland erleichtert oder erschwert werden sollte. Läge bei einer so zentralen Frage kein deskriptiver Zusammenhang vor, wären Sachfragenpräferenzen als Motiv kaum glaubwürdig.

Interessanterweise ergibt sich in Abb. 3 im Vergleich mit den anderen beiden deskriptiven Analysen der eindeutigste Zusammenhang. Es ist klar erkennbar, dass die Wahrscheinlichkeit, für die AfD zu stimmen, steigt, je mehr die befragten Personen der Meinung sind, dass der Zuzug nach Deutschland erschwert werden

---

[10]Dies wird auch durch zwar signifikante, aber nur moderat hohe Spearman-Korrelationskoeffizienten zwischen den beiden Indikatoren und einer Wahlabsicht für die AfD bestätigt (Demokratiezufriedenheit: $\rho = 0,26$; EU-Integration: $\rho = 0,31$).

Legitime Motive? 187

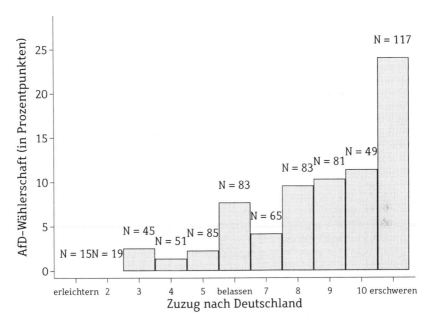

Abb. 3 Sachfrage „Immigration" und AfD-Wahl. *Anmerkungen:* Bei allen Berechnungen wurden Anpassungsgewichte verwendet, um die Repräsentativität der Befragung sicherzustellen. Für alle Ausprägungen der Sachfragenpräferenz wurden jeweils die Fallzahlen angegeben. (Quelle: Rattinger et al. 2015)

sollte. Auf die extremste Position fallen 117 Personen und von diesen hat ein Viertel die Absicht, bei der Europawahl auch die AfD zu wählen. Auf der anderen Seite der Skala unterhalb des Skalenmittelpunkts liegt der entsprechende Wert hingegen nie über 3 %.

Bringt man die deskriptiven Befunde zusammen, so kann vermutet werden, dass der Wahlerfolg der AfD eher durch allgemeine Sachfragenpräferenzen wie auch die substanzielle Erweiterung des Parteienspektrums in Fragen der europäischen Integration zu begründen ist. Aus deskriptiver Sicht ist das Nebenwahlmotiv hingegen am unwahrscheinlichsten. Rückgebunden an Fragen der Legitimität kann somit festgehalten werden, dass entweder Legitimität zugeschrieben wird (über das Motiv der Sachfragenpräferenz) oder sich der Wahlakt, wenn auch etwas schwächer ausgeprägt, direkt auf Fragen der Legitimität bezieht (Systemkritik der EU als Motiv). Eine generelle Ablehnung der

Legitimität ist nicht zu konstatieren. Um die Validität dieser Schlussfolgerung zu überprüfen, präsentieren wir im nächsten Kapitel inferenzstatistische Analysen zur Vorhersage einer Wahlentscheidung für die AfD.

5 Wahlentscheidungsmodelle zur Kontrastierung der Wahlmotive

Welche Faktoren hatten einen Einfluss auf eine Wahlentscheidung für oder gegen die AfD bei der Europawahl 2014? Aufbauend auf früheren Studien und den theoretischen Ausführungen präsentieren wir verschiedene empirische Modelle, die aufzeigen sollen, inwiefern es sich bei der Stimmabgabe für die AfD primär um eine Nebenwahl, Systemkritik der EU oder eine auf allgemeine Sachfragen bezogene Wahlentscheidung gehandelt hat. Als abhängige Variable dient eine Wahlentscheidung für die AfD, wobei eine Wahlabsicht und die bereits durchgeführte Briefwahl als analog betrachtet werden, im Vergleich zu der Entscheidung für jegliche andere Parteien (s. o. und Tab. 2 im Anhang).

Wir verwenden zur Erklärung der AfD-Wahl mehrere unabhängige Variablen, die sich in drei Blöcke unterteilen und den drei Motiven zuweisen lassen: Block 1 „Nebenwahlmotive", Block 2 „Systemkritik der EU" und Block 3 „Allgemeine Sachfragenpräferenzen".[11] Tab. 1 präsentiert die Ergebnisse für drei Modelle, in denen jeweils nur einer der Blöcke zur Erklärung verwendet wird, und ein Gesamtmodell mit allen unabhängigen Variablen. Bei den Werten in der Tabelle handelt es sich um standardisierte Wahrscheinlichkeitsveränderungen, die innerhalb eines Modells auch bezogen auf ihre Größe vergleichbar sind.

Der erste Block (Modell 1) verwendet drei unabhängige Variablen, die auf verschiedene Art und Weise Nebenwahlverhalten abbilden. Das Abstrafen schlechter wirtschaftlicher Entwicklungen hat keinen Einfluss, wie auch die Dominanz von nationalen Faktoren auf die Wahlentscheidung, wie dies der Nebenwahlansatz aber voraussetzen würde. Lediglich eine negative Bewertung der Performanz der Bundesregierung weist einen statistisch signifikanten Effekt auf. Entsprechend findet sich, wie auch schon in der deskriptiven Analyse, kaum ein Hinweis auf die Relevanz des Nebenwahlmotivs.

---

[11]Wir kontrollieren in allen Modellen auf Alter, Geschlecht, Bildungsgrad und Wohnort (Ost vs. West). Für eine bessere Übersichtlichkeit verzichten wir auf die Darstellung dieser Kontrollvariablen in Tab. 1. Im Anhang haben wir jedoch alle Ergebnisse aufgenommen (Tab. 3).

Legitime Motive?

Tab. 1 Erklärungsmodelle der Wahlentscheidung für die AfD bei der EPW 2014 (N = 569)

	Modell 1		Modell 2	Modell 3		Modell 4	
Motiv: Nebenwahlverhalten							
Leistung Bundesregierung	**0,09**	***				**0,01**	
	0,03					0,01	
AWL retrospektiv	**-0,01**					**-0,02**	
	0,02					0,01	
Relevanz der Wahlebene	**0,02**					**-0,03**	***
	0,02					0,01	
Motiv: Systemkritik der EU							
Demokratiezufriedenheit			**0,03**	*		**0,01**	
			0,02			0,01	
Vertrauen EP			**0,03**			**0,02**	
			0,02			0,01	
Direkte Demokratie, EU			**0,04**	*		**0,03**	
			0,02			0,02	
Sachfrage „EU-Integration"			**0,08**	***		**0,03**	*
			0,02			0,02	
Motiv: Allgemeine Sachfragenpräferenzen							
Sachfrage „Steuern und Sozialstaat"					**-0,02**	**-0,01**	
					0,02	0,01	
Sachfrage „Immigration"					**0,07**	***	**0,03**	*
					0,02	0,02	
Sachfrage „Klimaschutz"					**0,01**	**0,01**	
					0,02	0,01	
Lösungskompetenz von nicht EU-Themen (Referenz: keine Partei/alle Parteien)							
Andere Partei					**-0,06**	**	**-0,03**	**
					0,02	0,01	
AfD					**0,47**	***	**0,31**	*
					0,16	0,16	
Pseudo R² (McFadden)	0,10		0,22	0,27		0,38	

Anmerkungen: Beim Schätzmodell handelt es sich um eine einfach logistische Regression mit Anpassungsgewichten zur Erklärung der Wahlabsicht für die AfD im Vergleich zu einer Wahlabsicht für irgendeine andere Partei. In der Tabelle sind standardisierte durchschnittliche Marginaleffekte (Fett gedruckt) und die jeweiligen Standardfehler eingetragen. Die Standardisierung der Variablen erfolgte nach dem Ansatz von Gelman (2008). Auf die Darstellung der Kontrollvariablen wird aus Gründen der Übersichtlichkeit verzichtet. Eine vollständige Tabelle aller Regressionskoeffizienten findet sich im Anhang (Tab. 3).
***p < 0,01; **p < 0,05; *p < 0,10
Quelle: Rattinger et al. (2015)

In Modell 2 untersuchen wir die Relevanz von Legitimitätskritik an der EU (Block 2). Für diesen Block an Determinanten lassen sich deutlich mehr signifikante Effekte auf die Wahlwahrscheinlichkeit nachweisen, die zudem konform mit den theoretischen Erwartungen sind. Eine Unzufriedenheit mit dem gegenwärtigen Zustand der Demokratie, eine Ablehnung weitergehender europäischer Integration und die Stärkung von direkter Demokratie zulasten von Regierungen und Parlamenten charakterisieren AfD-Wählerinnen und Wähler. Diese Muster sind deutlich stärker als dies die deskriptive Darstellung in Abb. 2 erwarten ließ. Einzig ein fehlendes Vertrauen in das EP spielt keine Rolle für die Wahlabsicht.

Ähnlich verhält es sich mit dem letzten Block, der den Einfluss von allgemeinen Sachfragenpräferenzen abbildet (Modell 3). Dieser Block wird von drei positionellen Sachfragen, zum Klimaschutz, Steuern und Abgaben sowie Immigration, und der Kompetenz zur Lösung des aktuell wichtigsten Problems in Deutschland gebildet. Wir subsumieren also sowohl räumliche Sachfragen als auch Valenzthemen als Kriterien einer Wahlentscheidung nach dem Motiv der Sachfragenpräferenzen. Es ergeben sich die erwarteten Zusammenhänge: Skepsis gegenüber erleichterten Immigrationsmöglichkeiten erhöhen die Wahrscheinlichkeit, die AfD zu wählen. Bezogen auf die Lösungskompetenz zeigt sich sowohl ein Abstoßungseffekt – eine Attribution der Lösungskompetenz für eine andere Partei senkt die Wahlwahrscheinlichkeit der AfD – als auch eine Erhöhung der Wahrscheinlichkeit, wenn eine befragte Person der Meinung ist, dass die AfD das wichtigste aktuelle Problem am besten lösen kann.[12] Sozioökonomie und Klimaschutz haben hingegen keinen Einfluss. Wenn auch nicht alle, so liefern zumindest solche Sachfragen, die in Abschn. 3 als AfD-Themen identifiziert wurden, ein starkes Motiv, die AfD auch zu wählen.

Betrachtet man die getrennten Modelle in Tab. 1, so lassen sich Stimmabgaben für die AfD in erster Linie auf eine Legitimitätskritik des EU-Systems und allgemeine Sachfragenpräferenzen zurückführen. Die geringste Relevanz weist das Nebenwahlmodell auf. Dieser Eindruck wird auch durch die jeweilige Erklärungskraft der Modelle bestätigt; das Pseudo-R^2 liegt für letztgenanntes Modell bei lediglich 0,10, während Modell 2 immerhin einen Wert von 0,22 und Modell 3 sogar einen Wert von 0,27 aufweisen. Die divergierende Qualität der Modelle lässt sich aber auch über sog. *„Separation Plots"* darstellen (Greenhill et al. 2011).

---

[12]Um Überschneidungen mit dem zweiten Motiv (Systemkritik der EU) zu vermeiden, wurde hier EU-Themen nicht berücksichtigt.

Legitime Motive? 191

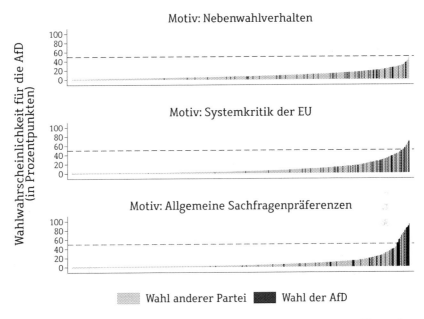

Abb. 4 Separation Plots für die Erklärungsmodelle 1 bis 3. *Anmerkungen:* Eigene Darstellung, beruhend auf den vorhergesagten Wahrscheinlichkeiten der Modelle 1 bis 3

Entsprechend wird für jedes der Modelle 1 bis 3 in Abb. 4 die vorhergesagte Wahlwahrscheinlichkeit auf der y-Achse abgetragen und die in den Modellen verwendeten 569 Fälle nach dieser Wahrscheinlichkeit auf der x-Achse aufsteigend sortiert. Schwarze Striche repräsentieren Personen, die tatsächlich die AfD gewählt haben; grau steht für jene Personen, die bei der Europawahl 2014 einer anderen Partei ihre Stimme gegeben haben. Die gestrichelte, horizontale Linie markiert eine Wahrscheinlichkeit von 50 %.

Ein gutes Schätzmodell, sprich ein Modell, welches eine Wahlentscheidung für die AfD möglichst häufig korrekt vorhersagt, muss viele dunkle Balken auf der rechten Seite der Graphen ausweisen, da dort die Fälle abgebildet sind, die eine hohe vorhergesagte Wahrscheinlichkeit besitzen. Dies ist eigentlich nur beim dritten Modell (Motiv: allgemeine Sachfragenpräferenzen) der Fall. Das Wahl-als-Legitimitätskritik-Modell schneidet bezogen auf die Signifikanz der Koeffizienten zwar noch gut ab (Tab. 1); gleichwohl werden aber viele tatsächliche AfD-Wählerinnen und -Wähler mit einer eher geringen Wahlwahrscheinlichkeit geschätzt. Zusätzlich gibt es nur relativ wenige geschätzte Wahrscheinlichkeiten über 50 %, was letztlich bedeutet, dass sich die signifikanten Koeffizienten primär auf eine korrekte Vorhersage der ohnehin viel häufiger vorkommenden Wahlentscheidung für eine andere Partei als die AfD zurückführen lässt. Die Abbildung bestätigt auch die geringe Relevanz von Nebenwahlverhalten aus obiger Tabelle. Faktisch wird mit diesem Modell keine einzige Wahlentscheidung für die AfD korrekt vorhergesagt, da alle Prozentwerte unter der Grenze von 50 % liegen.

Die Überlegenheit des dritten Erklärungsblocks zeigt sich selbst in einem Gesamtmodell (Tab. 1, Modell 4). Auch unter Kontrolle auf die anderen beiden Blöcke ergibt sich für die Indikatoren einer sachfragenorientieren Wahlentscheidung dasselbe Muster; einzig die Irrtumswahrscheinlichkeiten nehmen leicht zu, liegen aber weiterhin mindestens unter dem 10 %-Niveau. Aus dem zweiten Block ist im Gesamtmodell lediglich ein Einfluss der Position zur europäischen Integration zu konstatieren. Interessanterweise ist dieser Effekt aber nicht stärker als jener der Position zur Immigration. Er ist wiederum viel schwächer als jener der Lösungskompetenz. Erneut schneidet aber der Block zur Messung von Nebenwahlverhalten am schlechtesten ab: Nicht nur findet sich lediglich ein signifikanter Koeffizient, sondern dieser weist eine falsche, also nicht theoriekonforme Einflussrichtung auf. Die größere Relevanz nationaler Faktoren für die Wahlentscheidung sollte die Wahlwahrscheinlichkeit für die AfD im Sinn des Protestmodells erhöhen und nicht, wie im Gesamtmodell der Fall, senken.

Zusammengefasst kann festgehalten werden, dass eine Wahlentscheidung für die AfD bei der Europawahl 2014 durchaus auf Anziehungseffekte durch kongruente Sachfragenorientierungen beruhte. Legitimitätskritik als Motivation ist nachweisbar, aber deutlich schwächer ausgeprägt. In jedem Fall finden sich aber nahezu keine Anzeichen für Abstoßungsfaktoren einer reinen Nebenwahl. Die Konsequenzen dieser Ergebnisse sollen im Folgenden abschließend – auch in ihrer Konsequenz – diskutiert werden.

6 Fazit

Die vorangegangenen Ausführungen haben die Unterstützung der AfD bei der Europawahl 2014 unter dem Blickwinkel ihrer demokratischen Legitimität betrachtet. Empirisch haben wir danach gefragt, welche Rolle auf die EU bezogene Sachfragen gegenüber Protestorientierung spielten. Normativ haben wir argumentiert, dass eine reine Protestorientierung aus Legitimitätsgesichtspunkten kritisch zu bewerten wäre. Auf der Angebotsseite haben wir die AfD als rechtspopulistische Partei beschrieben, zu deren ideologischem Kern auch die Mobilisierung des „Volkes" gegen das politische Establishment gehört. Auf der Nachfrageseite haben wir auf die damit verbundene Protestwahlhypothese hingewiesen – Wählerinnen und Wähler unterstützten die Partei vor allem, um ihrer Unzufriedenheit mit der gegenwärtigen Politik Ausdruck zu verleihen. Vor dem Hintergrund der Europawahl 2014 lässt sich das Protestwahlmotiv in Überlegungen der Nebenwahltheorie integrieren. Neben diesem ersten identifizierten wir als zweites Wahlmotiv das der Systemkritik. Da Euro- und EU-kritische Positionen von Beginn an zum Markenkern der AfD gehörten, sollten EU-kritische Einstellungen und negative Evaluationen eine entsprechende Wahlentscheidung wahrscheinlicher machen. Drittens unterschieden wir die sachfragengestützten Wahlentscheidungsmotive. Zwar sind Positionen zur EU ebenfalls Sachfrageneinstellungen, wir fassten dieses Motiv jedoch enger und untersuchten nur positionelle und Valenzsachfragen ohne direkten EU-Bezug.

Während aus der Legitimitätsperspektive eine Dominanz des ersten Motivs, das allein aus Abstoßungseffekten besteht, negativ zu bewerten ist, fällt die Bewertung des dritten Motivs der Sachfragenübereinstimmungen positiv aus, ist sie doch geradezu das Ideal der repräsentativen Demokratie: Bürgerinnen und Bürger entscheiden sich für die Partei, die ihre Präferenzen am besten zu repräsentieren verspricht und von der sie sich am stärksten angezogen fühlen. Die Legitimitätsbewertung des zweiten Motivs dagegen liegt dazwischen. Einerseits spiegelt sich in der Systemkritik mangelnde Legitimität, im Sinne eines demokratischen Frühwarnsystems kann jedoch, andererseits, von Wahlentscheidungen entsprechend dieser Motivlagen auch eine heilsame und somit mittelfristig legitimitätsförderliche Wirkung ausgehen.

Unsere empirischen Befunde legen dar, dass Systemkritik- und insbesondere Protestmotive für die Wählerinnen und Wähler der AfD bei der Europawahl 2014 eine geringe Rolle gespielt haben. Die Wahl der AfD war in erster Linie eine Wahl entsprechend der individuellen Sachfrageneinstellungen. Dies gilt umso mehr, als die statistisch signifikanten Effekte aus den ersten beiden Motivblöcken indirekt ebenfalls für die Relevanz des dritten Blocks sprechen – die Position zur EU-Integration ist einerseits eine Systemkritikfrage, aber diese Systemkritik entspricht andererseits einer Übereinstimmungen von Partei und Wählerin bzw. Wähler in Sachfragen. Die Relevanz der Wahlebene weist sogar in die den theoretischen Erwartungen des Nebenwahlmotivs entgegengesetzte Richtung: AfD-Wählerinnen und Wähler sahen gerade die europäische Ebene als wichtiger an. Insofern muss festgehalten werden, dass die Wählerinnen- und Wähler vor allem vom politischen Programm der AfD angezogen wurden. Der

„kritische Fall" der AfD bei der Europawahl 2014 demonstriert im Grunde, was Studien auch für die Landes- und die Bundesebene zeigen konnten (bspw. Schwarzbözl und Fatke 2016, s. jedoch kritisch Niedermayer und Hofrichter 2016): Der Befund, dass die AfD allein aus Protest gewählt würde, greift selbst bei der Europawahl – der typischen *second-order election* – zu kurz. Selbst, wenn es „lediglich" um Europa geht, spielen Sachthemen eine größere Rolle als Protest gegen nationale Politik bzw. die Leistung der nationalen Regierung.

Interessant ist dieses Ergebnis nicht zuletzt vor dem Hintergrund jüngerer Studien, die die variierende Bedeutung reinen Protests betonen und den Einfluss populistischer Einstellungsmerkmale auf die Wahl populistischer Parteien herausstellen (van Hauwaert und van Kessel 2018; Spruyt et al. 2016; Akkerman et al. 2014). Unser Ergebnis schließt hieran insofern an, als wir am Beispiel der AfD zeigen konnten, dass sich der Erfolg einer rechtspopulistischen Partei eben nicht (allein) durch Protest erklären lässt, sondern inhaltliche Motive eine große Rolle spielen.

Grundsätzlich zeigen die Resultate, dass die Wahlentscheidung für die AfD sich nicht prinzipiell von den Wahlmotiven anderer Parteien unterscheidet, da auch die AfD vor allem aufgrund ihrer Positionierung in Sachfragen unterstützt wurde. Wahlmotive dieser Konnotation stärken die Input-Legitimität, da sie auf die Umsetzung der individuellen Präferenzen in Politiken ausgerichtet sind. Normativ gesehen kann man diese Präferenzen individuell durchaus ablehnen; aus der Perspektive der Motive einer Wahlentscheidung sind sie aber von Präferenzen für eine höhere Rente oder einen geringeren Spitzensteuersatz nicht prinzipiell verschieden. Allerdings gilt die Dominanz einer substanziellen Wahlentscheidung zugunsten der AfD zunächst nur für die Europawahl 2014. Andere Untersuchungen haben gezeigt, inwiefern sich die Motivation für die Wahl der AfD bei den folgenden Landtags- und Bundestagswahlen – also unter Abwesenheit des Eurothemas – verändert und wie sich die thematische Neuausrichtung der verstärkten Immigrations-, Islam- und Modernisierungskritik sowie der populistischen Zuspitzung ausgewirkt hat (bspw. Arzheimer und Berning 2019; Schmitt-Beck et al. 2017).

7 Anhang

(siehe Tab. 2 und 3)

Tab. 2 Übersicht der verwendeten Variablen

Variablenname	Beschreibung	Kodierung
Bürgerinnen- und Bürgerbefragung zur Europawahl 2009: Rattinger et al. 2011		
Demokratiezufriedenheit	Zufriedenheit mit der Demokratie	4er Skala rekodiert zu 1 = sehr zufrieden; 2 = ziemlich zufrieden; 4 = nicht sehr zufrieden; 5 = überhaupt nicht zufrieden
Sachfrage „EU-Integration"	Eigene Position: EU-Integration sollte vorangetrieben werden	11er Skala von 1 =„Integration sollte weiter vorangetrieben werden" bis 11 =„Integration ist schon zu weit gegangen"; Rekodierung auf 5er Skala: 10/11 = 5 (schon zu weit gegangen); 8/9 = 4 (eher zu weit gegangen); 5/7 = 3 (weder noch); 3/4 = 2 (eher weiter vorantreiben); 1/2 = 2 (weiter vorantreiben)
Kandidatinnen- und Kandidatenbefragung zur Europawahl 2014: Roßteutscher et al. 2016		
Demokratiezufriedenheit	Zufriedenheit mit der Demokratie	5er Skala von 1 = „sehr zufrieden" bis 5 „sehr unzufrieden"
Sachfrage „EU-Integration"	Einschätzung der Parteiposition durch Kandidatinnen und Kandidaten der entsprechenden Partei zur Frage der europäischen Integration	11er Skala von 1 =„Integration ist schon zu weit gegangen" bis 11 =„Integration sollte weiter vorangetrieben werden"; Rekodierung auf 5er Skala: 1/2 = 5 (schon zu weit gegangen); 3/4 = 4 (eher zu weit gegangen); 5/7 = 3 (weder noch); 8/9 = 2 (eher weiter vorantreiben); 10/11 = 1 (weiter vorantreiben)
Bürgerinnen- und Bürgerbefragung zur Europawahl 2014: Rattinger et al. 2015		
Wahlentscheidung	Wahlabsicht oder Briefwahl für die AfD bei der EPW 2014	1 = Wahlentscheidung für die AfD; 0 = Wahlentscheidung für eine andere Partei
Sachfrage „EU-Integration"	Eigene Position: EU-Integration sollte vorangetrieben werden	11er Skala von 1 =„Integration sollte weiter voran getrieben werden" bis 11 =„Integration ist schon zu weit gegangen" (so verwendet in den Regressionsanalysen); Rekodierung auf 5er Skala: 10/11 = 5 (schon zu weit gegangen); 8/9 = 4 (eher zu weit gegangen); 5/7 = 3 (weder noch); 3/4 = 2 (eher weitervoran treiben); 1/2 = 2 (weiter vorantreiben)

(Fortsetzung)

Tab. 2 (Fortsetzung)

Variablenname	Beschreibung	Kodierung
Sachfrage „Steuern und Sozialstaat"	Eigene Position: weniger Steuern und Abgaben	11er Skala von 1 = „weniger Steuern und Abgaben, auch wenn das weniger sozialstaatliche Leistungen bedeutet" bis 11 = „Zuzugsmöglichkeiten für Ausländer sollten eingeschränkt werden"
Sachfrage „Immigration"	Eigene Position: Zuzugsmöglichkeiten für Ausländer	11er Skala von 1 = „Zuzugsmöglichkeiten für Ausländer sollten erleichtert werden" bis 11 = „Zuzugsmöglichkeiten für Ausländer sollten eingeschränkt werden"
Lösungskompetenz	Zuschreibung der Lösungskompetenz des aktuell wichtigsten Problems in Deutschland; berücksichtigt wurden nur Themen, die nicht die EU betreffen (inhaltliche Kodierung nach dem offiziellen GLES-Schema)	1 = Partei außer der AfD; 2 = keine Partei, alle Parteien gleich gut, Kein Problem genannt; 3 = AfD
Demokratiezufriedenheit	Zufriedenheit mit der Demokratie	5er Skala von 1 = „sehr zufrieden" bis 5 „sehr unzufrieden"
Vertrauen EP	Vertrauen ins Europäische Parlament	11er Skala rekodiert zu 1 = „voll und ganz" bis 11 = „überhaupt nicht"
Direkte Demokratie, EU	Abstimmung über EU-Verträge ausschließlich als Referendum	5er Skala von 1 = „stimme überhaupt nicht zu" bis 5 = „stimme voll und ganz zu"
Leistung Bundesregierung	Leistungsbewertung der Schwarz-Roten Bundesregierung	11er Skala rekodiert zu 1 = „völlig zufrieden" bis 11 = „völlig unzufrieden"
AWL, retrospektiv	Einschätzung der allgemeinen wirtschaftlichen Lage in den letzten ein bis zwei Jahren	5er Skala von 1 = „wesentlich besser geworden" bis 5 = „wesentlich schlechter geworden"

(Fortsetzung)

Tab. 2 (Fortsetzung)

Variablenname	Beschreibung	Kodierung
Relevanz der Wahlebene	Relevanz der europäischen Ebene im Vergleich zur nationalen Ebene für die Wahlentscheidung bei der EPW 2014	Für beide Ebenen: 5er Skala rekodiert zu 1 = „überhaupt nicht wichtig" bis 5 = „sehr wichtig"; Indikator gemessen als Different zwischen der Relevanz der Bundesebene und der Relevanz der Landesebene (positive Werte entsprechen also einer höheren Bedeutung der nationalen Ebene)
Alter	Alter der befragten Person	Alter in Jahren
Mann	Geschlecht der befragten Person	1 = männlich; 0 = weiblich
Wohnort in Ostdeutschland (inkl. Berlin)	Wohnort der befragten Person	1 = ostdeutsches Bundesland und Berlin; 0 = westdeutsches Bundesland
Bildung	Bildungsstand der befragten Person	2 = (Fach-)Hochschulreife u. Ä.; [hoch] 1 = mittlere Reife u. Ä.; [mittel] 0 = kein Schulabschluss, Hauptschule u. Ä. [niedrig]

Anmerkungen: Eigene Zusammenstellung

Tab. 3 Erklärungsmodelle der Wahlentscheidung für die AfD bei der EPW 2014 (N = 569)

	Modell 1		Modell 2		Modell 3		Modell 4	
Motiv: Nebenwahlverhalten								
Leistung Bundes- regierung	**1,36** 0,41	***					**0,32** 0,53	
AWL retro- spektiv	**−0,20** 0,37						**−0,78** 0,50	
Relevanz der Wahlebene	**0,30** 0,28						**−1,07** 0,37	**
Motiv: Systemkritik der EU								
Demokratie- zufriedenheit			**0,70** 0,40	*			**0,42** 0,52	
Vertrauen EP			**0,61** 0,38				**0,59** 0,44	
Direkte Demo- kratie, EU			**0,79** 0,46				**1,00** 0,63	
Sachfrage „EU-Integration"			**1,63** 0,50	***			**1,17** 0,59	**
Motiv: Allgemeine Sachfragenpräferenzen								
Sachfrage „Steuern und Sozialstaat"					**−0,40** 0,42		**−0,28** 0,43	
Sachfrage „Immigration"					**1,53** 0,54	***	**1,04** 0,63	*
Sachfrage „Klimaschutz"					**0,26** 0,42		**0,21** 0,45	
Lösungskompetenz (Referenz: keine Partei/alle Parteien)								
Andere Partei					**−1,18** 0,43	***	**−1,12** 0,46	***
AfD					**2,59** 0,70	***	**2,36** 0,75	***
Kontrollvariablen								
Alter	**−0,42** 0,38		**−0,31** 0,39		**0,24** 0,41		**−0,12** 0,49	
Mann	**0,24** 0,38		**0,38** 0,41		**0,24** 0,41		**0,08** 0,46	

(Fortsetzung)

Legitime Motive? 199

Tab. 3 (Fortsetzung)

	Modell 1		Modell 2		Modell 3		Modell 4	
Wohnort in Ostdeutschland (inkl. Berlin)	**0,68** 0,50		**0,41** 0,56		**0,51** 0,48		**0,31** 0,64	
Bildung (Referenz: keine oder niedrige Bildung)								
Mittel	**−0,43** 0,47		**−0,21** 0,52		**−0,45** 0,49		**−0,31** 0,62	
Hoch	**−1,21** 0,46	***	**−0,49** 0,53		**−0,85** 0,50	*	**−1,05** 0,65	
Konstante	**−2,96** 0,93	***	**−7,56** 1,24	***	**−4,24** 1,27	***	**−6,93** 1,75	***
Pseudo R² (McFadden)	0,10		0,22		0,27		0,38	

Anmerkungen: Beim Schätzmodell handelt es sich um eine einfach logistische Regression mit Anpassungsgewichten zur Erklärung der Wahlabsicht für die AfD im Vergleich zu einer Wahlabsicht für irgendeine andere Partei. In der Tabelle sind standardisierte logistische Koeffizienten (Fett gedruckt) und die jeweiligen Standardfehler eingetragen. Die Standardisierung der Variablen erfolgte nach dem Ansatz von Gelman (2008).
***p < 0,01; **p < 0,05; *p < 0,10
Quelle: Rattinger et al. (2015)

Literatur

Akkerman, A., C. Mudde, und A. Zaslove. 2014. How populist are the people? *Measuring populist attitudes in voters, Comparative Political Studies* 47 (19): 1324–1353.

Anderson, C.J., und D.S. Ward. 1996. Barometer elections in comparative perspective. *Electoral Studies* 15 (4): 447–460.

Arzheimer, K. 2015. The AfD: Finally a successful right-wing populist eurosceptic party for Germany? *West European Politics* 38 (3): 535–556.

Arzheimer, K., und C. Berning. 2019. "How the Alternative for Germany (AfD) and their voters veered to the radical right, 2013–2017." Electoral Studies 60: https://doi.org/10.1016/j.electstud.2019.04.004

Berbuir, N., M. Lewandowsky, und J. Siri. 2015. The AfD and its sympathisers: Finally a right-wing populist movement in Germany? *German Politics* 24 (2): 154–178.

Decker, F. 2004. *Der neue Rechtspopulismus*. Opladen: Leske + Budrich.

Decker, F. 2006. Die populistische Herausforderung. Theoretische und ländervergleichende Perspektiven. In *Populismus. Gefahr für die Demokratie oder nützliches Korrektiv?* Hrsg. F. Decker, 9–32. Wiesbaden: Springer VS.

Easton, D. 1965. *A systems analysis of political life*. New York: Wiley.

Falter, J.W., und H. Schoen, Hrsg. 2014. *Handbuch Wahlforschung*, 2. Aufl. Wiesbaden: Springer VS.

Franzmann, S. 2014. Die Wahlprogrammatik der AfD in vergleichender Perspektive. *Mitteilungen des Institutes für Deutsches und Internationales Parteienrecht und Parteienforschung* 20:115–124.

Gelman, Andrew. 2008. Scaling Regression Inputs by Dividing by Two Standard Deviations. *Statistics in Medicine* 27 (15): 2865–2873.

Giebler, H. 2014. Contextualizing turnout and party choice: Electoral behaviour on different political levels. In *Voters on the Run or on the Move?* Hrsg. B. Weßels, H. Rattinger, S. Roßteutscher, und R. Schmitt-Beck, 116–138. Oxford: Oxford University Press.

Giebler, H., und A. Wagner. 2015. Contrasting first- and second-order electoral behaviour: Determinants of individual party choice in European and German federal elections. *German Politics* 24 (1): 46–66.

Greenhill, B., M.D. Ward, und A. Sacks. 2011. The seperation plot: A new visual method for evaluating the fit of binary models. *American Journal of Political Science* 55 (4): 990–1002.

Häusler, A. 2013. *Die „Alternative für Deutschland" – Eine neue rechtspopulistische Partei? Materialien und Deutungen zur vertiefenden Auseinandersetzung.* Düsseldorf: Heinrich-Böll-Stiftung.

Hirschman, A.O. 1970. *Exit, voice and loyalty. Responses to decline in firms, organizations and states.* Cambridge: Harvard University Press.

Hobolt, S.B., und C.E. de Vries. 2016. Turning against the union? The impact of the crisis on the eurosceptic vote in the 2014 European parliament elections. *Electoral Studies* 44:504–514.

Ketelhut, J., A. Kretschmer, M. Lewandowsky, und L. Roger. 2016. Facetten des deutschen Euroskeptizismus: Eine qualitative Analyse der deutschen Wahlprogramme zur Europawahl 2014. *Zeitschrift für Parlamentsfragen* 47 (2): 285–304.

Kneip, S., und W. Merkel. 2018. *Demokratische Legitimität: Ein theoretisches Konzept in empirisch-analytischer Absicht.* WZB Discussion Paper. Berlin: WZB.

Krause, W., M. Spittler, und A. Wagner. 2017. Attraktion und Repulsion. AnhängerInnen rechts- und linkspopulistischer Parteien im europäischen Vergleich. *Leviathan. Zeitschrift für Sozialwissenschaft.* Das Volk gegen die liberale Demokratie. Hrsg. D. Jörke und O. Nachtwey, 106–137. Berlin: Springer.

Lewandowsky, M. 2015. Eine rechtspopulistische Protestpartei? Die AfD in der öffentlichen und politikwissenschaftlichen Debatte. *Zeitschrift für Politikwissenschaft* 25 (1): 121–135.

Lewandowsky, M., H. Giebler, und A. Wagner. 2016. Rechtspopulismus in Deutschland: Eine empirische Einordnung der Parteien zur Bundestagswahl 2013 unter besonderer Berücksichtigung der AfD. *Politische Vierteljahresschrift* 57 (2): 247–275.

Lipset, S.M. 1960. *Political man. The social bases of politics.* New York: Doubleday.

Merkel, W. 2004. Embedded and defective democracies. *Democratization* 11 (5): 33–58.

Merrill III, S., und B. Grofman. 1999. *A unified theory of voting: Directional and proximity spatial models.* Cambridge: Cambridge University Press.

Mudde, C. 2004. The populist Zeitgeist. *Government and Opposition* 39 (4): 541–563.

Niedermayer, O., und J. Hofrichter. 2016. Die Wählerschaft der AfD: Wer ist sie, woher kommt sie und wie weit rechts steht sie? *Zeitschrift für Parlamentsfragen* 47 (2): 267–284.

O'Brien, T. 2015. Populism, protest and democracy in the twenty-first century. *Contemporary Social Science* 10:337–348.

Pauly, M. 2016. Vom Nichtwähler zum Protestwähler: Wo die AfD-Stimmen herkommen. *Welt Online*, 14. März. https://www.welt.de/print/die_welt/article153257263/Vom-Nichtwaehler-zum-Protestwaehler-Wo-die-AfD-Stimmen-herkommen.html. Zugegriffen: 6. Dez. 2016.

Pitkin, H.F. 1967. *The Concept of Representation*. Berkeley: University of California Press.

Rattinger, H., S. Roßteutscher, R. Schmitt-Beck, B. Weßels, I. Bieber, E. Bytzek, und P. Scherer. 2011. Long-term Online Tracking, T2 (GLES 2009). GESIS Data Archive, Cologne. ZA5335 Data file Version 4.0.0. https://doi.org/10.4232/1.10830.

Rattinger, H., S. Roßteutscher, R. Schmitt-Beck, B. Weßels, C. Wolf, I. Bieber, und P. Scherer. 2015. Long-term Online Tracking, T24 (GLES). GESIS Data Archive, Cologne. ZA5724 Data file Version 1.2.0. https://doi.org/10.4232/1.12279.

Reif, K., und H. Schmitt. 1980. Nine second-order national elections – A conceptual framework for the analysis of European election results. *European Journal of Political Research* 8 (1): 3–44.

Roßteutscher, S., R. Schmitt-Beck, H. Schoen, B. Weßels, C. Wolf, A. Wagner, H. Giebler, und R. Melcher. 2016. Europäische Kandidatenstudie 2014 (GLES). GESIS Datenarchiv, Köln. ZA5717 Datenfile Version 2.0.0. https://doi.org/10.4232/1.12443.

Rudi, T., und H. Schoen. 2014. Ein Vergleich von Theorien zur Erklärung von Wählerverhalten. In *Handbuch Wahlforschung*, Hrsg. J.W. Falter und H. Schoen, 405–433. Wiesbaden: Springer VS.

Rudzio, K. 2016. Ungleichheit? Ihnen doch egal. *Zeit online*, 24. September. http://www.zeit.de/2016/40/afd-anhaenger-ungleichheit-fluechtlinge-bedrohung-parteierfolg. Zugegriffen: 6. Dez. 2016.

Scharpf, F. W. 2004. *Legitimationskonzepte jenseits des Nationalstaats*. MPIfG Working Paper 04/6, November 2004.

Schmitt-Beck, R. 2014. Euro-Kritik, Wirtschaftspessimismus und Einwanderungsskepsis: Hintergründe des Beinah-Wahlerfolges der Alternative für Deutschland (AfD) bei der Bundestagswahl 2013. *Zeitschrift für Parlamentsfragen* 2014 (1): 94–112.

Schmitt-Beck, R. 2017. The ,Alternative für Deutschland in the electorate': Between single-issue and right-wing populist party. *German Politics* 26 (1): 124–148.

Schwarzbözl, T., und M. Fatke. 2016. Außer Protesten nichts gewesen? Das politische Potenzial der AfD. *Politische Vierteljahresschrift* 57 (2): 276–299.

Spruyt, B., G. Keppens, und F. van Droogenbroeck. 2016. Who supports populism and what attracts people to it? *Political Research Quarterly* 69 (2): 335–346.

van der Eijk, C., und M.N. Franklin. 2009. *Elections and Voters*. Houndmills: Palgrave Macmillan.

van Hauwaert, S., und S. van Kessel. 2018. Beyond protest and discontent: A cross-national analysis of the effect of populist attitudes and issue positions on populist party support. *European Journal of Political Research* 57:68–92.

Wagner, A., M. Lewandowsky, und H. Giebler. 2015. Alles neu macht der Mai? Die Alternative für Deutschland (AfD) und die Europawahl 2014. In *Die Europawahl 2014. Spitzenkandidaten, Protestparteien, Nichtwähler*, Hrsg. M. Kaeding und N. Switek, 137–148. Wiesbaden: Springer VS.

Weßels, B., H. Rattinger, S. Roßteutscher, und R. Schmitt-Beck. 2014. The changing context and outlook of voting. In *Voters on the move or on the run?* Hrsg. B. Weßels, H. Rattinger, S. Roßteutscher, und R. Schmitt-Beck, 3–14. Oxford: Oxford University Press.

Legitimation der EU im Diskurs?

Ein deutsch-französischer Vergleich

Claudia Wiesner

Zusammenfassung

Legitimität und Legitimation sind in der politischen Praxis aufeinander bezogen, aber konzeptionell voneinander zu unterscheiden. Während ein Urteil zur Legitimität politischer Systeme und Ordnungen als normative oder empirisch-analytische Beurteilung eines Ist-Zustandes zu verstehen ist, bezieht sich Legitimation auf die *Praktiken und Prozesse,* in denen Legitimität erlangt oder mit denen sie erzeugt wird. Legitimationsprozesse zielen darauf, für politische Systeme Legitimitätsglauben zu erzeugen oder zu beeinflussen. Eine zentrale Funktion haben dabei sprachbasierte Praktiken, die den betreffenden Systemen oder Institutionen Bedeutung zuschreiben. Dieses Kapitel betrachtet a) konzeptionell-theoretisch und b) empirisch und vergleichend einen bestimmten Typ von sprachbasierten Legitimationsprozessen, und zwar *Legitimationsdiskurse* zur EU. Zwei nationale Europadiskurse werden mit Blick auf ihre Funktion für die Konstruktion von Legitimation oder Delegitimation für die EU vergleichend betrachtet, und zwar die Diskurse in Deutschland und Frankreich um die Ratifizierungsvoten zum EU-Verfassungsvertrag 2005.

Legitimität und Legitimation sind, wie in der Einleitung zu diesem Band sowie im Kapitel von Wiesner und Harfst diskutiert, aufeinander bezogen, aber voneinander zu unterscheiden. Während ein Urteil zur Legitimität politischer Systeme und Ordnungen als normative oder empirisch-analytische Beurteilung

---

C. Wiesner (✉)
Fachbereich Sozial- und Kulturwissenschaften, Hochschule Fulda, Fulda, Deutschland
E-Mail: claudia.wiesner@sk.hs-fulda.de

© Springer Fachmedien Wiesbaden GmbH, ein Teil von Springer Nature 2019
C. Wiesner und P. Harfst (Hrsg.), *Legitimität und Legitimation,* Vergleichende
Politikwissenschaft, https://doi.org/10.1007/978-3-658-26558-8_8

eines Ist-Zustandes zu verstehen ist, bezieht sich Legitimation auf die *Praktiken und Prozesse*, in denen Legitimität erlangt oder mit denen sie erzeugt wird. Legitimationsprozesse zielen darauf, für politische Systeme Legitimitätsglauben zu erzeugen oder zu beeinflussen. Dies kann, wie im Beitrag von Buzogany, Frankenberger und Graf diskutiert, durch bestimmte Policies geschehen. Wie von De Maesschalck und Gemperle diskutiert, können auch politische Handlungen bestimmter Akteure darauf zielen, Legitimation zu erzeugen oder abzusprechen. Eine zentrale Funktion haben schließlich sprachbasierte Praktiken, die den betreffenden Systemen oder Institutionen Bedeutung zuschreiben. Aufbauend auf diesen grundlegenden Unterscheidungen betrachtet dieses Kapitel a) konzeptionell-theoretisch und b) empirisch und vergleichend einen bestimmten Typ von sprachbasierten Legitimationsprozessen, und zwar *Legitimationsdiskurse* zur EU.

Dabei ist die grundlegende methodologische Prämisse, dass in diskursiven Legitimationsprozessen als sprachbasierten Praktiken die Konstruktion von Legitimation als Bedeutungszuschreibung mittels Sprechakten erfolgt. Die Bedeutungszuschreibungen konstruieren oder beeinflussen Begründungen und Inhalte für den jeweiligen Legitimitätsglauben – man könnte auch sagen, das jeweilige Legitimitätsnarrativ. Denn Legitimität wird einem politischen System nicht einfach so zugeschrieben, sondern sie wird, wie alle Beiträge dieses Bandes diskutieren, stets mit bestimmten Inhalten verbunden, wie zum Beispiel wirtschaftlicher Prosperität. In Diskursen als sprachgebundenen Prozessen werden solche Bedeutungszuschreibungen konstruiert und zirkuliert.

Die diskursive Konstruktion von Bedeutungszuschreibungen für die EU erfolgt dabei bislang nur selten Mitgliedstaaten übergreifend. Die EU wird vor allem in nationalen Europadiskursen mit Bedeutung aufgeladen, die jeweils in den Mitgliedstaaten stattfinden (Statham und Trenz 2013; Wiesner 2014). Dabei sind im EU-Mehrebenensystem nationalstaatliche und EU-bezogene Legitimationsprozesse und -muster aufeinander bezogen (siehe im Detail Wiesner 2014, S. 31 ff.).

Zwei dieser nationalen Europadiskurse werden in diesem Beitrag mit Blick auf ihre Funktion für die Konstruktion von Legitimation oder Delegitimation für die EU vergleichend betrachtet, und zwar die Diskurse, die in Deutschland und Frankreich um die Ratifizierungsvoten zum EU-Verfassungsvertrag 2005 stattfanden. Diese Diskurse sind für die Frage nach der diskursiven Legitimation der EU insofern besonders relevant, als sie grundlegend die Legitimität der EU als solche thematisieren, wie auch die Festlegung der neuen Regelungen der EU-Polity durch den Verfassungsvertrag – denn die Ratifizierungsvoten stellten idealtypisch die Frage nach Anerkennungswürdigkeit einer (neuen) politischen Ordnung, nämlich der Ratifizierung des EU-Verfassungsvertrags. Die Legitimität der EU stand mithin direkt zur Debatte.

Legitimation der EU im Diskurs? 205

In diesem Beitrag wird in dreifacher Hinsicht eine konzeptionelle wie auch analytische Erweiterung der Forschungsperspektive gegenüber den meisten bisher gängigen Ansätzen zur Untersuchung sprachbasierter Legitimationsprozesse vorgeschlagen. Diese (siehe etwa Schmidt 2006; Biegoń 2013; Hurrelmann 2008) konzentrieren sich vorwiegend auf *top-down* orientierte Prozesse, also auf Dynamiken, die von oben (Regierende, Parteien) nach unten (Regierte, Wähler) reichen. Diese werden im hier vorgestellten Untersuchungsdesign um eine starke und aktive *bottom-up* Perspektive ergänzt. Zudem wird der Kreis der betrachteten Diskursakteure weitergezogen als in den meisten anderen Ansätzen und umfasst neben den Regierenden auch Bürgerinnen und Bürger und NGOs. Schließlich wird ein Schwerpunkt nicht nur auf Übersichten von Argumenten, sondern auch auf die argumentativen Details der diskursiven Konstruktionen von Legitimation sowie die Diskursdynamik gelegt. Damit wird auch die theoretische sowie die analytische Perspektive auf die Untersuchung von sprachbasierten Legitimationsprozessen erweitert, indem Wechselwirkungen zwischen *top-down* und *bottom-up* induzierten Dynamiken in den Blick geraten.

Das Kapitel ist wie folgt aufgebaut: Im ersten Abschnitt wird zunächst diskutiert, welcher Art von Legitimität die EU bedarf und wie Legitimation der EU zu verstehen und zu erforschen ist. Daran anschließend werden im zweiten Abschnitt Forschungsstand, Prämissen und Forschungsdesign der Analyse diskursiv Legitimationsprozesse zur EU vorgestellt. Im Hauptteil des Kapitels erfolgt eine vergleichende Betrachtung der beiden nationalen Europadiskurse. Die leitenden Fragen dabei sind: Wie wurde in den beiden Diskursen Legitimation oder auch Delegitimation der EU konstruiert, d. h. welche Bedeutungsinhalte wurden zur Legitimation der EU vorgebracht, und welche dagegen, und welche rhetorischen Muster und Argumente wurden genutzt? Welche Akteure waren aktiv? Welche Legitimationsmotive setzen sich im Diskurs durch und welche nicht, und warum? Und wie stellen sich die Diskurse im Vergleich dar?

1 Legitimität und Legitimation der EU

Die Frage, welcher Form von Legitimität die EU bedarf, war und ist in der EU-Forschung strittig. Weitgehende Einigkeit besteht zwar bezüglich der Feststellung, dass die EU eine Art von politischer Einheit ist, eine Polity also (siehe etwa Eriksen und Fossum 2004; Scharpf 2009; Goodhart 2007; Moravscik 2002; Majone 1998; Abromeit 1998). Umstritten ist jedoch, wie sie zu legitimieren ist – die im Beitrag von Wiesner und Harfst angesprochenen Definitions- und Interpretationskonflikte um den Legitimitätsbegriff zeigen sich mithin auch in Bezug auf die Frage nach der Legitimität der EU.

1.1 Legitimität und Legitimation: Untersuchungsdimensionen

Die Debatte um die Legitimität der EU betrifft auf der normativ-theoretischen Ebene die Frage nach der Gewichtung der drei im Kapitel von Wiesner und Harfst diskutierten Dimensionen von Legitimität und Legitimation, der Inputkomponente, der Throughput- oder Systemkomponente und der Outputkomponente. Die empirische Messung von Legitimität bezieht sich dann auf die Einstellungen der Bevölkerung zu diesen drei Komponenten, indem etwa der Legitimitätsglaube oder die Bewertung von bestimmten Policies untersucht werden (siehe dazu die Beiträge von Wiesner und Harfst, von Haldenwang, Anstötz, Heyder und Schmidt sowie Osterberg-Kaufmann in diesem Band).

Die Untersuchung von Legitimation führt nun zu einer *Prozessperspektive* auf diese Dimensionen: Es werden die Prozesse betrachtet, mit denen Legitimität für eine Polity erzeugt oder beeinflusst wird. Diese können, wie eingangs ausgeführt und von Buzogany, Frankenberger und Graf diskutiert, zum Beispiel auf bestimmte Policies bezogen sei, es kann sich aber auch um *sprachbasierte Praktiken* handeln, die Institutionen, Polities oder Policies bestimmte Bedeutungen zuschreiben (im Falle der EU etwa „die EU als Garant des Friedens") und Legitimität konstruieren, zu- oder absprechen, und zwar in Bezug auf alle drei Dimensionen Input, Throughput und Output.

In diesem Artikel wird betrachtet, wie die EU als Polity und insbesondere der 2005 zur Ratifikation anstehende EU-Verfassungsvertrag mit Legitimität konstruierenden Bedeutungszuschreibungen verbunden werden. Mit diesem Zugriff ist auch eine bestimmte normativ-theoretische Vorentscheidung verbunden.

In der sozialwissenschaftlichen Debatte um die Frage, welche Form von Legitimität die EU braucht, argumentiert ein Lager, eine vorwiegend Output-orientierte Legitimation reiche für die EU aus (siehe etwa Majone 1998, S. 18; Scharpf 1999), und diese müsse mit einer indirekten Input-Legitimation über die Nationalstaaten verbunden werden. Die gegenläufige, zweite Position argumentiert dagegen, dass die EU einer stärkeren direkten Input-Legitimation bedarf (siehe Beetham und Lord 1998, S. 13 ff.).

Diese normativ-theoretischen Urteile sind insofern bedeutsam für die Frage nach der empirischen Erfassung von Legitimationsprozessen der EU, als sie auch die Relevanz eines bestimmten Forschungszugangs begründen. Der ersten idealtypischen Position folgend könnte durchaus argumentiert werden, dass es nicht wesentlich und auch nicht relevant ist, Legitimität und Legitimation der EU als Polity und im Sinne von Input- oder Throughputlegitimität zu untersuchen, da beide gar nicht erforderlich seien. Wenn überhaupt, wäre dieser Position folgend

Legitimation der EU im Diskurs? 207

relevant, ob die Bürgerinnen und Bürger ihre mitgliedstaatlichen Regierungen direkt legitimieren, ob diese ihre Aufgaben in der EU nachkommen, und ob der Output der EU zufriedenstellend ist.[1]

Die folgenden Ausführungen beruhen auf einer normativ-theoretischen Ausgangsposition, die dem zweiten Idealtypus und seinen Argumenten folgt: Die EU ist inzwischen keine internationale Organisation mehr, sondern eine supranationale Polity mit weitreichenden Auswirkungen auf das Alltagsleben ihrer Bürgerinnen und Bürger. Deshalb ist neben einer nationalstaatlich vermittelten Legitimation auch eine Legitimation der EU als Polity, und zwar in Bezug auf Input und Throughput und Output, normativ geboten. Outputorientierte Legitimation reicht nicht aus. Entsprechend ist auch die empirische Erfassung der entsprechenden Prozesse relevant (siehe im Detail Wiesner 2014, S. 31 ff.).

1.2 Legitimation als relationaler und sprachbasierter Prozess: Forschungsprämissen und bisherige Zugänge

Legitimation bezieht sich wie Legitimität (Beetham 1991, S. 31) auf die *Beziehung* zwischen Regierenden und Regierten, und dabei auf die Prozesse, die diese Beziehung beeinflussen. Wie beschrieben werden im Folgenden Diskurse als sprachbasierte Legitimationsprozesse betrachtet. Dabei werden fünf Forschungsprämissen zugrunde gelegt:

1. Durch Sprechakte werden Begründungen und Inhalte für Legitimität konstruiert. Diese werden in Diskursen zirkuliert.

Bisher vorliegende Arbeiten zu Legitimationsdiskursen lassen dabei drei entscheidende Dimensionen weitgehend außer Acht: Die *bottom-up* Komponente, also Prozesse, die von unten (z. B. Regierte) nach oben (z. B. Regierungen)

---

[1]Interessanterweise hat die empirische Legitimitätsforschung zur EU mit den Eurobarometern jedoch bereits seit 1973 implizit die Perspektive übernommen, dass die EU-Bürgerinnen und Bürger eine direkte Beziehung zur EU als polity haben und diese auch als relevant zu betrachten ist. In den Eurobarometern werden die klassischen Dimensionen aus der nationalstaatsorientierten empirischen Forschung zu Legitimität und Systemunterstützung mit Bezug auf die EU abgefragt. Lediglich ein Mehrebenencharakter wird in einigen Fragen hinzugefügt, wenn Dimensionen vermittelt über die Mitgliedstaaten erfragt werden („Finden Sie, dass die Mitgliedschaft Ihres Landes in der EU eine gute oder eine schlechte Sache ist?").

verlaufen; unterschiedliche Wirkrichtungen in der Konstruktion von Legitimität, und die rhetorischen und diskursiven Mikrostrategien. Diese sollten in die Untersuchung einbezogen werden, denn:

2. Legitimation als relationaler Prozess hat eine *top-down* und eine *bottom-up*-Komponente.

Legitimation als relationaler Prozess betrifft das *Verhältnis* von Regierenden und Regierten. Die gängige Forschungsperspektive in der Betrachtung von Legitimationsprozessen verläuft dabei von oben (Regierende) nach unten (Regierte), d. h. es wird zumeist betrachtet, wie Regierende versuchen, Legitimation aktiv herzustellen oder aber zu beschaffen, welche Legitimationsangebote sie dazu machen und welche Legitimationsstrategien sie nutzen (siehe etwa Biegoń 2013; Hurrelmann 2008). Dabei wird implizit davon ausgegangen, dass mit der Verbreitung von Legitimationsmustern potenziell auch Legitimitätsglaube beeinflusst werden kann. Jedoch bringt die bloße Tatsache, dass ein Legitimationsmuster zirkuliert wird, noch nicht dessen Akzeptanz mit sich. Dafür muss den *top-down* verbreiteten Legitimationsansprüchen eine *bottom-up*-Komponente der Akzeptanz gegenüberstehen. Dies ist nicht ohne Weiteres gegeben. Vielmehr scheint die Wirkung von Legitimationsdiskursen auf Einstellungen oder Wählerabsichten sehr differenziert auszufallen (siehe dazu ausführlich Wiesner 2015). Zudem gibt es unterschiedliche Wirkrichtungen in der Verbreitung und Rezeption von Legitimationsmustern und es können konfligierende Muster im Diskurs zirkuliert werden.

3. Ein Diskurs wirkt nicht *top-down,* sondern ist zirkulär.

Um dies zu erfassen, müssen die Diskurse im Detail analysiert werden. Legt man den Zugriff entsprechend an (siehe auch Schmidtke und Schneider 2012, S. 21) und fragt generell nach den Praktiken, Akteure und Akteurinnen und Prozessen in Legitimationsprozessen, zeigt sich, dass auch Bürger, Aktivisten oder NGO-Vertreter aktiv (De-)Legitimationsmuster ausprägen und diese diskursiv verbreiten können. Dies bedeutet:

4. Der Kreis der (potenziell) in den Diskursen aktiven Akteure umfasst nicht vor allem Regierende, sondern auch Bürger, Aktivisten und NGOs.

Sprachbasierte Legitimationsprozesse sind mit den Methoden und Werkzeugen der Felder Inhaltsanalyse, Diskursanalyse oder rhetorische Analyse zu greifen. Es dominieren in der Forschung zu sprachbasierten Legitimationsprozessen zumeist quantitative Inhaltsanalysen, nur wenige Arbeiten nutzen auch interpretative

Techniken (beispielhaft siehe Biegoń 2013; Crespy 2014). Quantitative Inhaltsanalysen ermöglichen es jedoch nicht, komplexe Argumentationsgänge und Zusammenhänge zu untersuchen. Um diese zu erfassen, bedarf es der Nutzung verschiedener interpretativer Techniken (siehe dazu ausführlich Wiesner et al. 2017). Einzig ein solches Vorgehen ermöglicht es, zu erforschen, wie in Diskursen Bedeutung konstruiert wird. Deshalb gilt:

5. Sprachbasierte Legitimationsprozesse sollten mit dem kompletten Werkzeugkasten der sprach- und inhaltsanalytischen Methoden untersucht werden.

2 Die diskursanalytische Untersuchung von Legitimationsprozessen im EU-Mehrebenensystem: Prämissen und Forschungsdesign

Die hier vorgestellte Untersuchung ist vor diesem Hintergrund als weitgehend qualitative, vergleichend angelegte Diskursanalyse angelegt, in der zwei nationale Europadiskurse untersucht wurden (Wiesner 2014). Vorauszuschicken ist den folgenden Ausführungen die grundlegende Vorbemerkung, dass jedwede Art qualitativer Textanalyse auf der kategoriengeleiteten Auswertung des oder der Forschenden beruht. Damit sind die Ergebnisse plausibel, verlässlich und auch insoweit reproduzierbar, als die Analyse theorie- und kategoriengeleitet zu erfolgen hat und durch Protokolle sowie Kodebücher und Kodierregeln angeleitet werden muss. Die Ergebnisse beruhen jedoch weiterhin auf den interpretativen Fähigkeiten und Schlussfolgerungen der Forschenden – es handelt sich also um Zuordnungen, Kategorisierungen und Typenbildungen, die die Forschende aufgrund der Ergebnisse plausibel begründen kann (siehe auch dazu ausführlich Wiesner et al. 2017).

2.1 Diskursanalytische Forschungsprämissen

Die Einordnung als vergleichend angelegte Diskursanalyse stellt zunächst eine *methodologische* Prämisse dar, aus der noch keine bestimmte Methode oder Vorgehensweise folgt. Das multi- und interdisziplinäre, methodisch-konzeptionelle Feld der Diskursforschung (Keller 2007) umfasst vielmehr verschiedenste diskursanalytische Ansätze, die sich mit Blick auf theoretische Hintergründe, methodologische Prämissen, Analyseebenen, Vorgehen, Gegenstände und Themen teilweise erheblich unterscheiden (für Übersichten siehe Johnstone 2008, S. 1 ff.; Wood und Kroger 2000, S. 22 ff., 96; Wodak 2008b; Keller 2007; Titscher 2000; Kerchner 2006). Kennzeichnend ist allerdings folgender Kern an gemeinsamen erkenntnistheoretischen und methodologischen Prämissen, die auch Grundlage der vorliegenden Untersuchung sind:

- Sprache ist Untersuchungsgegenstand und Sprechakte werden als soziale Praxis verstanden: „When you say something you are doing something [...]" (Johnstone 2008, S. 230).
- Sprache als soziale Praxis konstruiert Bedeutung (vgl. Wood und Kroger 2000, S. 3), sowie – in der kritischen Diskursanalyse – auch Herrschaftsverhältnisse (Fairclough und Wodak 1997; van Dijk 2001; Jäger 2009, S. 251 ff.).
- Ein Diskurs ist ein Zusammenhang von thematisch oder institutionell abgrenzbaren, Bedeutung konstituierenden und sprachgebundenen Ereignissen oder Praktiken (Johnstone 2008, S. 2 ff.; Wood und Kroger 2000, S. 3 ff.).
- Soziale Akteure konstruieren in Diskursen als kollektiven Interaktionsprozessen Wirklichkeitsdefinitionen und handeln symbolische Ordnungen aus.
- Diskurse zirkulieren Ideen – dadurch können Macht erhalten und Legitimität, Identifikation sowie Ideologien verbreitet und konstruiert werden.
- Diskurse sind nicht willkürlich oder zufällig, sondern nach bestimmten Regeln strukturiert, die Sagbarkeit und Bedeutungszuschreibungen von Beiträgen beeinflussen (Johnstone 2008, S. 76 ff.; Wood und Kroger 2000, S. 95; van Dijk 1998, S. 198; Keller 2007, S. 20 ff.).
- Das grundsätzliche Ziel einer Diskursanalyse ist, zu erklären, was im Diskurs geschieht und wie dies vonstatten geht, sowie die Regeln und Faktoren ausfindig zu machen, die die Sagbarkeit und den Bedeutungsgewinn von Aussagen prägen (Johnstone 2008, S. 78, 124 f.; Wood und Kroger 2000, S. 95; van Dijk 1998, S. 198; Keller 2007, S. 20 ff.).

Jenseits dieser Prämissen sind der theoretische und methodologische Standpunkt und die Methodik, und auch der genutzte Diskursbegriff explizit zu machen.

Im hier vorgestellten Forschungsdesign wurde von drei Leitfragen einer Diskursanalyse ausgegangen: 1) Was geschieht im Diskurs?, 2) Wie wird im Diskurs Bedeutung konstruiert?, 3) Warum?.

Um das „Was" des Diskurses zu erfassen – Inhalte von Aussagen, zentrale Motive, Typen von Bedeutungszuschreibungen, Themen, und Beitragende –, sind die Methoden der sozialwissenschaftlichen qualitativen Text- und Inhaltsanalyse relevant. Um darüber hinaus auch das „Wie", nämlich die relevanten Abläufe und Bezüge zwischen Diskursinhalten, Akteuren und Kontexten, und das „Warum" des Diskurses zu analysieren, nämlich die Hintergründe der Aussagen und der ihnen zugeschriebenen Bedeutung, müssen über die inhaltsanalytischen Anteile hinaus auch die relevanten Verknüpfungen von Diskursbestandteilen, Akteuren,

Legitimation der EU im Diskurs? 211

Tab. 1 Erfassung des Was, Wie und Warum eines Diskurses

Was geschieht im Diskurs:	Wie wird Bedeutung konstruiert?	Warum verläuft der Diskurs so, warum setzen sich bestimmte Motive durch, und andere nicht?
Verlauf erheben: • Übersichten (Protokolle) • Ereignisübersichten • Intensität (Zählung Artikel) • Akteure Diskursinhalte erheben: • Motive • Argumente • Bezüge • Themenfelder • Referenzebenen	• Welche Regeln der Diskurse sind erkennbar/lassen sich erschließen? (Kontextwissen, Protokolle, Ergebnis Auswertung) • Welche Argumente dominieren, setzen sich durch? Wo und wie? • Welche Bezüge zwischen Motiven und Argumenten sind festzustellen? • Welche Bezüge zu relevanten Kontextfaktoren sind festzustellen? • Nach Prinzipien qualitativen Forschens: Kodieren, relevante Merkmalskombinationen erheben, typisieren, kategorisieren, Modelle/Theorien bilden	• Welche Regeln der Diskurses sind erkennbar/lassen sich erschließen? • Welche Bezüge zu Kontextfaktoren finden sich im Diskurs? • Welche Kombinationen von Argumenten, welche Bezüge erschienen besonders wirksam? • Nach Prinzipien qualitativen Forschens: Kodieren, relevante Merkmalskombinationen erheben, typisieren, kategorisieren, Modelle/Theorien bilden

Anmerkungen: Eigene Darstellung

Interessen und Hintergründen von Aussagen erfasst und der Kontext der Diskurse und seine Auswirkungen in den Diskursen erhoben und einbezogen werden[2] (Tab. 1).

Die Untersuchung war als vergleichende Diskursanalyse angelegt. Für dieses Vorgehen gibt es in den bestehenden diskursanalytischen Ansätzen nur wenige konkrete Vorschläge. Daher wurde das Untersuchungsdesign eigenständig entwickelt. Genutzt und einbezogen wurden dabei erstens methodische

---

[2]In diesem zentralen Aspekt unterschied sich das Untersuchungsdesign der hier vorgestellten Untersuchung von den meisten anderen diskusanalytischen Zugängen: Es wurde von der methodologischen Prämisse ausgegangen, dass Diskurse nicht als in sich geschlossene Bedeutungszusammenhänge zu betrachten sind, sondern es wurde angenommen, dass sie grundsätzlich von vorherigen Diskursen, sozioökonomischen Faktoren oder gesellschaftlichen und politischen Strukturen beeinflusst werden können.

Überlegungen verschiedener diskursanalytischen Texten (insbesondere Foucault 2003, S. 34 ff., 2008; Laclau und Mouffe 1991; Jäger 2009, S. 158 ff.; Keller 2007; Titscher 2000; Wodak 2008a), zweitens die Ausführungen von Kelle (Kelle 2008) sowie Kelle und Kluge (Kelle und Kluge 1999) zum qualitativen Forschen, drittens die Standards der qualitativen Inhaltanalyse (Mayring 2008; Gläser und Laudel 2004), viertens Vorgehensweisen aus der *Grounded Theory* (siehe klassisch Glaser und Anselm L. Strauss 2005; Anselm L. Strauss und Corbin 1996).

Aus diesen und den vorausgegangenen Überlegungen ergeben sich acht Formmerkmale, die Diskurse und die darin ablaufenden Sinnzuschreibungen gestalten. Diese sind als heuristische Kategorien zur Analyse der Diskurse zu verstehen, das heißt, sie wurden zur Auswertung der Diskurse und zur Strukturierung und Synthese der Ergebnisse genutzt (Tab. 2):

Zusammenfassend sind dies die methodologischen Prämissen des Forschungsdesigns: Legitimationsdiskurse zur EU sind diskursive Prozesse, in denen Bedeutungszuschreibungen von Bürger und Bürgerinnen, Regierenden sowie weiteren politischen, wirtschaftlichen oder wissenschaftlichen Akteuren vorgebracht, zirkuliert und umkämpft werden. Dabei sind *top-down* und *bottom--up* Dynamiken aufeinander bezogen. Es setzen sich im Diskurs bestimmte

Tab. 2 Acht Formmerkmale von Diskursen

1	Verlauf	Der Ablauf des Diskurses mit Blick auf Themen, Intensität/Zahl der Beiträge, wesentliche Ereignisse
2	Akteure	Die zentralen Personen oder institutionellen Akteure, die den Diskurs gestalten
3	Regeln	Sie strukturieren den Verlauf des Diskurses und die Sagbarkeit von Äußerungen
4	Referenzebenen	Politische Ebenen (EU, Ausland, Inland) oder inhaltliche Themenfelder, auf die der Diskurs sich bezieht
5	Themenfelder	Inhaltliche Bereiche, die der Diskurs berührt
6	Motive	Typen von Bedeutungszuschreibungen im Sinne von zugeschriebenen Eigenschaften und Handlungsmotiven
7	Argumente	Typisierende Abläufe in Bedeutungszuschreibungen bzw. Argumentationsgänge
8	Bezüge	Beziehungen zwischen Motiven, Themenfeldern, Referenzebenen, Regeln, Akteuren oder Kontextfaktoren, die im Diskurs konstruiert werden

Anmerkungen: Eigene Darstellung

Legitimation der EU im Diskurs? 213

Zuschreibungen durch und andere nicht. Es kann Legitimation diskursiv erzeugt oder beeinflusst werden, aber auch bestritten. Legitimation der EU wird zudem in einem Mehrebenensystem aus Nationalstaaten und EU konstruiert und beeinflusst. Legitimationskonstruktion erfolgt darin zentral durch nationale Europadiskurse.

2.2 Fall- und Materialauswahl sowie Vorgehen[3]

Aufbauend auf diesen Prämissen wurden zwei nationale Europadiskurse untersucht. Das Untersuchungsdesign zielte auf tiefgehende Untersuchung der Diskurse und ihrer Kontexte. Gewählt wurde deshalb ein *dual-case-design*. Dabei waren die nationalen Europadiskurse als Prozesse der Konstruktion von Bedeutungszuschreibungen an die EU Untersuchungsgegenstand. Fünf innenpolitische Kontextfaktoren prägen diese Diskurse: 1) Politisches System, 2) politische Parteien und die europäische Integration, 3) Bürgerinnen und Bürger und ihre Einstellungen zur EU, 4) die Konzepte nationaler Identität, 5) vorherige Europadiskurse. Es wurden in Bezug auf diese innenpolitischen Kontextfaktoren kontrastierende Fälle ausgewählt. Dagegen sollten die Rollen der Staaten innerhalb der EU möglichst gleich gelagert sein, um eine Vergleichbarkeit der Fälle in Bezug auf die innenpolitischen Faktoren zu ermöglichen. Sinnvoll war weiterhin, langjährige und große EU-Mitgliedstaaten auszuwählen: Nur dort konnte die Ausprägung der fünf innenpolitischen Kontextfaktoren auch im Zeitverlauf betrachtet werden, und zudem wirken große EU-Mitgliedstaaten für die Entwicklung der EU strukturell und politisch-kulturell prägender als kleinere. Wird dort also Legitimation der EU erfolgreich konstruiert, oder umgekehrt Legitimität der EU dort infrage gestellt bzw. Delegitimation konstruiert, hat das potenzielle Breitenwirkung und schon wegen der Größe der Staaten erhebliches Gewicht. Es war also nahe liegend, große Gründerstaaten der EU heranzuziehen.

Als erster, theoretisch besonders relevanter Fall bot sich der französische Diskurs zum EU-Referendum 2005 an. Als zweiter, kontrastierender Fall wurde danach Deutschland und der Diskurs um die Ratifikation des EU-Verfassungsvertrages (EUV) 2005 ausgewählt. Ein entscheidender Unterschied beider Fälle war, dass in Frankreich der Verfassungsvertrag parlamentarisch und per Referendum ratifiziert wurde, in Deutschland aber nur parlamentarisch.

---

[3]Zum Folgenden siehe in aller Ausführlichkeit Wiesner (2014, S. 68–125).

Als zeitliche Begrenzung der Diskurse wurde festgelegt der Zeitraum vom 1. Januar 2005 bis zum 25. Juni 2005: Am 1. Januar kündigte Frankreichs damaliger Präsident Jacques Chirac ein Referendum zum EU-Verfassungsvertrag an. Das Referendum fand am 29. Mai 2005 statt. Am 12. Mai 2005 und dann am 27. Mai stimmten der Deutsche Bundestag und der Bundesrat der Ratifizierung des EU-Verfassungsvertrages zu. Um auch die diskursive Bewertung dieser Ereignisse einzubeziehen, wurde als Enddatum der 25. Juni 2005 gewählt, nämlich das Ende der Berichterstattung über die Tagung des Europäischen Rates am 16. und 17. Juni 2005.

Was das Material angeht, ist der direkte Austausch der Diskursbeteiligten untereinander – etwa auf Diskussionsveranstaltungen zum EU-Verfassungsvertrag – im Nachgang nicht mehr zu erfassen. Daher musste sich der Forschungsprozess auf medial vermittelte Diskursbeiträge beziehen. Hier konzentrierte sich die Untersuchung aus drei Gründen auf eine Betrachtung von Qualitätstageszeitungen. Diese stellen erstens eine intermediäre Ebene der Konstruktion von Zuschreibungen zwischen der Ebene der Politik bzw. politischer Funktionseliten und der Ebene der Bürger oder Aktivisten dar, und sie berichten über Ereignisse auf beiden Ebenen. Zweitens zeigte sich bei Vorstudien, dass es sinnvoll war, einen einheitlichen Typus von Material zu untersuchen, damit gemeinsame Auswertungsstandards angewandt werden konnten. Drittens war es aus Gründen der theoretischen Relevanz erforderlich, das politische Spektrum in Frankreich möglichst in der Breite abzubilden, weil ansonsten zentrale Elemente des Diskurses nicht hätten erfasst werden können.[4]

Insgesamt ergab sich so eine Zuspitzung des Materialkorpus auf die Qualitäts-Tagespresse mit den Tageszeitungen Le Figaro (Mitte-rechts), Le Monde (liberale Mitte), Libération (linksliberal) und L'Humanité (links). Der Materialkorpus

---

[4]Im Zuge eines zu Beginn durchgeführten Gastaufenthaltes am Institut des Études Politiques in Paris wurde die Materialbasis durch Stichproben am potenziellen Material, Analyse der Sekundärliteratur zum Diskurs und aufgrund von Expertengesprächen mit französischen Forscherinnen und Forschern konkretisiert. Hier verdanke ich aufschlussreiche Erkenntnisse meinen Gesprächen mit Nonna Mayer, Olivier Rozenberg und Sophie Duchesne: Ein zentraler Konflikt um den EU-Verfassungsvertrag bestand bei den moderat linken Parteien PS und Grüne; links- und rechtsextreme Parteien und ihre Wählerinnen und Wähler waren klar gegen den EU-Verfassungsvertrag eingestellt. Um diese theoretisch besonders relevanten Merkmale einzubeziehen, wurden ins sample einbezogen: die linksliberale *Libération, die* besonders den internen Streit der Sozialisten und Sozialistinnen und des linksliberalen Milieus abbildete, und die kommunistische *L'Humanité* als die einzige Tageszeitung, die aktiv gegen den EUV auftrat. Im rechtsextremen Spektrum existiert kein Pendant.

Legitimation der EU im Diskurs? 215

für den Fall Frankreich wurde in der Datenbank BPE Europresse erhoben (alle Beiträge zum Suchwort „Referendum"). Insgesamt waren nach der Korrektur von Doppel- und Fehlerhebungen 6358 Artikel relevant. Für den deutschen Diskurs wurden analysiert die Tageszeitungen Frankfurter Allgemeine (konservativ), Süddeutsche Zeitung (liberal) und taz (linksliberal) sowie Neues Deutschland (ganz links). Hier waren nach der Erhebung in den Online-Archive der Zeitungen und der Datenbank Lexis-Nexis (aufgrund der anderen Ereigniskonstellation mit den Suchwörtern „EU UND Verfassung*" oder „EU UND Referendum") sowie nach der Korrektur von Doppel- und Fehlerhebungen 1787 Artikel für die Fragestellung relevant. Die Tageszeitungen werden im Folgenden mit Kürzeln zitiert, an die das jeweilige Datum des Erscheines eines Artikels und seine laufende Nummer an diesem Erhebungstag angehängt werden: Le Figaro (LF), Le Monde (LM), Libération (L) und L'Humanité (H) sowie Frankfurter Allgemeine (FAZ), Süddeutsche Zeitung (SZ) und taz (taz) sowie Neues Deutschland (ND).

Die erhobenen Artikel wurden in vier Untersuchungsphasen ausschließlich von Hand ausgewertet und kodiert. Nach einer Vorauswahl der theoretisch besonders relevanten Artikel wurden so insgesamt 2247 Artikel kodiert (für Frankreich: 1311 Artikel, für Deutschland: 936 Artikel). Den Prinzipien des *theoretical sampling* bis zur theoretischen Sättigung sowie des achsialen Kodierens folgend (s. dazu Kelle und Kluge 1999, S. 58 ff.), wurden die Ergebnisse mit Blick auf die oben genannten Untersuchungsfragen und -dimensionen ausgewertet. Zu jedem Untersuchungsschritt wurden Protokolle angelegt. Das sich entwickelnde Kodeschema wurde abschließend auf das gesamte kodierte Material angewendet. Darauf aufbauend wurden Schlussfolgerungen gezogen. Im Folgenden werden die für die Fragen nach der diskursiven Konstruktion von Legitimation zentralen Ergebnisse vorgestellt.

3 Ergebnisse

Wie wurde nun in den beiden Diskursen Legitimation oder auch Delegitimation der EU konstruiert, d. h. welche Bedeutungsinhalte wurden zur Legitimation der EU vorgebracht, und welche dagegen, und welche rhetorischen Muster und Argumente wurden genutzt? Welche Akteure waren aktiv? Welche Legitimationsmotive setzen sich im Diskurs durch und welche nicht, und warum? Und wie stellen sich die Diskurse im Vergleich dar?

Die im Folgenden vorgestellten Ergebnisse stellen, wie oben ausgeführt, die Zuordnungen, Kategorisierungen und Typenbildungen dar, die im Verlauf des

216   C. Wiesner

Forschungsprozesses gebildet wurden. Sie beziehen sich auf die acht Formmerkmale Verlauf, Akteure, Regeln, Referenzebenen, Themenfelder, Motive,
Argumente und Bezüge des Diskurses.

3.1 Verlauf und Akteure der Diskurse

Verlauf: Verlauf und Intensität der beiden Diskurse unterschieden sich signifikant, und sie entwickelten sich auch in beiden Fällen unterschiedlich. In Frankreich stieg die Intensität bis zum 29.5. kontinuierlich an, um dann wieder deutlich
abzusinken. In Deutschland intensivierte sich der Diskurs bis Mai kaum, zeigte
dann Ausschläge um die Voten von Bundestag und Bundesrat herum. Auffällig
ist: Die Berichterstattung über das französische Referendum markiert den quantitativen Höhepunkt des deutschen Diskurses mit 91 Beiträgen am 31.5. und nicht
das Votum des Bundestages mit 36 Beiträgen am 13.5. Der deutsche Diskurs
folgte somit bis Ende Mai dem französischen. Ab Juni entwickelten sich beide
Diskurse wieder auseinander und es entstand in Deutschland eine eigenständige,
stark auf die EU-Ebene bezogene deutsche Debatte (Abb. 1).

Somit konnten in Frankreich zahlreiche Legitimationszuschreibungen zirkuliert werden. Dieser intensive Diskurs zeigte unmittelbare Wirkung bei den Rezi-
pienten. In den Wochen vor der Abstimmung wurde dabei der EUV zu einem
zentralen und im April sogar zum wichtigsten Debattengegenstand der Franzosen, obwohl die europäische Integration vorher ein marginales Thema gewesen
war[5]. Am 23. März 2005 gaben bereits 23 % der Befragten einer Umfrage der
Meinungsforschungsgesellschaft CSA an, in privaten Zusammenhängen wie auch
am Arbeitsplatz über die EU zu diskutieren. Ende April waren es sogar schon
37 % – die EU war mit großem Abstand wichtiger als Arbeit, Freizeit, und Familie (Rozès 2005, S. 31). Der Referendumsdiskurs kann als die größte Politisierung der französischen Wähler seit den Präsidentschaftswahlen 1981 interpretiert
werden (Rozès 2005, S. 29 ff.).

Akteure: Was die Diskursakteure anbelangt, hatten in beiden Staaten Politiker
der nationalen Ebene zentrale Rollen. Ansonsten beteiligten sich unterschiedliche
Akteure in unterschiedlichen Gewichtungen: In Deutschland waren auch Politiker der EU-Ebene und des EU-Auslandes wichtig, die in Frankreich geringere

---

[5]Zu den Europawahlen 2004 erwähnten nur 8 % der französischen Befragten der European
Election Studies die EU überhaupt, und nur 2 % nannten sie als wichtigstes Thema Cautrès
und Tiberj (2005, S. 63 f.).

Legitimation der EU im Diskurs? 217

Abb. 1 Vergleichende Betrachtung der Gesamtzahl der Artikel in Deutschland und Frankreich. (*Anmerkungen:* Eigene Darstellung)

Bedeutung hatten. Vertreter und Vertreterinnen von nationalen zivilgesellschaftlichen Organisationen waren dagegen in Frankreich weit bedeutsamer. Der deutlichste Unterschied bestand bezüglich der Rolle der Bürgerinnen und Bürger, die in Frankreich den Diskurs mitprägten, in Deutschland aber nur eine marginale Rolle hatten oder advokatorisch thematisiert wurden.

Der französische Referendumsdiskurs wurde in über das ganze Land verteilten öffentlichen Diskussionsveranstaltungen, Publikationen, Flugblättern, Aufrufen und Demonstrationen ausgetragen. Eine zentrale Rolle hatte die linke politische Bewegung des *Non de Gauche,* die Minderheitenvertreter von Sozialisten und Grüne sowie ATTAC und linke Gewerkschaften umfasste und aktiv für das Nein eintrat.

In Deutschland blieb der Diskurs dagegen trotz punktueller Kritik der Bürgerinnen und Bürger auf die Kreise der an Europapolitik Interessierten, Medienschaffenden, Politiker und Wissenschaftler beschränkt. Zudem gab es nur wenig öffentlich wahrnehmbare Kontroversen, nicht zuletzt deshalb, weil sich kaum prominente Vertreter des politischen oder gesellschaftlichen Mainstreams gegen den Verfassungsvertrag äußerten.

Der Diskurs in Frankreich hatte also mehr Akteure und mehr Breitenwirkung als der deutsche, und er bot damit mehr Potenzial zur Verbreitung von Mustern der Legitimation und Delegitimation der EU.

3.2 Themen, Motive, Argumente, Bezüge in Frankreich

Mit welchen Themen, Motiven, Argumenten und Bezügen wurde in den beiden Diskursen nun Legitimation für die EU konstruiert oder angezweifelt?

In Frankreich fiel zunächst auf, dass Argumente, Motive und Bezüge stark durch den zentralen Gegensatz zwischen Vertretern des „Ja" und des „Nein" im Referendum geprägt wurden. Dabei waren sie oftmals polemisch ausgerichtet und/oder bezogen sich auf das gegnerische Lager. Politisch-inhaltliche Argumente wurden weit seltener verwandt (Tab. 3).

Als erste grundlegende Unterscheidung lässt sich festhalten, dass die Ja-Argumente und -Motive im Kern darauf zielten, der EU Legitimität zuzusprechen, und die Nein-Argumente und -Motive diese tendenziell hinterfragten oder ablehnten.

3.2.1 Ja-Argumente

Obwohl die Ja-Argumente darauf zielten, der EU Legitimität zuzuschreiben, konstruierten sie nur selten ein eigenständiges, also von den Nein-Argumenten unabhängiges, positives Bild des EUV oder der EU. Zahlreiche Ja-Argumente waren entweder negativ formuliert, im Sinne von „Ja, um zu verhindern…", oder

Tab. 3 Übersicht zentrale Themenfelder, Argumente, Motive und Bezüge Frankreich

Ja-Motive (Oui)	Nein-Motive (Non)
1. Diskursinterne Motive	**1. Diskursinterne Motive**
Gegnerbezug	Gegnerbezug
Ja-aber	Populistisches Motiv
Interne Debatten im Oui-Lager	Linksbündnis/Bewegungsmotiv
2. Frankreichs Interessen	**2. Inhaltlich fundierte Kritik**
Verantwortungsmotiv	Antiliberales Motiv
Pragmatismusmotiv	Kritik an EUV
Rolle Frankreich in EU	Nationalrepublikanisches/souveränistisches
Europe Puissance	Motiv
3. Normatives Europa	

Anmerkungen: Eigene Darstellung

Legitimation der EU im Diskurs? 219

sie hatten eine starke Ja-Aber-Konnotation, also im Sinne von „Ja sagen, aber verhindern, dass…". Die Ja-Argumente griffen damit inhaltlich diejenigen der Nein-Vertreter auf, was deren Rolle im Diskurs stärkte. Auffällig viele der Befürworter nutzten solche Ja-aber-Motive. So griff Nicolas Sarkozy in einer Grundsatzrede vor dem Präsidium der UMP gleich mehrere Nein-Argumente auf:

> „Dire oui à la Constitution pour mieux dire non au reste: à la Turquie, aux délocalisations, à la réforme de la politique agricole commune." (L 070305_2)[6]

Francois Hollande argumentierte:

> „si la Constitution européenne est votée, nous aurons une protection supplémentaire par rapport à une future directive services, puisque dans le projet de Constitution les services publics sont reconnus." (LF 240305_18)[7]

Ein weiteres Ja-Aber-Argument bestätigte den Unmut gegen die Regierung als berechtigt, forderte aber dazu auf, diesen erst bei einer nationalen Wahl in Stimmverhalten auszudrücken. Die Bürgermeisterin von Lille, Martine Aubry, sagte knapp:

> „C'est en 2007 qu'il faudra dire non." (L 250405_14)[8]

Besonders kompliziert war schließlich das Ja-Aber-Argument, das betonte, wer ein besseres Europa wolle, müsse zuerst mit „Ja" stimmen:

> „APPELÉ à la rescousse par le camp du oui pour défendre le traité constitutionnel, Lionel Jospin a proposé une méthode. D'abord, «voter le traité […] Ensuite, se concentrer sur l'essentiel pour faire bouger les politiques européennes», notamment en matière d' «emploi» et de «recherche», des «politiques concrètes sur lesquelles il

---

[6]Ja zur Verfassung sagen, um besser Nein zu Rest sagen zu können: zur Türkei, zu Unternehmensverlagerungen, zur Reform der gemeinsamen Agrarpolitik. (alle Übersetzungen: Claudia Wiesner).

[7]Wenn der europäischen Verfassung zugestimmt wird, haben wir einen zusätzlichen Schutz in Bezug auf eine neue Dienstleistungsrichtlinie, denn in dem Verfassungsentwurf ist die öffentliche Daseinsvorsorge anerkannt.

[8]2007 muss man Nein sagen [bei der nächsten Anstehenden Präsidentschaftswahl, Anm. Der Autorin].

faut se battre». «Voilà ce que je préconise, ce que je propose aux Français»" (LM 260505_11)[9]

Zweitens waren viele der Argumente und Motive der Befürworter abstrakt, nur wenige inhaltlich ausgerichtet. Sie wiesen häufig einen stark pädagogischen oder sogar arrogant-belehrenden Duktus auf, appellierten an die Verantwortung des Einzelnen oder drohten mit den negativen Folgen eines „Nein".

So wurden etwa Frankreichs Interessen thematisiert, hier von Präsident Chirac anlässlich der Konsultationen mit Kanzler Schröder im April 2005:

„[...] le poids politique de la France au Conseil européen augmentera nettement. L'Allemagne et la France représenteront, à elles seules, près du tiers des voix, les six pays fondateurs de l'Union, près de la moitié [...] C'est dire que notre capacité d'impulsion, notre force d'entraînement, n'auront jamais été aussi grandes." (LF 270405_7)[10]

Die negative Variante des Motivs der französischen Interessen lautete – hier vertreten von Sylvie Goulard, Politikwissenschaftlerin:

„Un non français risque fort [...] de diminuer notre influence tout en favorisant le statu quo." (LF 250305_4)[11]

Ähnlich aufgebaut waren Motive, die die Alternativlosigkeit des EUV beschworen, wie in folgendem Zitat von Jacques Chirac:

„"Impossible." [...] "Il n'y a pas de "plan B", ni de renégociation possible"" (H 180505_18)[12]

---

[9]Zur Rettung aufgerufen durch das Lager der Befürworter um den Verfassungsvertrag zu verteidigen, hat Lionel Jospin eine Methode vorgeschlagen. Zuerst dem Vertrag zustimmen. Danach sich auf das Wesentliche konzentrieren, um die EU-Politiken zu verändern, vor allem in Bezug auf Arbeit und Forschung.„Das schlage ich den Franzosen vor".

[10]Das politische Gewicht Frankreichs im Rat wird merklich steigen. Deutschland und Frankreich werden allein beinahe ein Drittel der Stimmrechte innehaben, die sechs Gründerstaaten fast die Hälfte. Das heißt, dass unsere Gestaltungsmacht so groß sein wird wie nie zuvor.

[11]Mit einem Nein ist das Risiko sehr groß, dass unser Einfluss sinkt, weil der Status Quo beibehalten wird.

[12]Unmöglich. Es gibt keinen „Plan B", und auch keine Neuverhandlung.

Legitimation der EU im Diskurs? 221

Schließlich konstruierten die Befürworter verschiedene normativ aufgeladene, politisch-inhaltliche Zuschreibungen: Der EUV wird eine bessere, sozialere und demokratischere EU bringen, deshalb muss man mit „Ja" stimmen. So zählt Raymond Barre, ehemaliger französischer Premierminister, die mit dem EUV verbundenen Verbesserungen auf:

> „[…] une charte des droits fondamentaux, des institutions plus efficaces, avec un président du Conseil européen élu pour deux ans et demi, et un ministre des Affaires étrangères, un renforcement du rôle du Parlement européen et des Parlements nationaux." (LF 250405_18)[13]

Und Dominique Strauss-Kahn sagte:

> „Ce qui est neuf avec cette Constitution, c'est le plein emploi, un mieux-disant social, un mieux-disant démocratique." (L 210305_4)[14]

Ein weiteres zentrales Teilmotiv war das des demokratischen bzw. politischen Europa:

> „Pour le ministre de la Justice, […] le traité constitutionnel consacre «un vrai retour de la politique, de la démocratie»." (LF 260405_4)[15]

Die dargestellten Argumente unterstreichen, dass die Befürworter keine überzeugenden, eigenständigen und positiven inhaltlichen Zuschreibungen formulierten, die der EU aktiv Legitimität zuschrieben. Die Argumente blieben entweder abstrakt und inhaltsleer, oder aber sie griffen die EU-kritischen bzw. delegitimierenden Bedeutungszuschreibungen der Vertragsgegner sogar aktiv auf. Im Ergebnis konnte so im Diskurs keine positive Legitimation für die EU konstruiert werden: die prägenden oder sogar dominierenden Themen, Motive, Argumente und Bezüge wirkten auf eine diskursive Delegitimation hin.

---

[13]Eine Grundrechtscharta, effizientere Institutionen, einen Ratspräsidenten, der für zweieinhalb Jahre gewählt wird, einen Außenminister, einer Stärkung des Europäischen Parlaments und der nationalen Parlamente.

[14]Was diese Verfassung Neues bringt ist Vollbeschäftigung, die bestmögliche soziale Lage und die bestmögliche Demokratie.

[15]Für den Justizminister bringt der Verfassungsvertrag eine „wirkliche Rückkehr der Politik und der Demokratie".

222 C. Wiesner

Die Bürgerinnen und Bürger akzeptierten denn auch die abstrakten „Ja"-Argumente keineswegs, wie sich in einer Fernsehdiskussion von Jacques Chirac mit Jugendlichen am 14. April 2005 zeigte. Sie konnten gegenüber sehr konkreten, zumeist innenpolitisch bezogenen Fragen nicht überzeugen:

„[…] à force de se poser en antilibéral acharné […] la politique du gouvernement lui revient comme un boomerang. «Partout il y a des grèves, des manifestations, le vote sanction sera déterminant», lui lance un jeune homme. «Vous n'avez peut-être pas tort», glisse alors le président. M. Chirac n'en dira pas plus, sous prétexte de ne pas mélanger Constitution et politique intérieure." (LM 160405_13)[16]

„Harmonisation fiscale, délocalisations, les jeunes s'enhardissent. L'un d'eux «travaille au noir» pour payer ses études. Éclats de rire. Chirac coupe: «Pas de détails, pas de détails» «Moi, ça me fait pas rire», reprend l'étudiant." (L 150405_16)[17]

Diese Konstellation bildete eine fruchtbaren diskursiven Nährboden für die Nein-Argumente: Abstrakte und inhaltsleere Plädoyers für den EUV trafen auf konkrete Kritik.

3.2.2 Nein-Argumente

Die Argumente gegen den Verfassungsvertrag hatten zwei zentrale Stoßrichtungen. Die erste wandte sich in einer populistisch zuspitzenden Argumentation gegen „die Regierenden" und „die EU", die argumentativ kritisch miteinander verbunden wurden. Diese Richtung lieferte entsprechend abstrakte und indirekte Argumente zur Delegitimation der EU. Die zweite Stoßrichtung begründete dagegen die EU-Kritik inhaltlich und lieferte mithin Bedeutungszuschreibungen, die auf die Delegitimation des Vertrages oder sogar der EU als Polity zielten.

In der ersten Stoßrichtung richteten sich zwei zentrale Nein-Motive direkt gegen die Vertreter des „Ja": das populistische Motiv und das Bewegungsmotiv. Beide konstruierten aktiv einen Gegensatz von „Bürgern" und „Eliten" und nutzten dabei

---

[16]Die Politik der Regierung wirkt als Bumerang beim Versuch, sich als überzeugter Anti-Neoliberaler zu geben. „Überall gibt es Streiks, Demonstrationen, und so wird das Protestwählen entscheidend werden", sagt ihm ein junger Mann. „Sie haben vielleicht nicht ganz Unrecht", antwortet der Präsident. Aber mehr sagt er nicht – unter dem Vorwand, er wolle die Innenpolitik nicht mit der Frage nach dem Verfassungsvertrag mischen.

[17]Steuerharmonisierung, Unternehmensverlagerungen – die jungen Leute insistieren. Einer von Ihnen arbeitet schwarz, um sein Studium zu bezahlen, Das Publikum lacht. Chirac schneidet ihm das Wort ab: „keine Details!" „Mich bringt das nicht zum Lachen", sagt der Student.

Legitimation der EU im Diskurs? 223

Motive, die in der französischen politischen Kultur fest verankert sind: Den nach wie vor zentralen Rechts-Links-Gegensatz und den Gegensatz zwischen dem hart arbeitenden Volk und angeblich arroganten oder sogar korrupten politischen Eliten (siehe dazu etwa Perrineau und Ysmal 1998, 2003). Diese Gegensätze wurden mitunter diskursiv in einer Konnotation aufgeladen, die an den Unterschied zwischen Gut und Böse denken ließ. All dies wurde zur diskursiven Delegitimation des EUV genutzt.

Ein Beispiel für das populistische Motiv findet sich hier, vorgetragen von der trotzkistischen Präsidentschaftskandidatin Marie-George Buffet:

> „Chirac, Raffarin, Sarkozy vont mener la bataille pour le "oui". "C'est normal, c'est leur constitution" [...]. Il faut que nous tous ici, nous mettions toute notre énergie et toute notre intelligence pour rassembler, rassembler les hommes et les femmes de gauche pour faire échec à ce projet." (H 290105_2)[18]

Das populistische Motiv wurde auch von rechts außen vertreten – allerdings ohne die explizit linke Rhetorik. So sagte Jean-Marie Le Pen vom Front National in der Woche vor dem Referendum:

> „«[Je suis] convaincu que le non [va] l'emporter»... «[...] Les peuples sont plus intelligents que leurs dirigeants. Ils veulent dire non et les Français ne seront que les premiers à dire non. Les Hollandais suivront, puis ce sera la théorie des dominos, et ce sera la fin de l'Europe des servitudes.»" (LF 260505_14)[19]

Das Bewegungsmotiv beschwor in verschiedenen Begründungketten eine wieder gefundene Einigkeit des Linksbündnisses des *Non de Gauche* – für den Kampf gegen gemeinsame Gegner: die „arroganten und verlogenen Eliten", den „Ultraliberalismus" und die Demokratie. So betonte der linke Gegner Georges Sarre:

> „Si le "non" gagne en France, [...] cela donnera du souffle aux luttes pour imposer une autre politique dans le pays. Sur le plan européen, cela ouvrira la voie à la

---

[18]Chirac, Raffarin, Sarkozy ziehen für das Ja in die Schlacht. „Das ist normal, das ist ihre Verfassung" [...]. „Wir alle hier müssen unsere gesamte Energie und unsere Intelligenz nutzen um zu versammeln, Männer und Frauen der Linken zu versammeln, damit dieses Projekt scheitert."

[19][Ich bin] überzeugt, dass das Nein gewinnen wird. Die Völker sind intelligenter als ihre Regierenden. Sie wollen Nein sagen, und die Franzosen werden dabei nur die ersten sein. Die Holländer werden folgen. Und dann werden wir einen Dominoeffekt bekommen, und das wird das Ende der Knechtschaft sein.

224 C. Wiesner

> reconquête des manettes délaissées au profit du libéralisme. Enfin, une victoire du "non" permettrait de refonder la gauche [...]." (H 303005_7)[20]

Die konkreten Ziele der Bewegung waren in diesen Argumentationen sekundär, denn ihr wurde eine emphatisch beschworene Mission zugeschrieben:

> „À un "oui triste à mourir", Marie-Georges Buffet souhaite opposer "un non de luttes et d'espérances, un non porté par ceux à qui revient la responsabilité de montrer le chemin des autres possibles"." (H 230305_9)[21]

Die populistische Stoßrichtung der Kritik an EUV und EU verbindet mithin eine Delegitimation der nationalen Eliten mit einer Delegitimation von EU und EUV, wobei beide nicht inhaltlich, sondern eher abstrakt und grundsätzlich begründet wurden und zwar mit einem konstruierten gegensatz zwischen „Volk" und „Eliten".

3.2.3 Interaktion im Diskurs

Die inhaltliche Stoßrichtung der EUV-Gegner kam vor allem von der linken, parteiübergreifenden Protestbewegung des *Non de Gauche*. Diese prägte das dominierende Motiv des Diskurses, das antiliberale Motiv (siehe unten) – es dominierte nicht nur quantitativ um Diskurs, sondern es stellte auch einen zentralen diskursiven Knotenpunkt dar, auf den sich nach und nach fast alle Teilnehmenden, und eben auch die Befürworter, bezogen.

Das antiliberale Motiv argumentierte schlicht, die EU und auch der EUV seien „ultraliberal", d. h. also, marktliberal in einer extremen Ausprägung:

> „[...] il faut appeler un chat un chat: ce traité est ultralibéral." (H 230505_11)[22]

Weitere Teilmotive der antiliberalen Argumentation waren: Die EU seit Maastricht sei verantwortlich für Privatisierungen und den Abbau der öffentlichen Dienste (*services publiques*), sie (beziehungsweise die EZB) handele im Interesse der

---

[20]Wenn das Nein in Frankreich gewinnt, wird dies den Kämpfen Aufwind geben, die dem Land eine andere Politik bringen wollen. Auf der europäischen Ebene wird es einen Weg öffnen, die Schalthebel zurückzugewinnen, die dem Neoliberalismus überlassen wurden. Und schließlich wird ein Sieg des Nein es erlauben, die Linke neu zu begründen.

[21]Einem Ja, das zum Sterben traurig ist, setzt Marie George Buffet ein Nein des Kampfes der Hoffnung entgegen, ein Nein getragen von denen, die die Verantwortung haben, alternative Wege aufzuzeigen.

[22]Wir müssen sagen, wie es ist: dieser Vertrag ist ultra-neoliberal.

Legitimation der EU im Diskurs?

Finanzmärkte, der Verfassungsvertrag werde deren Hegemonie stützen – und die französische Rechtsregierung sowie die französischen Unternehmer unterstützten sie dabei. Der EUV begünstige auch Unternehmensverlagerungen ins Ausland (*délocalisations*) und werde überdies den marktliberalen Kurs der EU festschreiben. Die antiliberale Argumentation wurde schließlich zugespitzt und personalisiert in der Kritik an der EU-Dienstleistungsrichtlinie, die nach der Person des ehemaligen Wettbewerbskommissars Frits Bolkestein nur „Bolkestein-Richtlinie" genannt wurde. Der „Ultraliberalismus" als Schreckgespenst wurde so im Namen Bolkestein stereotypisiert – bei der Großdemonstration in Brüssel im März 2005 gab es Plakate mit der Aussage

„Bolkestein = Frankenstein" (LM 220305_12).

Dieses Motiv wurde sehr oft direkt mit dem Verfassungsvertrag verknüpft, wie folgendes Zitat von Henri Emmanuelli verdeutlicht:

„Bolkestein, délocalisations, constitution: une même logique" (H 170205_6)[23]

Die linken Gegner konnten insgesamt mit dem Antiliberalismus-Motiv und seiner Verknüpfung mit Sozialprotesten im Frühjahr 2005 erfolgreich das Thema besetzen, das sich in fast allen Wahlkampagnen der letzten Jahre als das entscheidende erwiesen hatte, die Soziale Lage (Perrineau und Ysmal 1998, 2003).

Das Gesagte lässt nochmals eine Schlussfolgerungen zum Verlauf des französischen Diskurses zu: Die Diskursdynamik in Frankreich war stark vom Gegensatz zwischen Gegnern und Befürwortern des EUV geprägt. Es unterschieden sich erstens die Motive, die die beiden Lager nutzten:

Das „Nein zielte vor allem auf die diskursive Delegitimierung des EUV und auch der EU". Die „Nein"-Motive wurden geprägt von negativen und abgrenzenden Argumenten – sei es gegenüber „den Eliten" oder gegenüber der EU bzw. Europa und EUV. Das „Nein" führte also vor allem einen Diskurs um die Frage: Welches Europa wollen wir nicht?, nicht aber um ein wie auch immer positiv ausformuliertes Europakonzept. Das antiliberale Motiv schrieb dabei der EU explizit negative Bedeutungsgehalte zu und stellte diese in Gegensatz zu guten und wichtigen französischen Errungenschaften. Es spitzte damit die EU-Kritik

---

[23]Bolkestein, Unternehmensverlagerungen, Verfassung: alles die gleiche Logik.

zur Abgrenzung von der EU als Polity und damit zu deren Delegitimation zu: Die linken Gegner des EUV konstruierten Frankreich und seine republikanischen und sozialen Werte als „das Eigene", das verteidigt werden musste gegen „das Andere" in Gestalt von namenlosen „Ultraliberalisten".

Die Argumente der EUV-Befürworter konstruierten nicht Gegensätze, sondern Kompatibilität – der EUV schaffe keine Probleme für Frankreich und französische Errungenschaften, so die Kernbotschaft, sondern eine EU, die französischen Interessen besser angepasst sei. Sie versuchten dabei, die Argumente der Gegner aktiv umzuprägen: „Gegensätze zwischen Frankreich und EU gibt es nicht", oder „man kann nicht Pro-Europäer und gegen den Vertrag sein". Die Befürworter konstruierten den EUV als Mittel, das französische „Eigene" auf den Rest der EU auszudehnen oder aber das europäische „Eigene" französischer zu machen. Insgesamt wollten sie zeigen, dass die EU ein „Eigenes" war, das größer war als Frankreich allein.

Dabei und noch stärker in den inhaltlichen Argumenten griffen die Befürworter aber die Argumente der Gegner auf und stärkten diese damit im Diskurs. Für die Entwicklung des Diskurses war dabei insbesondere entscheidend, dass die Befürworter auf das antiliberale Motiv aktiv eingingen, die Kritik dann aber nicht erfolgreich widerlegen konnten, sodass die inhaltlichen Argumente der „Nein"-Vertreter am Ende den Diskurs dominierten. So gelang es den EUV-Gegnern, die Dynamik des Diskurses zu bestimmen.

Das antiliberale Motiv wurde in dieser Dynamik das entscheidende Motiv des Diskurses und der zentrale Knotenpunkt. Im Zeitverlauf zeigte sich seine Verbreitung von links nach rechts: in den ersten beiden Monaten (Januar und Februar) des Diskurses tauchte es fast ausschließlich in den linken Zeitungen Humanité und Libération auf, ab März wurde es dann auch in Le Monde und Le Figaro vorherrschend.

Auch die Kampagnenstrategien der beiden Lager unterschieden sich. Klassische Wahlkampfaktivitäten des politischen Mainstreams standen einer linken Protestbewegung gegenüber. Das „Ja" war weitgehend parteipolitisch geprägt und nutzte traditionelle Wahlkampfstrategien, das „Nein" war weitgehend als Bewegung organisiert.

Die Befürworter nutzten vor allem Pressegespräche, Fernseh- und Radioauftritte, und es gab gemeinsame Auftritte von französischen Politikern mit Vertretern anderer europäischer Parteien und Regierungen, die zumeist als Großveranstaltung vor Publikum durchgeführt wurden. In zahlreichen Diskursbeiträgen wurden diese genutzt, um das Motiv der vom Volk entrückten Eliten zu unterstreichen.

Die Vertreter des „Nein" führten Großveranstaltungen mit ausländischen Aktivisten durch, die erklärten, warum sie auf ein französisches „Nein" hofften.

Zudem arbeiteten die Vertragsgegner aber auch mit den klassischen Methoden von Protestbewegungen. Sie nutzten Unterschriftensammlungen und kleinere Diskussionsveranstaltungen, und sie machten das „Nein" zum Thema bei Demonstrationen: Das *Non de Gauche* war als Graswurzel-Protestbewegung organisiert, in der zivilgesellschaftliche Akteure ohne führende Funktionen in linken Parteien und Organisationen eine zentrale Rolle hatten, wie der Lehrer Etienne Chouard, der eine Schrift gegen den Verfassungsvertrag ins Internet stellte und damit großes Interesse hervorrief. All dies unterstreicht, dass der Kreis der gestaltenden Diskursakteure weit über Politiker und Medienschaffende hinausging.

3.3 Themen, Motive, Argumente und Bezüge in Deutschland – und eine zentrale Regel

In Deutschland gab es keine Entgegensetzung zweier Lager wie in Frankreich. Der Diskurs gliederte sich vielmehr durch eher nach außen und eher nach innen orientierte Bezüge, d. h. die verschiedenen Referenzebenen (Tab. 4).

Auch im deutschen Diskurs wurden nur wenige positive Legitimationsinhalte konstruiert und verbreitet. Diese argumentierten mit der Effizienzverbesserung der EU durch den EUV, mit seiner Alternativlosigkeit und Notwendigkeit, stellten die EU als Friedensmacht dar, betonten die Stärkung des Sozialen Europa und die Werteorientierung des EUV, sowie dass dieser mehr Demokratie bringen werde.

Oftmals enthielten die unterstützenden Motive aber auch Relativierungen, die den französischen Ja-Aber-Motiven ähnlich waren, oder konstruktive, punktuelle

Tab. 4 Übersicht zentrale Regeln, Themenfelder, Motive, Argumente und Bezüge Deutschland

Eher Außen-/EU-Bezug	Eher Innenbezug
1. Mehrebenenbezug	**1. Zentrale Regel**
Frankreich	silencing strategy
EU-Ebene	**2. Deutschlandspezifische Motive**
Importierte Kritik + Reaktion	Forderungen zur EU-Politik
Diskussion Entwicklung und Inhalte EUV	Erweiterungsdiskussion (Türkei)
2. Grundsatzdebatte nach Non	EU-Kritik/Kritik an EUV (z. B. Militarisie-
Bürger/Demos	rung)
Europäische Identität	Klassische Motive deutscher Europadiskurs
Welches Europa wollen wir?	(Westintegration, Integration als Staatsräson)
	Unterstützung neue Motive

Anmerkungen: Eigene Darstellung

Kritik an der EU. So gab es verschiedene Forderungen zur EU-Politik: „Mehr europapolitische Rechte für Bundestag und Bundesrat", „Mehr Demokratie" und „Kein Türkeibeitritt". Enge Bezüge dazu hatte die Erweiterungsdiskussion, die immer wieder anlassbezogen aufgenommen wurde.

Explizit nach Legitimationsinhalten der EU gefragt wurde erst im Juni, als nach dem französischen *Non* und dem niederländischen *Nee* eine Grundsatz-debatte auf EU-Ebene begann. Die Debatte ging um die Frage „Welches Europa wollen wir?". Verschiedene deutsche Akteure äußerten nun ihre konfligierenden europapolitischen Positionen.

> „Fischer betonte, Europa dürfe sich nun "keine Pause" leisten. Es gehe um die Frage, "ob man das Europa auch als ein Europa der Solidarität sieht". Einen markt-radikalen, "britischen" Weg einzuschlagen, würde diejenigen, die in Frankreich mit Nein gestimmt haben, erst recht bestärken." (taz 210605_3)

Und Gerhard Schröder fragte konkret:

> „Schröder sagte, angesichts der Krise in der EU gehe es jetzt im Kern um die Frage: „Welches Europa wollen wir?". Die Alternativen lägen auf der Hand: „Wollen wir ein einiges, handlungsfähiges Europa, eine wirkliche politische Union? Oder wollen wir nur eine große Freihandelszone sein, wollen wir von der Europäischen Union zurück zur Europäischen Wirtschaftsgemeinschaft (EWG)?" Für ihn gebe es keinen Zweifel, dass die politische Union gebraucht werde, sagte Schröder. Nur gemeinsames Handeln könne die sozialen Standards in Deutschland schützen." (SZ 220605_14)

3.3.1 EU-Kritik

Legitimation der EU wurde im deutschen Diskurs also kaum aktiv konstruiert - aber auch kaum infrage gestellt. Der Verfassungsvertrag wurde jedoch häufig über den französischen Diskurs und dessen Rezeption in Deutschland vermittelt hinterfragt. Diese „importierte Kritik" unterstreicht, dass französische Argumente zentrale Bezugspunkte im deutschen Diskurs waren. So zeigte sich etwa in der Darstellung von Bürgern und Bürgerinnen sowie Vertretern und Vertreterinnen von Zivilgesellschaft und intermediären Organisationen ein auffälliger Gegen-satz in der Berichterstattung: Über französische Aktivistinnen und Aktivisten und EUV-Gegner wurde intensiv berichtet, dagegen nur am Rande über deutsche Kri-tiker des EUV. So gab es z. B. Proteste gegen das Bundestagsvotum zum Rati-fikationsgesetz, über die nur ND und taz berichteten:

> „Parallel zur Bundestagsdebatte erneuerten auch Initiativen und Vereine ihr Ver-langen nach einem Referendum oder ihre Ablehnung des Verfassungsvertrags. Attac

demonstrierte mit einem Transparent »für ein soziales, friedliches, ökologisches Europa«. [...] Die Initiative »Mehr Demokratie« übergab Listen mit 21000 Unterschriften für eine Volksabstimmung an die Abgeordneten des Bundestages." (ND 130505_6)

Explizite und eigenständige, also nicht aus Frankreich importierte, EU-Kritik, die darauf zielte, die Legitimation der EU infrage zu stellen, war in den deutschen Zeitungen selten. Sie wurde vor allem im Neuen Deutschland und in der taz thematisiert, nicht aber in FAZ und SZ.

Kritik an der Militarisierung der EU wurde dabei vor allem von PDS und Friedensbewegung vorgebracht:

„Wohl in keiner Verfassung eines Staates dürfte eine Verpflichtung zur Aufrüstung stehen. Doch genau dies fordert Art. I–41 Abs.3 des europäischen Verfassungsvertrages [...] Nur in der Frage einer demokratischen Kontrolle dieser Politik bleibt alles beim Alten. [...] Das Parlament wird hier auch künftig nichts zu sagen haben." (ND 110305_2)

Kritik am Liberalismus/Neoliberalismus der EU griff die französischen Argumente und Motive des *Non de Gauche* auf:

„[...] in den Artikeln [...] zur Wirtschafts- und Währungspolitik [...] wird nur [...] von einer »allgemeinen Wirtschaftspolitik in der Union unter Beachtung des Grundsatzes einer offenen Marktwirtschaft mit freiem Wettbewerb« gesprochen. Auch die [...] Beschäftigungspolitik wird in das Prokrustesbett der »offenen Marktwirtschaft mit freiem Wettbewerb« [...] gezwängt. Und die einheitliche Geld- und Wechselkurspolitik soll [...] vorrangig das Ziel der Preisstabilität verfolgen«. [...] Es sind hier die neoliberalen Aussagen des Vertrags von Maastricht, die nun im Verfassungsvertrag wiederauftauchen." (ND 040305)

Das Motiv des EU-Demokratiedefizits kam im Zuge der Vorbereitung der Bundestagsabstimmung auf und wurde im Diskurs 2005 überraschenderweise stärker von Links thematisiert als aus der Mitte oder von Rechts:

„Als ein Vorzug des Verfassungsvertrages wird oft herausgestellt, dass er zu einem Abbau des seit Jahren beklagten Demokratiedefizits der Union führt. Doch ist dies tatsächlich so? [...] wichtige parlamentarische Rechte bleiben dem Parlament weiterhin vorenthalten. Grundsätzlich hat nur die Kommission das Initiativrecht [...] Das Parlament »wählt« in Zukunft den Kommissionspräsidenten, aber es darf dabei nur über einen einzigen Vorschlag abstimmen, der zuvor im Europäischen Rat angenommen wurde. [...] Eine Abstimmung über nur einen Kandidaten nennt man aber eine Scheinwahl." (ND 150405)

230 C. Wiesner

Das Motiv einer Bedrohung der nationalen Souveränität und der Rolle des Grundgesetzes wurde ab April spezifisch von Peter Gauweiler vorgebracht:

> „Gauweiler behauptet, die neue EU-Verfassung ersetze das Grundgesetz. Deutschland würde seine "existenzielle Staatlichkeit" verlieren und der Bundestag "gänzlich entmachtet". Deshalb könne die EU-Verfassung nur in Kraft treten, wenn ihr die Deutschen per Volksabstimmung zustimmen." (taz 220405)

Wie nun beschrieben wird, hatten aber alle diese kritischen Argumente aufgrund der zentralen Diskursregel kaum eine Wirkung im Diskurs.

3.3.2 Die zentrale Diskursregel – die *silencing strategy*

Auch die Interaktion im deutschen Diskurs unterschied sich deutlich von der in Frankreich. Besonders auffällig ist dabei, dass der deutsche Diskurs durch eine zentrale *Diskursregel* geprägt wurde, die die Sagbarkeit und die Geltungsmöglichkeit von EU-kritischen Aussagen massiv beeinflusste, die *silencing strategy*. Die pro-europäische Mehrheit der deutschen politischen Eliten reagierte nicht vorwiegend abgrenzend, sondern vor allem verharmlosend und abwertend auf vom Elitendiskurs abweichende Meinungen. Des führte zu einer diskursiven Abwertung und Marginalisierung von Minderheitenvertretern.

Diese Diskursregel beruht auf einem seit Gründungszeiten der Bundesrepublik weitgehend unveränderten und intensiv erforschten „Eliten-Europakonzept" (siehe dazu etwa Marcussen et al. 2001; Schmidt 2006) der meisten im Bundestag vertretenen Parteien mit Ausnahme der Linkspartei. Es war ein zentraler Bezugspunkt im Diskurs und wurde von EUV-Befürworten als Referenz genutzt, um EU-kritische Motive diskursiv zu marginalisieren. Diskursive Marginalisierung bedeutet hier, dass EU-kritische Aussagen nicht rezipiert, nicht verbreitet, abwertend oder verharmlosend kommentiert, oder sogar lächerlich gemacht wurden. Die Diskursanalyse lieferte zahlreiche Belege für diese Strategie. Sie betraf sowohl Minderheitenvertreter aus den großen Parteien, die traditionell den pro-integrationistischen Konsens mittragen, als auch die damalige PDS, die 2005 als einzige der im Bundestag vertretenen Parteien gegen den Verfassungsvertrag argumentierte.

Für den ersten Typus stehen beispielhaft Minderheitenvertreter in der CSU. Nachdem auf der Kreuther Klausur im Januar 2005 mehrere CSU-Bundestagsabgeordnete Kritik am Verfassungsvertrag geäußert und angekündigt hatten, im Bundestag nicht dafür stimmen zu wollen, äußerten sich der Parteivorsitzende Stoiber wie auch der Vorsitzende der CSU-Landesgruppe im Bundestag, Glos, verharmlosend zur Tragweite der Kritik – obwohl die Mehrheiten in der Fraktion noch gar nicht klar waren und obwohl noch keine innerfraktionelle Debatte stattgefunden hatte:

Legitimation der EU im Diskurs? 231

„CSU-Vorsitzender Edmund Stoiber rechnet mit einer breiten Mehrheit in der CSU-Landesgruppe für die neue EU-Verfassung. Es würden letztlich „nur sehr wenige" CSU-Abgeordnete im Bundestag mit Nein stimmen. [...] Auch CSU-Landesgruppenchef Michael Glos rechnet mit einer einheitlichen Haltung der CSU-Parlamentarier. Dies könne er allerdings „nicht für 100 Prozent garantieren", schränkte Glos ein." (SZ 070105)

Vor der Bundestagsabstimmung wurde erkennbar, dass dennoch die meisten potenziellen Minderheitenvertreter ihre Linie beibehalten wollten. Die Fraktionsführung von CDU und CSU ergriff deshalb eine kombinierte Strategie: Sie versuchte zunächst, die Minderheitenvertreter mit flammenden Reden umzustimmen:

„Sogar der Papst wurde bemüht: [...] Auch die Kirche sehe die Verfassung als Fortschritt an, erklärte Stoiber den EU-Skeptikern aus den eigenen Reihen – von denen manche den fehlenden Gottesbezug in der Verfassung beklagen. Im wahrsten Wortsinn sollten die Kritiker nun, soll Stoiber gemahnt haben, nicht päpstlicher sein als der Papst. [...] Mit Pathos rief Bayerns Ministerpräsident in Erinnerung, wie das kriegerische Europa von einst zu einer Friedensgemeinschaft zusammengewachsen sei. CDU-Chefin Merkel erklärte, warum die Verfassung ein großer Fortschritt sei. Ihr Vortrag sei imponierend gewesen, räumen selbst EU-Skeptiker ein." (SZ 120505_3)

Gleichzeitig wurde versucht, den Minderheitenvertretern inhaltliche Angebote zu machen; und ergänzend wurden Disziplinierungsstrategien genutzt:

„Mit Druck und Kompromissangeboten setzt die Führung der Union seit Tagen alles daran, die Zahl der Abweichler zu verringern. So berichten Abgeordnete, dass ihnen von einflussreichen Kollegen jene Folterinstrumente gezeigt wurden, die in der Demokratie zum Zwecke der Mehrheitsbeschaffung entwickelt wurden – etwa die Drohung mit dem Karriereknick." (SZ 120505_3)

Die Wirkung der CSU-Minderheitenvertreter im und auf den Diskurs blieb so marginal; ihre Forderungen fanden keinen Widerhall.

Die Strategie Peter Gauweilers, der ebenfalls CSU-Mitglied ist, zielte (anders als die der anderen CSU-Minderheitenvertreter) auf gezieltes Durchbrechen der *silencing strategy*. Er versuchte mit Klagen vor dem Bundesverfassungsgericht die Ratifikation des EUV zu verhindern. Aber auch im Umgang mit diesen Ereignissen waren die Mechanismen der *silencing strategy* erfolgreich: Beschweigen der Regierung, Verharmlosung und Abwertung in der eigenen Partei. Dies wurde bereits in den Reaktionen auf seine erste Klage deutlich:

"Elmar Brok, EU-Abgeordneter der CDU und im EU-Verfassungskonvent der Vorsitzende aller europäischen Christdemokraten, nannte das Vorgehen Gauweilers "Unsinn". [...] "Das ist der Kampf eines in CDU und CSU isolierten Anti-Europäers gegen eine Verfassung, die die Rolle des EU-Bürgers und das Gewicht der nationalen Parlamente in Europa erheblich stärkt. [...] Auch der Vizepräsident des europäischen Parlaments und stellvertretende CSU-Vorsitzende Ingo Friedrich glaubt nicht an einen Erfolg der Klage Gauweilers. [...] CSU-Landesgruppenchef Michael Glos wertete Gauweilers Vorstoß als "eigene Initiative" des Abgeordneten." (SZ 220405_3)

So hatte auch Gauweiler nur wenig Einfluss auf den Diskurs.

Bei der PDS war es als einziger der 2005 im Bundestag vertretenen Parteien Parteilinie, integrationskritisch aufzutreten. Sie durchbrach mithin als Gesamtpartei gezielt den pro-integrationistischen deutschen Elitenkonsens und begab sich mit einem Parteitagsbeschluss in Gegnerschaft zum Vertrag.

"Es gibt eine gemeinsame PDS-Haltung zu dem in Rom unterzeichneten EU-Verfassungsvertrag. Diese Haltung wird ausschlaggebend bestimmt von der Ablehnung zweier Grundelemente des Vertrags: a) Aufrüstungspflicht und Militarisierung der Außenpolitik, b) Festlegung von Marktradikalismus als obligatorischer Wirtschaftsordnung. Beides widerspricht sowohl demokratisch-sozialistischen Überzeugungen über eine zukunftsfähige Entwicklung Europas als auch dem Grundgesetz für die Bundesrepublik Deutschland. Folgerung: NEIN zu diesem Vertrag in seiner gegenwärtig vorliegenden Fassung." (ND 080105)

Auch die EU-Kritik der PDS konnte sich jedoch im Diskurs nicht durchsetzen. Ihr aktives Durchbrechen des Elitenkonsenses wurde nach den Regeln der *silencing strategy* verschwiegen oder verharmlost.

Der deutsche Diskurs war damit insgesamt, anders als der französische, gerade *nicht* durch einen Austausch von Argumenten gekennzeichnet. Weder tauschten Politiker untereinander, noch Bürger oder NGOs und Politiker, Argumente aus. Vielmehr wurden alle EU-kritischen Argumente nach Möglichkeit im Diskurs unterdrückt. Insofern wurde diskursiv kaum positive Legitimation, aber auch nicht, wie in Frankreich, Delegitimation konstruiert.

4   Schluss

Wie sind nun diese Ergebnisse mit Blick auf die eingangs formulierten Fragen zu interpretieren, d. h. wie wurde in den beiden Diskursen Legitimation oder auch Delegitimation der EU konstruiert, welche Bedeutungsinhalte wurden zur

Legitimation der EU vorgebracht, und welche dagegen, und welche rhetorischen Muster und Argumente wurden genutzt? Welche Akteure waren aktiv? Welche Legitimationsmotive setzen sich im Diskurs durch und welche nicht, und warum? Und welche Beiträge zur Theorie- und Konzeptbildung lassen sie zu?

In Frankreich wurden *top-down* konstruierte Legitimationsmuster der Vertreter des „Ja" im Referendumsdiskurs erfolgreich diskursiv hinterfragt und gewendet. Dafür war zum einen der Kreis der Diskursakteure entscheidend: Einem „Ja" der politischen Eliten des Zentrums stand ein „Nein" der Parteien der Ränder sowie von NGOs und Aktivisten entgegen, das zudem erfolgreich als Protestbewegung von unten nach oben organisiert war. Auf dieser Grundlage wurde im französischen Diskurs aktiv und erfolgreich die Legitimation der EU und des EUV angegriffen oder in Frage gestellt. Die Dynamik verlief dabei im Wesentlichen von unten (Parteien der Ränder, kleine Gewerkschaften, NGOs, Aktivistinnen und Aktivisten) nach oben, sowie von Links in die politische Mitte. Dabei dominierten die Motive der EUV-Gegner in einer Dynamik den Diskurs, die sich aus verschiedenen aufeinander bezogenen Gründen speiste (Tab. 5):

Tab. 5 Übersicht über die Diskursdynamik in Frankreich

1) Die EUV-Gegner nutzten erfolgreich die in der französischen politischen Kultur etablierte Tradition des Protests gegen die Regierenden bzw. „die da oben".

2) Die linken Gegner konnten mit dem Antiliberalismus-Motiv und seiner Verknüpfung mit Sozialprotesten erfolgreich das Thema besetzen, dass sich in fast allen Wahlkampagnen der letzten Jahre als das entscheidende erwiesen hatte, die Soziale Lage

3) Ab März hatten die linken EUV-Gegner ihre Argumentationskette erfolgreich etabliert: Soziale Missstände – Ultraliberalismus – werden verursacht durch a) die Regierung, b) die EU und c) alle, die für das „Ja" eintreten – also: mit „Nein" stimmen! Diese Argumentation ermöglichte also verschiedene Gründe, für das „Nein" einzutreten

4) Diese Argumente wurden diskursbestimmend, weil sich auch die Befürworter zunehmend darauf bezogen. Die so geschaffene Dynamik des Diskurses wirkte sich zugunsten der EUV-Gegner aus

5) Hinzu kam die Schwäche des „Ja"-Lagers: Es nutzte nur wenig eigene inhaltliche Argumente, reagierte oftmals nur auf die Kritik, und war zudem zerstritten. Seine inhaltslosen Meta-Argumente waren zudem dazu angetan, den Eindruck der Arroganz zu verstärken. Dies alles zeigte eine ambivalente Haltung und keine offene und klare Unterstützung

6) Während also die Botschaft des *Non de Gauche* klar und einfach war, hatte das „Ja"-Lager viele verschiedene ambivalente Botschaften

7) Insgesamt waren inhaltliche Argumente und politische Alternativen weniger entscheidend als klare Zuspitzungen

Anmerkungen: Eigene Darstellung

Das antiliberale Motiv bestimmte dabei den Diskurs als zentraler Knotenpunkt. Die Gründe, die im Eurobarometer für die Ablehnung des EUV genannt wurden, lassen vermuten (siehe dazu im Detail Wiesner 2015), dass es dabei auch Wahlentscheidungen beeinflusste: Am häufigsten wurde als Grund für ein „Nein" genannt, dass der Verfassungsvertrag sich negativ auf die Beschäftigungssituation in Frankreich auswirken werde (31 %) und die ökonomische Situation zu schlecht für einen Verfassungsvertrag sei (26 %), gefolgt von der Kritik, der Verfassungsvertrag sei zu neoliberal (19 %), Opposition zum Präsidenten sowie der französischen Regierung (18 %) und einer zu gering ausgeprägten sozialen Komponente der EU (16 %; Eurobarometer 2005c, S. 17).[24]

In Deutschland war der Kreis der aktiven Diskursakteure sehr viel kleiner als in Frankreich. Zudem kam kaum ein aktiver Diskurs zustande. Deshalb wurde auch kaum aktiv Legitimation für die EU konstruiert, und umgekehrt wurde die Legitimation der EU auch nur punktuell in Frage gestellt. Letzteres lag entscheidend auch darin begründet, dass Kritik an der EU und abweichende Meinungsäußerungen mit der *silencing strategy* diskursiv unterdrückt wurden und sich nicht verbreiteten. Am Ende wurde so in Deutschland die Legitimation der EU weder erfolgreich begründet noch bestritten.

Die Dynamiken der Diskurse unterscheiden sich also erheblich: Der französische Diskurs wurde von einer bottom-up Dynamik geprägt, die entscheidend durch die Dynamik des *Non de Gauche* vorangetrieben wurden. Der argumentativen Stärke des Nein stand die argumentative Schwäche des Ja gegenüber. Dies führte zu einer erfolgreichen diskursiven Delegitimation des EUV. Im französischen Diskurs war ein bestimmtes Motiv, das antiliberale entscheidend.

Im deutschen Diskurs war dagegen eine Diskursregel, die *silencing strategy*, prägend. Der deutsche Diskurs war zudem eher durch seinen Mangel an Bedeutungskonstruktionen geprägt. In diesem inhaltsleeren Diskurs gab es weder erfolgreiche Legitimation noch Delegitimation.

---

[24]In den Niederlanden, dem zweiten Mitgliedstaat, in dem ein Referendum zum Verfassungsvertrag negativ ausging, waren die Entscheidungsgründe der Wähler völlig andere: Als Hauptgrund für die Ablehnung wurde dort der unzureichende Informationsstand angegeben (32 %). 19 % der Befragten gaben an, sie fürchteten einen Verlust nationaler Souveränität, 14 % stimmten aus innenpolitischen Motiven gegen den Verfassungsvertrag, und 13 % fanden die EU „zu teuer" (Eurobarometer 2005a, S. 15). Die Hauptgründe für ein „Nein" waren in Luxemburg ähnlich wie in Frankreich in der wirtschaftlichen Situation und der Sorge um Arbeitsplätze zu sehen, die Motivlagen waren aber insgesamt stärker diversifiziert (Eurobarometer 2005b, S. 13 f.).

Die Untersuchung hat ebenfalls unterstrichen, dass zwar die nationalen Arenen in diskursiven Legitimationsprozessen zur EU eine zentrale Rolle spielen, es dabei aber zu verschiedensten Interaktionen zwischen diesen Arenen und im EU-Mehrebenensystem kommt. Insbesondere war auffällig, dass der französische EU-kritische Diskurs und seine potenziell delegitimierenden Argumente in Deutschland erheblichen Widerhall fanden.

Am Ende des nationalen Ratifikationsprozesses stand in beiden Staaten eine parlamentarisch ausgesprochene formale Legitimation für den EUV. In Frankreich kam zu dieser jedoch die im Referendumsdiskurs konstruierte diskursive sowie die im Referendum ausgesprochene formale Delegitimation. Es kam in Frankreich also zu einer klaren Divergenz zwischen dem Votum der Eliten – oder Regierenden – und der Regierten; in Deutschland war dies nicht der Fall.

Wie unten noch diskutiert wird, ist dabei die Tatsache, dass ein Referendum stattfand, als entscheidender Trigger für einen intensiven Diskurs zu sehen – nicht aber für einen bestimmten Verlauf des Diskurses oder die ihn dominierenden Argumente. Es bedeutet auch im Umkehrschluss nicht, dass der bundesdeutsche Diskurs allein deshalb so wenig intensiv war, weil es in Deutschland kein Referendum gab. Ein Referendum bietet einen expliziten Anlass für einen Diskurs, der dann aber noch von den Akteuren geführt werden muss, was in Frankreich der Fall war. Auch eine parlamentarische Ratifikation hätte ein solcher Anlass sein können, dies war aber in Deutschland nicht der Fall.

Aus dem Gesagten lassen sich abschließend verschiedene Schlussfolgerungen für die Anlage der Untersuchung von diskursiven Legitimationsprozessen ziehen. Die Ergebnisse unterstreichen, dass in der diskursiven Konstruktion von Legitimation sowohl *top-down-* als auch *bottom-up-*Dynamiken wirken. Beide sind zu betrachten, und zwar auch in ihren Wirkungszusammenhängen.

Die Ergebnisse zeigen auch, dass die Tatsache, dass Legitimität der EU von den Regierenden bzw. *top-down* behauptet wird, nicht ohne Weiteres mit sich bringt, dass Bürgerinnen und Bürger dieser Behauptung auch folgen und ihren Legitimitätsglauben entsprechend ausrichten. Das französische Beispiel unterstreicht vielmehr, dass Bürgerinnen und Bürger von den Regierenden konstruierte Legitimationsmotive nicht nur hinterfragen, sondern sogar aktiv Gegenkonstruktionen zirkulieren können. Legitimation kann im Diskurs effektiv bestritten und Delegitimation konstruiert werden. Bedingung dafür ist *nicht,* dass ein Referendum in den betreffenden Staaten stattfindet, sondern Protestbewegungen oder -parteien gegen die EU können auch zu anderen Gelegenheiten aktiv werden, wie viele aktuelle Beispiele zeigen (TTIP, ACTA, Glyphosat). Die entscheidende Frage ist dann, wie und inwieweit *bottom-up* und *top-down*

Dynamiken zusammenwirken, so dass sich am Ende bestimmte Motive im Diskurs durchsetzen können – und gegebenenfalls bei Wahlen oder politischen Entscheidungen, also in formaler Legitimation, relevant werden.

Gibt es keinen, oder kaum einen Diskurs und damit auch kaum Zirkulation von Bedeutungszuschreibungen wie in Deutschland, kann weder positive Legitimation noch kritische Delegitimation konstruiert werden. Auch das bedeutet aber nicht, dass die von den Regierenden vorgegebenen Legitimationsmuster Geltung haben oder von den Bürgerinnen und Bürgern unwidersprochen hingenommen werden. Die Eurobarometer-Daten der letzten Jahrzehnt unterstreichen dies im deutsch-französischen Vergleich: Die Deutschen sind im Mittel ebenso sehr, oder ebenso wenig, EU-kritisch eingestellt wie die Franzosen (Wiesner 2014, S. 403 ff.).

Insgesamt belegen diese Ergebnisse, dass die in diesem Beitrag vorgeschlagene und angewandte dreifache Erweiterung der Forschungsperspektive in der empirischen Erfassung von Legitimationsprozessen nicht nur fruchtbringend ist, sondern auch Erklärungsfaktoren zu Tage bringt, die in den bisherigen Ansätzen aufgrund der von ihnen gewählten Forschungsdesigns nicht erfasst werden. Der französische Fall unterstreicht, dass *bottom-up* Prozesse, vorangetrieben von Bürgerinnen und Bürgern und NGOs, Verlauf und Ergebnisse des Legitimationsdiskurses wesentlich bestimmt haben. Beide Fälle zeigen überdies, dass die von den Regierenden vorgebrachten Legitimationsmuster noch nicht deren Durchsetzung mit sich bringen. In Frankreich konnten sich diese Legitimationsmuster sogar gerade nicht im Diskurs durchsetzen, und in Deutschland wurden sie zwar vorgebracht, aber dennoch sind die Einstellungen der Bürgerinnen und Bürger ähnlich EU-kritisch wie in Frankreich. Schließlich und endlich ist zum Verständnis der Zusammenhänge, die zur diskursiven Durchsetzung eines bestimmten Motivs führen, eine detaillierte Analyse der rhetorischen Strategien und Details der Bedeutungszuschreibungen vonnöten – dies unterstreicht die Notwendigkeit, in der Untersuchung sprachbasierter Legitimationsprozesse qualitative, interpretative und rhetorische Analysestrategien zu nutzen.

Literatur

Abromeit, H. 1998. *Democracy in Europe. Legitimising politics in a non-state polity.* New York: Berghahn.

Beetham, D. 1991. *The legitimation of power.* Atlantic Highlands: Humanities Press International.

Beetham, D., und C. Lord. 1998. Legitimacy and the European Union. In *Political theory and the European Union,* Hrsg. A. Weale und M. M, 15–33. London: Routledge.

Legitimation der EU im Diskurs? 237

Biegoń, D. 2013. Specifying the arena of possibilities. Post-structuralist narrative analysis and the European Commission's legitimation strategies. *Journal of Common Market Studies* 51 (2): 194–211.

Cautrès, B., und V. Tiberj. 2005. *Une Sanction du Gouvernement Mais Pas de l' Europe. Les Élections Européennes de Juin 2004*. Paris: CEVIPOF.

Crespy, A. 2014. A dialogue of the deaf? Conflicting discourses over the EU and services liberalisation in the WTO. *The British Journal of Politics & International Relations* 16 (1): 168–187.

Eriksen, E.O., und J.E. Fossum. 2004. Europe in search for legitimacy: Strategies of legitimation assessed. *International Political Review* 25 (4): 435–459.

Eurobarometer. 2005a. Flash Eurobarometer 172. The European constitution: Post-referendum survey in the Netherlands. http://ec.europa.eu/public_opinion/flash/fl172_en.pdf. Zugegriffen: 11. Nov. 2010.

Eurobarometer. 2005b. Flash Eurobarometer 173. Die europäische Verfassung: Umfrage nach dem Referendum in Luxemburg. http://ec.europa.eu/public_opinion/flash/fl173_postref_lu_de.pdf. Zugegriffen: 2. Nov. 2010.

Eurobarometer. 2005c. Flash Eurobaromètre 171. La Constitution européenne: sondage post-référendum en France. http://ec.europa.eu/public_opinion/flash/fl171_fr.pdf. Zugegriffen: 11. Nov. 2010.

Fairclough, N., und R. Wodak. 1997. Critical discourse analysis. In *Discourse as social interaction*, Hrsg. T.A. van Dijk, 258–284. London: Sage.

Foucault, M. 2003. *Die Ordnung des Diskurses [Inauguralvorlesung am Collège de France, 2. Dezember 1970]*. Frankfurt a. M.: Fischer.

Foucault, M. 2008. Archäologie des Wissens. *Die Hauptwerke*, 471–699. Frankfurt a. M.: Suhrkamp.

Glaser, B.G., und A.L. Strauss. 2005. *Grounded Theory. Strategien qualitativer Forschung*. Bern: Huber.

Gläser, J., und G. Laudel. 2004. *Experteninterviews und qualitative Inhaltanalyse*. Wiesbaden: VS Verlag.

Goodhart, M. 2007. Europe´s democratic deficits through the looking glass: The European Union as a challenge for democracy. *Perspectives on Politics* 5 (3): 567–584.

Hurrelmann, A. 2008. Constructing multilevel legitimacy in the European Union A study of British and German media discourse. *Comparative European Politics* 6 (2): 190–211.

Jäger, S. 2009. *Kritische Diskursanalyse. Eine Einführung*. Münster: Unrast.

Johnstone, B. 2008. *Discourse analysis*. Malden: Blackwell.

Kelle, U. 2008. *Die Integration qualitativer und quantitativer Methoden in der empirischen Sozialforschung. Theoretische Grundlagen und methodologische Konzepte*. Wiesbaden: VS Verlag.

Kelle, U., und S. Kluge. 1999. *Vom Einzelfall zum Typus*. Opladen: Leske + Budrich.

Keller, R. 2007. *Diskursforschung. Eine Einführung für SozialwissenschaftlerInnen*. Wiesbaden: VS Verlag.

Kerchner, B. 2006. Diskursanalyse in der Politikwissenschaft. Ein Forschungsüberblick. In *Foucault: Diskursanalyse der Politik. Eine Einführung*, Hrsg. B. Kerchner und S. Schneider, 9–30. VS Verlag: B. Kerchner und S. Schneider. Wiesbaden.

Laclau, E., und C. Mouffe. 1991. *Hegemonie und radikale Demokratie. Zur Dekonstruktion des Marxismus*. Wien: Passagen.

Majone, G. 1998. Europe´s "democratic deficit": The question of standards. *European Law Journal* 4 (1): 5–28.

Marcussen, M., T. Risse, D. Engelmann-Martin, H.-J. Knopf, und K. Roscher. 2001. Constructing Europe? The evolution of nation-state identities. In *The social construction of Europe*, Hrsg. T. Christiansen, K.E. Jorgensen, und A. Wiener, 101–120. London: Sage.

Mayring, P. 2008. *Qualitative Inhaltsanalyse. Grundlagen und Techniken.* Weinheim: Beltz.

Moravscik, A. 2002. In defence of the "democratic deficit": Reassessing legitimacy in the European Union. *Journal of Common Market Studies* 40 (4): 603–624.

Perrineau, P., und C. Ysmal, Hrsg. 1998. *Le Vote Surprise. Les élections législatives des 25 mai et 1er juin 1997.* Paris: Presses de Sciences Po.

Perrineau, P., und C. Ysmal, Hrsg. 2003. *Le Vote de tous les refus. Les élections présidentielles et législatives 2002.* Paris: Presses de Sciences Po.

Rozès, S. 2005. La rénationalisation du débat européen. *Le débat* 136:29–43.

Scharpf, F.W. 1999. *Regieren in Europa. Effektiv und demokratisch?.* Frankfurt a. M.: Campus.

Scharpf, F.W. 2009. Legitimacy in the multilevel European polity. *European Political Science Review* 1 (2): 173–204.

Schmidt, V.A. 2006. *Democracy in Europe: The EU and national polities.* Oxford: Oxford University Press.

Schmidtke, H., und S. Schneider. 2012. Methoden der empirischen Legitimitätsforschung Legitimität als mehrdimensionales Konzept. In *Der Aufstieg der Legitimitätspolitik Rechtfertigung und Kritik politisch-ökonomischer Ordnungen*, Hrsg. A. Geis, F. Nullmeier, und C. Daase, 225–244. Baden-Baden: Nomos.

Statham, P., und H.-J. Trenz. 2013. *The politicization of Europe contesting the constitution in the mass media.* New York: Routledge.

Strauss, A.L., und J.M. Corbin. 1996. *Grounded Theory Grundlagen qualitativer Sozialforschung.* München: Fink.

Titscher, S., et al., Hrsg. 2000. *Methods of text and discourse analysis.* London: Sage.

van Dijk, T.A. 1998. *Ideology. A multidisciplinary approach.* London: Sage.

van Dijk, T.A. 2001. Critical discourse analysis. In *The handbook of discourse analysis*, Hrsg. D. Tannen, D. Schiffrin, und H. Hamilton, 352–371. Malden: Blackwell.

Wiesner, C. 2014. *Demokratisierung der EU durch nationale Europadiskurse? Strukturen und Prozesse europäischer Identitätsbildung im deutsch-französischen Vergleich.* Baden-Baden: Nomos.

Wiesner, C. 2015. The French EU referendum discourse in 2005: How is mediated discourse linked to voting intentions, voting behavior, and support? In *Dynamics of national identity. Media and societal factors of what we are*, Hrsg. J. Grimm, L. Huddy, P. Schmidt, und J. Seethaler, 334–349. New York: Routledge.

Wiesner, C., T. Haapala, und K. Palonen. 2017. *Debates, rhetoric and political action practices of textual interpretation and analysis.* London: Palgrave Macmillan.

Wodak, R. 2008a. Introduction: Discourse studies – Important concepts and terms. In *Qualitative discourse analysis in the social sciences*, Hrsg. R. Wodak, 1–29. Basingstoke: Palgrave Macmillan.

Wodak, R., Hrsg. 2008b. *Qualitative discourse analysis in the social sciences.* Basingstoke: Palgrave Macmillan.

Wood, L.A., und R.O. Kroger. 2000. *Doing discourse analysis methods for studying action in talk and text.* Thousand Oaks: Sage.

Legitimitätswahrnehmung in der EU und Repertory Grid

Norma Osterberg-Kaufmann

Zusammenfassung

Der vorliegende Beitrag untersucht mittels der Methode Repertory Grid den Einfluss politischen (Europäische Union-spezifischen) Wissens auf die Legitimitätswahrnehmung der Europäischen Union. Das Ziel der Untersuchung ist erstens methodischer Art. Geprüft werden soll die Bedeutung politischen Wissens zum Untersuchungsgegenstand als mögliche Einschränkung der Repertory Grid-Methode. Hier zeigt sich im Ergebnis die Eignung der Methode, nicht nur rationale Entscheidungen, sondern auch intuitive Entscheidungen integrativ abzubilden. Zweitens werden in einem noch wenig entwickelten Forschungsfeld Hypothesen zum Einfluss politischen Wissens auf die Legitimitätswahrnehmung entwickelt. Die im Rahmen einer Vorstudie erhobenen Daten geben Hinweise darauf, dass die Bedeutung demokratischer Normen und Werte für die Bewertung der Legitimität nationaler und europäischer Institutionen zunehmen, gleichzeitig jedoch auch die Kritik am politischen System zunimmt und die Legitimitätswahrnehmung damit sinkt.

N. Osterberg-Kaufmann (✉)
Humboldt-Universität zu Berlin, Berlin, Deutschland
E-Mail: norma.osterberg-kaufmann@hu-berlin.de

© Springer Fachmedien Wiesbaden GmbH, ein Teil von Springer Nature 2019
C. Wiesner und P. Harfst (Hrsg.), *Legitimität und Legitimation*, Vergleichende Politikwissenschaft, https://doi.org/10.1007/978-3-658-26558-8_9

1 Einleitung

In den vergangenen Jahren sind die Fragen nach der Legitimität[1] politischer Ordnung und angemessener Herrschaftsbegründung stark in den Fokus der akademischen Debatten gerückt. Denationalisierungsprozesse zugunsten internationaler Organisationen, insbesondere veränderte Legitimitätsansprüche in der Europäischen Union mit Ausweitung derer Kompetenzen, ordnungspolitische Konkurrenzmodelle jenseits des westlichen Modells liberaler Demokratie, aber auch postdemokratische Entwicklungen innerhalb der westlichen Demokratien (Zürn 2011a; Kriesi 2013; Merkel 2015; Ferrín und Kriesi 2016) sind einige der aktuellen Entwicklungen, „die die Frage nach der Begründung politischer Herrschaft wieder in den Vordergrund rücken" (Zürn 2011a, S. 64) sowie die Frage nach der sozialen Akzeptanz von politischer Herrschaft (siehe dazu auch die Beiträge von Wiesner und Harfst in diesem Band; von Haldenwang in diesem Band; Pickel in diesem Band; sowie Anstötz et al. in diesem Band).

Insbesondere im Kontext der Europäischen Union als Mehrebenensystem und damit weder internationale Organisation noch Nationalstaat stellt die Frage nach Legitimität eine besondere Herausforderung dar, wenn davon ausgegangen wird das normative Referenzpunkte und damit Legitimitätsstandards zwischen Regimetypen variieren. Während internationale Organisationen ihre Legitimität vor allem von Staaten zu- oder abgesprochen bekommen, die sich wiederum auf ihre innerstaatliche Legitimität beziehen können, liegt dieses Recht in liberalen Demokratien beim einzelnen Bürger. Da die EU weder internationale Organisation noch Staat ist, koexistieren die Mitgliedsstaaten und deren Bürger nebeneinander in der Frage nach der notwendigen Legitimitätsquelle der EU (Bolleyer und Reh 2011). Zuletzt dürften aktuelle Entwicklungen wie die Eurokrise (Rittberger und Schimmelfennig 2015) oder das Erstarken antieuropäischer Parteien in vielen Ländern Europas die Frage nach legitimer Herrschaft auch in den Fokus der öffentlichen Debatte rücken. Die Legitimationsnarrative der Anfangsjahre von einer EU, die für Frieden und Wohlstand steht, sind schon lange vorbei. Mit Maastricht begannen sich die Legitimitätsdiskurse um das Demokratiedefizit der EU zu drehen (Schrag Sternberg 2013) und es entwickelte sich ein rationales Kosten-Nutzen-Narrativ in der öffentlichen Debatte (Göler 2012, S. 130). Die

---

[1]Der Legitimitätsbegriff wird im Nachfolgenden für den Zustand verwendet, in dem „etwas legitim ist, während Legitimation Aktivitäten oder Prozesse bezeichnet, die etwas legitim machen" (Zürn 2012, S. 42).

populistischen und antieuropäischen Parteien vieler Mitgliedsstaaten verschärfen die Kritik an der EU und damit die Legitimitätsfrage und machen sich die Kosten-Nutzen-Sicht auf die EU unter Betonung nationaler Interessen anstelle „der Sicherung des politischen und sozialen Friedens" (Braschke 2017, S. 337) innerhalb der gesamten Union zunutze (zur Legitimität der Europäischen Union siehe auch Wagner et al. in diesem Band; sowie Wiesner in diesem Band).

Trotz diesem erstarkenden Interesse an der Frage nach legitimer Herrschaft oder wie Europa zu begründen sei (Göler 2012) fehlen nach wie vor überzeugende Analyseinstrumente zur Wahrnehmung von Legitimität im Allgemeinen und der Legitimität der EU im Besonderen. Die Debatte um Legitimitätswahrnehmung als Messen oder als Beurteilen (Padberg 2013; Zürn 2011a, b; 2013) brachte die Problematik auf den Punkt: wir verfügen nicht über eine adäquate Erhebungsmethode für derart abstrakte Begriffe, wie Legitimität zweifelsohne einer ist (Easton 1965; Huntington 1991; King et al. 1994). Wenngleich es methodische Innovationen auch in diesem Forschungsfeld gibt (ausführlich diskutiert von Anstötz et al. in diesem Band; von Haldenwang in diesem Band), greift die Politikwissenschaft mehrheitlich auf Altbewährtes, die standardisierten Umfragen, zurück. Im Falle der Europaforschung sind das vor allem die Eurobarometer, die die Europäische Kommission zwei Mal jährlich in Auftrag gibt. Mittels dieser Daten kann jedoch lediglich die öffentliche Unterstützung und Akzeptanz der Europäischen Union gemessen werden, welche dann im Sinne der Eastonschen (1965) Konzepte der diffusen und spezifischen Unterstützung verwendet werden (Booth und Seligson 2009; Fuchs und Roller 1998). Insgesamt kann mit diesen Daten eine positive Einstellung zur europäischen Integration in den meisten Mitgliedsstaaten nachgewiesen werden, auch wenn viele Studien, den utilitaristischen Ansatz der EU-Einstellungsforschung unterstützend, vor allem eine nutzenbezogene Unterstützungsmotivation (Output- oder auch spezifische Legitimität) nachweisen[2] und weniger eine demokratische Legitimität (oder auch Input-Legitimität bzw. diffuse Legitimität). Da die ausgewählten Variablen des Eurobarometers lediglich die Output-Legitimität der EU messen, bleibt mit den herkömmlichen Erhebungsverfahren offen, ob bei einer Abnahme der Output-Legitimität tatsächlich auch die Legitimitätswahrnehmung, im Weberschen Sinne als Übereinstimmung der normativen Standards der Bürgerinnen und Bürger und deren Bewertung des politischen Systems, insgesamt abnimmt. Ein

---

[2]Eichenberg und Dalton 2007; Gabel und Palmer 1995; Anderson und Reichert 1995; Gabel 1998, 2001; Lubbers und Scheepers 2010.

geeignetes Erhebungsverfahren oder auch die Kombination mehrerer Erhebungsverfahren müsste die Legitimitätswahrnehmung der Weberschen Definition entsprechend vielschichtiger erfassen können. Gerade in der Debatte um europäische Legitimitätsstrategien wird die Notwendigkeit betont, den Gap zwischen normativen Standards und den empirischen Realitäten, die Legitimitätsdefizite also, zu schließen (Eriksen und Fossum 2004). Insbesondere in Bezug auf die Legitimität der EU findet die Kongruenzvorstellung von normativen Standards und der empirischen Wirklichkeit zwar analytisch (Eriksen und Fossum 2004; Bolleyer und Reh 2011) und normativ (Scharpf 2009), aber kaum methodisch-empirisch Berücksichtigung.

Der vorliegende Beitrag trägt zur Debatte um die geeignete Erhebungsmethode bei und konzentriert sich dabei speziell auf die Herausforderungen der Erhebung von Legitimitätswahrnehmung der EU in ihrer besonderen Stellung zwischen Nationalstaat und Internationaler Organisation. In diesem Kontext kritisiert er, bei grundsätzlicher Wertschätzung für standardisierte Umfragen, die Eurobarometer als Datenbasis für die Frage nach der Legitimitätswahrnehmung der EU und schlägt stattdessen einen mixed-method-Ansatz vor. In einem weiteren Abschnitt soll die Repertory-Grid-Methode, als eine Vertreterin der mixed-methods sowie als innovative Erhebungsalternative innerhalb der über standardisierte Umfragen hinausgehenden Methodenlandschaft diskutiert werden. Repertory Grid ist ein tiefenpsychologisches Verfahren, das sich in besonderem Maße zur Erhebung subjektiver Wahrnehmungen von Individuen eignet. Methodisch herauszustellen ist, dass die mittels Repertory Grid-Interviews erhoben Daten qualitativen Ursprungs sind, die aus der Sprache, den Worten und den Assoziationen der Befragten heraus entstehen, während in der Analyse dieser Daten statistische Methoden zur Anwendung kommen und damit ein Vergleich der individuellen Konzepte und Bedeutungen möglich wird. Ein letzter Abschnitt präsentiert mit Repertory Grid erhobene empirische Daten zur Legitimitätswahrnehmung der EU im Zusammenhang mit Wissen als Einflussfaktor auf die Legitimitätswahrnehmung.

Dass Repertory Grid ein geeignetes Tool zur Erhebung von Legitimitätswahrnehmung ist, konnte bereits an anderer Stelle gezeigt werden (Osterberg-Kaufmann 2014). Ziel des empirischen Teils des vorliegenden Beitrags ist es deshalb, weitergehende methodische Bedenken zu untersuchen, nämlich die Frage, ob Repertory Grid als für den Befragten vermeintlich kognitiv relativ anspruchsvolle Methode auch dann funktioniert, wenn der Befragte verhältnismäßig geringes Wissen über den Forschungsgegenstand, im vorliegenden Fall über die EU, aufweist. Dazu wurde im Rahmen einer Vorstudie eine Gruppe Studierender eines Seminars mit EU-Bezug und eine Kontrollgruppe Studierender einer

Einführungsveranstaltung zu zwei Zeitpunkten befragt. Diese zunächst rein methodisch motivierte Untersuchungsanordnung erlaubt dann schließlich außerdem ein Nachdenken über den Einfluss von politischem Wissen auf die Legitimitätswahrnehmung und das Generieren von Hypothesen.

2 Legitimitätswahrnehmung erheben: Ein Plädoyer für den mixed-methods-approach

Ähnlich wie in den Debatten um die Erhebung von Demokratiezufriedenheit (Linde und Ekman 2003) oder Demokratieverständnis (Dalton et al. 2008; Diamond 2010; Bratton 2010; Chu und Huang 2010; Schubert 2012; Shi und Lu 2010; Welzel 2014; Lu und 2015; Cho 2015) diskutiert auch die empirische Legitimitätsforschung kritisch die ihr zur Verfügung stehende Datenbasis (Gilley 2006; Padberg 2013; Zürn 2013; Ferrín und Kriesi 2016). Die Demokratieforschung wie auch die Legitimitätsforschung stehen vor dem pragmatischen Dilemma, dass die großen länder- und kulturübergreifenden Umfragen, wie die Eurobarometer oder die World Values Surveys einerseits ernstzunehmende Einschränkungen haben, allen voran Äquivalenzprobleme, soziale Erwünschtheit und das Phänomen von Lippenbekenntnissen, uns andererseits aber mit Zeitreihendaten über Dekaden hinweg versorgen (Linde und Ekman 2003). Ähnlich wie Linde und Ekman (2003) Einschränkungen der großen Umfragen für die Frage nach Demokratiezufriedenheit diskutieren, ist fraglich, ob in der Forschung zu Legitimitätswahrnehmung der EU die gängigen Indikatoren tatsächlich messen, was sich Forscherinnen und Forscher von ihnen versprechen.[3] Wie bereits in der Einleitung angerissen, zeigen diese Daten für die meisten Mitgliedsstaaten eine positive Unterstützung der europäischen Integration. Der Schwerpunkt vieler Studien liegt dabei jedoch auf dem utilitaristischen Ansatz

---

[3]Die Eurobarometerfragen lauten: „Ist die Mitgliedschaft Ihres Landes in der EG/EU Ihrer Meinung nach eine gute Sache, weder gut noch schlecht, eine schlechte Sache, weiß nicht/keine Angabe?" („Mitgliedschaftsfrage" Eurobarometer seit 1970/1973), „Hat Ihrer Meinung nach Ihr Land insgesamt gesehen durch die Mitgliedschaft in der Europäischen Gemeinschaft/Union Vorteile oder ist das nicht der Fall? Vorteile, ist nicht der Fall, weiß nicht/keine Angabe." („Nutzensfrage" Eurobarometer seit 1984), „Sagen Sie mir bitte für jede der folgenden Institutionen, ob Sie ihr eher vertrauen oder eher nicht vertrauen. Wie ist es mit der Europäischen Union? Eher vertrauen, eher nicht vertrauen, weiß nicht/keine Angabe." Ebenso wird das Vertrauen in einzelne europäische und nationale Institutionen abgefragt („Vertrauensfrage" Eurobarometer seit 1997).

der EU-Einstellungsforschung, das heißt es wird vor allem eine nutzenbezogene Unterstützungsmotivation nachgewiesen (Eichenberg und Dalton 2007; Anderson und Reichert 1995; Gabel und Palmer 1995). Die nutzenbezogene Unterstützungsmotivation entspricht dem Scharpfschen (1999) Konzept der Output-Legitimität beziehungsweise wie bei Easton (1965) der spezifischen Unterstützung. Beide Konzepte zielen auf eine Problemlösungsperspektive, oder anders gesagt, ganz konkrete Politikerfolge, durch die Herrschaft Legitimität beziehungsweise Unterstützung erhält. Was in den oben genannten Untersuchungen nicht gezeigt werden kann, ist das Vorhandensein demokratischer Legitimität (oder auch Input-Legitimität bzw. diffuse Unterstützung). Diese Legitimitätsdimensionen zielen auf das Verhältnis zwischen Regierenden und Regierten (Scharpf 1999) sowie eine grundsätzlich positive Einstellung gegenüber dem politischen System und dessen Autoritäten (Easton 1965). Die Umfragedaten des Eurobarometers messen mit den ausgewählten Variablen lediglich die Output-Dimension der Legitimität der EU beziehungsweise deren spezifische Unterstützung. Nimmt diese, wie seit den 1990er Jahren (Knelangen 2015) ab[4], bleibt mit den herkömmlichen Erhebungsverfahren offen, ob damit tatsächlich auch die Legitimität insgesamt abnimmt, das heißt sowohl auf der Output-Dimension, auf der sich spezifische Unterstützung ansiedelt, als auch auf der Input-Dimension, auf der die Unterstützung generellerer Art oder wie Easton (1965) sagt diffus ist. Der einzige Indikator, der für die Messung von diffuser Unterstützung geeignet war, und damit auch für einen Legitimitätsansatz, der über die Bewertung von Outputs hinaus geht, war die sogenannte Vereinigungsfrage[5] (Tiemann et al. 2011, S. 22 ff.), die jedoch letztmalig mit dem Eurobarometer 1974, also vor beziehungsweise während der Aufkündigung des *permissive consensus* (Lindberg und Scheingold 1970), erhoben wurde.

Jenseits der EU-spezifischen Probleme gibt es grundlegende Probleme in der empirischen Legitimitätsforschung. Am weitesten verbreitet sind Studien, die auf der Basis von Umfragen insbesondere an Einstellungen interessiert sind

---

[4]Auch wenn hier auf nationale Unterschiede verwiesen werden muss. Wird beispielsweise die Netto-Zustimmung zur „Mitgliedschaftsfrage" (EU-Mitgliedschaft ist eine „gute Sache" abzüglich EU-Mitgliedschaft ist eine „schlechte Sache") herangezogen, liegt der EU-Durchschnitt im Jahr 2011 zwar bei 29 %, setzt sich dabei jedoch aus so unterschiedlichen Netto-Zustimmungen wie −6 % in Großbritannien und 59 % in Luxemburg zusammen. In Deutschland lag 2011 die Netto-Zustimmung bei 38 % (Knelangen 2015, S. 20 f.).

[5]„Sind Sie für oder gegen die Bemühungen, Westeuropa (seit 1990: Europa) zu vereinigen? Sehr dafür, eher dafür, eher dagegen, sehr dagegen, weiß nicht/keine Angabe" (Eurobarometer 1971–1995).

(von Haldenwang 2017, S. 227)[6]. Kritisiert wird dieser Teil der empirische Legitimitätsforschung in der Literatur ganz grundsätzlich, als ein auf Umfragedaten basierender Akzeptanzbericht (Padberg 2013), der die Konzeptualisierung empirischer Legitimität, so Zürn (2013), verfehle, da es nicht bloß um die Akzeptanz einer politischen Ordnung gehe. Nicht berücksichtigt wird bei diesen Untersuchungsansätzen, wie Padberg (2013) in dieser Debatte weiter ausführt, der Legitimitätsglaube der Bürgerinnen und Bürger, also inwieweit die Bürgerinnen und Bürger die gegebene Herrschaft als übereinstimmend mit ihren jeweils eigenen normativen Standards (Beetham und Lord 1999) *bewerten*. Mittels dieser Daten sind Forscherinnen und Forschern jedoch lediglich in der Lage die normative Perspektive der Legitimität (Schmidtke und Schneider 2012, S. 226) zu *messen*. Gemessen wird damit die geäußerte Positionierung der Befragten innerhalb der wissenschaftlichen Konstruktion von Realität und nicht die tatsächliche Einstellung der Befragten in der Realität selbst (Osterberg-Kaufmann 2014). Wenn das Forschungsinteresse der empirischen Legitimitätsforschung jedoch darin liegt zu hinterfragen, welche normativen Standards den Beurteilungen, ob ein Regime legitim ist oder nicht, zu Grunde liegen (Fuchs 2011, S. 31) und inwieweit diese mit der Herrschaftspraxis übereinstimmen, bedarf es, wie Zürn (2013) herausstellt, eines Methodenmixes.

Zürn (2013) entwickelte dazu ein Konzept der empirischen Legitimitätsforschung, auf dessen einer Seite die Autoritätsausübenden, ihre Herrschaftspraxis und die Rechtfertigungen ihrer Herrschaft stehen. Mittels Diskurs- und Inhaltsanalysen sowie Analysen der Entscheidungsprozesse soll die Position der Autoritätsausübenden erhoben werden. Auf der anderen Seite des Modells stehen die Autoritätsunterworfenen, die die Rechtfertigungen der Autoritätsausübenden anhand ihrer normativen Überzeugungen bewerten. Diese Bewertung soll mittels Umfragedaten, Diskursen und Stellungnahmen erhoben werden (Zürn 2013, S. 178 f.). Die Beurteilung der Übereinstimmung von der Herrschaftspraxis mit den eigenen normativen Standards wird jedoch in diesem Modell vernachlässigt beziehungsweise auf die Kommunikation der Herrschaftsrechtfertigung im öffentlichen Raum begrenzt.

---

[6]Neben dem Fokus auf Einstellungsdaten werden in der empirischen Legitimitätsforschung auch Daten zu Performanzeinschätzung von politischen Regimen und Daten zum Verhalten kollektiver und individueller Akteure herangezogen (von Haldenwang 2017, S. 277 ff.) beziehungsweise kombiniert (Gilley 2012).

3 Repertory Grid an der Schnittstelle zwischen messen und beurteilen

Die Anforderung an die empirische Legitimitätsforschung ist es mithin, die Übereinstimmung der normativen Standards der Bürgerinnen und Bürger mit der wahrgenommenen Herrschaftsordnung (Osterberg-Kaufmann 2014), wie ebenfalls die Bürgerinnen und Bürger selber sie wahrnehmen, zu erheben. Diese Erhebung sollte dabei weder den Umweg über öffentliche Kommunikation (Zürn 2013) oder den interpretierenden Forscher (Padberg 2013) nehmen. Dieser Anforderung, die Übereinstimmung von *views* „as normative yardsticks" und *evaluations,* wie Ferrín und Kriesi (2016, S. 10) es in ihrer jüngsten Veröffentlichung auf den Punkt gebracht haben, zu erheben, kann das Repertory Grid-Verfahren gerecht werden. Wie im nachfolgenden Absatz ausgeführt wird, bestehen die Vorzüge von Repertory Grid erstens darin, dass die individuelle Wahrnehmung der Befragten mit deren eigenen Worten in die Analyse eingehen. Zweitens kann mit Hilfe von Repertory Grid das Verhältnis von Legitimitätsvorstellungen und beispielsweise einzelnen europäischen Institutionen über eine *mental map* in Beziehung gesetzt und anhand der eigenen Legitimitätsvorstellungen von den Befragten bewertet werden.

Der (system)theoretische Hintergrund der Repertory Grid-Methode ist, dass Menschen die Realität, die sie umgibt, (re-)konstruieren. Menschen antizipieren Ereignisse, im Sinne von Bewertungen oder Annahmen, die in die Zukunft gerichtet sind, durch individuelle Verbindungen ihrer eigenen Erfahrungen. Die Ergebnisse ihres Handelns bewerten Menschen mit den für sie verfügbaren persönlichen Konstrukten, um dann ihr Verhalten an die Umweltbedingungen anzupassen (Jankovicz 2004). Um diese subjektiven Konstrukte von Individuen zu erfassen, arbeitet Repertory Grid mit den Worten der Befragten selbst. In der Vorbereitungsphase einer Datenerhebung mit Repertory Grid legt der Forscher einzig sogenannte Elemente fest, die in Bezug zum Forschungsgegenstand stehen. Im Fall der empirischen Legitimitätsforschung und der Europäischen Union wären das beispielsweise das Europäische Parlament, die Europäische Zentralbank (EZB) oder die Europäische Kommission, als zentrale Institutionen. In der Theorie Kellys (1955) handelt es sich bei den Elementen um für den Befragten relevante Dinge, Ereignisse oder Situationen. Die Auswahl der richtigen Elemente ist der sensibelste Teil des Forschungsdesigns, da die Festlegung der Elemente Einfluss auf das gesamte Interview hat. Ein Test der Elemente im Vorfeld der Erhebungsphase und gegebenenfalls eine Nachjustierung der Elementeauswahl ist deshalb von besonderer Bedeutung. Gleichwohl ist es der einzige Punkt des gesamten Verfahrens, an dem der Forscher Einfluss auf das Interviewsetting nimmt, da Repertory Grid weder mit vorgefertigten Fragen (wie sie standardisiert Fragebögen nutzen), noch mit festgelegten Interviewleitfäden (wie im qualitativen Interview).

Die Elemente, die also in Bezug zum Forschungsgegenstand stehen, werden mithilfe persönlicher Konstrukte von den Befragten auf der Basis ihrer jeweiligen Bewertung oder Annahmen charakterisiert, miteinander verglichen und in Beziehung zueinander gesetzt. Über die hinter diesem Prozess liegenden kognitiven Prozesse strukturieren Menschen Realität. Im Alltag führen eben diese Prozesse zum Beispiel zur Definition des eigenen Selbst in Abgrenzung zu Anderen, damit aber beispielsweise auch zur Herausbildung von Vorurteilen. Diesen Prozess macht sich Repertory Grid zunutze, um bezogen auf das Forschungsthema eine *mental-map* der Befragten zu erstellen. Die Konstrukte der Befragten muss man sich dabei als dichotome Dimensionen – wie *gewählt versus ernannt* oder *transparent versus undurchschaubar* – vorstellen. Mittels dieser Dichotomien werden die Elemente des Interviews von den Befragten auf der Basis ihrer Ähnlichkeiten in Gruppen geordnet. Jedes Element wird durch die Befragten durch jedes von den Befragten selbst entwickelte Konstrukt selbst bewertet (Jankovicz 2004). Abb. 1 illustriert diesen Prozess.

Auf der Basis des begrenzten Sets an Elementen machen die Befragten dem Forscher aktiv formulierte Konstrukte qualitativer Art verfügbar. Die subjektiven Wahrnehmungen des Untersuchungsgegenstandes, in Form der Zuordnung der Elemente in den entwickelten Konstruktskalen, werden in ein quantitatives Grid übersetzt (sog. Elemente-Konstrukte-Grid), indem den Zuordnungen numerische Werte zugeschrieben werden. Mittels verschiedener statistischer Verfahren können diese Daten dann in Beziehung zueinander gesetzt und die Daten aller Befragten in einem Kollektivgrid aggregiert werden. Zentral ist

Abb. 1 Elementezuordnung im Repertory Grid Interview. (Quelle: Osterberg-Kaufmann 2014, S. 159)

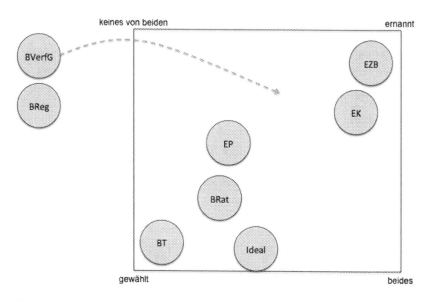

Abb. 1 (Fortsetzung)

hier, dass die zahlreichen Dimensionen, die aus den individuellen Bewertungen hervorgegangen sind, mithilfe der Hauptkomponentenanalyse auf einen dreidimensionalen Raum reduziert werden. In diesem dreidimensionalen Raum werden alle Elemente und alle Konstrukte sowie ihre Beziehungen zueinander visualisiert. Dazu identifiziert die Hauptkomponentenanalyse die drei signifikantesten Komponenten, übersetzt diese in die dreidimensionale Matrix und überträgt die Zahlen der Matrix in Koordinaten für jedes Element und jedes Konstrukt. Damit ist eine Gruppenbildung der Elemente mit besonderer Ähnlichkeit möglich. Über eine Gruppenbildung der Elemente wird es möglich, Aussagen über Ähnlichkeiten oder Unterschiede zu machen. Die räumliche Nähe der Elemente visualisiert ihre Ähnlichkeit zueinander und die Entfernung ihre Unähnlichkeit. Mittels euklidischer Distanzen können Nähe und Entfernung der Elemente zueinander, gemäß der Wahrnehmung der Befragten, visualisiert werden. Je näher Elemente beieinander liegen, desto kleiner ist die euklidische Distanz zwischen ihnen und desto größer ist ihre Ähnlichkeit (Osterberg-Kaufmann 2014, S. 158 ff.). Was das genau meint, wird im Abschn. 4.3.2 zur

„Wahrnehmung der Legitimität im Vergleich" an Hand der Datenanalyse am konkreten Beispiel erläutert und tabellarisch sowie grafisch dargestellt.

Neben dem innovativen Potenzial, das Repertory Grid durch seinen mixed-method-Charakter bietet, ist auch diese Methode nicht frei von Einschränkungen. Insbesondere die Beschränkung von Repertory Grid auf small-N-Studien soll angesprochen werden. So eignet sich Repertory Grid im besonderen Maße zur Untersuchung spezifischer Gruppen, als methodische Grundlage für Vorstudien zur Hypothesenentwicklung oder als ein vorangestelltes Element von multi-level-Designs.

Im nachfolgenden Kapitel kann die Darstellung der mittels Repertory Grid erhobenen Daten sowie deren Auswertung am Beispiel einer Studie zur Legitimätswahrnehmung der EU im Zusammenhang mit EU-bezogenem Wissen nachvollzogen werden.

4 Die Legitimitätswahrnehmung in der EU und der Einfluss von politischem Wissen

4.1 Untersuchungsziel

Die Untersuchung verfolgt im Kontext von politischem Wissen zwei Untersuchungsziele. Erstens geht es darum, Bedenken zur Notwendigkeit untersuchungsgegenstandsbezogenen politischen Wissens in der Funktionslogik der Repertory Grid-Methode zu untersuchen. Da die Befragten im Repertory Grid-Interview – wie im vorangegangenen Kapitel dargestellt – Elemente, die im Bezug zum Untersuchungsgegenstand stehen, bewerten müssen, stellt sich die Frage, inwieweit sie dazu überhaupt in der Lage sind, wenn ihnen die Kenntnisse über deren Zustandekommen, Zusammensetzung oder auch Funktionsweise fehlen. Dass das Wissen der Europäerinnen und Europäer über Europa relativ gering ist, ist hinlänglich belegt (Westle und Johann 2010; Maier und Bathelt 2013). Stellen sich diese mangelnden Kenntnisse über den Untersuchungsgegenstand jedoch auch als ein methodisches Hindernis in der Legitimitätsbewertung dar? Van Ingelgom (2013) problematisiert diese Frage im Kontext der Antwortkategorien des Eurobarometer, die Mitgliedschaft in der EU sei *eine gute Sache, eine schlechte Sache* oder *weder eine gute, noch eine schlechte Sache*. Insbesondere der Umgang mit der *weder-noch* Antwortkategorie wird problematisiert. Während jene, die „eine gute Sache" antworten, in der Literatur laut van Ingelgom (2013, S. 97) als europhil gelabelt werden und jene, die „eine schlechte Sache" antworten, als euroskeptisch gelabelt werden, findet die weder-noch Antwortkategorie wenig Beachtung. Ungeklärt ist laut van Ingelgom (2013, S. 96 ff.) jedoch, ob es sich bei dieser Antwortkategorie um Unsicherheit, Ambivalenz, Indifferenz oder Fatalismus der Befragten gegenüber dem Integrationsprozess handelt und ob diejenigen, die von der *weder-noch* Kategorie Gebrauch machen, grundsätzlich überhaupt über ausreichend Kenntnisse verfügen, um über die Mitgliedschaft ihres Landes in der EU zu urteilen.

„Empirische Befunde zu den Konsequenzen von Nichtwissen unterstreichen die Bedeutung grundlegender Politikkenntnisse" (Oberle und Forstmann 2015, S. 69), indem politisches Wissen mit dem Fokus auf Wahlentscheidungen zum Beispiel eine Voraussetzung für rational begründete Partizipation ist. Daraus ableitend lässt sich annehmen, dass auch die Bewertung von politischen Institutionen im Repertory Grid-Interview mit zunehmendem Wissen rationaleren Bewertungsstandards folgt. Das Gegenteil von rational muss aber nicht zwangsläufig irrational, im Sinne von Unsinn sein, sondern kann auch eine Entscheidung beziehungsweise Bewertung auf der Basis von Intuitionen bedeuten.[7] Ebenso sind auch Bewertungen auf der Basis von mangelndem oder falschem Wissen möglich. Aufgrund des methodischen Settings (vom Befragten aktiv formulierte Konstrukte und Übersetzung dieser in die subjektive Wahrnehmung der Elemente des Interviews) ist Repertory Grid im besonderen Maße geeignet, intuitive, subjektive und von hegemonialen Diskursen abweichende Bewertungen zu erheben. Die Annahme ist hier folglich, dass die Bewertungen, die im Repertory Grid Interview durch die Befragten vorgenommen werden, auch ohne vertiefende Kenntnisse der Elemente möglich sind. Einzige Voraussetzung ist das Wissen von der Existenz der Elemente, also im vorliegenden Fall beispielsweise das Wissen, dass es das Europäische Parlament gibt. Inwiefern das Wissen oder Nichtwissen der Befragten Repertory Grid in seiner Anwendbarkeit einschränkt, soll am Ende dieses Beitrags als erstes Untersuchungsergebnis aufgezeigt worden sein.

Zweitens geht es der Studie darum, den Einfluss politischen Wissens auf die Legitimitätswahrnehmung zu untersuchen[8]. Während die politische Einstellungs- und Partizipationsforschung ein weit entwickeltes Forschungsfeld ist, gibt es weit

---

[7]Auch wird Intuition in der jüngeren psychologischen (u. a.) Forschung (Giegerenzer 2008; Kahnemann 2012) nicht mehr als unvereinbarer Gegensatz zu Ratio verstanden, sondern vielmehr als komplementär in ihrer Beziehung zueinander.

[8]Dieses Forschungsinteresse wird ausführlicher in Osterberg-Kaufmann, Norma. 2019. Die Legitimitätswahrnehmung in der EU und der Einfluss von EU-spezifischem politischen Wissen. *Zeitschrift für Vergleichende Politikwissenschaft* 13(1):61–91 verfolgt. Insbesondere der quas-experimentelle Charakter der Studie und die entsprechende Analyse der Daten stehen dort im Vordergrund, während es im vorliegenden Beitrag insbesondere um Repertory Grid als Methode geht.

Legitimitätswahrnehmung in der EU und Repertory Grid 251

weniger Arbeiten über politisches Wissen allgemein (Oberle 2012), obwohl ihm im Kontext der Funktionsfähigkeit moderner Demokratien eine große Bedeutung zugesprochen wird (z. B. Maier 2000; Galston 2001; Oberle 2012). Lediglich eine Handvoll Untersuchungen hat sich bisher den Konsequenzen von mehr oder weniger politischem Wissen auf Einstellungen und Verhalten gewidmet (Delli Carpini und Keeter 1996; Sinnott 2000, Galston 2001; Gilens 2001; Karp und Bowler 2003; Westle 2009; Westle und Johann 2010). Die Mehrheit dieser Untersuchungen zielt vor allem auf den Einfluss von politischem Wissen auf Partizipation oder Wahlverhalten. Bezüglich der Erweiterung des EU-Wissens auf EU-Einstellungen wird von einigen Autoren (Sinnott 2000; Oberle und Forstmann 2015) von einer positiven Wirkung ausgegangen und davon, dass dagegen ein „subjektiv empfundener Mangel an EU-Verständnis Skepsis gegenüber dem europäischen Einigungsprozess befördert" (Oberle und Forstmann 2015, S. 69). Auch der Theorie der kognitiven Mobilisierung folgend, wäre ein positiver Zusammenhang von politischem Wissen und Legitimität zu erwarten (Karp und Bowler 2003, S. 275), da Personen mit mehr politischem Wissen mit der EU vertrauter sind als solche mit weniger Wissen, und sie die EU als weniger bedrohlich empfinden und ergo eher unterstützen (Inglehart 1970; Janssen 1991; Anderson 1998). Nach der Demokratiedefizit-These kann aber im Gegenteil auch erwartet werden, dass die Zufriedenheitswerte unter den informierteren Bürgern eher abnehmen. So zeigen politisch informierte Bürger möglicherweise größere Bedenken gegenüber Fragen der *accountability* und *responsiveness,* wie von EU-Kritikern öfter erhoben (Karp und Bowler 2003). Inwieweit Wissen tatsächlich auf die Einstellung zur EU wirkt, ist bisher empirisch unzureichend erforscht (Oberle 2012).

Der vorliegende Beitrag zur Legitimitätswahrnehmung in der EU und dem Einfluss von politischem Wissen möchte dieses Forschungsfeld weiterentwickeln, indem erstens mittels der vorliegenden Vorstudie die Möglichkeit der Hypothesenentwicklung für weitergehende Untersuchungen gegeben wird und zweitens mittels Repertory Grid ein Methodenvorschlag zur Erhebung von Legitimitätswahrnehmung im Allgemeinen und des Einflusses von Wissen auf Einstellungen im Besonderen gemacht wird.

4.2 Sample und Operationalisierung

Diesen Fragen soll nachgegangen werden, indem über eine Zeitreihenstudie Probanden zum Zeitpunkt 1 mit ihrem gegebenen Wissen über die EU zu ihrer Wahrnehmung der Legitimität der EU befragt wurden und zu einem Zeitpunkt 2 mit zusätzlichem Wissen über die EU erneut zu diesem Thema befragt wurden.

Befragte für diese Studie waren Studierende des Major Politikwissenschaft der Leuphana Universität Lüneburg zu Beginn des Wintersemesters 2014/2015 und zum Ende des Wintersemesters 2014/2015, N = 19. Eine Gruppe der Studierenden besuchte in diesem Zeitraum Seminare mit spezifischem EU-Bezug, während eine Kontrollgruppe die „Einführung in die Politikwissenschaft" besuchte und in dieser Veranstaltung kein EU-Wissen vermittelt bekam.[9] Die Befragten waren zwischen 18 und 24 Jahre alt. Befragt wurden 11 Studierende in der *EU-Gruppe* und 8 Befragte in der *Kontrollgruppe* ohne die Vermittlung von EU-spezifischem Wissen. Die Studierenden der *EU-Gruppe* waren zum Zeitpunkt der Befragung in einem höheren Fachsemester als die Studierenden der *Kontrollgruppe*. Wahrscheinlich verfügten sie deshalb bereits zum Zeitpunkt 1 über mehr politisches Wissen, als die Befragten der *Kontrollgruppe,* die in den ersten Wochen ihres ersten Fachsemesters befragt wurden.

Mittels Repertory Grid Interviews[10] soll die Wahrnehmung der Legitimität der EU zu diesen beiden Zeitpunkten verglichen werden und damit Rückschlüsse auf den Einfluss von Wissen auf die Legitimitätswahrnehmung der EU und Wissen als Legitimationsstrategie gezogen werden sowie der Einfluss von Wissen auf die Datenerhebung mit Repertory Grid diskutiert werden.[11]

Wenn in diesem Beitrag von Wissen die Rede ist, geht es explizit um politisches Wissen. Politisches Wissen setzt sich aus objektivem und subjektivem politischen Wissen zusammen. Objektives politisches Wissen, ist jenes politisches Wissen, über das ein Individuum tatsächlich verfügt: „political knowledge (is) the

---

[9]Im Zentrum der Veranstaltung standen die historische und wissenschaftstheoretische Verortung des Fachs sowie seine Teilbereiche unter dem thematischen Schwerpunkt Demokratie.

[10]Für das Interview wurden zehn Elemente aus den Bereichen nationale Institutionen (Bundesregierung, Bundestag, Bundesrat, Bundesverfassungsgericht), europäische Institutionen (Europäische Kommission, Europäisches Parlament, Europäische Zentralbank, Europäischer Gerichtshof), dem normativen Standard zu Legitimität (Legitimste Entscheidungsträger) sowie aus dem Bereich nicht-gewählter politischer Akteur (Expertengremien) definiert, um die normativen Standards und deren Übereinstimmung mit dem politischen System (der Herrschaftsordnung) über die Evaluation dieser Elemente in individuellen Bewertungsskalen zu analysieren.

[11]In den Interviews wurden von den Befragten insgesamt 824 Konstrukte entwickelt, das heißt ein Datensatz mit 412 Fällen mit je zwei Polen liegt der Untersuchung zu Grunde. Die Ergebnisse dieser Studie können aufgrund der studentischen Befragtengruppe keinesfalls generalisiert und auf die gesamte Gesellschaft übertragen werden. Sie sollten jedoch, in der Logik einer Vorstudie, dazu beitragen Hypothesen für das vorliegende Forschungsfeld zu generieren, die in weiteren Untersuchungen bearbeitet werden können.

range of factual information about politics that is stored in long-term memory" (Delli Karpini und Keeter 1996, S. 10). Daneben existiert aber auch jenes politische Wissen, über das ein Individuum glaubt zu verfügen. Dieses subjektive politische Wissen generiert sich aus „individuellen Perzeptionen der Wirklichkeit" (Maier 2000, S. 143), die ein Urteil, ob sie richtig oder falsch sind, erschweren bis unmöglich machen (Maier 2000).

4.3 Datenanalyse

4.3.1 Der Wandel der normativen Standards zu Legitimität

Der erste Befund der vorliegenden Analyse ist, dass sich die Idealvorstellungen von Legitimität zwischen den beiden Zeitpunkten verändert haben. Mithilfe einer vergleichenden Analyse derjenigen Konstrukte, die den größten Einfluss auf die Position des Elements „Legitimster Herrschaftsträger" im dreidimensionalen Raum haben, für die Befragten also in der Zuordnung am ausschlaggebendsten sind, lässt sich dieser Wandel nachzeichnen. Visuell kann diese Zuordnung durch den sogenannten Semantischen Korridor dargestellt werden, indem Elemente beziehungsweise Konstrukte hervorgehoben werden, die sich in einem bestimmten Winkel zueinander befinden. Der Winkel zwischen dem Konstrukt und dem dazu in Beziehung stehenden Element ist desto enger, je besser die Konstrukte ein Element beschreiben. Winkel, die enger als 45 Grad sind, stellen ein semantisches Cluster dar, um die semantische Achse im dreidimensionalen Raum zu beschreiben. Zur Reduzierung der beschreibenden Konstrukte wurde hier der Winkel um das Element „Legitimster Entscheidungsträger" auf 25 Grad reduziert.

Am ausschlaggebendsten für die Idealvorstellungen von Legitimität erwiesen sich in der *EU-Gruppe* zum Zeitpunkt 1 die Konstrukte: charismatisch, Generalist, transparent, bürokratisch, vielfältig und gerecht. Zum Zeitpunkt 2 blieb einzig das Konstrukt transparent konstant. Davon abgesehen hat sich die Vorstellung von Legitimität hin zu Beschreibungen wie volksnah, gewählt, volksvertretend, rechtmäßig und vertrauenswürdig verändert. Für die *Kontrollgruppe* stellt sich die Veränderung der normativen Standards zu Legitimität noch dramatischer dar. Waren die Konstrukte: verbindlich, neutral und utilitaristisch zum Zeitpunkt 1 am ausschlaggebendsten für die Einordnung des Elements „Legitimster Herrschaftsträger", wandelte sich diese Vorstellung zum Zeitpunkt 2 hin zu den beschreibenden Konstrukten: rechtschaffend, rechtmäßig, gewählt, vertrauenswürdig, transparent und effizient. Visuell dargestellt werden können semantische Cluster mit dem „semantischen Korridor" (Abb. 2).

„EU-Gruppe"
Zeitpunkt t_1

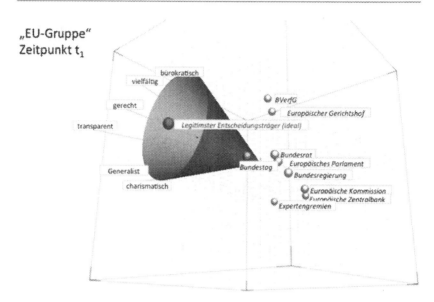

Abb. 2 Der normative Standard zu Legitimität. (Quelle: Osterberg-Kaufmann 2019, S. 16 f.)

„EU-Gruppe"
Zeitpunkt t_3

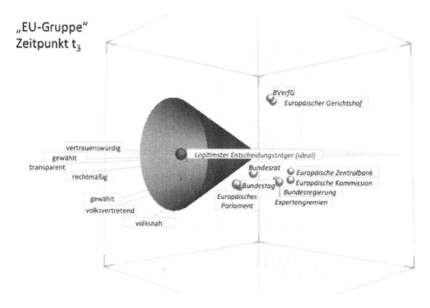

Abb. 2 (Fortsetzung)

Legitimitätswahrnehmung in der EU und Repertory Grid 255

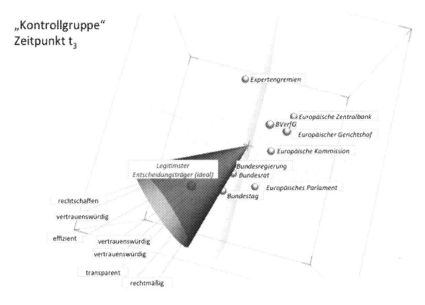

Abb. 2 (Fortsetzung)

In beiden Gruppen kann mittels der vergleichenden Analyse der ausschlaggebend beschreibenden Konstrukte um das Element „Legitimster Herrschaftsträger" ein Zuwachs der Unterstützung für demokratische Normen und Werte einhergehend mit einem Zuwachs an politischem Wissen gezeigt werden. Gemeinsam ist beiden Gruppen zum Zeitpunkt 2 ein Legitimitätsverständnis, das unter anderem die Eigenschaften: gewählt, transparent, rechtmäßig und vertrauenswürdig umfasst, während einzig „transparent" in der Wahrnehmung der Befragten der *EU-Gruppe* bereits zum Zeitpunkt 1 mit den Idealvorstellungen von Legitimität verbunden war.

Aber auch die Wahrnehmung der übrigen Elemente hat sich in beiden Gruppen zwischen Zeitpunkt 1 und Zeitpunkt 2 weiterentwickelt. Exemplarisch soll nachfolgend das „Europäische Parlament" untersucht werden. Am ausschlaggebendsten für die Vorstellungen vom Europäischen Parlament erwiesen sich in der *EU-Gruppe* zum Zeitpunkt 1 die Konstrukte: charismatisch, gewählt, langsam, rechtens, vertretend und proportional. Zum Zeitpunkt 2 blieben die Konstrukte: charismatisch, gewählt und proportional konstant. Davon abgesehen hat sich die Vorstellung vom Europäischen Parlament hin zu Beschreibungen wie rechtmäßig, direkt, offengelegt, transparent, gesetzgebend, demokratisch und

Generalist verändert. In der *Kontrollgruppe* erwiesen sich als am ausschlaggebendsten für die Vorstellungen vom Europäischen Parlament (siehe Abb. 3) zum Zeitpunkt 1 die Konstrukte: vertrauenswürdig, Generalisten, gewählt und transparent. Während gewählt und transparent Beschreibungen waren, die zum Zeitpunkt 2 konstant blieben, charakterisierten zum Zeitpunkt 2 die Konstrukte willkürlich, unvorhersagbar, parteigebunden und ineffektiv das Europäische Parlament am ausschlaggebenden.

Ohne an dieser Stelle zu stark interpretierend in die Analyse der Ergebnisse eingreifen zu wollen, zeigt die Wahrnehmung des Europäischen Parlaments in der *Kontrollgruppe,* die zwischen Zeitpunkt 1 und 2 nicht systematisch EU-spezifisches politisches Wissen hinzugewonnen hat[12], mit den Zuschreibungen „willkürlich", „unvorhersagbar" und „ineffektiv" einen deutlichen Negativtrend auf.

Wie mittels des semantischen Korridors zum Verständnis vom „Legitimsten Entscheidungsträger" hat gezeigt werden können, hat in der *Kontrollgruppe* mit zunehmendem politischen Wissen (nicht EU-spezifisch) eine Veränderung der Legitimitätswahrnehmung hin zu demokratischen Normen und Werten stattgefunden. Wie weiter oben dargestellt, wandelte sich das Legitimitätsverständnis von: verbindlich, neutral und utilitaristisch, zu: rechtschaffend, rechtmäßig, gewählt, vertrauenswürdig, transparent und effizient. Angesichts dieser Veränderungen des Legitimitätsverständnisses scheint sich das bestehende Bild vom Europäischen Parlament zum Zeitpunkt 2 der Befragung weniger mit den normativen Standards zu Legitimität zu decken, als zuvor zum Zeitpunkt 1. Negativbeschreibungen (willkürlich, unvorhersagbar und ineffektiv) werden dem Europäischen Parlament zum Zeitpunkt 2 zugeschrieben[13].

Auch in der *EU-Gruppe* hat sich die Wahrnehmung des Europäischen Parlaments zwar verändert, aber doch weniger in der grundsätzlichen Bewertung

---

[12]Damit kann nicht ausgeschlossen werden, dass sich Studierende außerhalb der Lehrveranstaltung mit Aufnahme des Studiums stärker mit EU-politischen Fragen beschäftigt haben.

[13]Gleichzeitig wird das Europäische Parlament aber auch als gewählt, transparent und parteigebunden wahrgenommen. Da die *Kontrollgruppe* keinen EU-spezifischen Wissenszuwachs zwischen Zeitpunkt 1 und 2 hatte, bleibt auch die Wahrnehmung vom Europäischen Parlament beispielsweise, inkonsistent. Die Literatur (Delli Carpini und Keeter 1996; Sinnott 2000) geht in Konsequenz von politischem Wissen von konsistenteren Einstellungen bzw. Bewertungen aus.

„EU-Gruppe"
Zeitpunkt t_1

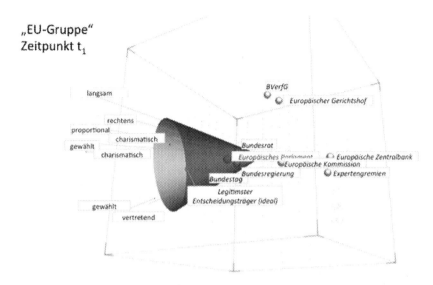

Abb. 3 Die Beschreibung des Europäischen Parlaments. (Quelle: Osterberg-Kaufmann 2019, S. 19 f.)

dieser Institution, als vielmehr in Form einer differenzierteren Bewertung mit Zuwachs EU-spezifischen Wissens. Das heißt die Bewertung des Europäischen Parlaments bleibt in der *EU-Gruppe* weiterhin positiv und die Anzahl der ausschlaggebenden beschreibenden Konstrukte innerhalb des Winkels von 25 Grad verdoppelt sich nahezu. Wie Delli Carpini und Keeter (1996) in ihrer Forschung zum politischen Wissen der US-Amerikanerinnen und Amerikanern und dessen Einfluss auf politische Einstellungen haben zeigen können, weisen auch die vorliegenden Repertory-Grid-Daten auf den Zusammenhang von politischem Wissen und einer stärkeren Differenziertheit in den politischen Einstellungen hin.

Grundsätzlich festgehalten werden kann, dass sich mit zunehmendem politischem Wissen (EU-spezifisch und nicht EU-spezifisch) sowohl die Wahrnehmung der Institutionen als auch des normativen Standards von Legitimität verändert haben.

4.3.2 Die Wahrnehmung der Legitimität im Vergleich

Wie bereits in vorhergehenden Untersuchungen auf der Basis von Repertory Grid-Interviews (Osterberg-Kaufmann 2014) hat gezeigt werden können, entsprechen auch in der Wahrnehmung dieser beiden Gruppen, als zweitem Befund

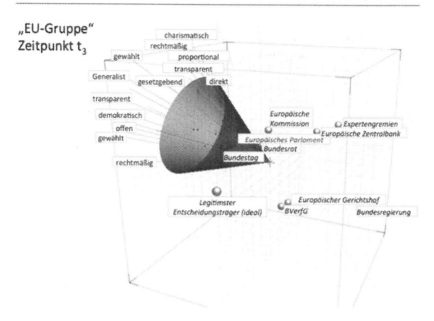

Abb. 3 (Fortsetzung)

der vorliegenden Untersuchung, weder die nationalen Elemente noch die europäischen Elemente den jeweiligen Idealvorstellungen der Befragten von Legitimität. Erneut erweisen sich die nationalen Elemente dabei in der Wahrnehmung der Befragten als legitimer als die europäischen Elemente. Diese Befunde stehen durchaus in einem Widerspruch zu zurückliegenden Ergebnissen der Eurobarometer-Befragungen, laut denen beispielsweise das Europäische Parlament durchschnittlich mehr Vertrauen genießt als die jeweiligen nationalen Parlamente. Gleichwohl diskutiert die Literatur diesen Vertrauensvorsprung des Europäischen Parlaments als überraschend, da es über weit weniger Kompetenzen als die nationalen Parlamente verfügt (Schmitt 2003). Dass beispielsweise der Deutsche Bundestag in der Wahrnehmung der mit Repertory Grid befragten Personen deutlich legitimer ist als das Europäische Parlament, entspricht also viel mehr den Vorannahmen der politikwissenschaftlichen Literatur als der Vertrauensvorsprung des Europäischen Parlaments gegenüber nationalen Parlamenten, den das Eurobarometer attestiert.

Aus den in den Tab. 1, 2, 3 und 4 dargestellten und in den Abb. 4 bis 7 visualisierten Distanzmaßen lässt sich ablesen, dass in der Vorstellung aller Befragten

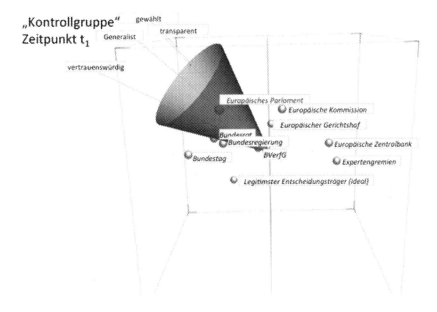

Abb. 3 (Fortsetzung)

zu Zeitpunkt 1 und 2 keines der Elemente eine direkte Übereinstimmung mit den jeweiligen Vorstellungen vom „legitimsten Entscheidungsträger" aufweist.

Mittels der euklidischen Distanzen der Elemente kann die Nähe und Entfernung der einzelnen Elemente zueinander in der Wahrnehmung der Befragten abgelesen werden, wie die Abb. 4, 5, 6 und 7 im dreidimensionalen Raum auf der Basis der Hauptkomponentenanalyse veranschaulichen. Dabei gilt, je geringer die euklidischen Distanzen zwischen den Elementen sind, also je näher die Elemente räumlich beieinander liegen, desto ähnlicher werden sie von den Befragten wahrgenommen. Die euklidischen Distanzen zwischen den Elementen, wie sie die Abb. 4 bis 7 über die optische Nähe bzw. Entfernung visualisiert, lassen sich in den Tab. 1, 2, 3 und 4 in numerischen Werten ablesen. Da es sich um eine Unähnlichkeitsmatrix handelt, werden die Elemente mit steigendem Wert unähnlicher wahrgenommen. Je geringer der numerische Wert zwischen zwei Elementen ausfällt, desto ähnlicher werden diese beiden wahrgenommen.

Im Vergleich der beiden Zeitpunkte im dreidimensionalen Raum (Abb. 4 bis 7) und an den euklidischen Distanzen lässt sich außerdem ablesen, dass in beiden Gruppen alle Elemente in der Wahrnehmung der Befragten an Legitimität

„Kontrollgruppe"
Zeitpunkt t₃

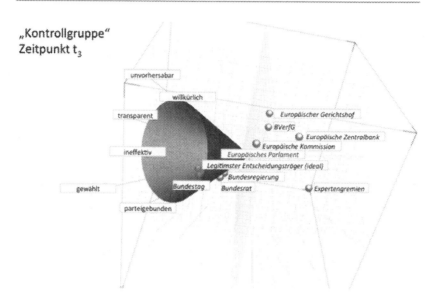

Abb. 3 (Fortsetzung)

einbüßen. Es scheint also ganz grundsätzlich so zu sein, dass die Legitimität in der Wahrnehmung der Befragten mit steigendem politischem Wissen abnimmt. Besonders dramatisch stellt sich dieser Legitimitätsverlust in der *EU-Gruppe* dar, wenn auch in unterschiedlichem Maße (Abb. 6). Am geringsten verlieren das „Europäische Parlament", die „Bundesregierung", der „Bundesrat" und die „Europäische Kommission" in der Wahrnehmung der Befragten an Legitimität. Am höchsten ist dieser Verlust bei der „Europäischen Zentralbank", beim „Bundestag", beim „Europäischen Gerichtshof", beim „Bundesverfassungsgericht" und insbesondere bei den „Expertengremien". Damit haben in der Wahrnehmung der Befragten der *EU-Gruppe* v. a. jene Institutionen an Legitimität verloren (mit Ausnahme des Bundestages), die nicht vom Wählerwillen abhängig sind und sich damit der Kontrolle des Wählers entziehen. Hier deutet sich ein Widerspruch zur These vom Legitimitätsgewinn nicht-majoritärer Institutionen (Zürn 2012, S. 60) an, der weiter unten noch mal aufgegriffen wird.

Im „Ranking" der Legitimitätswahrnehmung (Abb. 8) der *EU-Gruppe* haben nur sehr geringe Korrekturen stattgefunden. Der „Bundesrat" und das „Europäische Parlament" tauschen Platz zwei und drei zugunsten des Europäischen Parlaments. Der „Europäische Gerichtshof" und die „Europäische Kommission"

Legitimitätswahrnehmung in der EU und Repertory Grid

Tab. 1 Euklidische Distanzen der Elemente *EU-Gruppe*, Zeitpunkt 1

Ele-mente	Euklidisches Distanzmaß									
	Ideal	BReg	BTag	BRat	BVerfG	EK	EP	EZB	EuGH	Experten
Ideal		616,3	470,7	578,5	660,7	761,6	599,4	909,9	710,1	893,8
BReg	616,3		358,2	425,9	561,3	450,7	390,4	618,9	564,3	718,9
BTag	470,7	358,2		362,8	558,5	553,2	356,6	710,5	563,5	765,2
BRat	578,7	425,9	362,8		483,9	490,9	388,1	641,8	490,2	699,1
BVerfG	660,7	561,3	558,5	483,9		598,3	588,1	681,6	270,0	722,5
EK	761,6	450,7	553,1	490,9	598,3		435,0	507,0	561,0	577,0
EP	599,4	390,4	356,6	388,1	588,1	435,0		638,5	574,1	727,3
EZB	909,9	618,9	710,5	641,8	681,6	507,0	638,5		628,4	550,3
EuGH	710,1	564,3	562,9	490,2	270,0	561,0	574,1	628,4		683,9
Experten	893,8	718,9	765,2	699,1	722,5	577,0	727,3	550,3	683,9	

Anmerkungen: Ideal – Legitimste Entscheidungsträger bzw. normative Standard zu Legitimität, BReg – Bundesregierung, BTag – Bundestag, BRat – Bundesrat, BVerfG – Bundesverfassungsgericht, EK – Europäische Kommission, EP – Europäische Parlament, EZB – Europäische Zentralbank, EuGH – Europäische Gerichtshof, Experten – Expertengremien. (Quelle: Eigene Erhebung/Osterberg-Kaufmann 2019, S. 22 ff.)

tauschen Platz sechs und sieben zugunsten der Europäischen Kommission und die „Expertengremien" und die „Europäische Zentralbank" tauschen Platz acht und neun zugunsten der Europäischen Zentralbank.

Weniger dramatisch als in der *EU-Gruppe,* aber dennoch erheblich ist der Legitimitätsverlust in der *Kontrollgruppe* zum Zeitpunkt 2. Auch hier findet der Legitimitätsverlust in unterschiedlichem Maße statt (Abb. 7 und 8). Am geringsten ist der Legitimitätsverlust für die „Bundesregierung", den „Bundestag", den „Bundesrat" und das „Europäische Parlament", während er für den „Europäischen Gerichtshof", die „Europäische Kommission", die „Europäische Zentralbank" sowie das „Bundesverfassungsgericht" am höchsten und für „Expertengremien" am allerhöchsten ist. Damit wurden in der *Kontrollgruppe* zum Zeitpunkt 2 insbesondere die Gerichtshöfe nach unten „gerated", während „Bundestag", „Bundesregierung" und „Bundesrat" als gewählte und damit vom Bürgerwillen abhängige Institutionen im „Legitimitätsranking" aufgestiegen sind. Die hohe Legitimität, die die Befragten der *Kontrollgruppe* insbesondere

Tab. 2 Euklidische Distanzen der Elemente *Kontrollgruppe*, Zeitpunkt 1

Elemente	Euklidisches Distanzmaß									
	Ideal	BReg	BTag	BRat	BVerfG	EK	EP	EZB	EuGH	Experten
Ideal		645,8	571,8	589,1	552,0	728,0	651,3	746,3	585,3	749,5
BReg	645,8		309,6	332,3	479,0	495,1	429,6	582,5	526,9	655,0
BTag	571,8	309,6		281,6	511,4	547,9	362,6	651,7	562,5	711,8
BRat	589,1	332,3	281,6		464,2	502,7	381,2	594,7	504,2	650,2
BVerfG	552,0	479,0	511,4	464,2		558,8	578,3	576,4	289,6	593,8
EK	728,0	495,1	547,9	502,7	558,8		404,4	422,0	501,2	538,4
EP	651,3	428,9	362,6	381,2	578,3	404,4		536,6	525,3	646,7
EZB	756,3	582,5	651,7	594,7	576,4	422,7	536,6		517,7	530,1
EuGH	585,3	526,9	562,5	504,0	289,6	501,2	525,3	517,7		576,9
Experten	749,5	655,0	711,8	650,2	593,8	538,4	646,7	530,1	576,9	

Anmerkungen: Unähnlichkeitsmatrix. (Quelle: Eigene Erhebung/Osterberg-Kaufmann 2019, S. 22 ff.)

dem Bundesverfassungsgericht und dem Europäischen Gerichtshof zusprechen, entsprechen einem interessanten Phänomen, dass Zürn (2011a, b, S. 625) als „demokratisches Paradoxon" bezeichnet, nach dem nicht-originär demokratisch legitimierte Organisationen an Bedeutung gewinnen, während die demokratischen Kerninstitutionen „ihre hegemoniale Rolle zu verlieren drohen" (Zürn 2011a, b, S. 604). In diesem Zusammenhang lassen sich zwei Beobachtungen machen. Erstens zeigt sich dieser hohe Legitimitätszuspruch nicht-majoritärer Institutionen nicht in dem Maße bei den Befragten der *EU-Gruppe*.[14] Zweitens verlieren eben diese nicht-majoritären Institutionen bei der *Kontrollgruppe* zum Zeitpunkt 2 an Legitimität. Eine in weiteren Untersuchungen zu überprüfende Vermutung leitet

---

[14]Hier sei nochmals auf die Vermutung verwiesen, dass die *EU-Gruppe* wahrscheinlich auf Grund ihres höheren Fachsemesters bereits zum Zeitpunkt 1 der Befragung über mehr politisches Wissen, als die Befragten der *Kontrollgruppe* verfügt hat, da der Zeitpunkt 1 in den ersten Wochen des ersten Fachsemesters der *Kontrollgruppe* lag.

Legitimitätswahrnehmung in der EU und Repertory Grid

Tab. 3 Euklidische Distanzen der Elemente *EU-Gruppe*, Zeitpunkt 2

Elemente	Euklidisches Distanzmaß									
	Ideal	BReg	BTag	BRat	BVerfG	EK	EP	EZB	EuGH	Experten
Ideal		700,2	602,2	681,3	835,6	864,8	655,2	1030,7	869,6	1992,5
BReg	700,2		395,6	442,4	644,1	471,9	481,2	761,1	687,8	832,2
BTag	602,2	395,6		424,9	690,3	601,2	363,1	878,5	739,9	907,4
BRat	681,3	442,4	424,9		579,7	527,9	485,6	738,8	607,9	753,4
BVerfG	835,6	644,0	690,3	579,7		602,6	723,8	674,1	305,0	687,6
EK	864,8	471,9	601,2	527,9	602,6		552,5	603,7	586,8	668,9
EP	655,2	481,2	363,1	485,6	723,8	552,5		840,7	711,4	873,0
EZB	1030,7	761,1	878,0	738,8	674,1	603,6	840,7		639,2	499,0
EuGH	869,6	687,8	739,9	607,9	305,0	586,8	711,4	639,2		672,6
Experten	1092,5	832,2	907,4	753,4	687,6	668,9	873,0	499,0	672,6	

Anmerkungen: Unähnlichkeitsmatrix. (Quelle: Eigene Erhebung/Osterberg-Kaufmann 2019, S. 22 ff.)

Tab. 4 Euklidische Distanzen der Elemente *Kontrollgruppe*, Zeitpunkt 2

Elemente	Euklidisches Distanzmaß								
	Ideal	BReg	BTag	BRat	BVerfG	EK	EP	EZB	EuGH	Experten
Ideal		650,3	579,0	622,4	654,6	811,5	686,7	894,9	664,8	853,6
BReg	650,3		357,7	362,0	552,9	526,5	472,9	651,4	597,4	744,5
BTag	579,0	357,7		302,3	603,1	599,7	364,0	723,0	639,4	783,0
BRat	622,4	362,0	302,3		565,4	565,7	414,3	658,3	598,2	705,6
BVerfG	654,6	552,9	603,1	565,4		610,0	647,8	611,1	277,6	632,7
EK	811,5	526,5	599,7	565,7	610,0		468,4	488,2	554,3	625,4
EP	686.7	472,9	364,0	414,3	647,8	468,4		602,9	609,2	710,5
EZB	894,9	651,4	723,0	658,3	611,1	488,2	602,9		574,3	610,4
EuGH	664,9	587,4	639,4	598,2	277,6	554,3	609,2	574,3		629,1
Experten	853,6	744,5	782,9	705,6	632,7	625,4	710,4	610,4	629,1	

Anmerkungen: Unähnlichkeitsmatrix. (Quelle: Eigene Erhebung/Osterberg-Kaufmann 2019, S. 22 ff.)

sich hier ab, nämlich dass der allseits diskutierte Legitimitätsgewinn nicht-majoritärer Institutionen in einem Zusammenhang mit dem Niveau des politischen Wissens der Bürgerinnen und Bürger steht.

Die Bedeutung der demokratisch-legitimierten Kerninstitutionen nimmt in beiden Befragtengruppen mit mehr Wissen im Vergleich zu den anderen Institutionen zu. Gleichzeitig verlieren sie alle an Legitimität, da das Distanzmaß zwischen dem „legitimsten Herrschaftsträger" als Idealvorstellung der Befragten von Legitimität und allen übrigen Elementen durchgängig größer wird, sie also als unähnlicher wahrgenommen werden. Dieser Befund könnte ein Indiz für eine grundsätzlich steigende Unterstützung für demokratische Normen und Werte mit steigendem politischem Wissen sein, die aber gleichzeitig mit einer kritischeren Beurteilung des politischen Systems einhergeht. Hinweise für diese Wirkrichtung von politischem Wissen haben sich auch bereits im vorherigen Unterkapitel zur Diskussion der normativen Idealvorstellungen von Legitimität der Befragten und ihrer Wahrnehmung vom Europäischen Parlament gezeigt.

„EU-Gruppe", Zeitpunkt1

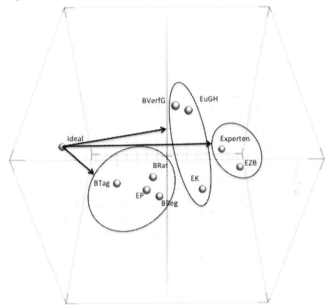

Abb. 4 Grid der Elemente und Konstrukte im dreidimensionalen Raum *EU-Gruppe*, Zeitpunkt 1. (Quelle: Eigene Erhebung, dargestellt mit sci:vesco/Osterberg-Kaufmann 2019, S. 22 ff.)

5 Fazit

Infolge der geringen Erforschung des Wissens der Europäerinnen und Europäer über die EU (Maier und Bathelt 2013; Oberle und Forstmann 2015), gibt es wenig Forschung zum Zusammenhang von EU-spezifischem politischen Wissen und Einstellungen gegenüber der EU und keine Forschung zum Zusammenhang von EU-spezifischem politischen Wissen und der Legitimitätswahrnehmung der EU. Gleichzeitig hat sich mit dem wandelnden Selbstverständnis der EU von einem Elitenprojekt im ökonomischen Zweckverband der Anfangsjahre hin zu einem „Herrschaftsverband mit demokratischem Legitimitätsanspruch" (Trüdinger 2008, S. 215) die Rolle verändert, die die EU ihren Bürgerinnen und Bürgern zuerkennt (Maier und Bathelt 2013) und damit die Relevanz der Legitimitätsfrage. Maier und Bathelt (2013) beschreiben diesen Paradigmenwechsel als eine

Kontrollgruppe, Zeitpunkt 1

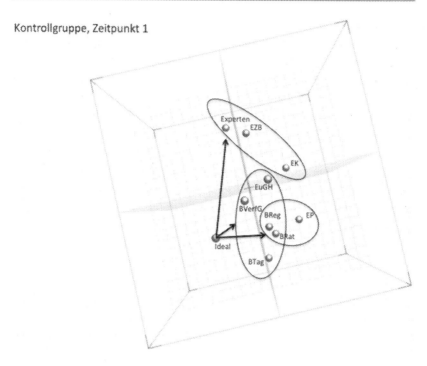

Abb. 5 Grid der Elemente und Konstrukte im dreidimensionalen Raum *Kontrollgruppe, Zeitpunkt 1*. (Quelle: Eigene Erhebung, dargestellt mit sci:vesco/Osterberg-Kaufmann 2019, S. 22 ff.)

Verschiebung der Bürgerposition vom Zuschauer „in den Mittelpunkt des politischen Prozesses" (2013, S. 413), für den die Einführung der Direktwahl des Europäischen Parlaments im Jahr 1979 exemplarische stehe. Diese Entwicklung spiegelt sich auch in einem rasanten Bedeutungsgewinn der Forschung zur Legitimität der EU wider. Die Mehrheit dieser Forschung (Kielmannsegg 1996; Blondel et al. 1998; Katz und Weßels 1999; Scharpf 1999; Thomassen und Schmidt 1999) schreibt der EU ein Demokratiedefizit und damit verbunden ein Legitimitätsdefizit zu, dass in der empirischen Forschung, auch aufgrund methodischer Probleme, weder eindeutig belegt noch widerlegt werden konnte (Osterberg-Kaufmann 2014, S. 50).

Angesichts einer breiten Diskussion, wie die Legitimität der EU in den Augen der Bürgerinnen und Bürger gesteigert werden kann (Scharpf 1999; Fuchs 2000;

"EU-Gruppe", Zeitpunkt 2

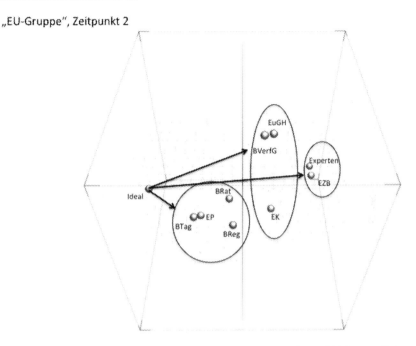

Abb. 6 Grid der Elemente und Konstrukte im dreidimensionalen Raum *EU-Gruppe*, Zeitpunkt 2. (Quelle: Eigene Erhebung, dargestellt mit sci:vesco/Osterberg-Kaufmann 2019, S. 22 ff.)

Grimm 2004; Kraus 2004; Chardon 2008; Schmidt 2013; Kriesi 2013; Schneider und Hurrelmann 2015; Ferrín und Kriesi 2016; Ham et al. 2017), verwundert es um so mehr, wie vernachlässigt bisher die Forschung zu EU-spezifischem Wissen und dessen Einfluss auf die Legitimitätswahrnehmung ist. Aus der Literatur zum Einfluss von politischem Wissen und politischen Einstellungen (Sinnott 2000; Karp und Bowler 2003; Oberle und Forstmann 2015) die hierzu gegensätzliche Thesen und Befunde formulieren, lassen sich auch für den Zusammenhang von politischem Wissen und Legitimitätswahrnehmung sowohl ein positiver als auch ein negativer Zusammenhang ableiten.

Die vorliegenden Repertory-Grid-Daten zur Befragung einer studentischen Population zum Zeitpunkt 1 und Zeitpunkt 2 *ohne* spezifisches EU-Wissen und *mit* spezifischem-EU Wissen geben Hinweise auf einen eher negativen Zusammenhang von politischem Wissen und der Legitimitätswahrnehmung. Entgegen der Annahme, dass eine Erweiterung der EU-Kenntnisse zu positiveren

Kontrollgruppe, Zeitpunkt 2

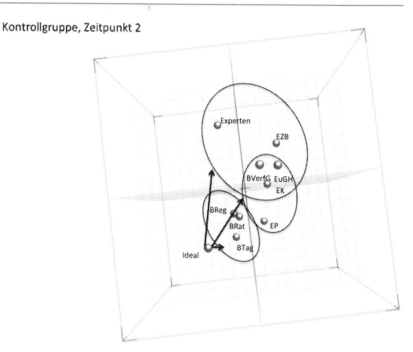

Abb. 7 Grid der Elemente und Konstrukte im dreidimensionalen Raum, *Kontrollgruppe, Zeitpunkt 2*. (Quelle: Eigene Erhebung, dargestellt mit sci:vesco/Osterberg-Kaufmann 2019, S. 22 ff.)

EU-Einstellungen führt (Sinnot 2000; Oberle und Forstmann 2015), nahm die Legitimität der EU in der Wahrnehmung der Befragten mit zunehmendem politischen Wissen und noch deutlicher mit zunehmendem EU-spezifischem Wissen ab. Jedoch verdichten sich die Hinweise auf ein differenzierteres Bild, entsprechend jenen Befunden zum Zusammenhang von politischem Wissen und politischen Einstellungen, die zeigen konnten, dass besser informierte Bürgerinnen und Bürger der EU ein größeres Demokratiedefizit attestierten und mit der Demokratie der EU unzufrieden sind (Maier und Bathelt 2013; Wiesner in diesem Band). Diesen Befund stützend, zeigt sich mittels Repertory Grid, dass die Bedeutung der demokratisch-legitimierten Kerninstitutionen (Bundestag, Bundesrat, Bundesregierung und Europäisches Parlament) mit mehr Wissen im Vergleich zu den anderen Institutionen zunimmt und gleichzeitig alle (nationale

Legitimitätswahrnehmung in der EU und Repertory Grid 269

„EU-Gruppe"

T1 Ranking		T2 Ranking		Veränderung der Legitimität
1	BTag	1	BTag	- 131,53
2	BRat	2	EP	- 55,82
3	EP	3	BRat	- 102,52
4	BReg	4	BReg	- 83,84
5	BVerfG	5	BVerfG	- 174,92
6	EuGH	6	EK	- 103,12
7	EK	7	EuGH	- 159,49
8	Experten	8	EZB	- 120,75
9	EZB	9	Experten	- 198,74

Kontrollgruppe

T1 Ranking		T2 Ranking		Veränderung der Legitimität
1	BVerfG	1	BTag	- 7,26
2	BTag	2	BReg	- 4,51
3	EuGH	3	BRat	- 33,31
4	BRat	4	BVerfG	- 102,58
5	BReg	5	EuGH	- 79,57
6	EP	6	EP	- 35,43
7	EK	7	EK	- 83,51
8	Experten	8	Experten	- 104,14
9	EZB	9	EZB	- 97,37

Abb. 8 „Legitimitätsranking" Zeitpunkt 1 und 2. (Quelle: Osterberg-Kaufmann 2019, S. 26)

und europäische) Institutionen an Legitimität verlieren. Daraus lässt sich die Hypothese generieren, dass mit zunehmendem politischem Wissen die grundsätzliche Unterstützung für demokratische Normen und Werte steigt, dieses Wissen aber mit einer kritischeren Haltung einhergeht und daher auch mit einer kritischeren Beurteilung des politischen Systems (Osterberg-Kaufmann 2019). Das führt im Zusammenhang von politischem Wissen und Legitimitätswahrnehmung zu der Hypothese, dass mit steigendem politischen Wissen die wahrgenommene Legitimität des politischen Systems, also beispielsweise der EU, abnimmt ohne das es sich bei den Befragten jedoch zwangsläufig um „Euroskeptiker" handelt, sondern vielmehr im Sinne Weßels (2009) um „kritische Europäer". Diese Hypothesen zu prüfen, ist Aufgabe zukünftiger Forschung. Eine weitere, ebenso zukünftig zu überprüfende, Hypothese zum Zusammenhang vom Legitimitätsgewinn nicht-majoritärer Institutionen und dem Niveau politischen Wissens leitet sich aus der vorliegenden Untersuchung ab, die Hinweise darauf gibt, das nicht-majoritäre Institutionen mit weniger politischem Wissen legitimer wahrgenommen werden, als mit mehr politischem Wissen. Das heißt, nimmt das politische Wissen zu, nimmt der Legitimitätsvorsprung von Zentralbanken, Gerichtshöfen etc. gegenüber demokratisch legitimierten Institutionen ab.

Welchen Beitrag Repertory Grid in der anstehenden empirischen Legitimitätsforschung leisten kann, ist im Abschn. 3 diskutiert worden. Angesichts des Anspruches Legitimität nicht bloß im Sinne von Herrschaftsanerkennung zu *messen,* sondern zu *beurteilen,* inwiefern eine Übereinstimmung der normativen Standards der Bürgerinnen und Bürger (durch die Bürgerinnen und Bürger selbst) mit der vorliegenden politischen Ordnung besteht, präsentiert sich Repertory Grid an der Schnittstelle zwischen empirischer Legitimitätsforschung als *messen* und als *beurteilen.* Über die Charakterisierung des „legitimsten Entscheidungsträgers"[15] macht Repertory Grid die Idealvorstellungen von Legitimität, also die normativen Standards der Befragten zugänglich. Durch die Anordnung der Institutionen auf der Basis dieser normativen Standards drücken die Befragten den Grad der Übereinstimmung der vorliegenden politischen Ordnung mit ihren Idealvorstellungen von Legitimität aus. Zusammengefasst erhebt Repertory Grid also einerseits den normativen Standpunkt zwischen legitim und nicht legitim (ja vs. nein) und gleichzeitig die subjektive Wahrnehmung der einzelnen Elemente (mehr oder weniger legitim) in dem Spannungsfeld der beiden normativen Pole (von Haldenwang 2017, S. 270), also die normativen Extrempunkte sowie die Realität, die in der Regel irgendwo zwischen den Extrempunkten liegt.

Außerdem hebt sich Repertory Grid von anderen Methoden dadurch ab, dass es in besonderem Maße Phänomene wie soziale Erwünschtheit und Lippenbekenntnisse abschwächt, sowie Äquivalenzprobleme abmindert. Da das

---

[15]Das Element „Legitimster Entscheidungsträger" wurde in jedem der geführten Interviews als jener Entscheidungsträger, dem größtmögliche Legitimität zukommt, also den eigenen Idealvorstellungen von Legitimität am besten entspricht, anmoderiert und damit im Interview indirekt mit den normativen Standards des Befragten verknüpft.

Interview unmittelbar in den Bewertungskontext der Befragten eingebettet ist und damit Einsicht in die Komplexität der individuellen Bewertungssysteme der Befragten möglich wird und die subjektiven Bewertungen der Befragten auf jeweils ihren eigenen Evaluations- bzw. Ranking-Konstrukten basieren, kann mit Repertory Grid dem grundsätzlichen Zweifel, ob es überhaupt möglich ist, abstrakte Konzepte wie Legitimität so zu konzeptualisieren und zu operationalisieren, dass die Ergebnisse sowohl statistisch als auch qualitativ robust sind (Gilley 2006, S. 500)[16] eine methodisch innovative Lösung entgegenstellt werden.

Grenzen (Osterberg-Kaufmann 2019, S. 30) setzt der Methode ein mit standardisierten Umfragen verglichen hoher Zeit- und Kostenaufwand. Möglicherweise bieten Onlineanwendungen des Befragungstools hier einen Ausweg. Denkbar wäre jedoch auf jeden Fall die Analyse von wenigen besonderen Fällen, z. B. eines Einzelfalls, ein Vergleich von typischen Fällen einer Large-N Analyse und Ausreißern oder einzelner Befragtengruppen aus einer Large-N Analyse von besonderer Relevanz in Bezug auf die jeweilige Forschungsfrage, z. B. die politischen Eliten eines oder mehrerer Länder, in der Logik eines *nested-analysis*-Ansatzes (Liebermann 2005).

Methodische Bedenken hinsichtlich der hohen Voraussetzungen an das Wissen der Befragten zum Untersuchungsgegenstand können mit der vorliegenden Untersuchung entkräftet werden. Basierend auf der Forschung, die politisches Wissen als Voraussetzung für rationale Wahlentscheidungen identifiziert, wurde eingangs die Annahme formuliert, dass auch die Bewertung von politischen Institutionen im Repertory Grid Interview mit zunehmendem Wissen rationaleren Bewertungsstandards folgt. Diese Annahme konnte an der Analyse der Bewertung des Europäischen Parlaments insbesondere der *Kontrollgruppe* gut gezeigt werden. Die Befragten der *Kontrollgruppe* haben während des Untersuchungszeitraums kein systematisches EU-Wissen hinzu gewonnen und die Wahrnehmungen des Europäischen Parlaments, welche als Bewertungsstandards dienen, erwiesen sich eher als inkonsistent.[17] Wenn auch die Bewertungsstandards zum Europäischen

---

[16]Easton (1965, S. 169) äußerte sich dazu bereits in den 1960ern pessimistisch: „This is a large order, one that would require considerable ingenuity to execute adequately". King et al. (1994, S. 110) warnten sogar davor den Versuch zu unternehmen empirische Belege für abstrakte, unmessbare und unbeobachtbare Konzepte finden zu wollen oder mit den Worten Huntingtons (1991, S. 46), der konkret auf Legitimität bezugnehmend schrieb „legitimacy (is) a mushy concept that political analysts do well to avoid".

[17]Das Europäische Parlament wurde gleichzeitig als willkürlich, unvorhersagbar und ineffektiv sowie als gewählt, transparent und parteigebunden beschrieben.

Parlament als nur wenig rational begründet einzuschätzen sind, war den Befragten eine Einordnung des *Elements* Europäisches Parlament in das Interview-Setting dennoch möglich.

Ferner wurde eingangs die Annahme formuliert, dass jedoch ebenso auf der Grundlage von Intuitionen eine Bewertung der Institutionen möglich ist. So waren die Befragten in beiden Befragtengruppen und zu beiden Zeitpunkten, also mit mehr oder weniger politischem Wissen, in der Lage, eine Bewertung der nationalen und europäischen Institutionen vorzunehmen und normative Standards hinsichtlich der Legitimitätsfrage zu setzen. Aufgrund seiner methodischen Besonderheiten kann Repertory Grid dieses Nebeneinander rationaler und intuitiver Bewertungsmaßstäbe in besonderem Maße abbilden und führt möglicherweise gerade deshalb zu validieren Ergebnissen, als Erhebungsmethoden, die in der Erhebungsphase vornehmlich rationale Entscheidungen vom Befragten ansprechen.

Literatur

Anderson, C.J. 1998. When in doubt use proxies: Attitudes to domestic politics and support for the EU. *Comparative Political Studies* 31 (5): 569–601.

Anderson, C.J., und S. Reichert. 1995. Economic benefits and support for membership in the EU: A cross-national analysis. *Journal of Public Policy* 15 (3): 231–249.

Beetham, D., und C. Lord. 1999. Legitimacy and the European Union. In *Political theory and the European Union: Legitimacy, constitutional choice and citizenship*, Hrsg. M. Nentwich und A. Weale, 15–33. London: Routledge.

Blondel, J., R. Sinnot, und P. Svensson. 1998. *People and parliament in the European Union: Participation, democracy, and legitimacy*. New York: Oxford University Press.

Bolleyer, N., und C. Reh. 2011. EU legitimacy revisted: The normative foundations of a multilevel polity. *Journal of European Public Policy* 19:472–490.

Booth, J.A., und M.A. Seligston. 2009. *The legitimacy puzzle in latin America: Political support and democracy in eight nations*. Cambridge: Cambridge University Press.

Braschke, U. 2017. *Europäische Integration. Wirtschaft, Euro-Krise, Erweiterung und Perspektiven*. Berlin: Oldenbourg und De Gruyter.

Bratton, M. 2010. Anchoring the „D-Word" in Africa. *Journal of Democracy* 21 (4): 106–113.

Chardon, M. 2008. Mehr Transparenz und Demokratie – Die Rolle nationaler Parlamente nach dem Vertrag von Lissabon. In *Lissabon in der Analyse Der Reformvertrag der Europäischen Union*, Hrsg. W. Weidenfeld, 171–185. Baden-Baden: Nomos.

Cho, Y. 2015. How well are global citizenries informed about democracy? Ascertaining the breadth and distribution of their democratic enlightment and its sources. *Political Studies* 63:240–258.

Chu, Y., und M. Hunag. 2010. Solving an Asian puzzle. *Journal of Democracy* 21 (4): 114–130.

Dalton, R.J., D.C. Shin, und W. Jou. 2008. How people understand democracy. In *How people view democracy*, Hrsg. L. Diamond und M.F. Plattner, 1–15. Baltimore: The Johns Hopkins University Press.

Delli Carpini, M.X., und S. Keeter. 1996. *What Americans know about politics and why it matters*. Yale: Yale University Press.

Diamond, L. 2010. Introduction. *Journal of Democracy* 21 (4): 102–105.

Easton, D. 1965. *A systems analysis of political life*. Chicago: University of Chicago Press.

Eichenberg, R., und R.J. Dalton. 2007. Post-Maastricht blues: The transformation of citizen support for European integration, 1973–2004. *Acta Politica* 42 (2): 128–152.

Eriksen, E.O., und J.E. Fossum. 2004. Europe in search of legitimacy: Strategies of legitimation assessed. *International Political Science Review* 25:435–459.

Eurobarometer. 1974–2015. http://ec.europa.eu/commfrontoffice/publicopinion/archives/eb_arch_en.htm. Zugegriffen: 4. Apr. 2019.

Ferrín, M., und H. Kriesi. 2016. Introduction: Democracy – The European verdict. In *How Europeans view democracy*, Hrsg. M. Ferrín und H. Kriesi, 1–20. Oxford: Oxford University Press.

Fuchs, D. 2000. Demos und Nation in der Europäischen Union. In *Zur Zukunft der Demokratie. Herausforderungen im Zeitalter der Globalisierung*, Hrsg. H.-D. Klingemann und F. Neidhardt, 215–236. Berlin: Sigma.

Fuchs, D. 2011. Cultural diversity, European identity and legitimacy of the EU: A theoretical framework. In *Cultural diversity, European identity and the legitimacy of the EU*, Hrsg. D. Fuchs und H.-D. Klingemann, 27–57. Cheltenham: Elgar.

Fuchs, D., und E. Roller. 1998. Cultural conditions of the transformation to liberal democracies in Central and Eastern Europe. In *The postcommunist citizen*, Hrsg. S.H. Barnes und J. Simon, 35–77. Budapest: Erasmus Foundation and Institute for Political Science of the Hungarian Academy of Sciences.

Gabel, M. 1998. Public support for European integration: An empirical test of five theorie. *The Journal of Politics* 60 (2): 333–354.

Gabel, M. 2001. Divided opinion, common currency: The political economy of public support for EMU. In *The political economy of European monetary unification*, Hrsg. B. Eichengreen und J. A. Frieden, 49–76. Oxford: Westview Press.

Gabel, M., und H.D. Palmer. 1995. Understanding variation in public support for European integration. *European Journal of Political Research* 27 (1): 3–20.

Galston, W.A. 2001. Political knowledge, political engagement, and civic education. *Annual Review of Political Science* 4:217–234.

Gigerenzer, G. 2008. *Bauchentscheidungen: Die Intelligenz des Unbewussten und die Macht der Intuition*. München: Goldmann.

Gilens, M. 2001. Political ignorance and collective policy preferences. *The American Political Science Review* 95 (2): 379–396.

Gilley, B. 2006. the meaning and measure of state legitimacy: Results for 72 countries. *European Journal of Political Research* 45:499–525.

Gilley, B. 2012. State legitimacy: An updated dataset for 52 countries. *European Journal of Political Research* 51:693–699.

Göler, D. 2012. Die Grenzen des "Cost-of-Non-Europe"-Narrativs. Anmerkungen zur Sinnstiftung der Europäischen Integration. *Integration* 35 (2): 129–135.

Grimm, D. 2004. Integration durch Verfassung. Absichten und Aussichten im europäischen Konstitutionalisierungsprozess. *Leviathan* 32:448–463.

Huntington, S. 1991. *The third wave: Democratization in the late twentieth century.* Norman: University of Oklahoma Press.

Inglehart, R. 1970. Cognitive mobilization and European identity. *Comparative Politics* 3:45–70.

Jankovicz, D. 2004. *The easy guide to repertory grids.* Chichester: Wiley.

Janssen, J.I.H. 1991. Post-materialism, cognitive mobilization and public support for European integration. *British Journal of Political Science* 21:443–468.

Kahnemann, D. 2012. *Schnelles Denken, langsames Denken.* München: Siedler.

Karp, J.A., und S. Bowler. 2003. To know it is to love it? Satisfaction with democracy in the European Union? *Comparative Political Studies* 36 (3): 271–292.

Katz, R., und B. Weßels. 1999. *The European parliament, the national parliaments, and European integration.* Oxford: Oxford University Press.

Kelly, G.A. 1955. *The psychology of personal constructs.* New York: Norton.

King, G., R.O. Kehoane, und S. Verba. 1994. *Designing social inquiry: Scientific inference in qualitative research.* Princeton: Princeton University Press.

Knelangen, W. 2015. Die Europäische Union und die Bürgerinnen und Bürger: Stimmungsschwankungen oder handfeste Vertrauenskrise? In *Die Europäische Union erfolgreich vermitteln,* Hrsg. M. Oberle, 13–25. Wiesbaden: Springer VS.

Kraus, P.A. 2004. Die Begründung demokratischer Politik in Europa. Zur Unterscheidung von Input- und Output-Legitimation bei Fritz W. Scharpf *Leviathan* 32:558–567.

Kriesi, H. 2013. Democratic legitimacy: Is there a legitimacy crisis in contemporary politics? *Politische Vierteljahresschrift* 54 (4): 609–638.

Liebermann, E.S. 2005. Nested analysis as a mixed-methods strategy for comparative research. *American Political Science Review* 99 (3): 435–452.

Lindberg, L., und S.A. Scheingold. 1970. *Europe's would be polity: Patterns of change in the European community.* Englewood Cliffs: Prentice Hall.

Linde, J., und J. Ekman. 2003. Satisfaction with democracy: A note on a frequently used indicator in comparative politics. *European Journal of Political Research* 42:391–408.

Lubbers, M. und P. Scheepers. 2010. Divergent trends of euroscepticism in countries and regions of the European Union. *European Journal of Political Research* 49 (6): 787–817.

Lu, J., und T. Shi. 2015. The battle of ideas and discourses before democratic transition: Different democratic conceptions in authoritarian China. *International Political Science Review* 36 (1): 20–41.

Maier, J. 2000. Politisches Interesse und politisches Wissen in Ost- und Westdeutschland. In *Wirklich ein Volk? Die politischen Orientierungen von Ost- und Westdeutschen im Vergleich,* Hrsg. J. Falter, O.W. Gabriel, und H. Rattinger, 141–171. Opladen: Leske + Budrich.

Maier, J., und S. Bathelt. 2013. Unbekanntes Europa? Eine vergleichende Analyse zu Verteilung und Determinanten von Kenntnissen über die Europäische Union. In *Zivile Bürgergesellschaft und Demokratie. Aktuelle Ergebnisse der empirischen Politikforschung,* Hrsg. S.I. Keil und I.S. Thaidigsmann, 413–434. Wiesbaden: Springer VS.

Merkel, W. 2015. *Demokratie und Krise.* Wiesbaden: Springer VS.

Oberle, M. 2012. *Politisches Wissen über die Europäische Union. Subjektive und objektive Politikkenntnisse von Jugendlichen.* Wiesbaden: Springer VS.

Oberle, M., und J. Forstmann. 2015. Effekte des Fachunterrichts ‚Politik und Wirtschaft' auf EU-bezogene Kompetenzen von Schülerinnen und Schülern. In *Empirische Forschung in gesellschaftswissenschaftlichen Fachdidaktiken. Ergebnisse und Perspektiven*, Hrsg. G. Weißeno und C. Schelle, 67–81. Wiesbaden: Springer Fachmedien.

Osterberg-Kaufmann, N. 2014. Die Wahrnehmung zur Legitimität in der EU: Kongruenz oder Inkongruenz der politischen Kultur von Eliten und Bürgern? *Zeitschrift für Vergleichende Politikwissenschaft* 8 (2 Supplement): 143–176.

Osterberg-Kaufmann, N. 2019. Die Legitimitätswahrnehmung in der EU und der Einfluss von EU-spezifischem politischen Wissen. *Zeitschrift für Vergleichende Politikwissenschaft* 13 (1): 61–91.

Padberg, M. 2013. Zwei Modelle empirischer Legitimitätsforschung: Eine Replik auf Michael Zürns Gastbeitrag in der PVS 4/2011. *Politische Vierteljahresschrift* 54:155–172.

Rittberger, B., und F. Schimmelfennig. 2015. Kontinuität und Divergenz. Die Eurokrise und die Entwicklung europäischer Integration in der Europaforschung. *Politische Vierteljahresschrift* 56 (3): 389–405.

Scharpf, F.W. 1999. *Regieren in Europa. Effektiv und demokratisch?* Frankfurt a. M.: Campus.

Scharpf, F.W. 2009. Legitimacy in the multilevel European polity. *European Political Science Review* 1:173–204.

Schmidt, V. 2013. Democracy and legitimacy in the European Union revisted: Input, output and ‚throughput'. *Political Studies* 61:2–22.

Schmitt, H. und E. van der Cees. 2003. Die politische Bedeutung niedriger Beteiligungsraten bei Europawahlen. Eine empirische Studie über die Motive der Nichtwahl. In *Europäische Integration in der öffentlichen Meinung*, Hrsg. F. Brettschneider, J. van Deth und E. Roller, 279–302. Opladen: Leske + Budrich.

Schmidtke, H., und L. Schneider. 2012. Methoden der empirischen Legitimationsforschung: Legitimität als mehrdimensionales Konzept. *Leviathan* 40 (27): 225–242.

Schneider, S., und A. Hurrelmann. 2015. *The legitimacy of regional integration in Europe and the Americas*. Basingstoke: Palgrave Macmillan.

Schrag Sternberg, C. 2013. *The struggle for EU legitimacy. Public contestation, 1950–2005*. Basingstoke: Palgrave Macmillan.

Schubert, S. 2012. *Die globale Konfiguration politischer Kulturen. Eine theoretische und empirische Analyse*. Wiesbaden: VS Verlag.

Shi, T., und J. Lu. 2010. The shadow of confucianism. *Journal of Democracy* 21 (4): 123–130.

Sinnott, R. 2000. Knowledge and the position of attitudes to a European foreign policy on the real-to-random continuum. *International Journal of Public Opinion Research* 12 (2): 113–137.

Thomassen, J., und H. Schmitt. 1999. *Political representation and legitimacy in the European Union*. Oxford: Oxford University Press.

Tiemann, G., O. Treib, und A. Wimmel. 2011. *Die EU und ihre Bürger*. Wien: facultas. wuv.

Trüdinger, E.-M. 2008. Die europäische Integration aus Sicht der Bevölkerung. Akzeptanz trotz Vielfalt? In *Die EU-Staaten im Vergleich*, Hrsg. O.W. Gabriel und S. Kropp. 215–235. Wiesbaden: VS Verlag.

van Ham, C., J. Thomassen, A. Kees, und R. Andeweg, Hrsg. 2017. *Myth and reality of the legitimacy crisis: Explaining trends and cross-national differences in established democracies.* Oxford: Oxford University Press.

van Ingelgom, V. 2013. When ambivalence meets indifference. In *Citizens' reactions to European integration compared. Overlooking Europe,* Hrsg. S. Duchesne, E. Frazer, F. Haegel, und V. van Ingelgom, 96–123. Basingstoke: Palgrave Macmillan.

von Haldenwang, C. 2017. The relevance of legitimation – A new framework for analysis. *Contemporary Politics* 23 (3): 269–286.

von Kielmannsegg, P. Graf. 1996. Integration und Demokratie. In *Europäische Integration,* Hrsg. M. Jachtenfuchs und B. Koch-Kohler, 47–71. Opladen: Leske + Budrich.

Welzel, C. 2014. *Freedom rising. Human empowerment and the quest for emancipation.* Cambridge: Cambridge University Press.

Westle, B. 2009. Politisches Wissen als Grundlage der Entscheidungen bei der Bundestagswahl 2005. In *Wähler in Deutschland. Sozialer und politischer Wandel, Gender und Wahlverhalten,* Hrsg. S. Kühnel, O. Niedermeyer, und B. Westle, 366–398. Wiesbaden: VS Verlag.

Westle, B., und D. Johann. 2010. Das Wissen der Europäer/innen über die Europäische Union. In *Information – Wahrnehmung – Emotion,* Hrsg. T. Faas, K. Arzheimer, und S. Roßteutscher, 353–374. Wiesbaden: VS Verlag.

Weßels, B. 2009. Spielarten des Euroskeptizismus. In *Die Verfassung Europas,* Hrsg. F. Decker und M. Höreth, 50–68. Wiesbaden: VS Verlag.

Zürn, M. 2011a. Die Rückkehr der Demokratiefrage. Perspektiven demokratischen Regierens und die Rolle der Politikwissenschaft. *Blätter für deutsche und internationale Politik* 6:63–74.

Zürn, M. 2011b. Perspektiven des demokratischen Regierens und die Rolle der Politikwissenschaft im 21. Jahrhundert. *Politische Vierteljahresschrift* 52:603–635.

Zürn, M. 2012. Autorität und Legitimität in der postnationalen Konstellation. *Leviathan* 40 (27): 41–62.

Zürn, M. 2013. „Critical Citizens" oder „Critical Decisions" – Eine Erwiderung. *Politische Vierteljahresschrift* 54 (1): 173–185.

Und sie reg(ul)ieren doch

Policy-Making, Performanz und Legitimation in Autokratien

Aron Buzogány, Rolf Frankenberger und Patricia Graf

Zusammenfassung

Autoritäre Regime setzen neben Repression und Kooptation auch auf redistributiv-ökonomische und legitimatorisch-ideologische Strategien, um ihr Überleben zu sichern. In diesem Beitrag diskutieren wir zunächst konzeptionell unterschiedliche Möglichkeiten der Legitimation durch Policy-Making, die (auch) in Autokratien infrage kommen. Wir verdeutlichen diese Konzeptualisierung indem wir autokratische Legitimationsstrategien in distributiven, redistributiven und regulativen Politikfeldern exemplarisch darstellen. Dabei zeigt sich, dass Legitimation durch Policy-Making ein zweischneidiges Schwert ist, denn es birgt Legitimationspotenziale ebenso wie -risiken. Der Vergleich der Politikfelder Innovations-, Umwelt- und Familienpolitik zeigt, dass distributive Policies eher legitimierende Wirkungen entfalten können, während regulative und redistributive Policies aufgrund ihres eher konfliktiven Charakters bestenfalls als ambivalent einzuschätzen sind.

A. Buzogány (✉)
Otto-Suhr-Institut für Politikwissenschaft, Freie Universität (FU) Berlin, Berlin, Deutschland
E-Mail: aron.buzogany@fu-berlin.de

R. Frankenberger
Institut für Politikwissenschaft, Eberhard Karls Universität Tübingen, Tübingen, Deutschland
E-Mail: rolf.frankenberger@uni-tuebingen.de

P. Graf
BSP Businessschool Berlin, Berlin, Deutschland
E-Mail: patricia.graf@businessschool-berlin.de

© Springer Fachmedien Wiesbaden GmbH, ein Teil von Springer Nature 2019
C. Wiesner und P. Harfst (Hrsg.), *Legitimität und Legitimation*, Vergleichende Politikwissenschaft, https://doi.org/10.1007/978-3-658-26558-8_10

1 Und sie reg(ul)ieren doch...

Autokratien können überleben, indem die herrschenden Regime Gewalt anwenden und ihre Gegner unterdrücken.[1] Allerdings ist diese Überlebensstrategie ebenso risikoreich wie teuer: Sie verschlingt Ressourcen, kann die Gesellschaft bis hin zur Mobilisierung von Gegnern polarisieren und zur regionalen und globalen Isolation des Regimes führen. Nicht umsonst setzen daher (einige) autoritäre Regime neben Repression auch auf Kooptation (Gerschewski 2013; Buhr und Frankenberger 2014) sowie effektive redistributiv-ökonomische sowie legitimatorisch-ideologische Strategien, um ihr Überleben zu sichern (vgl. Levitsky und Way 2010; Gerschewski 2013). Denn auch Autokratien benötigen für das dauerhafte Überleben ein „tragfähiges Legitimationsprinzip" (Pickel 2010, S. 181). Den Begriff der Legitimität verwenden wir als Beschreibung des Zustands der Rechtmäßigkeit einer politischen Ordnung. In Abgrenzung dazu verweist der Begriff der Legitimation auf den fortwährenden Prozess der Erzeugung und Reproduktion von Legitimität. Legitimationsstrategien zielen auf die Herstellung von Legalität, normativer Rechtfertigbarkeit und Konsens (Dukalskis und Gerschewski 2017; von Haldenwang 2017). Dabei geht es auch um das Generieren von Unterstützung aufseiten der Beherrschten, welche wiederum als grundlegend für Legitimität im Sinne des Legitimitätsglaubens der Bevölkerung ist (vgl. Beetham 1991; Holbig 2010; Easton 1957; zu dieser Diskussion siehe auch die Beiträge von Wiesner und Harfst in diesem Band; von Haldenwang in diesem Band).

Policy-Making und die damit verbundene Produktion öffentlicher Güter erscheint dabei als ebenso wichtige wie erfolgversprechende Legitimationsstrategie, die in weiten Teilen der bisherigen vergleichenden Regimeforschung, aber auch in der vergleichenden Policy-Analyse, als weitgehend auf Demokratien beschränkt betrachtet wurde (Schneider 2006). Autokratien wurden aufgrund der fehlenden bürgerlichen Freiheiten und politischen Rechte sowie der

---

[1]Wir verwenden den Begriff „Autokratie" im Sinne von Friedrich und Brzezinski (1956, S. 5) als Bezeichnung für politische Systeme „in which the rulers are insufficiently, or not at all, subject to antecedent and enforceable rules of law". In Abgrenzung dazu bezieht sich der Begriff „Autoritäres Regime" auf das „politische Herrschaftszentrum einerseits und dessen jeweils besonders ausgeformte Beziehungen zur Gesamtgesellschaft andererseits" (Merkel 2010, S. 63 f.). Während der Begriff Autokratie also das gesamte politische System in seiner gesellschaftlichen Einbettung adressiert, bezieht sich der Regime-Begriff auf die Herrschaftsträger und die Herrschafts- Institutionen sowie deren Handeln.

Und sie reg(ul)ieren doch 279

fehlenden Accountability (Svolik 2012, S. 197 f.) als unterkomplexe politische Systeme wahrgenommen, die kaum ausdifferenzierte Policy-Prozesse aufweisen. Sie wurden in der Folge auch als weniger performant klassifiziert (vgl. Haber 2008). Analysen beschränkten sich daher meist auf die (ökonomische) *Output*-Dimension von Autokratien, welche insbesondere die Fähigkeit des Regimes zur Verteilung von Renten an die eigene Klientel beeinflusst (vgl. Lipset 1959; Leftwich 1995; Bueno de Mesquita 2003; Faust 2010; Deacon 2009). Die Überbetonung der Output basierten Legitimation durch Autokratien, die im Gegensatz zu Demokratien nur über bestenfalls schwach ausgestaltete Input- und Throughput-Möglichkeiten (s. u.) verfügen, scheint sogar einer der fundamentalen Unterschiede zwischen Demokratien und Autokratien zu sein. Allerdings zeigen verschiedene Beispiele, dass Policy-Making und die damit verbundene Produktion öffentlicher Güter durchaus wichtige Legitimationsstrategien in Autokratien darstellen – gerade um Unterstützung von größeren Bevölkerungsschichten zu generieren. Mexiko unter dem Partido Revolucionario Institucional (PRI), das kontemporäre China, das autoritäre Süd-Korea, Spanien unter Franco, Portugal bis 1974, Singapur, die Sowjetunion, zum Teil auch das heutige Russland, sind hier als Beispiele zu nennen, bei denen autoritäre Regime durchaus erfolgreich auf unterschiedliche Typen von Policies und Policy-Instrumenten zurückgreifen, um ihre Herrschaft zu legitimieren.

Eine systematische und konsequente Verbindung zwischen Theorien und Ansätzen der vergleichenden Autokratie- und Policy-Forschung, die „sich bei autoritären Regimen explizit und vergleichend mit den Determinanten von Gemeinsamkeiten und Unterschieden bei der Setzung und Implementierung von spezifischen Regeln in einem Politikfeld beschäftigt" (Richter 2013, S. 528), fehlt jedoch bisher (für einen Überblick zum Stand der vergleichenden Staatstätigkeitsforschung vgl. Schmidt 2013a). Ebenso steht nach wie vor die Frage im Raum, wie die (kausale)Verbindung von Policy-Making und Legitimation in Autokratien analysiert werden kann.

Ausgehend von einigen grundlegenden systemtheoretischen Überlegungen zu der Funktionsweise von politischen Systemen stellen wir uns die konzeptionelle Frage, wie Governance-Prozesse in nicht-demokratischen Kontexten vonstattengehen, sodass Autokratien trotz fehlender Kommunikationskanäle wie Wahlen und pluralistischer Partizipation responsiv gegenüber innergesellschaftlichen oder internationalen Policy-Anforderungen (Demands) sein können und dass aus der daraus resultierenden Staatstätigkeit Legitimität erwachsen kann. Dabei unterscheiden wir drei mögliche Quellen von Legitimität im Policy-Prozess: *Input, Throughput* und *Output* (vgl. Easton 1965; Scharpf 1999; Schmidt 2013b; Kropp

280   A. Buzogány et al.

und Schuhmann 2014, siehe auch die Diskussion bei Wiesner und Harfst in diesem Band). Hinsichtlich der Wirkungszusammenhänge gehen wir dabei von zwei zentralen Annahmen aus:

- Erstens sollen Policies einen gewissen Grad an Erfolg im Sinne einer Erreichung der formulierten Politikziele aufweisen, um tatsächlich Legitimation bereitzustellen (Almond und Powell 1982).
- Zweitens müssen Policies, um erfolgreich zu sein, eng mit der Legitimationserzählung oder Ideologie des Regimes und mit der politischen Kultur, den „belief-systems" der Bevölkerung, und zumindest der für das Politikfeld relevanten „advocacy coalition" (Sabatier 1991) und/oder der für das Regime relevanten *winning coalition"* (Bueno de Mesquita 2003) in Einklang gebracht werden (vgl. Holbig 2013; Beetham 1991). Nach Clark et al. ist „the selectorate [...] the set of people who can play a role in selecting the leader." Die *winning coalition* hingegen ist der Teil des Selektorats „whose support is necessary for the leader to stay in power" (Clark et al. 2009, S. 332). Im Unterschied zur *winning coalition* eines Regimes kann eine advocacy coalition nach Sabatier von Politikfeld zu Politikfeld verschieden sein und auch Akteure außerhalb der winning coalition umfassen. Je nach autoritärem Regimetyp können die Organisationsmöglichkeiten alternativer politikfeldspezifischer Akteure und damit von advocacy coalitions, die über die winning coalition hinausgehen, variieren (vgl. Han et al 2014 zu China).

Basierend auf diesem – im nächsten Abschnitt noch weiter ausdifferenzierten – theoretischen Rahmen zeigen wir exemplarisch den theoretischen und empirischen Zusammenhang zwischen Politikfeldern, Performanz und Legitimation in Autokratien auf. Zur Illustration verwenden wir Fallbeispiele aus den Politikfeldern Umwelt, Innovation und Familie. Wie wir in unserem konzeptuell orientierten Beitrag zeigen, entstehen durch unterschiedliche Policy-Logiken (vgl. Lowi 1964) jeweils unterschiedliche Potenziale für Legitimation, aber auch für Systembedrohung in Autokratien.

2 Theoretische Überlegungen

Politische Systeme sind soziale Systeme, in welchen verbindliche Entscheidungen für die jeweilige Gesellschaft getroffen werden (Easton 1957, S. 385). Die Analyse politischer Systeme beschäftigt sich nach Easton im

Wesentlichen damit, wie gesellschaftliche *Inputs* in Form von Forderungen an das politische System und Unterstützung des politischen Systems in *Outputs* des politischen Systems in Form von autoritativer Allokation von materiellen und immateriellen Werten verwandelt werden und unter welchen Bedingungen diese Prozesse erfolgreich verlaufen können (ebd. S. 386). Betrachtet man Autokratien aus diesem systemtheoretischen Blickwinkel, so erscheint einleuchtend, dass auch autoritäre Regime aktive Politikgestaltung jenseits von Repression und Kooptation betreiben, zumal insbesondere Repression kostspielig ist und deren Einsatz das Überleben des politischen Systems gefährdet (vgl. Gerschewski 2013). Denn Autokratien sind – genau wie Demokratien – politische Systeme, welche die Funktion haben, *Inputs* aus verschiedenen Quellen selektiv zu *Outputs* zu verarbeiten: Sie formulieren, implementieren und sanktionieren Policies.[2]

Politische Systeme funktionieren nach Almond und Powell (1982, S. 174) auf drei simultan operierenden Ebenen: der systemischen, der prozeduralen und der Policy-Ebene. Der Prozess des Policy-making verknüpft dabei die Prozess- und die Policy-Ebene, indem hier sowohl der Transformationsprozess als auch die daraus resultierenden Policies und deren direkte und indirekte Outcomes untersucht werden. Als systemische Güter definieren Almond und Powell den Systemerhalt und die Systemanpassung in der nationalen wie der internationalen Umwelt. Partizipation, Regelkonformität, Unterstützung und prozedurale Gerechtigkeit wiederum sind die zentralen Prozess-Güter. Policy-Güter sind Wohlfahrt, Sicherheit und Freiheit (Almond und Powell 1982, S. 177).[3] Letztlich rechtfertigen politische Regime ihre Existenz über die Produktion von solchen politischen Gütern (Almond und Powell 1982, S. 174). In diesem Zusammenhang der Rechtfertigung wird in neueren Analysen von Autokratien zunehmend die Frage der Legitimation von Herrschaft in den Vordergrund gerückt (vgl. Holbig 2013, S. 63). Dabei wird meist davon ausgegangen, dass die Ausübung von Herrschaft unabhängig vom Regimetypus Legitimation benötigt (vgl. Holbig 2013).

---

[2]Akteurstheoretisch gewendet haben demokratische wie autoritäre Regime ein Interesse daran, an der Macht zu bleiben. Sie tauschen daher unter anderem Policy-Inhalte gegen politische Unterstützung (Faust 2010, S. 518; vgl. Olson 1993).

[3]Während erstere Güter als universell für alle politischen Systeme gelten können, sind zumindest auf nationaler Ebene für das Prozess-Gut Partizipation und das Policy-Gut Freiheit phänotypische Unterschiede zwischen Demokratien und Autokratien festzustellen. Denn in Autokratien sind im Vergleich zu Demokratien Partizipation per definitionem (vgl. Linz 1964) und Freiheit aufgrund der höheren Eingriffstiefe und des höheren Herrschaftsanspruchs von Autokratien (vgl. Lauth 2010) eingeschränkt und kanalisiert.

Umgekehrt entsteht ein Legitimitätsdefizit, wenn die Regeln nicht auf der Basis geteilter Einstellungen und Werte hinsichtlich der Rechtmäßigkeit und der Performanz des Regimes validiert werden können (Holbig 2013, S. 64).

Die Quellen der Legitimität eines politischen Systems können auf zwei sich ergänzende Arten konzipiert werden. David Easton (1957, 1965) betont mit seinem Konzept der Unterstützung die „Haltung einer Person gegenüber einem Objekt" (Lambach 2015, S. 599; Easton 1965), wobei diese Unterstützung spezifisch (und damit auf konkrete *Outputs* bezogen) oder diffus – orientiert an der dauerhaften Bewertung eines Regimes und damit weitgehend unabhängig von konkreten *Outputs* – sein kann. Komplementär dazu unterscheidet Fritz Scharpf (1999) zwischen *Input-* und *Output*-Legitimität. Während letztere „aus der Zufriedenheit der Gesellschaft mit den Produkten des politischen Systems" (Lambach 2015, S. 600), also der spezifischen Unterstützung bei Easton, entsteht, zielt erstere auf die Möglichkeiten und Kanäle, Interessen in das politische System einzuspeisen (wie etwa durch Wahlen oder andere Formen der Partizipation) sowie auf die Kongruenz zwischen den „Wünschen" oder Demands, die an das politische System herangetragen werden und tatsächlichen Entscheidungen des politischen Systems. Die Bewertung und Legitimität des politischen Systems als Ganzes und des Regimes im Speziellen hängt somit nicht nur von den Partizipationsmöglichkeiten der Bevölkerung, der Responsivität des politischen Systems gegenüber deren Wünschen und Einstellungen sowie der Effektivität der Outcomes ab; vielmehr beeinflusst auch die Qualität des Governance-Prozesses die Einschätzung der Legitimität (Schmidt 2013b, S. 2; Scharpf 1999). Vivien Schmidt (2013a) erweitert die Quellen der Legitimität um eine dritte Dimension: Neben *Input* und *Output* tritt „*Throughput*" als dritte mögliche Ausprägung von Legitimität (siehe dazu auch die Diskussion bei Wiesner und Harfst in diesem Band). Somit rückt der eigentliche Prozess des Policy-Making, durch den Input in Output verwandelt wird, ins Zentrum des Interesses der Analyse von Legitimation und Legitimität. Nach Schmidt (2013) hängt die legitimierende Wirkung von der Qualität, der Transparenz, Responsivität und Inklusivität des Policy-Making ab.

Diese Überlegungen können auch auf Autokratien übertragen werden. Wichtig dabei ist, dass der Prozess des Policy-Making damit zu einem wesentlichen Gegenstand der Analyse von Autokratien wird. Für die Analyse wird entscheidend, welche Akteure und Interessen wie in den Politikformulierungsprozess eingebunden und wie gesellschaftliche Standards dabei erreicht und transparent gemacht werden.

Autokratische Legitimationsstrategien können diesen Überlegungen zufolge an drei Punkten des politischen Systems ansetzen: *Input, Throughput und Output*. *Input* bezieht sich auf politische Partizipation und die Responsivität des politischen Systems gegenüber gesellschaftlichen Demands (Lambach und Göbel 2010), wobei dieser durch Wahlen, aber auch Interessengruppen und Policy-Netzwerke (Schmidt 2013b) sowie informelle Kanäle erfolgen kann. *Throughput* adressiert die Effektivität der Verarbeitung von Interessen innerhalb eines politischen Systems und die Qualität von Governance (Schmidt 2013b; Benz und Papadopoulos 2006; Wolf 2006; Kropp und Schuhmann 2014). Dies umfasst insbesondere „the quality of the governance processes as established by their efficacy, accountability, transparency, inclusiveness and openness to interest intermediation" (Schmidt 2013b, S. 6).[4] Unter *Output* verstehen wir die autoritative Allokation von Werten durch formale (Gesetze) sowie informelle Politik (Helmke und Levitsky 2006; Meyer 2008), die auf die tatsächlich formulierten und implementierten Policies einwirkt.

Da autoritäre Regime schon aufgrund einiger ihrer funktionalen definitorischen Merkmale wie eingeschränkte politische Partizipation und limitierter politischer Pluralismus (vgl. Linz 1964) über begrenzte Formen des politischen Ideenwettbewerbs verfügen sowie von wenig transparenten Politikprozessen geprägt sind, können sie nur eingeschränkt auf Input und Throughput als Quellen der Legitimation zurückgreifen. Damit gewinnt Output-Legitimität besondere Bedeutung für autoritäre Regime, da hier Politikergebnisse in geringerem Maße etwa durch freie Wahlen *(Input)* oder Partizipation *(Throughput)* am Politikprozess gerechtfertigt werden können. Gleichwohl können Input und Throughput vor allem in kompetitiven oder elektoralen Autokratien (vgl. Levitsky und Way 2010) von Bedeutung sein und zumindest zum Teil die liberale Öffnung mancher Autokratien erklären.

Aus diesen Überlegungen resultieren folgende grundlegende Feststellungen zu Legitimationsstrategien:

---

[4]Wie eine Studie von Brooker (2009) zeigt, findet sich in Autokratien durchaus ein Pendant zum Ideenwettbewerb von Demokratien. So organisierte im China der 1980er Jahre das Politbüro das Policy-Making in sogenannten „Führungsgruppen". Brooker (2009) vergleicht sie mit interministerialen Ausschüssen in Demokratien. Von diesen unterschieden sich die Führungsgruppen aber insofern, dass sie keine offizielle Macht innehatten, sondern nur Foren für die Diskussion von Policies darstellten und Vorlagen für Agenda-setting machen sollten. "While not having policy-making powers of their own, the LGs strongly influenced the policy decisions made in the weekly SCP meetings. They provided information and recommendations that were brought to the meetings by the 'responsible head of the LG' who 'would be held responsible' for his policy area by the other leaders, and once the Standing Committee had approved these LG-researched policies, they would be ratified by the full Politburo at its monthly meeting" (Brooker 2009, S. 177–181).

1. Legitimationsstrategien müssen einen gewissen Grad an Erfolg aufweisen, um tatsächlich Legitimität und Unterstützung für das Regime zu generieren. Dies gelingt dann, wenn autoritäre Regime und deren Institutionen in der Lage sind, folgende drei Kriterien zu erfüllen: die Demands möglichst großer Teile des Selektorats aufzunehmen und zu verarbeiten. Bei dieser nach Gerschewski (2013) als Kooptation gefassten Strategie spielen historisch-geografische und sozioökonomische Bedingungen ebenso wie politisches Verhalten und Einstellungen der Bevölkerung eine Rolle für die Ausgestaltung von Politiken (Sabatier 1991, S. 149). Es geht also darum, relevante Interessen zu verarbeiten und Policies effektiv zu formulieren, sodass die Inhalte und der Prozess selbst in Einklang mit gesellschaftlichen Werten und den „belief systems" stehen *(Throughput)*. Dabei wird insbesondere der Teil der advocacy coalition, der zur *winning coalition gehört*, d. h. der Teil des Selektorats, der den autoritären Herrscher insgesamt stützt, im Politikfeld besonders eingebunden. Die Herausforderung ist somit, über eine regimestützende *winning coalition* im jeweils relevanten Politikfeld als Teil der advocacy coalition zu verfügen. Bei dieser Strategie des Power-Sharings (vgl. Gerschewski 2013) müssen die jeweils konkreten Entscheidungssituationen politischer Akteure berücksichtigt werden, die von den oben genannten Faktoren (Einstellungen, sozioökonomische und historisch geographische Bedingungen) sowie der Akteurkonstellation abhängen (vgl. Kiser und Ostrom 1982, 1990; Sabatier 1991, S. 151). Respektiert der autoritäre Herrscher nach Frantz und Ezrow (2011) die Policy-Präferenzen der *winning coalition* nicht, so riskiert er, von ihr gestürzt zu werden.

2. Auch Ideologien – oder in abgeschwächter Form auch „Mentalitäten" (Linz 1964) – können einen wertvollen Beitrag zur Rechtfertigung von Politiken leisten und definieren die Standards, Mittel und Ziele der Performanz des Regimes. Sie sind daher zusammen mit den „shared beliefs" der Bevölkerung und der politischen Akteure Messlatte für die Bewertung der Politikperformanz, welche wiederum Grundlage für die Legitimation des Regimes ist. Ideologien dienen in Abwesenheit von politischem Pluralismus und Wettbewerb, durch welche die Beherrschten ihre Zustimmung ausdrücken könnten, als zentraler Mechanismus zur Mobilisierung von Zustimmung durch die Herrschenden (Holbig 2013, S. 65).

3. Policies sind so zu implementieren, dass deren Ergebnisse auf das Wirken des Regimes zurückgeführt werden, als in Einklang mit den eigenen Werten

und Interessen wahrgenommen werden sowie positiv bewertet werden und in spezifischer oder diffuser Unterstützung des Regimes seitens der Bevölkerung bzw. des Selektorats münden *(Output)*.[5]

Bei der Analyse konkreter Policies hinsichtlich ihrer legitimatorischen Wirkung sind in der Vergleichenden Autoritarismusforschung darüber hinaus zwei weitere Aspekte prominent vertreten (Dukalskis und Gerschewski 2017; von Haldenwang 2017; Buzogány et al. 2016; Kailitz und Wurster 2017). Erstens verfolgen Autokratien neben internen Legitimationsstrategien auch *nach außen gerichtete Strategien*, mit denen sie sich in der internationalen Umwelt zu legitimieren suchen (vgl. Kneuer 2009). Wir heben dabei weniger auf die Definition von externer Legitimität im Sinne der Anerkennung durch andere Staaten ab, sondern fassen externe Legitimationsstrategien vielmehr als Versuche, sich im Vergleich zum Ausland positiv darzustellen (vgl. von Soest und Grauvogel 2015). Durch die Hervorhebung der eigenen Macht in internationalen Verhandlungen, Inszenierung von Größe, etwa als ernstzunehmende Militärmacht oder durch die Demonstration technologischer Unabhängigkeit, können Autokratien intern an Legitimität gewinnen. Zweitens spielen auch *Charakteristika des jeweiligen Politikfeldes* eine zentrale Rolle. So argumentiert Lowi (1964), dass sich der Charakter und die Erwartungen, die an ein Politikfeld gestellt werden, maßgeblich auf die Konflikthaftigkeit im Politikfeld auswirken. Die Wahrnehmung von Policies durch die im Politikfeld wichtigen Akteure kann also deren Bereitschaft, diese Policies mitzutragen und letztlich durchzusetzen, maßgeblich beeinflussen. Lowi unterscheidet dabei zwischen anreizbasierten distributiven und zwangsbasierten redistributiven sowie regulativen Policy-Typen.[6] Während erstere weitestgehend konsensual bearbeitbar sind und Politiken in solchen Politikfeldern leicht zur Legitimation des Regimes beitragen, sind die letzten beiden durch konflikthafte Prozesse

---

[5]Dies erweist sich insbesondere dann als schwierig, wenn Wahlen, Parteiwettbewerb und ähnliche demokratische *Input*-Kanäle nicht zur Verfügung stehen und politischer Wettbewerb als Bedrohung der eigenen Herrschaft angesehen wird. In anderen Worten, geht es darum zu identifizieren, welche funktionalen Äquivalente in autoritären Regimen im Gegensatz zum demokratischen Policy-Making existieren, welches durch seinen iterativen und experimentellen Charakter (Faust 2010, S. 520) gekennzeichnet ist.

[6]Die von Lowi unterschiedene vierte Kategorie der „selbst-regulativen" Policies wird hier zunächst nicht betrachtet, da sich Autokratien durch eine im Unterschied zu Demokratien vergleichsweise weitreichende Interventions-und Regulationstiefe unterscheiden und so kaum Politikfelder bestehen, in denen moderne Autokratien nicht regulierend eingreifen. Eine Selbstregulation ohne staatlichen Zwang findet daher kaum statt.

gekennzeichnet (vgl. Windhoff-Héritier 1987, S. 52 f.) und daher für das Regime in der Legitimationswirkung von Politiken bestenfalls ambivalent.

Das Problem besteht Lowi zufolge darin, dass der Einfluss des Politikfelds auf die Policies von der Wahrnehmung der Akteure abhängt. So können auch distributive Maßnahmen leicht als redistributiv wahrgenommen werden. Eine legitimierende und stabilisierende Wirkung können Policies insbesondere dann entfalten, wenn entweder das Policy-Making konsensual gestaltet werden kann[7] oder das autoritäre Regime dazu in der Lage ist, genuin konfliktträchtige redistributive und regulative Policies umzudeuten. Diese Fähigkeit des „issue relabelling" (Heinelt 2009, S. 118), sowie die Kapazität der Herstellung von Deutungshoheit im öffentlichen Diskurs über die Wirkung von Policies, wird damit zum zentralen Faktor für die Legitimation durch Policy-Making. Denn gerade redistributive und regulative Policies richten sich oft an den Interessen der politischen Eliten bzw. der häufig kleinen „winning coalition" aus, tragen wenig zur Legitimation bei und werden im Zweifel durch Repression implementiert.

Während Lowi vor allem funktionale Merkmale zur Unterscheidung von Policies berücksichtigt, typisiert Dietmar Braun (2000) diese über ihre Inhalte in raumbezogene, identitätsbezogene, nicht-raumbezogene und Wohlfahrts-Policies. Auch hieraus können Konfliktpotenziale erwachsen, die entweder durch Kooptation oder Repression kompensiert werden müssen. So können raumbezogene Policies, die zu einem Ungleichgewicht zwischen einzelnen Regionen führen ebenso wie identitätsbezogene Policies, die an regionalen oder ethnischen Identitäten rühren, zu massiven Konflikten führen, die der Legitimität des Regimes abträglich sind. Wie die Wirkungszusammenhänge zwischen Politikfeldern und den Eigenschaften von Policies, Akteurskonstellationen, „belief systems" und Ideologien, Performanz und Legitimation von Autokratien aussehen (könnten), werden wir in der Folge exemplarisch unter Verwendung von Beispielen aus den Politikfelder Innovationspolitik, Umweltpolitik und Familienpolitik nachzeichnen. Die Politikfelder spiegeln die Unterscheidung von Lowi wider. Während Innovationspolitik vorwiegend als distributiv charakterisiert werden kann, ist Familienpolitik stark redistributiv und Umweltpolitik regulativ.

Zusammenfassend lassen sich folgende Thesen hinsichtlich des Wirkungszusammengangs zwischen Policymaking und Legitimität ableiten:

---

[7]Dies gelingt insbesondere bei distributiven Policies, bei denen es keine Nutzenrivalität gibt.

Und sie reg(ul)ieren doch 287

1. Autoritäre Regime können nicht nur durch *Output,* sondern auch durch *Input* und *Throughput* Legitimität generieren.
2. Autoritären Regimen stehen nicht nur interne, sondern auch externe Legitimationsstrategien zur Verfügung
3. Das Potenzial des autoritären Regimes, Legitimität durch Policies zu generieren, hängt (auch) von den Charakteristika des Politikfelds ab.

Diese Thesen sollen im Folgenden an den drei ausgewählten Politikfeldern Innovation, Umwelt und Familie hinsichtlich der Frage untersucht werden, welche Legitimitätsquellen, aber auch welche Gefahren, autoritären Regimen jeweils entstehen können. In den drei Politikfeldern wird jeweils auf die Erzeugung von Legitimation durch Input, Throughput und Output Bezug genommen und gefragt, welche Konfliktpotenziale dadurch erzeugt werden.

3 Innovationspolitik

Die meisten Konzepte zur Innovationspolitik basieren auf der impliziten Annahme, dass erfolgreiche Innovationsprozesse mit einem demokratischen Regimetyp einhergehen. Denn ein Innovationssystem benötigt, so die Argumentation, erstens ein Klima der wissenschaftlichen Autonomie, geistigen Offenheit und Kreativität (Huntington 1968) und zweitens verlässliche institutionelle Rahmenbedingungen (Egea Nadal 1995). Besonders ersteres ist in Autokratien nicht gegeben. Göbel (2013, S. 135) fasst die vermutete Unvereinbarkeit von Innovation und Autokratie wie folgt zusammen: „Während Innovationsprozesse sich durch kreative Zerstörung, Kontext- und Zufallsabhängigkeit, Heterarchien, offenen Kommunikationsaustausch auszeichnen, fürchten Autokratien Instabilität und unvorhergesehene Entwicklungen, sind hierarchisch strukturiert und bemühen sich um die Kontrolle von Informationsflüssen". Entsprechend wenige politikwissenschaftliche Fallstudien bestehen zur Innovationspolitik in Autokratien. Dennoch wird Innovationpolitik auch in der Autokratieforschung eine hohe Bedeutung für die *Output*-Legitimität zugewiesen (Adler 1986; Leftwich 1995). Auch die jüngere Management- und Entrepreneurship-Forschung hält erfolgreiche Beispiele von Innovationen in Autokratien bereit (Ahmed und Abdalla Alfaki 2013; Lee et al. 2011; Mian et al. 2010). Darüber hinaus deutet eine Reihe von Befunden auf die Relevanz des Politikfelds für die Generierung von *Input-* und vor allem *Throughput*-Legitimität hin. Autoritäre Regime können ihre *Throughput*-Legitimität steigern, indem sie sich auf Policy-Expertinnen und Experten stützen (Brooker 2009). Dabei wird Expertinnen und Experten vor allem im linearen Modell der Innovationspolitik eine explizite Rolle im Policy-Making zugewiesen (Pregernig 2015). Zudem stärkt die Verwirklichung großer Technologieprojekte bzw. die Inszenierung der Rolle der benevolenten Autokratin oder des benevolenten Autokraten (Easterly 2014) die *Output*-Legitimität in hohem Maße.

Allerdings kann Innovationspolitik riskant sein, wenn sie ihren distributiven Charakter verliert und aufgrund der Notwendigkeit materieller und immaterieller Umverteilungen zur Finanzierung von prestigeträchtigen technologischen oder infrastrukturellen Großprojekten redistributiv wird. Gerade große Infrastrukturprojekte, wie etwa das Wasserkraftwerk am Foz do Iguacu in Brasilien oder der Drei-Schluchten Staudamm in der chinesischen Provinz Hubei, gehen mit massiven Umverteilungen und der Verletzung von Menschen- und Landrechten einher (vgl. Elhance 1999; Göbel 2013). China ist ein gutes Beispiel für das Konfliktpotential solcher Redistributionsmaßnahmen. So zeigt Göbel (2013), dass die Entscheidung der chinesischen Zentralregierung als Antwort auf die Krise von 1989 die Steuern zu erhöhen, um den Strukturwandel zu finanzieren, zu hohem Widerstand der Lokalregierungen führte.

Zudem offenbaren Infrastrukturprojekte die räumliche Dimension von Innovationspolitik. Beispiele dafür sind die regionalen Strukturpolitiken in Chile unter Pinochet und Mexiko unter der Einparteien-Herrschaft des PRI. Diese räumliche Dimension des Politikfeldes führt zu einem bestimmten *Throughput* in Autokratien: Sowohl in Mexiko als auch in Chile wurden Schwerpunktregionen definiert, denen andere Regionen „zuliefern" sollten (Boisier 2000; Graf 2011b). Die nötige *Input*-Legitimität für diese Reformen wurde durch die Einbindung regionaler winning coalitions ins politische System erreicht. Eine stark räumlich konzentrierte Innovationspolitik kann jedoch auch zu Konflikten führen, wenn Zwang nur in geringem Maß eingesetzt werden kann, denn die Interessen unterschiedlicher Teile der winning coalition werden gegeneinander ausgespielt. So sorgte die klientelistische Wirtschaftspolitik des PRI in Mexiko über kurz oder lang für Enttäuschung bei einigen regionalen Unternehmern. Diese bildeten für die in den Regionen immer stärker werdenden Oppositionsparteien Partido Acción Nacional (PAN) und Partido de la Revolución Democrática (PRD) eine willkommene Erweiterung der Parteibasis. Vor allem der PAN profilierte sich über Wirtschaftsinteressen (Klesner 2005), was langfristig zu einem Legitimitätsverlust führte und den Systemwandel unterstützte.

Innovationspolitik kann aus einem weiteren Grund riskant sein, der unter dem Stichwort „Wachstumsfalle" diskutiert wird. Dabei wird argumentiert, dass Innovation zu Wohlstand und Bildungsexpansion führt, wodurch gesellschaftlicher Wandel einsetzt, an dessen Ende der Wunsch des Selektorats nach mehr

Partizipation steht (vgl. Huntington 1968; Lipset 1959). Göbel (2013) weist beispielsweise auf die Rolle von Informations- und Kommunikationstechnologien im Arabischen Frühling hin. Kommunikationstechnologien wurden hier genutzt, um regimekritische Inhalte zu verbreiten, Proteste zu organisieren und sich international zu verbünden. Wie empfindlich autoritäre Regime an dieser Stelle sind, zeigt die repressive Netzpolitik Chinas, die den beliebten Blog-Dienst Weibo einer strengen Zensur unterzieht. Gleichzeitig bietet die Verbreitung von Informations- und Kommunikationstechnologien (IKT) Regimen auch ein großes Potential an Kontrolle der Gesellschaft und neue Möglichkeiten für *Input*-Legitimität. Die Digitalisierung von Wahlen kann auch in elektoralen Autokratien die Legitimität pseudodemokratischer Prozesse erhöhen, wie das Beispiel Venezuela zeigt (Der Spiegel 15.04.2013). Venezuela ist ein Paradebeispiel dafür, wie mittels des Einsatzes von Kommunikationstechnologien die Inszenierung des/der benevolenten AutokratIn gelingt. Hugo Chávez Sendung „Aló Presidente", die auch noch den letzten Winkel der Nation erreichte, gilt als gelungene Inszenierung eines Autokraten als Vater der Nation mit messianischen Eigenschaften (Boeckh und Graf 2005).

Den skizzierten Risiken von Innovationspolitik steht also ein großes Legitimitätspotential sowohl hinsichtlich der *Output-* als auch der *Throughput-* und etwas eingeschränkter der *Input*-Dimension gegenüber, wie wir im Folgenden ausführen werden.

Ein Großteil der Forschung beschäftigt sich mit der *Output*-Dimension, wobei dabei häufig der bisher nicht endgültig geklärten Frage nachgegangen wurde, ob Autokratien Demokratien hinsichtlich der Performanz unterlegen sind (vgl. Schmidt 2013). Den Innovationssystemen von Autokratien werden dabei meist einzelne Eigenschaften ab- bzw. zugesprochen. So werden sie einerseits mit einem geringeren Schutz geistiger Eigentumsrechte assoziiert (Frantz und Ezrow 2011; Haber 2008), dafür wird ihnen andererseits eher das Potential zugesprochen, radikale Innovationen (Altenburg und Pegels 2012) sowie Modernisierung (Leftwich 1995) voranzubringen. Solange die staatlich getriebene Modernisierung in Entwicklungsstaaten "developmental goods" (Leftwich 1995, S. 418) liefert, führt Repression nicht zu Legitimitätsverlust. Dies gelingt auch durch das Verknüpfen der *Output*-Dimension mit Narrativen und Mythen. Innovationspolitik eignet sich dazu, nationalistische Ideologien mit Legitimationsstrategien zu verknüpfen, denn medienwirksame technologische Großprojekte erhöhen die nationale Größe und verdeutlichen den Herrschaftsanspruch der AutokratInnen gegenüber der Welt. So werden technologische Großprojekte oft zu (von den AutokratInnen hervorgerufenen) Wundern inszeniert, so Easterly (2014). Die Rolle als Entwicklungsstaat wird dabei auch nach außen zelebriert, was zu internem Legitimitätsgewinn führen kann. Die Inszenierung technologischer Unabhängigkeit kann auch frühere *Output*verluste kaschieren bzw. ein souveränes Umgehen mit Krisen demonstrieren. So erfolgte Brasiliens Engagement in der Energiegewinnung aus Wasserkraft als Reaktion auf den Ölpreisschock (Elhance 1999). Eine weitere externe Legitimitätsreserve erwächst Innovationspolitik aus der Verbindung mit Militär- und Sicherheitspolitik, wie etwa in Brasilien unter Getúlio Vargas 1930–1954 (vgl. Hilton 1975).

Wie wichtig die Demonstration externer Legitimität ist, zeigen derzeit die Vereinigten Arabischen Emirate, die viel Energie investieren, um zum Club der wissensintensiven Ökonomien zu gehören (Ahmed und Abdalla Alfaki 2013). Eine Erhöhung der externen Legitimität kann auch einen Zuwachs an *Output*-Legitimität mit sich bringen. So geriert sich bspw. die Regierung von Bahrain als Förderin des E-Commerce, womit zum einen neue ausländische Direktinvestitionen gewonnen werden sollen und sich zum anderen die Regierung als Entwicklungsstaat inszenieren kann. Die Herausforderung besteht dann darin, Modernisierungstendenzen und die Einbindung in globale Wissenssysteme mit der nationalistischen Ideologie in Einklang zu bringen.

Im Gegensatz zur *Output*-Dimension ist der Zusammenhang zwischen Innovationspolitik und *Input*- und *Throughput*-Legitimität noch eine weitgehende Forschungslücke. Dabei birgt das Politikfeld große Legitimitätsreservoirs auch in diesen Dimensionen. Es ist prädestiniert für *Input*-Legitimität durch die Einbeziehung von Expertinnen und Experten, wie etwa das Beispiel Mexiko verdeutlicht. Auf die oben erwähnte Kritik der Unternehmer hin band die Regierung Portillo zunehmend Technokraten, d. h. Fachleute ohne Parteihintergrund, die meist einen ausländischen Abschluss in den Wirtschaftswissenschaften und Arbeitserfahrung im Finanzsektor vorweisen konnten, in die Regierung ein (Lindau 1996). Statt einer direkten Inkorporierung der winning coalition wurde also *Input*-Legitimität durch die Vergabe von Expertinnen- und Expertenrollen an Technokraten erzeugt, was für das Politikfeld Innovation eine bestimmte Form der *Throughput*-Legitimierung eröffnete. Die Einbindung von Expertinnen und Experten jenseits der winning coalition kann auch extern Legitimation erzeugen. So beschreibt Easterly, dass internationale Organisationen die Rolle von Autokratien eher akzeptieren, wenn internationale Expertinnen und Experten in das Politikfeld eingebunden sind (Easterly 2014). Der Weg der Einbindung von internationalen Expertinnen und Experten ist aber riskant, denn es gilt ja gerade, technologische Unabhängigkeit zu demonstrieren und Innovationspolitik mit dem nationalen belief-system zu verbinden. So heben bspw. Ahmed und Abdalla Alfaki (2013) hervor, wie bedeutend gerade für muslimische Länder die Berücksichtigung nationaler Eigenheiten und die Wahrung nationaler Unabhängigkeit ist.

Neben der Einbindung von Expertinnen und Experten besteht aber auch die Möglichkeit der breiteren Einbindung der winning coalition ins Politikfeld. Ein Beispiel ist hier wiederum Mexiko unter der Einparteienherrschaft des PRI (1929 bis Ende der 1990er). Dort wurden durch das System des autoritären Korporatismus Wissenschaftlerinnen und Wissenschaftler direkt in die Innovationspolitik eingebunden (Graf 2011a). Bedeutung für *Input-* und *Throughput-*Legitimität erlangte dieses System vor allem in den 1960ern und 70ern: Schon seit der zweiten Hälfte der 1960er Jahre befand sich das politische System auf Grund gescheiterter Wirtschaftsreformen und ausbleibendem sozialem Ausgleich in der Krise. Es kam zu Aufständen von Lehrern, Bauern, Ärzten und Studierenden. Die kostspielige geplante Ausrichtung der Olympischen Spiele in Mexiko erregte in dieser Zeit der wirtschaftlichen und sozialen Krise besonders Anstoß. Als die Regierung die Studierendenproteste in Mexiko-Stadt am zweiten Oktober 1968 blutig niederschlagen ließ, was als Massaker auf dem Platz von Thlatelolco in die Geschichte einging, war dies das erste sichtbare Zeichen, dass dem Staat die Einbindung des Selektorats mit friedlichen Mitteln nicht mehr gelang (Braig und Müller 2008, S. 391). Die (Neu)Gründung des Nationalen Technologierats erfolgte in direkter Reaktion auf diese Studierendenproteste. Sie ging auf eine Initiative von Wissenschaftsorganisationen sowie der Politik in Reaktion auf die Studierendenproteste der späten 1960er Jahre zurück. Während die Wissenschaftsgemeinde sich mit der Gründung des Technologierates mehr Einfluss auf die Politik erhoffte, suchten Politiker ein Instrument, um die wissenschaftliche Gemeinde zu kontrollieren, damit Ausschreitungen nach Art der Studierendenproteste nicht mehr in dieser Form passieren konnten.

Wie das Beispiel der einseitigen Einbindung der Wissenschaftlerinnen und Wissenschaftler in Mexiko zeigt, kann dieses Modell aber auch zu einem Rückgang an *Output-*Legitimität führen, da Forschung und Entwicklung wenig mit den Bedürfnissen des Wirtschaftssystems verbunden werden (lineares Innovationsmodell) und lediglich auf internationale Benchmarks hinsichtlich Publikationen und Patenten geschielt wird. Der Verlust an *Output-*Legitimität kann zu Protesten in Teilen der Gewinnkoalition führen, was die zunehmend kritische Haltung der Unternehmer im Mexiko der 1980er Jahre zeigt. Gerade Innovationspolitik, die, wie Braun (2004) zeigt, als Zwitterpolitikfeld zwischen Wissenschaft und Wirtschaft, zwischen ‚Wahrheit' und ‚Geld' (Luhmann 1977) steht, ist somit ein Feld, das ein großes Maß an Flexibilität und eine sorgfältige Modellierung der *Throughput-*Dimension von Autokratien verlangt.

Zusammenfassend ist Innovationspolitik ein Feld, das hohe Legitimationspotenziale aufweist, da es sich eignet, durch Einbindung von Expertinnen und Experten Input und *Throughputlegitimation* zu generieren. Wie das Beispiel

Mexiko zeigt, kann eine redistributive Innovationspolitik, die auf die Förderung regionaler Innovationspotenziale ausgelegt ist, nationale und insbesondere auch lokale winning coalitions ins System integrieren. Dies ist insbesondere dann systemrelevant, wenn Innovationspotenziale innerhalb eines Landes regional stark ungleich verteilt sind. Dann gewinnt die Integration der entsprechenden lokalen oder regionalen winning coalitions eine zentrale Rolle. Durch die Demonstration militärischer oder technologischer Größe bietet Innovationspolitik insgesamt gute Möglichkeiten für externe und interne Legitimation, wie das Beispiel Brasilien unter Vargas zeigt.

Gleichzeitig birgt das Politikfeld aber auch hohe Risiken. Die Wachstumsbzw. Modernisierungsfalle wurde früh von Lipset aufgezeigt. Dass sich autoritäre Regime dieser Gefahr bewusst sind, zeigt die repressive Netzpolitik Chinas. Eine weitere Gefahr birgt der redistributive Charakter von Innovationspolitik, etwa die Finanzierung von Großprojekten, welcher schnell zu Lasten des Selektorats gehen kann. Meist werden Großprojekte auch mit einer Legitimationsstrategie verbunden, die auf *Output*-Legitimität abzielt. Wenn die erwarteten bzw. versprochenen Outcomes nicht folgen, können *Input*- und *Throughput-Legitimation* dies nicht vollständig auffangen.

4 Umweltpolitik

Neben der Innovationspolitik gilt auch die Umweltpolitik als ein Politikfeld, welches vor allem in demokratischen und sich demokratisierenden Staaten zur Legitimation des politischen Systems herangezogen wird. Eine wichtige Rolle für die auch in den OECD-Staaten vergleichsweise späte Institutionalisierung dieses Politikfeldes spielten die spezifischen postmaterialistischen *Demands* der Bevölkerung. Diese kamen zum überwiegenden Teil von außerhalb des etablierten Parteiensystems, konnten sich aber dort in einigen Fällen erfolgreich etablieren. Die Literatur betont dabei auch die Rolle vielfältiger Einflusskanäle: in Demokratien können Wähler nicht nur durch die Teilnahme an Wahlen, sondern auch durch verschiedene Interessengruppen, soziale Bewegungen, die freie Presse oder durch Mobilisierung auf der lokalen Ebene ihre Interessen durchsetzen (Payne 1995; Midlarsky 1998). Zudem wird argumentiert, dass Demokratien ihren Bürgern bessere Bildungschancen bieten, was sich längerfristig positiv auf die umweltpolitische Mobilisierung auswirke (Binder und Neumeyer 2005). Folglich kam es seit den 1970er Jahren vor allem in den westlichen Demokratien zu einer „Diffusion" umweltpolitischer Institutionen (Aklin und Urpelainen 2014; Tews et al. 2003). In Autokratien waren hingegen die Möglichkeiten der Kanalisierung und Verarbeitung umweltpolitischer *Demands* typischerweise beschränkt, da viele dieser Forderungen die Entwicklungsmodelle dieser Staaten infrage gestellt und einen zumindest impliziten Demokratisierungs-Bias hatten. Ein genauerer Blick auf Umweltpolitik in Autokratien zeigt allerdings einen gewissen Aufholprozess, deutet aber auch auf wichtige Unterschiede innerhalb der Gruppe nicht-demokratischer Staaten hin.

Vergleichende Studien stellen Autokratien hinsichtlich umweltpolitischer *Outputs* im Vergleich zu Demokratien in der Regel ein generell schlechteres Zeugnis aus – so etwa bei der Reduktion von Emissionswerten (Bernauer und Koubi 2009), der Überfischung der Meere (Sjöstedt und Jagers 2014) oder der Unterzeichnung von umweltpolitischen Verträgen (Carbonell und Allison 2015). Die Gründe hierfür sind vielfältig: höhere Staatskapazität und Rechtsstaatlichkeit in Demokratien gehören ebenso dazu wie die Einbeziehung privater Akteure in den Politikprozess (Payne 1995). Auch die Missachtung von Menschenrechten in Autokratien reduziert deren Bereitschaft, auf Umweltzerstörungen zu reagieren (Gleditsch und Sverdrup 2002). Auf Grundlage der Selektorats-Theorie kann auch davon ausgegangen werden, dass Autokratien im Vergleich zu Demokratien kleinere Gewinnkoalitionen bedienen müssen und daher ein geringeres Interesse an der Bereitstellung (umweltpolitischer) öffentlicher Güter haben (Cao und Ward 2015). Dazu kommt, dass eine Umstellung auf umweltschonende Technologien kostspielig ist und die ökonomischen Interessen der Eliten direkt gefährdet.

Allerdings schneiden Autokratien nicht überall schlecht ab. Differenzierte Blicke auf die umweltpolitische *Output*-Dimension (Li und Reuveny 2006) oder auf Regime-Subtypen (Wurster 2011, 2013) weisen auf erhebliche Unterschiede hin. Zwar unterzeichnen Demokratien mehr internationale Verträge im Bereich der Umweltpolitik, unterscheiden sich aber bei der tatsächlichen Umsetzung nicht wesentlich von Autokratien (Bättig und Bernauer 2009). Vorteile von Autokratien bei der Bekämpfung von Umweltproblemen können etwa aus der Allmende-Problematik (Hardin 1982) abgeleitet werden: Während in Demokratien eine Übernutzung von Kollektivgütern droht, können Autokratien die Verteilung solcher Güter zumindest kurzfristig effizienter (da repressiver) kontrollieren. Auch scheint die Wahlverwandtschaft zwischen Demokratie und freier Marktwirtschaft zu einer tendenziellen Überbetonung ökonomischer Interessen zuungunsten ökologischer Belange zu führen (Midlarsky 1998; Dryzek 1987). Aus dieser Perspektive erscheinen demokratische Institutionen dann eher als Hindernisse für eine effektive Umweltpolitik: Die hohe Zahl der institutionellen Veto-Spieler und die potenziellen Widerstände in der Bevölkerung können dringende Reformen in diesem Politikfeld verhindern oder zumindest verlangsamen. Demgegenüber haben

Autokratien den Vorteil, schnelle (und oft repressive) umweltpolitische Maßnahmen verordnen zu können, die sich weder an verschiedenen Interessengruppen noch an dem bestehenden institutionellen Korsett orientieren müssen.

Die Idee solch einer „Ökodiktatur" hat in der politikwissenschaftlichen Forschung vor allem in der Diskussion um den sogenannten *Environmental Authoritarism* (EA) Eingang gefunden (Beeson 2010). Diese lässt sich definieren als"a public policy model that concentrates authority in a few executive agencies manned by capable and uncorrupt elites seeking to improve environmental outcomes" (Gilley 2012) und wird empirisch vor allem in Bezug auf die Volksrepublik China diskutiert. Beeson sieht die Entstehung des chinesischen EA als Antwort auf die durch die schnelle Industrialisierung verursachten Umweltprobleme und setzt dies explizit mit dem Legitimitätsaspekt des chinesischen Staates in Verbindung (Beeson 2010, S. 283).

Allerdings erscheint es eher fraglich, ob das Modell eines EA verallgemeinerbar ist. So wirft die neuere Diskussion die Frage auf, ob das Modell überhaupt auf die ganze VR China angewendet werden kann (Shahar 2015; Lo 2015). Einerseits wird die chinesische Umweltpolitik tatsächlich als eine stark zentralisierte Politik beschrieben, die eine Vorliebe für hierarchische *command-and-control* Politikinstrumente hegt und repressiv gegenüber der Zivilgesellschaft auftritt (Kostka und Mol 2013; Schreurs 2011). Andererseits kann auch von einer Vielzahl von jüngeren Entwicklungen berichtet werden, die eine „Aufweichung" der Autokratie speziell im Bereich der Umweltgovernance andeuten und sowohl als Input- als auch Throughput Legitimation gedeutet werden können. So gibt es bedeutende regionale Unterschiede bei der Umsetzung von Umweltpolitiken oder bei der Einbeziehung nichtstaatlicher Akteure (Zhu et al. 2015; Eaton und Kostka 2014), wobei mittlerweile davon ausgegangen wird, dass die Zentralregierung die Übersicht und die Kontrolle über die regionalen Entwicklungen verloren hat (Lo 2015). Eher wird von der Herausbildung eines multipolaren „*regulatory pluralism*" (van Rooij et al. 2014) oder eines flexiblen „*authoritarian regulatory state*" (Liu 2010) gesprochen, welcher zunehmend „*command without control*" (Kostka 2016) ausübe. Auch bezüglich des Protestverhaltens seitens der Bürger oder durch die organisierte Zivilgesellschaft scheint es gegenwärtig in China größere Potenziale zu geben, als man das gemeinhin in Autokratien erwarten würde. Die chinesische Regierung zeigt nicht nur eine gewisse Responsivität bei Umweltprotesten (Johnson 2016), sondern setzt auch gezielt auf funktionale Zusammenarbeit zwischen Staat und Nichtregierungsorganisationen (NGO) (Ho 2001) Dies scheint insbesondere dann möglich zu sein, wenn NGOs spezifische, dem Staat nicht verfügbare Expertise oder (vor allem externe) Legitimation liefern können und deren Forderungen entpolitisiert sind.

Auch eine Übertragung des EA-Konzeptes auf andere Autokratien scheint problematisch zu sein. Historisch gesehen spielte die Umweltpolitik in den Ländern des Ostblocks selten eine wichtige Rolle für die Legitimation dieser Staaten. Die starke Industrialisierung hatte allerdings auch hier negative Folgen für die Umwelt, die zu beseitigen allerdings kaum ein osteuropäischer Staat größere Bemühungen gezeigt hatte (siehe aber Pál 2017). Allerdings wurden vielfach ausgerechnet Umweltthemen zum Zündfunken einer umfassenden Demokratisierung. Die Ekoglasnost-Proteste in Bulgarien oder die Mobilisierung gegen den ungarisch-slowakischen Staudamm bei Gabčikovo-Nagymaros waren die ersten Massenproteste, die bereits in den 1980er Jahren auf die schrumpfenden Legitimitätsreserven dieser Staaten hinwiesen. Von den umweltpolitischen Forderungen der Protestbewegung – nach mehr Partizipation und Transparenz in Planungsprozessen, nach Versammlungsfreiheit oder nach Akteneinsicht und Umweltverträglichkeitsprüfung – hin zur Stellung der Systemfrage war der Weg nicht mehr weit (Buzogány 2016; O'Brien 2014).

Die Angst der Autokraten, dass von einer Öffnung des Policy-Prozesses für unabhängige Gruppen Gefahr für die Regimestabilität ausgehen kann, ist einer der wichtigsten Gründe dafür, dass eine Reihe von gegenwärtigen Autokratien sehr vorsichtig mit der Beteiligung nichtstaatlicher Akteure im Bereich der Umweltpolitik umgeht. Die Russische Föderation ist ein Beispiel sowohl für die anfängliche Öffnung der Umweltpolitik für eine Reihe von nationalen und internationalen Akteuren als auch für eine spätere Schließung. Zwar führte der Zusammenbruch der sowjetischen Industrielandschaften in den 1990er Jahren zu einem „natural clean-up" (Tokunaga 2010), doch die Chance einer ökologische Modernisierung wurde während der späteren autoritären Konsolidierung vertan (Tynkkynen 2014). Dass eine ökologische Modernisierung in der Russischen Föderation kaum Fuß fassen kann (Mol 2009) hat auch mit den ideologisch-legitimatorischen Strategien des Regimes und der Bezugnahme auf Errungenschaften der sowjetischen Industrialisierung zu tun (Hanson 2011). Vor dem Hintergrund der in den 2000er Jahren wiedererstarkenden Wirtschaftsentwicklung wurde die russische Umweltbewegung wiederholt an den Rand gedrängt und als „Agent ausländischer Mächte" verunglimpft (Sofronova et al. 2014; Yanitsky 2012; Henry 2010). Einerseits kann bei Bürgerprotesten, wie etwa gegen den Bau der Autobahn zwischen Moskau und Sankt-Petersburg durch den naturgeschützten Forst bei Khimki das für umweltpolitische Mobilisierung typische Muster der Herausbildung einer postmateriell orientierten Mittelschicht beobachtet werden. Diese profitierte von dem relativ hohen materiellen Wohlstandsniveau der 2000er Jahre und war zunehmend in der Lage, neben umweltpolitischen auch systemkritische Fragen aufzuwerfen (Evans 2012). Andererseits zeigte die

Reaktion des russischen Staates, dass gefestigte Autokratien sehr wohl in der Lage sind, auf Repression zu setzen, wenn bei Umweltprotesten die Gefahr droht, dass Systemkritik geäußert wird.

Die Einbindung nichtstaatlicher Akteure in die staatlich gelenkte Umweltpolitik ist auch jenseits der Russischen Föderation eines der Kerndilemmata autokratischer Herrschaft. Nichtstaatliche Akteure – Umweltorganisationen, ExpertInnen und Experten, aber durchaus auch Unternehmen – können *Input*-Legitimation erzeugen, indem sie an der Planung von Policies teilnehmen und ihre spezifischen Sichtweisen und Kenntnisse einbringen. Sie können sich aber auch an der Umsetzung von Umweltpolitiken beteiligen und damit die *Output*-Legitimität verbessern. Vergleichende Studien weisen auf unterschiedliche Kooptationsstrategien von Autokratien hin. So zeigen Doyle und Simpson (2006), dass das Militärregime in Burma in der Aktivität von Umwelt-NGOs eine potenzielle Gefahr für das Regime sah. Das iranische Regime war dagegen teilweise erfolgreich bei der Kooptation der Umweltorganisationen (vgl. ebd.). Auch in Russland gibt es auf der regionalen Ebene eine gewisse Bereitschaft, Umwelt-NGOs bei der Umsetzung von Politiken bzw. der Implementationskontrolle einzusetzen (Kropp und Schumann 2014). Quantitativ-ländervergleichende Studien weisen zudem darauf hin, dass insbesondere Autokratien, die von einer Massenpartei beherrscht werden, bei der Einbindung von Umweltorganisationen toleranter zu sein scheinen, während Militärdiktaturen oder personalistische Regime repressiver auf die Artikulation von Umweltinteressen reagieren (Doyle und Simpson 2006; Böhmelt 2013, 2014).

Neben der Sicherung der Effektivität und der Legitimation des Regimes ist ein zusätzlicher Grund für die Kooptation von Umwelt-NGOs in Autokratien die externe Komponente der Herrschaftssicherung. So wird zum Beispiel davon berichtet, dass sich die chinesische Delegation bei einer Konferenz der Vereinten Nation im Vergleich zu anderen Staaten stark im Nachteil empfand, da sie sich nicht auf eine starke Umwelt-NGO-Szene stützen konnte (Ho 2001). Gerade diese internationale Dimension von Umweltpolitik macht das Feld aber für autoritäre Regime auch riskant. So bieten transnationale Verbindungen für lokale Umweltgruppen Kontakte zu gleichgesinnten Umweltgruppen und erhöhen deren Kapazität und auch ihre Sichtbarkeit. Transnationale Netzwerke können einerseits als Schutzschild vor Repressionen dienen. Andererseits verstärken diese auch oft die Donor-Abhängigkeit, indem Patronage-ähnliche Verhältnisse mit externen Gebern etabliert werden (Buzogány 2011; Weinthal 2004). Die externen Verbindungen von zivilgesellschaftlichen Organisationen ermöglichen deshalb den Herrschenden, die Legitimität dieser Organisationen infrage zu stellen.

Und sie reg(ul)ieren doch 297

In gängigen Kategorisierungen von Policies wird die Umweltpolitik vorwiegend als regulatives Politikfeld beschrieben. Gleichwohl überdeckt diese Einteilung den komplexen Charakter des Politikfeldes, welcher sowohl distributive als auch redistributive Ausprägungen haben kann. Dementsprechend fällt es a priori schwer, eine eindeutige Aussage über den konfliktiven oder konsensualen Charakter des Politikfeldes zu treffen. Insgesamt zeigt das Beispiel der Umweltpolitik in Autokratien eher die Grenzen als die Chancen einer Policy-orientierten Legitimationsstrategie auf, die durch eine erfolgreiche *Input-*, *Throughput* oder *Output*-orientierte Legitimation möglich wären. Ein wichtiger Grund für das relativ niedrige Legitimationspotenzial durch die Umweltpolitik liegt in der vergleichsweise niedrigen Salienz des Politikfeldes in vielen Autokratien (und Demokratien). Zwar zeigt das chinesische Beispiel, dass bei anhaltenden Umweltproblemen sich dies sehr wohl ändern kann. Allerdings sind die sehr umfangreichen Maßnahmen in diesem Politikbereich eher „Tropfen auf dem heißen Stein", denn sie lösen keineswegs die umfangreichen Probleme, mit welchen das Regime konfrontiert ist. Gleichzeitig verdeutlicht das Politikfeld, dass autoritäre Regime sehr unterschiedliche Kooptationsstrategien benutzen. Diese hängen im Wesentlichen davon ab, welche Gefahrenpotenziale autoritäre Herrscher der Beteiligung nichtstaatlicher Akteure in diesem Politikfeld beimessen.

5 Familienpolitik

Die Gestaltung der sozialen Lage der Familie ist aufgrund der funktionalen Bedeutung der Familie für moderne Sozialsysteme ein zentrales Feld der Staatstätigkeit (vgl. Robila 2014, S. 10; OECD 2011). Familie trägt zur Bestandserhaltung der Gesellschaft bei, stützt die soziale Sicherung neuer Generationen und der Seniorinnen und Senioren und leistet durch Erziehung und Sozialisation der Kinder wichtige Beiträge zur gesellschaftlichen Integration (OECD 2011, S. 3). Zielsetzungen der Familienpolitik können dabei kompensatorisch (Ausgleich von sozialen Ungerechtigkeiten), korrektiv (Erhaltung der gesellschaftlichen Funktionalität etwa in Hinblick auf die Reproduktion der Gesellschaft) oder präventiv (Verhinderung von Fehlentwicklungen) sein und richten sich vermehrt auf die so genannten neuen sozialen Risiken in Folge des demographischen Wandels (vgl. Woods 2014, S. 275).

Auf der Input-Seite erwachsen einerseits Anforderungen an das Regime aus veränderten Anforderungen der Ökonomie sowie seitens gesellschaftlicher Akteure. Gerade in Ländern, die wie Russland stark vom demographischen Wandel betroffen sind, sind Unternehmen sowie auch Vertreter sozialer

Sicherungssysteme an einer Förderung und Steigerung der gesellschaftlichen Reproduktionsrate interessiert. Diese Inputs werden dabei weniger durch das Selektorat als Ganzes als durch Expertinnen und Experten und Vertreterinnen und Vertreter der betroffenen Organisationen und Institutionen vorgebracht. Gerade Unternehmen und Administrationen können gleichzeitig relevante Teile der *winning coalition* und der *advocacy coalition* sein, da die Output-Legitimität des Regimes auch und gerade von den dort produzierten ökonomischen und wohlfahrtsstaatlichen Outputs abhängen. Inputs können jedoch auch von anderen, breiter im Selektorat verankerten Gruppen formuliert werden. So formulieren etwa Kirchen klare Zielvorstellungen von Familienpolitik in Einklang mit ihren religiösen Lehren. Auch können Reaktionen aus dem gesamten Selektorat heraus erwachsen, wie etwa Forderungen nach Abschaffung der Ein-Kind-Politik in China. Oftmals ergeben sich dabei Überschneidungen zwischen Expertinnen- und Experten-Inputs aus der „advocacy coalition" und denen aus breiteren Gruppen des Selektorats.

Ist dieser Teil der „advocacy coalition" identisch mit der vom Regime als „winning coalition" wahrgenommenen Gruppe, so wird es diese Interessen umsetzen und sowohl Input- als auch Output-Legitimität für sich reklamieren können. Familienpolitik wird damit zu einem zentralen Politikfeld für Output-orientierte Legitimationsbestrebungen und vor dem Hintergrund von dominanten Wertorientierungen in der jeweiligen Gesellschaft auch Input-orientierte Strategien. Erfolgt die Einbindung von Expertinnen und Experten aus der auch im Selektorat verankerten advocacy-coalition in die Politikformulierung, so finden sich hier auch Elemente der Throughput-Legitimation. In der Familienpolitik können distributive, redistributive und regulative Politiken unterschieden werden (vgl. auch Woods und Frankenberger 2016). So sind kompensatorische Finanztransfers wie Kindergeld oder Erziehungsgeld in der Regel redistributiv, während korrektive und präventive Maßnahmen häufig distributiv (Anrechnung von Erziehungszeiten auf die Rente) oder regulativ (rechtlicher Schutz von Kindern und Familien, Regelungen zur Vereinbarkeit von Familie und Beruf) sind. Ursprünglich regulative oder distributive Policies können jedoch redistributive Wirkungen haben und Konfliktpotential bergen. Hinzu kommt die subjektive, kulturelle und ideologische Aufladung von Familienpolitik (vgl. Woods 2012, S. 21). Legitimationsstrategien in der Familienpolitik sind daher in der Regel eng mit kulturellen und/oder ideologischen Ausrichtungen der jeweiligen politischen Regime verbunden. Policies variieren von Land zu Land entlang der jeweiligen Problemlagen, des kulturellen Stellenwerts und der ideologischen Vorstellungen von Familie (Woods 2012, S. 21; vgl. Woods 2014, S. 274; OECD 2011). Für die (de-) legitimierende Wirkung sind also gerade in diesem Politikfeld Fragen von

Kongruenz der „belief systems" und kultureller Muster entscheidend. Familienpolitik hat in der Regel weitreichende Auswirkungen auf das gesellschaftliche Gesamtgefüge und die sozialen Sicherungssysteme. Umso erstaunlicher ist, dass Familienpolitik bisher kaum systematisch vergleichend hinsichtlich der darin enthaltenen Legitimationspotenziale untersucht wird.

Zur Familienpolitik in einzelnen Ländern existieren zahllose Fallstudien, die in der Regel eine starke Fall- und Policyperspektive aufweisen (vgl. Robila 2014). Gut erforscht sind insbesondere die OECD-Staaten (vgl. OECD 2011). Auch zu Familienpolitiken in Autokratien gibt es zahlreiche Fallstudien. Prominentestes Nicht-OECD-Beispiel ist sicherlich die chinesische Ein-Kind-Politik. Darüber hinaus finden sich vergleichende Fallstudien zu einzelnen familienrelevanten Policies (vgl. Cook 2007; Motiejunaite und Kravchenko 2008; Robila 2012, 2014; Pascall und Manning 2000). Vergleichsstudien unterschiedlicher Familienpolitiken und deren Wirkungen liegen insbesondere für die OECD-Staaten vor (OECD 2011). Hier werden einzelne Policies etwa zu Fertilität, Berufstätigkeit von Eltern oder gender-equality erfasst und evaluiert. Vergleichbare systematische Studien zu Autokratien fehlen.

Systematisch vergleichende Studien zur Familienpolitik unter Einbezug von Regimetypus und Legitimation finden sich nur vereinzelt, etwa zur Elternzeit (Woods und Frankenberger 2016) oder zu Gender Empowerment und Regimestabilität (Pickel 2013). Bei der Untersuchung von Elternzeit-Policies zeigt sich, dass fast alle Staaten Regelungen zur Elternzeit implementiert haben und somit einerseits dem demographischen Wandel Rechnung tragen und andererseits einen gewissen Grad an *Output*-Legitimität generieren. Dabei implementieren insbesondere die (post-)kommunistischen Autokratien vergleichsweise großzügige Elternzeit-Policies, während Autokratien im Vorderen Orient, Afrika und Asien kaum Elternzeit und sehr niedrige Kompensationen für Verdienstausfälle gewähren (Woods und Frankenberger 2016). Eine systematische Einbeziehung der Kategorien Legitimation und Regimetyp unternimmt Pickel (2013) bei der Untersuchung von Gender Empowerment und Regimestabilität. Sie zeigt, dass Frauen in Autokratien in der Regel weniger politische und gesellschaftliche Rechte haben als in Demokratien und zudem unterdurchschnittlich in Parlamenten vertreten sind. Aufgrund der häufig stark paternalistischen Wertestrukturen in Autokratien scheint eine auf Gender Empowerment ausgerichtet Geschlechterpolitik denn auch eher delegitimierende Wirkungen zu entfalten (Pickel 2013, S. 471).

Welchen Ertrag eine Analyse der Familienpolitik in Hinblick auf die Frage der Legitimation haben kann, soll im Folgenden anhand von zwei Beispielen illustriert werden, in denen sich der Zusammenhang zwischen *„Belief systems"*, kulturellen Mustern und Policy-making zeigt: die chinesische „Ein-Kind-Politik" und der Pronatalismus der russischen Familienpolitik.

Das wohl prominenteste Beispiel autokratischer Familienpolitik ist die Ein-Kind-Politik, die 1979 in China implementiert wurde. Es zeigt die Gratwanderung zwischen intendierten und nicht intendierten Folgen von Familienpolitik. So wurde einerseits das in den 1950–1970er Jahren rasante Bevölkerungswachstum durch die Implementierung der Ein-Kind Familienpolitik erfolgreich geregelt. Seit Einführung 1979 fiel die Geburtenrate. Sie liegt seit 1988 unterhalb der Reproduktionsrate von 2,1 Kindern pro Familie. Nicht zuletzt dürfte dies auf das implementierte Anreiz- und Strafsystem zurückzuführen sein, das redistributive Wirkungen zugunsten der Ein-Kind-Familie entfaltet. So erhalten „zertifizierte" Familien eine Reihe von finanziellen Privilegien wie etwa Kindergeld, Beihilfe zur Altersfürsorge oder in ruralen Gebieten Landzuweisungen. Zudem gibt es Strafen für Familien mit weiteren Kindern (von denen allerdings Ausnahmen gemacht werden können) (Xia et al. 2014). Andererseits hatte die Ein-Kind-Politik Auswirkungen auf die Geschlechter-Ratio in China, die im Jahr 2005 bei 118 geborenen Jungen pro 100 geborenen Mädchen lag (Ebenstein 2010, S. 105). Die als „Missing-Girls"-Syndrom (Ebenstein 2010) bezeichnete Ungleichheit zugunsten männlicher Nachkommen lässt sich zum einen auf männliche Nachkommen favorisierende kulturelle und ökonomische Faktoren und eine daraus resultierende pränatale Diskriminierung von Schwangerschaften mit Mädchen zurückführen, die sich in erhöhten Abtreibungszahlen weiblicher Föten manifestierte (Ebenstein 2010, S. 88). Diese Effekte wurden durch die Durchsetzung der Ein-Kind-Politik verstärkt, bei der sich ausgeprägte regionale Unterschiede hinsichtlich der Durchsetzung der Ein-Kind-Politik in den Provinzen zeigen. Durch das „Missing Girls"-Syndrom wird das Problem der mittel- und langfristigen demographischen Entwicklung noch verschärft (Ebenstein 2010; vgl. Hesketh et al. 2005). Die chinesische Gesellschaft und Politik steht zunehmend vor der Herausforderung, die Frage des Lebens im Alter als familienpolitische Herausforderung zu bearbeiten. So wird der Anteil von über 65-Jährigen im Jahr 2025 auf mehr als 15 % geschätzt (Hesketh et al. 2005, S. 1174). Mehr als 70 % der Älteren sind heute finanziell von ihren Kindern abhängig (Xia et al. 2014, S. 263). Denn traditionell ist die Familie für die Pflege und Betreuung der Älteren zuständig und es wird als Stigma betrachtet, die Eltern in Pflegeeinrichtungen zu geben (ebd. S. 258). Damit ist die moderne chinesische Ein-Kind-Familie für die Pflege von vier Elternteilen verantwortlich und hat aufgrund des Fehlens adäquater sozialer Sicherungssysteme und der kulturellen Tabus auch die finanzielle Last zu tragen. Durch diese Familiarisierung der Pflege gerät das Ein-Kind-Modell an seine Grenzen. Als Reaktion auf diese Herausforderungen wurde Verheirateten, die beide einziges Kind waren, in 31 Provinzen erlaubt, zwei Kinder zu haben (ebd. S. 263).

Die Ein-Kind-Politik wurde also im Sinne der Geburtenkontrolle und der Beschränkung des Bevölkerungswachstums überaus erfolgreich implementiert und könnte daher der Legitimation des politischen Systems dienen, da es sich als erfolgreicher Manager bevölkerungspolitischer Probleme präsentieren kann. Allerdings sind mit den Outcomes des Gesetzes einige nicht intendierte Folgen verbunden, die potentiell delegitimierend wirken. So kann die Regierung für das Fehlen von Frauen im heiratsfähigen Alter ebenso verantwortlich gemacht werden wie für die pränatale soziale Selektion und aus der Ein-Kind-Politik resultierenden Versorgungslücken bei den Senioren. Ebenso zeigen sich regionale Disparitäten in der Umsetzung der Policy, die dazu führen, dass es keine einheitlichen Standards etwa bei den Strafen oder den Regelungen zur Erlaubnis weiterer Kinder gibt. Potenziell problematisch ist auch, dass die Ein-Kind-Politik mit ihrer Beschränkung auf die Kernfamilie der kulturellen und auch sozialen Bedeutung der Familie nicht gerecht wird. Die Erlaubnis, unter bestimmten Voraussetzungen die Genehmigung für ein zweites Kind zu erhalten, kann aus diesem Blickwinkel als Aufgreifen gesellschaftlicher Impulse und damit der Legitimierung durch das Verarbeiten von *Input* interpretiert werden.

Die Familienpolitik in Russland ist in Kontinuität und Abgrenzung von der kommunistisch-sowjetischen Familienpolitik zu betrachten. Die Entwicklung von Familie und Familienpolitik ist letztlich geprägt von der Zäsur der sozioökonomischen und politischen Transformation Ende der 1980er und zu Beginn der 1990er Jahre. Die sowjetische Familienpolitik stand unter dem Vorzeichen der „stabilen Sowjet-Familie", welche die sozialistischen Werte und Moralvorstellungen verkörpern sollte. Dabei wurden trotz der rechtlichen und ideologischen Gleichstellung von Mann und Frau zumindest in Hinblick auf Arbeit und Beruf (Rivkin-Fish 2010, S. 706) ungleiche Geschlechterrollen implementiert (Kravchenko und Grigoryeva 2014, S. 224). Die unterschiedlichen Zuschreibungen von sozialen Rollen zu den Geschlechtern etablierten den Mann als „Erbauer des Kommunismus", der seine familiären Verantwortungen an den Staat oder die Frau überträgt, während der Frau eine Doppelrolle als Arbeitende und Reproduktionsverantwortliche zugeschrieben wurde (Rivkin-Fish 2010, S. 706; Kravchenko und Grigoryeva 2014, S. 226). Dies führte zu einer Instrumentalisierung und Disziplinierung individueller Lebensentwürfe im Sinne der sowjetischen Ideologie durch ein ökonomisches Anreizsystem und zur Institutionalisierung einer ideologisch begründeten Ungleichheit der Geschlechter (vgl. Rivkin-Fish 2010, S. 706 f.). Grundlegend diente Familienpolitik ebenso der Absicherung der sowjetischen Ideologie wie der Stimulation der familiären und ökonomischen Reproduktion, etwa durch ein breites Angebot an Kinderbetreuungsangeboten und Arbeitsplatzsicherheit für Frauen. Im Unterschied zur chinesischen Ein-Kind-Politik entwickelte sich auf der Basis dieses Zwiespalts zwischen Produktion und Reproduktion eine „Ein-Kind-Mentalität", die dazu führte, dass die Geburtenraten in der Sowjetunion seit den 1960er Jahren dauerhaft niedrig blieben und so die gesellschaftlich erwünschten Reproduktionsraten nicht erreicht wurden. Ab den 1980er Jahren wurden daher Politiken verabschiedet, welche Familienwerte stärkten und damit das Gebären und Aufziehen von Kindern bedeutsamer machen sollten (ebd. S. 708). Schon unter Michail Gorbatschov setzte damit eine Traditionalisierung der Familienpolitik ein, die auch als Reaktion auf die demographische Entwicklung zu verstehen ist. Lag die Geburtenrate schon seit den 1960er Jahren mit Ausnahme von 1985/1985 konstant unterhalb der gesellschaftlichen Reproduktionsrate von 2,1 Kindern pro Familie, so sank sie bis 2009 weiter auf 1,56 (OECD 2011). Seit 1992 schrumpft die russische Bevölkerung nicht zuletzt aufgrund der ökonomischen Krise in den 1990er Jahren kontinuierlich (ebd. S. 709).

Mit der russischen Transformation wurde auch die Familienpolitik neu ausgerichtet. Erstens sind Maßnahmen und Bestrebungen zu beobachten, welche die ökonomische Unabhängigkeit der Familie vom Staat stimulieren und ein traditional geprägtes Familienbild implementieren sollen. Dazu gehört etwa die empirisch beobachtbare Erhöhung des *gender pay gap* und die Ausweitung der bezahlten Elternzeit insbesondere für Frauen, um Anreize für die Familiengründung zu setzen. Dazu gehört zweitens die Betonung der „healthy, wealthy, and law-abiding family" als neues Familienideal (Kravchenko und Grigoryeva 2014, S. 232). Und drittens ist seit den 2000er Jahren mit dem so genannten „demographic turn" eine Fokussierung familienpolitischer Maßnahmen auf die junge Familie im reproduktionsfähigen Alter zu beobachten (vgl. Rivkin-Fish 2010; Kravchenko und Grigoryeva 2014). Besonders begünstigt werden dabei Verheiratete mit mindestens einem Kind, die voll berufstätig und sozialversichert sind und Zugang zur öffentlichen Kinderbetreuung haben. Die Policy-Implementierung erfolgt auf nationaler Ebene ohne Berücksichtigung räumlicher bzw. regionaler Disparitäten und Bedarfe. Als Folge ist eine Ausweitung der Ungleichheiten zwischen urbanen Zentren und der Peripherie zu beobachten. Zudem gibt es zu wenige Betreuungsplätze, und gerade Familien mit mehreren Kindern laufen Gefahr, zu verarmen.

Hinsichtlich der legitimierenden Wirkung von Familienpolitik ist insbesondere die Kongruenz zwischen (politischer) Kultur und den verabschiedeten *Policies* hervorzuheben. Die Betonung traditionaler Werte in der Familienpolitik geht einher mit neokonservativen Tendenzen und der Stärkung traditionaler und religiöser Werte in der Gesellschaft und in öffentlichen Diskursen (vgl. Rivkin-Fish 2010). So betrachten beispielsweise 85 % der russischen Bevölkerung Familie als sehr wichtig im Leben und weitere 12 % als wichtig (World Value Survey 6–6. Erhebungswelle). Diese Familienorientierung und die starke Präsenz materialistischer Wertorientierungen in der Gesellschaft sprechen für diese neokonservativen Tendenzen. Familienpolitik wird so zu einem zentralen Politikfeld für *Output*-orientierte Legitimationsbestrebungen und – in Hinblick auf dominante Werte – auch *Input*-orientierte Strategien. Denn die Ausrichtung der Familienpolitik ist weitgehend in Einklang mit den „belief-systems" der zentralen Policy-Akteure in der Regierung und entspricht den dominanten Mustern der politischen Kultur. Allerdings ist hier einschränkend zu konstatieren, dass durch die autoritäre Schließung des Regimes und die Kontrolle von Wahlen zivilgesellschaftliche Akteure und Masseninteressen weitgehend aus Prozessen der Policy-Formulierung ausgeschlossen sind (vgl. Frankenberger 2012). *Throughput*-Legitimität kann zumindest teilweise durch öffentliche Diskussionen von Politikvorhaben sowie die Einbindung von Expertinnen- und Expertengremien angestrebt werden.

Die Fokussierung auf ein traditionales Familienbild und das Betreiben einer redistributiven Politik zugunsten junger Familien in den urbanen Zentren geht jedoch einher mit der Vernachlässigung späterer Familienphasen wie etwa der Adoleszenz der Kinder, dem Ruhestand sowie der Pflege und Betreuung älterer Menschen. Damit sind zukünftige Konflikte angelegt, die potentiell delegitimierend wirken können, zumal eine zentrale Machtressource des Regimes in der Unterstützung durch traditional orientierte, zumeist rurale und ältere Bevölkerungsgruppen zu finden ist (vgl. Gudkov 2012). Auch die Beschränkung relevanter Akteure birgt Konfliktpotential und führt zur Einschränkung von *Input*- und *Throughput*-Legitimität, da zentrale Interessen im Policy-Making-Prozess nicht berücksichtigt werden. Zudem ist auch die Legitimierung über *Output* aufgrund mangelnder Förder- und Betreuungsangebote sowie deutlicher regionaler Disparitäten eingeschränkt.

Das Politikfeld Familienpolitik ist vorwiegend regulativ und redistributiv und birgt daher zweierlei Arten von Konfliktpotential. Erstens ist Umverteilung per se konfliktiv und zweitens können angesichts regulativer Maßnahmen entweder kulturelle oder materielle Widersprüche produziert werden, beispielsweise wenn Regulierungen tradierten kulturellen Mustern widersprechen. Die Gefahren für ein Regime sind dann besonders hoch, wenn Familienpolitik zudem nicht an demographischen Notwendigkeiten ausgerichtet ist und soziale Risiken vergrößert, wie dies beispielsweise lange Zeit für die Einfamilienpolitik in China der Fall war. Risikopotentiale birgt auch eine selektive Umverteilung zuungunsten breiter Bevölkerungsteile, wenn etwa Kindergeld gestrichen wird. Jedoch bietet das Politikfeld auch Legitimationspotentiale, auf der *Output*-Seite etwa durch Distribution und Redistribution hin zu einer Bevölkerungsmehrheit bzw. wenn diese in Einklang mit vorherrschenden Normen geschieht. Wenn gezielt auf Bedürfnisse etwa einer alternden Gesellschaft reagiert wird, dann eröffnet sich auch Potential auf der *Input*-Seite. Negative externe Potentiale resultieren lediglich bei Nichtberücksichtigung von Frauen- und Kinderrechten. Perpetuierte Geschlechterungleichheiten und patriarchale Politikformulierung können zudem negative Wirkung nach innen entfalten, gerade wenn Gleichstellungsnormen zurückgenommen werden oder Frauen wichtige Teile des Elektorats stellen.

6 Fazit

Autoritäre Regime reg(ul)ieren also doch. Und das das zum Teil durchaus erfolgreich im Sinne einer Policy-Implementierung in verschiedenen Politikfeldern. Eine intensivere und systematisch vergleichende Erforschung des Policy-Making in Autokratien unter der Perspektive von Legitimation erscheint daher fruchtbar, um die dritte Säule autokratischer Stabilität (Gerschewski 2013) differenzierter analysieren zu können. Das Policymaking von Autokratien wurde bisher lediglich in Bezug auf die *Output*-Orientierung untersucht. Auch die Bewertung von Autokratien hinsichtlich des Policy-Making fokussiert bisher hauptsächlich auf reine *Output*-Kriterien. Dass diese zu kurz greift, zeigt das reiche Legitimationspotential auf der *Input*- und *Throughput*-Dimension des Policy-Making. Wie unsere Beispiele zeigen, werden diese Dimensionen wichtig, etwa, wenn auf direkte Forderungen der Bevölkerung oder von Teilen der relevanten advocacy coalition reagiert wird oder wenn Expertinnen und Experten und die Öffentlichkeit zumindest ansatzweise deliberativ in den Policy-Formulierungsprozess eingebunden werden.

Es zeigt sich auch, dass verschiedene Politikfelder und Politiken in Abhängigkeit von ihren Eigenschaften unterschiedliche Legitimationspotentiale und -risiken bergen. Abb. 1 gibt einen Überblick über die Befunde in den drei untersuchten Politikfeldern. *Output*-Legitimität lässt sich insbesondere durch distributive Politiken erreichen, die wenig konfliktiv sind. *Input*- und *Throughput*-Legitimität sind vergleichsweise schwieriger zu erreichen und vor allem mit regulativen oder distributiven Politiken möglich, die kongruent mit kulturellen Wertemustern sind und kein Konfliktpotential bergen. Redistributive und regulative Politiken sind hingegen kaum dazu geeignet, Legitimität bei breiterer Bevölkerungsschichten zu generieren, wenn die advocacy coalition des Politikfeldes mit der *winning coalition* des Regimes identisch ist. Dann sind Legitimitätsgewinne häufig aufgrund der Exklusivität der Policies in der Regel auf die *winning coalition* begrenzt. Wie das Beispiel der russischen Familienpolitik zeigt,

Und sie reg(ul)ieren doch

		Innovationspolitik	Umweltpolitik	Familienpolitik
Charakteristika des Politikfelds		Distributiv, kann verbunden mit Regionalpolitik/ Großprojekten aber redistributiv werden	Vorwiegend regulativ	Vorwiegend regulativ und redistributiv. Potentiell konfliktiv aufgrund des redistributiven Charakters
Legitimationspotentiale durch Output / Input / Throughput		Rolle der benevolenten Autokratinnen und Autokraten zwingt zu Fokus auf *Output*-Legitimität. Feld geeignet für die Einbindung von Expertinnen und Experten. Potentiale für *Input*- und *Throughput*-Legitimation	Generierung von *Output*-Legitimität schwierig, da zumeist ex-post Reaktion auf eklatante Umweltprobleme. Selektive Einbindung von Expertinnen und Experten und NGOs. Potential für *Input*-Legitimation	*Output*-Legitimation durch Distribution und Redistribution. Durch Responsivität auf gesellschaftliche Anforderungen auch Potential für *Input*-Legitimation.
Interne/Externe Legitimationspotentiale		Externe Legitimation ambivalent, wenn Innovationspolitik mit Militärpolitik verbunden wird, dann jedoch Quelle interner Legitimation. Rolle der benevolenten Autokratinnen und Autokraten liefert interne UND externe Legitimität	Externe Legitimation wichtiger Bewegungsgrund, lässt sich aber nur schwer in interne Legitimation konvertieren.	In der Regel neutral; negative Wirkung bei Nichtberücksichtigung von Frauen- und Kinderrechten, Geschlechterungleichheit, patriarchaler Politikformulierung
Gefahr für das Regime		*Hoch*, wenn die Modernisierungsfalle eintritt. *Hoch*, wenn Innovationspolitik redistributiv wird	*Hoch*, durch Verbindung der Umweltpolitik mit Demokratisierungs-forderungen *Hoch*, da transnationale Netzwerke zur weiteren, unkontrollierten Öffnung beitragen können.	*Hoch*, wenn nicht an demographischen Notwendigkeiten ausgerichtet und es zur Vergrößerung sozialer Risiken kommt. *Mittel* bei Redistribution zuungunsten großer Bevölkerungsteile

Abb. 1 Legitimationspotentiale und -risiken durch Policy-Making. Ein Überblick über die drei Politikfelder. (Quelle: Eigene Darstellung)

können durch die Fokussierung auf die *winning coalition* materielle Ungleichheiten entstehen, die zu Konflikten führen können.

Mit den Politikfeldern Innovation, Umwelt und Familie haben wir in dieser Untersuchung distributive, regulative, und redistributive Policytypen abgedeckt.

Hier zeigt sich, dass auch vermeintlich wenig konfliktträchtige, oder in ihrer Wichtigkeit eher niedrig angesiedelte Politiken Sprengkraft entfalten können, wenn sie a) als redistributiv umgedeutet werden, b) regulative Politiken redistributive Wirkung entfalten oder c) die Ergebnisse von Regulierung den kulturellen Mustern und Traditionen sowie den „belief-systems" der Policy-Akteure zuwiderlaufen. Durch Legitimationsstrategien auf der *Input-* und *Throughput-*Dimension können diese Risiken minimiert werden.

Einerseits kann eine punktuelle Öffnung politischer Prozesse im Sinne eines „authoritarian upgrading" durch eine kontrollierte Teilliberalisierung stabilisierende Wirkung haben, insbesondere, wenn die Policy-Inhalte mit den Interessen der winning coalition und denen weiter Teile des Selektorats in Einklang stehen. Andererseits bergen sie auch die Gefahr eines Machtverlustes, wenn damit tatsächliche Kontrollverluste einhergehen. Auch kann, wie das Politikfeld Umwelt zeigt, durch die Einbeziehung von Expertinnen und Experten oder NGOs eine Internationalisierung von Politikfeldern stattfinden. Dies birgt zwar Potentiale für die externe Legitimierung, aber gleichzeitig auch die Gefahr eines spill-overs in Richtung Demokratisierung, zumal die Internationalisierung von Politikfeldern häufig mit der Implementierung internationaler Kontroll- oder zumindest Berichtsmechanismen einhergeht.

Zusammenfassend lassen sich damit drei Dilemmata des Policy-Making in Autokratien identifizieren:

Das *Output-Dilemma:* Kann eine reine *Output-*Legitimierung ohne *Input* und *Throughput-*Legitimierung dauerhaft stabil sein? Diese Frage wird insbesondere dann virulent, wenn der *Output* nur bedingt an kulturellen Mustern und gesellschaftlichen Anforderungen und Bedarfen ausgerichtet ist oder in Zeiten ökonomischer Krisen einbricht. Letztlich geht es dabei auch darum, dass ein *Output* von den Beherrschten oder zumindest der *winning coalition* nur dann als erfolgreich wahrgenommen wird, wenn und insofern es deren Interessen entspricht oder zumindest als interessenneutral wahrgenommen wird und so kein Konfliktpotential birgt, was ansonsten zum zweiten Dilemma führt.

Das *Polarisierungs-Dilemma:* Policy-Making ermöglicht Legitimitätsgewinne auf den drei Dimensionen *Input, Throughput* und *Output,* aber dabei erzeugt (fast) jede Entscheidung auch neue Gewinner und Verlierer. Wird Politik dauerhaft so gestaltet, dass systematisch gesellschaftliche Gruppen benachteiligt werden, können sich diese radikalisieren und bedrohen die Regimestabilität. Dies ist die Schattenseite der Ausrichtung von Politiken allein an der *winning coalition.*

Das *Responsivitäts-Dilemma:* Wenn Policy-Making responsiv gegenüber Anforderungen aus der Gesellschaft ist, der Politikprozess transparent ist und damit die *Input-* und die *Throughput-*Dimension gestärkt wird, kann dies zur

Legitimität und damit Stabilität des Regimes beitragen. Je breiter die Zugangskanäle zum Policy-Making sind, desto eher kommt es zu konfliktiven Situationen, in denen das Polarisierungsdilemma greift. Die Erzeugung von inklusiver *Input*-Legitimation stellt Autokratien also vor die Herausforderung, spillover-Effekte zur Demokratie zu verhindern und dennoch responsiv zu sein.

Welche konkreten Policyinstrumente Autokratien einsetzen, um die Potentiale von Legitimierung durch Policymaking auszuschöpfen, und welche funktionalen Äquivalente zu Demokratien sie entwickeln, um konfliktive Situationen zu vermeiden, ist Gegenstand weiterer Forschung. Unser Anliegen im vorliegenden Beitrag war es, grundlegende Bezüge zwischen der Legitimation von Autokratien und dem Policy-Making Prozess aufzuzeigen und damit zur Verbindung zwischen Policy-Forschung und vergleichender Autoritarismusforschung beizutragen. In der weiteren Forschung sollten diese Bezüge hinsichtlich der Strategien der autokratischen Subtypen untersucht werden. Dies würde auch dazu beitragen, das reiche Instrumentarium der Policyforschung hinsichtlich der Akteursdimension für die Autoritarismusforschung fruchtbar zu machen.

Literatur

Adler, E. 1986. Ideological „guerrillas" and the quest for technological autonomy: Brazil's domestic computer industry. *International Organization* 40 (3): 673–705.

Ahmed, A., und I.M. Abdalla Alfaki. 2013. Transforming the United Arab Emirates into a knowledge-based economy. *World Journal of Science, Technology and Sustainable Development* 10 (2): 84–102.

Aklin, M., und J. Urpelainen. 2014. The global spread of environmental ministries: Domestic–international interactions. *International Studies Quarterly* 58 (4): 764–780.

Almond, G., und G.B. Powell. 1982. Evaluating political goods and productivity. *International Political Science Review* 3 (2): 173–181.

Altenburg, T., und A. Pegels. 2012. Sustainability-oriented innovation systems – Managing the green transformation. *Innovation and Development* 2 (1): 5–22.

Bättig, M.B., und T. Bernauer. 2009. National institutions and global public goods: Are democracies more cooperative in climate change policy? *International Organization* 63 (2): 281–308.

Beeson, M. 2010. The coming of environmental authoritarianism. *Environmental Politics* 19 (2): 276–294.

Beetham, D. 2003. *The legitimation of power*. Basingstoke.

Benz, A., und Y. Papadopoulos. 2006. Governance and democracy: Concepts and issues. In *Comparing national, European and international experiences*, Hrsg. A. Benz und Y. Papadopoulos, 1–26. New York: Routledge.

Bernauer, T., und V. Koubi. 2009. Effects of political institutions on air quality. *Ecological Economics* 68 (5): 1355–1365.

Binder, S., und E. Neumayer. 2005. Environmental pressure group strength and air pollution: An empirical analysis. *Ecological Economics* 55 (4): 527–538.

Boeckh, A., und P. Graf. 2005. Der Comandante in seinem Labyrinth. In *Venezuela. Die Bolivarische Republik*, Hrsg. A. Boeckh, 81–105. Horlemann: Bad Honnef.

Böhmelt, T. 2013. Environmental interest groups and authoritarian regime diversity. *VOLUNTAS: International Journal of Voluntary and Nonprofit Organizations* 26 (1): 315–335.

Böhmelt, T. 2014. Political opportunity structures in dictatorships? Explaining ENGO existence in autocratic regimes. *The Journal of Environment & Development* 23 (4): 446–471.

Boisier, S. 2000. Chile. Lavocación regionalista del gobierno militar. *EURE* 23 (77): 81–107.

Braig, M., und M. Müller. 2008. Das politische System Mexikos. In *Die politischen Systeme in Nord- und Lateinamerika. Eine Einführung*, Hrsg. K. Stüwe und S. Rinke, 389–416. Wiesbaden: VS Verlag.

Braun, D. 2000. Territorial division of power and public policy-making. In *Public policy and federalism*, Hrsg. D. Braun, 27–56. Aldershot: Ashgate.

Braun, D. 2004. Wie nützlich darf Wissenschaft sein? Zur Systemintegration von Wissenschaft, Ökonomie und Politik. In *Governance*, Bd. 2, Hrsg. S. Lange und U. Schimank, 65–87., Governance und gesellschaftliche Integration Wiesbaden: VS Verlag.

Brooker, P. 2009. *Non-democratic regimes*, 2. Aufl. New York: Palgrave Macmillan.

Buhr, D., und R. Frankenberger. 2014. Emerging varieties of incorporated capitalism. Theoretical considerations and empirical evidence. *Business and Politics* 16 (3): 393–427.

Buzogány, A. 2011. Stairway to heaven or highway to hell? Ambivalent Europeanization and civil society in Central and Eastern Europe. In *Protest beyond borders*, Hrsg. H. Kouki und E. Romanos, 69–85. New York: Berghahn.

Buzogány, A. 2016. Representation and participation in movement: Strategies of civil society organisations in Hungary. *Südosteuropa* 63 (3): 491–514.

Buzogány, A., R. Frankenberger, und P. Graf. 2016. Policy-Making und Legitimation in Autokratien: Das Beispiel der Innovationspolitik. *Totalitarismus und Demokratie* 13 (2): 257–279.

Cao, X., und H. Ward. 2015. Winning coalition size, state capacity, and time horizons: An application of modified selectorate theory to environmental public goods provision. *International Studies Quarterly* 59 (2): 264–279.

Carbonell, J.R., und J.E. Allison. 2015. Democracy and state environmental commitment to international environmental treaties. *International Environmental Agreements: Politics, Law and Economics* 15 (2): 79–104.

Clark, W.R., M. Golder, und S. Golder. 2009. Does democracy make a difference? In *Principles of comparative politics*, Hrsg. W.R. Clark, M. Golder, und S. Golder, 311–354. Washington, DC: CQ Press.

Cook, L.J. 2007. Negotiating welfare in postcommunist states. *Comparative Politics* 40 (1): 41–62.

De Mesquita, B.B., A. Smith, R.M. Siverson, und J.D. Morrow. 2003. *The logic of political survival*. Cambridge: MIT Press.

Deacon, R.T. 2009. Public good provision under dictatorship and democracy. *Public Choice* 139:241–262.

Der Spiegel. 2013. Venezuela: Chávez-Ziehsohn Maduro gewinnt Präsidentschaftswahl. Spiegel Online. http://www.spiegel.de/politik/ausland/venezuela-chavez-ziehsohn-maduro-gewinnt-praesidentschaftswahl-a-894321.html. Zugegriffen: 17. Nov. 2016.

Doyle, T., und A. Simpson. 2006. Traversing more than speed bumps: Green politics under authoritarian regimes in Burma and Iran. *Environmental Politics* 15 (5): 750–767.

Dryzek, J.S. 1987. *Rational ecology: Environment and political economy*. New York: Blackwell.

Dukalskis, A., und J. Gerschewski. 2017. What autocracies say (and what citizens hear): Proposing four mechanisms of autocratic legitimation. *Contemporary Politics* 23 (3): 251–268.

Easterly, William. 2014. *The tyranny of Experts. Economists, dictators, and the forgotten rights of the poor*. New York: Basic Books.

Easton, D. 1957. An approach to the analysis of political systems. *World Politics* 9 (3): 383–400.

Easton, D. 1965. *A systems analysis of political life*. New York: Wiley.

Eaton, S., und G. Kostka. 2014. Authoritarian environmentalism undermined? Local leaders' time horizons and environmental policy implementation in China. *The China Quarterly* 218:359–380.

Ebenstein, A. 2010. The "missing girls" of China and the unintended consequences of the one child policy. *Journal of Human Resources* 45 (1): 87–115.

Egea Nadal, A. 1995. Harnessing the politics of science and technology policy in Mexico. In *Politics of Technology in Latin America*, Hrsg. M.I. Bastos, 109–156. London: Routledge.

Elhance, A.P. 1999. *Hydropolitics in the third world: Conflict and cooperation in international river basins*. Washington DC: United States Institute of Peace Press.

Evans, A.B. 2012. Protests and civil society in Russia: The struggle for the Khimki forest. *Communist and Post-Communist Studies* 45 (3): 233–242.

Faust, J. 2010. Policy experiments, democratic ownership and development assistance. *Development Policy Review* 28 (5): 515–534.

Frankenberger, R. 2012. Frühling – Ja, aber wo? Russland im 21. Jahrhundert. *Gesellschaft-Wirtschaft-Politik* 61:191–203.

Frantz, E., und N.M. Ezrow. 2011. *The politics of dictatorship. Institutions and outcomes in authoritarian regimes*. Boulder: Rienner.

Friedrich, C.J., und Z. Brzezinski. 1956. *Totalitarian dictatorship and autocracy*. Cambridge: Harvard University Press.

Gerschewski, J. 2013. The three pillars of stability: Legitimation, repression, and co-optation in autocratic regimes. *Democratization* 20 (1): 13–38.

Gilley, B. 2012. Authoritarian environmentalism and China's response to climate change. *Environmental Politics* 21 (2): 287–307.

Gleditsch, N.P., und B.O. Sverdrup. 2002. Democracy and the environment. In *Human security and the environment*, Hrsg. E.A. Page und M. Redclift, 45–65. Cheltenham: Elgar.

Göbel, C. 2013. Das Innovationsdilemma und die Konsolidierung autokratischer Regime (Autokratien im Vergleich, Hrsg. S. Kailitz und P. Köllner). *PVS Sonderheft* 47: 132–156.

Graf, P. 2011a. *Innovationspolitik in Mexiko. Leitbilder, Akteure und Interaktionen*. Baden-Baden: Nomos.

Graf, P. 2011b. Multi-level Governance in Mexiko: New Federalism oder Föderalismus korporatistischer Prägung? *Jahrbuch des Föderalismus* 2011:339–350.

Gudkov, L. 2012. Sozialkapital und Wertorientierung. Moderne, Prämoderne und Antimoderne. *Osteuropa* 62 (6–8): 55–84.

Haber, S. 2008. Authoritarian government. In *The Oxford handbook of political economy*, Hrsg. R.E. Goodin, B.R. Weingast, und D. Wittman, 693–707. Oxford: Oxford University Press.

Han, H., B. Swedlow, und D. Unger. 2014. Policy advocacy coalitions as causes of policy change in China?: Analyzing evidence from contemporary environmental politics. *Journal of Comparative Policy Analysis: Research and Practice* 16 (4): 313–334.

Hardin, R. 1982. *Collective action*. Baltimore: Johns Hopkins University Press.

Heinelt, H. 2009. Politikfelder: Machen Besonderheiten von Policies einen Unterschied? In *Lehrbuch der Politikfeldanalyse*, Hrsg. K. Schubert und N.C. Bandelow, 115–130. München: Oldenbourg.

Hanson, S. 2011. Plebiscitarian patrimonialism in Putin's Russia: Legitimating authoritarianism in a postideological era. *The Annals of the American Academy of Political and Social Science* 636 (1): 32–48.

Helmke, Gretchen, und S. Levitsky, Hrsg. 2006. *Informal institutions and democracy: Lessons from Latin America*. Baltimore: Johns Hopkins University Press.

Henry, L.A. 2010. Between transnationalism and state power: The development of Russia's Post-Soviet environmental movement. *Environmental Politics* 19 (5): 756–781.

Hesketh, T., L. Lu, und Z.W. Xing. 2005. The effect of China's one-child family policy after 25 years. *The New England Journal of Medicine* 353 (11): 1171–1176.

Hilton, S.E. 1975. Vargas and Brazilian economic development, 1930–1945: A reappraisal of his attitude toward industrialization and planning. *The Journal of Economic History* 35 (4): 754–778.

Ho, P. 2001. Greening without conflict? Environmentalism, NGOs and civil society in China. *Development and Change* 32 (5): 893–921.

Holbig, H. 2010. Die globale Finanzkrise in China: Nationale und internationale Dimensionen der Legitimität autoritärer Herrschaft. In *Autoritarismus Reloaded. Neuere Ansätze und Erkenntnisse der Autoritarismusforschung*, Hrsg. H. Albrecht und R. Frankenberger, 227–249. Baden-Baden: Nomos.

Holbig, H. 2013. Ideology after the end of ideology. China and the quest for autocratic legitimation. *Democratization* 20 (1): 61–81.

Huntington, S.P. 1968. *Political order in changing societies*. New Haven: Yale University Press.

Johnson, T.R. 2016. Regulatory dynamism of environmental mobilization in urban China. *Regulation & Governance* 10 (1): 14–28.

Kailitz, S., und S. Wurster. 2017. Legitimationsstrategien von Autokratien. *Zeitschrift für Vergleichende Politikwissenschaft* 2 (11): 141–151.

Kiser, L., und E. Ostrom. 1982. The three worlds of action. In *Strategies of political inquiry*, Hrsg. E. Ostrom, 179–222. Beverly Hills: Sage.

Klesner, J.L. 2005. Courting democracy in Mexico. Party strategies and electoral institutions. *Political Science Quarterly* 120:537–539.

Kneuer, M. 2009. Legitimationsstrategien autoritärer Systeme. Francos USA-Politik. In *Politik, Geschichte und Kultur*, Hrsg. K.D. Bracher und H.-A. Jacobsen, 50–65. Bonn: Bouvier.

Kostka, G. 2016. Command without control: The case of China's environmental target system. *Regulation & Governance* 10 (1): 58–74.

Kostka, G., und A.P. Mol. 2013. Implementation and participation in China's local environmental politics: Challenges and innovations. *Journal of Environmental Policy & Planning* 15 (1): 3–16.

Kravchenko, Z., und I. Grigoryeva. 2014. Family policy in Russia: Folkways versus stateways revisited. In *Handbook of family policies across the globe*, Hrsg. M. Robila, 223–238. New York: Springer Science + Business.

Kropp, S., und J. Schuhmann. 2014. Hierarchie und Netzwerk-Governance in russischen Regionen. *Zeitschrift für Vergleichende Politikwissenschaft* 8 (1): 61–89.

Lambach, D. 2015. Legitimität. In *Handbuch Transformationsforschung*, Hrsg. R. Kollmorgen, W. Merkel, und H.-J. Wagener, 599–604. Wiesbaden: Springer VS.

Lambach, D., und C. Göbel. 2010. Die Responsivität autoritärer Regime. In *Autoritarismus Reloaded. Neuere Ansätze und Erkenntnisse der Autoritarismusforschung*, Hrsg. H. Albrecht und R. Frankenberger, 79–91. Baden-Baden: Nomos.

Lauth, H.-J. 2010. Regimetypen: Totalitarismus – Autoritarismus – Demokratie. In *Vergleichende Regierungslehre*, 3., aktualisierte Aufl, Hrsg. H.-J. Lauth, 95–116. Wiesbaden: Springer VS.

Lee, K., M. Jee, und J.-H. Eun. 2011. Assessing China's economic catch-up at the firm level and beyond: Washington Consensus, East Asian Consensus and the Beijing Model. *Industry & Innovation* 18 (5): 487–507.

Leftwich, A. 1995. Bringing politics back in: Towards a model of the development state. *Journal of Development Studies* 31 (1): 400–427.

Levitsky, S., und L.A. Way. 2010. *Competitive authoritarianism: Hybrid regimes after the cold war*. Cambridge: Cambridge University Press.

Li, Q., und R. Reuveny. 2006. Democracy and environmental degradation. *International Studies Quarterly* 50 (4): 935–956.

Lindau, J. 1996. Technocrats and Mexico's political elite. *Political Science Quarterly* 111 (2): 295–322.

Linz, J.J. 1964. An Authoritarian regime: The case of Spain. In *Cleavages, ideologies and party systems*, Hrsg. E. Arland und Y. Littunen, 291–341. Helsinki: The Academic Bookstore.

Lipset, S.M. 1959. Some social requisites of democracy. Economic development and political legitimacy. *The American Political Science Review* 53 (1): 69–105.

Liu, P. 2010. From decentralised developmental state towards authoritarian regulatory state: A case study on drug safety regulation in China. *China: An International Journal* 8 (1): 110–137.

Lo, K. 2015. How authoritarian is the environmental governance of China? *Environmental Science & Policy* 54:152–159.

Lowi, T.J. 1964. Review: American business, public policy, case-studies, and political theory. *World Politics* 16 (4): 677–715.

Luhmann, N. 1977. Theoretische und praktische Probleme der anwendungsbezogenen Wissenschaft. *Interaktion von Wissenschaft und Politik. Theoretische und praktische Probleme der anwendungsorientierten Sozialwissenschaften*, 16–39. Campus: Frankfurt a. M.

Merkel, W. 2010. *Systemtransformation. Eine Einführung in die Theorie und Empirie der Transformationsforschung*, 2. überarbeitete u. erweiterte Aufl. Wiesbaden: Springer VS.

Meyer, G., Hrsg. 2008. *Formal institutions and informal politics in Central and Eastern Europe: Hungary, Poland, Russia and Ukraine.* Opladen: Budrich.

Mian, S., L. Corona, und J. Doutriaux. 2010. Building knowledge regions in developing nations with emerging innovation infrastructure: Evidence from Mexico and Pakistan. *International Journal of Innovation and Regional Development* 2 (4): 304–330.

Midlarsky, M.I. 1998. Democracy and the environment: An empirical assessment. *Journal of Peace Research* 35 (3): 341–361.

Mol, A.P. 2009. Environmental deinstitutionalization in Russia. *Journal of Environmental Policy & Planning* 11 (3): 223–241.

Motiejunaite, A., und Z. Kravchenko. 2008. Family policy, employment and gender-role attitudes: A comparative analysis of Russia and Sweden. *Journal of European Social Policy* 18 (1): 38–49.

O'Brien, T. 2014. Environmental democratisation: Assessing the impact of democratisation on environmental capacity in South and Southeastern Europe. *Political Studies* 63 (3): 589–607.

OECD. 2011. *Doing better for families.* Paris: OECD.

Ostrom, E. 1990. *Governing the commons.* Cambridge: Cambridge University Press.

Pál, V. 2017. *Technology and the environment in state-socialist Hungary: An Economic history.* Basingstoke: Palgrave.

Pascall, G., und N. Manning. 2000. Gender and social policy. Comparing welfare states in Central and Eastern Europe and the former Soviet Union. *Journal of European Social Policy* 10 (3): 240–266.

Payne, R.A. 1995. Freedom and the environment. *Journal of Democracy* 6 (3): 41–55.

Pickel, G. 2010. Staat, Bürger und politische Stabilität: Benötigen auch Autokratien politische Legitimität? In *Autoritarismus Reloaded. Neuere Ansätze und Erkenntnisse der Autokratieforschung*, Hrsg. H. Albrecht und R. Frankenberger, 177–201. Baden-Baden: Nomos.

Pickel, P. 2013. Demokratie, Anokratie, Autokratie und die Verwirklichung der Rechte von Frauen – Wechselbeziehungen zwischen Gender Empowerment, Wertestrukturen und Regimepersistenz (Autokratien im Vergleich, Hrsg. S. Kailitz und P. Köllner). *PVS Sonderheft* 47: 438–476.

Pregernig, M. 2015. Wissenschaftliche Politikberatung als kulturgebundene Grenzarbeit Vergleich der Interaktionsmuster in den USA und Österreich. In *Wozu Experten? Ambivalenzen der Beziehung von Wissenschaft und Politik*, Hrsg. A. Bogner und H. Torgerson, 267–290. Wiesbaden: Springer VS.

Richter, T. 2013. Außenhandelsrestriktionen bei Autokratien: Eine empirische Analyse zum Einfluss von Devisenreserven, politischer Offenheit, Renten und Regimetyp (Autokratien im Vergleich, Hrsg. S. Kailitz und P. Köllner). *PVS Sonderheft* 47: 528–563.

Rivkin-Fish, M. 2010. Pronatalism, gender politics, and the renewal of family support in Russia: Toward a feminist anthropology of "Maternity Capital". *Slavic Review* 69 (3): 701–724.

Robila, M. 2012. Family policies in Eastern Europe: A focus on parental leave. *Journal of Child and Family Studies* 21 (1): 32–41.

Robila, M. 2014. Family policies across the globe: Development, implementation, and assessment. In *Handbook of family policies across the globe*, Hrsg. M. Robila, 3–11. New York: Springer Science + Business.

Sabatier, P.A. 1991. Toward better theories of the policy process. *Political Science and Politics* 24 (2): 147–156.

Scharpf, F.W. 1999. *Governing in Europe*. Oxford: Oxford University Press.

Schmidt, M. G. 2013a. Staatstätigkeit in Autokratien und Demokratien (Autokratien im Vergleich, Hrsg. S. Kailitz und P. Köllner). *PVS Sonderheft* 47: 418–437.

Schmidt, M.G. 2017. Der Demokratievorteil und der lange Schatten autokratischer Sozialpolitik. In *Demokratie, Diktatur, Gerechtigkeit: Festschrift für Wolfgang Merkel*, Hrsg. A. Croissant, S. Kneip, und A. Petring, 569–591. Wiesbaden: Springer Fachmedien.

Schmidt, V.A. 2013b. Democracy and legitimacy in the European Union revisited: Input, output and ‚throughput‘. *Political Studies* 61 (1): 2–22.

Schneider, V. 2006. *Politikfeldanalyse*. Westdeutscher Verlag GmbH.

Schreurs, M.A. 2011. Climate change politics in an authoritarian state: The ambivalent case of China. In *The Oxford handbook of climate change and society*, Hrsg. J.S. Dryzek, R.B. Norgaard, und D. Schlosberg, 449–463. Oxford: Oxford University Press.

Shahar, D.C. 2015. Rejecting eco-authoritarianism, again. *Environmental Values* 24 (3): 345–366.

Sjöstedt, M., und S.C. Jagers. 2014. Democracy and the environment revisited: The case of African fisheries. *Marine Policy* 43:143–148.

Sofronova, E., C. Holley, und V. Nagarajan. 2014. Environmental non-governmental organizations and Russian environmental governance: Accountability, participation and collaboration. *Transnational Environmental Law* 3 (2): 341–371.

Svolik, M.W. 2012. *The politics of authoritarian rule*. Cambridge: Cambridge University Press.

Tews, K., P.-O. Busch, und H. Jorgens. 2003. The diffusion of new environmental policy instruments. *European Journal of Political Research* 42 (4): 569–600.

Tokunaga, M. 2010. Environmental governance in Russia: The closed pathway to ecological modernization. *Environment and Planning* 42 (7): 1686–1704.

Tynkkynen, N. 2014. Prospects for ecological modernization in Russia: Analysis of the policy environment. *Demokratizatsiya* 22 (4): 575–603.

van Rooij, B., R.E. Stern, und K. Fürst. 2014. The authoritarian logic of regulatory pluralism: Understanding China's new environmental actors. *Regulation & Governance* 10 (1): 3–13.

von Haldenwang, C. 2017. The relevance of legitimation – A new framework for analysis. *Contemporary Politics* 23 (3): 269–286.

von Soest, C. & Grauvogel, J. 2015. How Do Non-DemocraticRegimes Claim Legitimacy? Comparative Insights from Post-Soviet Countries. GIGA *WorkingPaper*, 277. Hamburg: German Institute of Global and Area Studies (GIGA).

Weinthal, E. 2004. Beyond the state: transnational actors, NGOs, and environmental protection in Central Asia. In *The transformation of Central Asia. States and societies from soviet rule to independence*, Hrsg. P. Jones, 246–270. Ithaca: Cornell University Press.

Windhoff-Héritier, A. 1987. *Policy-Analyse. Eine Einführung*. Frankfurt a. M.: Campus.

Wolf, K.D. 2006. Private actors and the legitimacy of governance beyond the state: Conceptional outlines and empirical explorations. In *Comparing national, European and international experiences*, Hrsg. A. Benz und Y. Papadopoulos, 200–227. New York: Routledge.

Woods, D.R. 2012. *Family policy in transformation. US and UK policies.* Houndmills: Palgrave Macmillan.

Woods, D.R. 2014. Family policy in a global perspective: Integrating care responsibilities with a career in Science. In *Paths to career and success for women in science*, Hrsg. B. Thege, S. Popescu-Willigmann, R. Pioch, und S. Badri-Höher, 273–287. Wiesbaden: Springer VS.

Woods, D.R., und R. Frankenberger. 2016. Examining the autocracy-gender-family nexus. *FEMINA POLITICA–Zeitschrift für feministische Politikwissenschaft* 25 (1): 112–120.

Wurster, S. 2011. Sustainability and regime type: Do democracies perform better in promoting sustainable development than autocracies? *Zeitschrift für Staats- und Europawissenschaften (ZSE)/Journal for Comparative Government and European Policy* 9 (4): 538–59.

Wurster, S. 2013. Comparing ecological sustainability in autocracies and democracies. *Contemporary Politics* 19 (1): 76–93.

Xia, Y.R., H. Wang, A. Do, und S. Qin. 2014. Family policy in China: A snapshot of 1950–2010. In *Handbook of family policies across the globe*, Hrsg. M. Robila, 257–272. New York: Springer Science + Business.

Yanitsky, O. 1999. The environmental movement in a hostile context: The case of Russia. *International Sociology* 14 (2): 157–172.

Yanitsky, O.N. 2012. From nature protection to politics: The Russian environmental movement 1960–2010. *Environmental Politics* 21 (6): 922–940.

Zafonte, M., und P. Sabatier. 1998. Shared beliefs and imposed interdependencies as determinants of ally networks in overlapping subsystems. *Journal of Theoretical Politics* 10 (4): 473–505.

Zapata Galindo, M. 2006. *Der Preis der Macht. Intellektuelle und Demokratisierungsprozesse in Mexiko 1968–2000.* Berlin: Tranvia.

Zhang, Y., und F.W. Goza. 2006. Who will care for the elderly in China? A review of the problems caused by China's one-child policy and their potential solutions. *Journal of Aging Studies* 20 (2): 151–164.

Zhu, X., L. Zhang, R. Ran, und A.P. Mol. 2015. Regional restrictions on environmental impact assessment approval in China: The legitimacy of environmental authoritarianism. *Journal of Cleaner Production* 92 (1): 100–108.

Regimeperformanz und politisches Vertrauen in Autokratien

Die Auswirkungen von Wirtschaftsentwicklung und Repräsentation durch Wahlen

Saara Inkinen und Kressen Thyen

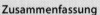

Zusammenfassung

Dieser Beitrag geht der Frage nach, wie sich Regimeperformanz auf politisches Vertrauen in Autokratien auswirkt. Anhand von Einstellungsdaten aus dem World Values Survey und verschiedenen Makrodaten wird in einer Paneldatenanalyse der Einfluss wirtschaftlicher Entwicklung und eingeschränkter Repräsentation durch Wahlen auf Vertrauen in zwei zentrale Regimeinstitutionen untersucht: das Parlament und die Regierung. Die empirische Analyse ergibt, dass die Wirtschaftsentwicklung lediglich einen signifikanten Einfluss auf Vertrauen in die Regierung ausübt, während beide Institutionen gleichermaßen von nationalen Parlamentswahlen profitieren. Dabei ist die Gestaltung des Wahlangebots maßgebend für die Generierung von politischem Vertrauen: So variiert der Effekt von Wahlen auf Vertrauen in das Parlament und die Regierung je nachdem, ob politische Opposition und Parteienpluralismus zugelassen oder verboten sind. Zudem konditionieren sich die beiden Dimensionen des Wahlangebots gegenseitig, was auf einen komplexen

---

S. Inkinen (✉)
Demokratie und Demokratisierung, Wissenschaftszentrum Berlin für Sozialforschung (WZB), Berlin, Deutschland
E-Mail: saara.inkinen@wzb.eu

K. Thyen
Institut für Interkulturelle und Internationale Studien, Universität Bremen, Bremen, Deutschland
E-Mail: thyen@uni-bremen.de

Zusammenhang zwischen autokratischen Wahlen und politischem Vertrauen hinweist. Diese Ergebnisse werden eingebettet in die gegenwärtige Diskussion über die politische Legitimität autokratischer Regime.

1 Einleitung

Mit den Massenprotesten des „Arabischen Frühlings" im Jahre 2011, die sich dezidiert gegen autokratische Regime, soziale Missstände und staatliche Willkür in der Region richteten, ist politisches Vertrauen als zentrale Determinante legitimer Machtausübung wieder stärker in den Fokus der vergleichenden Autokratieforschung gerückt. Das Konzept wurde bislang vorwiegend mit Blick auf die Stabilität von Demokratien oder seiner Rolle in Demokratisierungsprozessen diskutiert (Almond und Verba 1963; Diamond 1999; Edwards et al. 2001; Putnam 1993, 2000). Dabei wird mangelndes Vertrauen gemeinhin als Ausdruck der Distanzierung oder gar Entfremdung der Bürgerinnen und Bürger von den Institutionen ihres Landes betrachtet, mit negativen Folgen für die gesellschaftliche Unterstützung der politischen Ordnung (Easton 1965; Newton und Norris 2000; Norris 1999). Damit gilt politisches Vertrauen als zentrale Voraussetzung effektiven demokratischen Regierens (Citrin 1974; Mishler und Rose 2001, 2005; Parry 1976). Wie Rivetti und Cavatorta (2017) hervorheben, verhüllt die demokratiezentrierte Betrachtung des Phänomens, dass politisches Vertrauen auch in autokratischen Regimen eine wichtige Rolle spielt: Ebenso wie es Demokratien stabilisiert, kann es dem Überleben von Autokratien dienen.

Die Untersuchung von politischem Vertrauen in Autokratien erfordert ein neutrales Vertrauenskonzept, welches sich von der normativen Annahme einer Verbindung von Vertrauen und Demokratie löst. Entsprechend versteht dieser Beitrag politisches Vertrauen als Überzeugung oder Zuversicht der Bürgerinnen und Bürger, dass die politischen Akteure und Institutionen ihren Erwartungen und Bedürfnissen entsprechend handeln (Citrin 1974; Easton 1965; Hetherington 1998; Miller 1974). Dies bedeutet nicht, dass die spezifischen Politikergebnisse stets mit den individuellen Interessen der Regierten übereinstimmen müssen. Wichtig ist lediglich, dass letztere sich darüber bewusst und zuversichtlich sind, dass die politischen Institutionen ihres Landes routinierte und verlässliche Politikentscheidungen hervorbringen, was künftiges politisches Handeln vorhersehbar und damit vertrauenswürdig macht (Rivetti und Cavatorta 2017). Damit ist politisches Vertrauen, oder Vertrauen in Institutionen, von sozialem Vertrauen in andere Menschen abzugrenzen (Kaase 1999; Lipset und Schneider 1983, 1987).

In der Autokratieforschung herrscht weitgehend Konsens darüber, dass auch nicht-demokratische Regime und Institutionen das Vertrauen der Regierten genießen können. Dennoch bleibt die Frage der Determinanten von politischem Vertrauen Gegenstand wissenschaftlicher Debatten, die zwei prominente Erklärungsansätze hervorgebracht haben (Mishler und Rose 2001). Die frühe Vertrauensforschung in Autokratien bedient sich vorwiegend kultureller Ansätze, welche die Bedeutung von Ideologie und allumfassenden Weltanschauungen betonen. Entsprechend entspringt politisches Vertrauen gesellschaftlichen Werten und Idealen, die in einem längeren Sozialisierungsprozess geformt werden und diffuse Unterstützung für das politische System erzeugen (Almond und Verba 1963; Easton 1965, 1975). Empirische Studien konnten kulturelle Erklärungen jedoch nicht uneingeschränkt bestätigen. So zeigen vergleichende Analysen, dass kulturelle Faktoren in sowohl Autokratien als auch Demokratien geringe bis insignifikante Effekte auf politisches Vertrauen haben, während die durch die politischen Akteure und Institutionen hervorgebrachten Politikergebnisse weitaus stärker auf die Einstellungen der Regierten wirken (Mishler und Rose 2001; Wong et al. 2011).

Mit der neo-institutionalistischen Wende in der Autokratieforschung rückten daher performanzbasierte Ansätze zur Erklärung von politischem Vertrauen in den Vordergrund, welche in der Demokratieforschung schon unlängst Anwendung fanden und die Bedeutung der eingeschätzten Leistung des politischen Regimes und seiner Institutionen hervorheben (Wong et al. 2011; Yang und Tang 2010).[1] Dabei lassen sich zwei Arten von Performanz unterscheiden. Auf der einen Seite betont die Forschung die erbrachte Leistung (Output) des Regimes in konkreten Politikbereichen für die Erzeugung von politischem Vertrauen (Lipset 1961; Lipset und Schneider 1983, 1987; Rogowski 1974). Dabei gilt die wirtschaftliche Performanz des Regimes als wesentlicher Maßstab, da eine positive Wirtschaftsentwicklung potentiell der gesamten Bevölkerung und nicht nur der „Gewinnerkoalition" eines Regimes zugutekommt (Schmidt 2014). Auf der anderen Seite wird insbesondere in der Demokratieforschung die prozedurale Performanz der Institutionen (Input) hervorgehoben, darunter Repräsentation durch Wahlen (van der Meer 2017, S. 271). So stellen Wahlen den wichtigsten verbindenden Mechanismus zwischen den Bürgerinnen und Bürgern und den politischen Institutionen ihres Landes her, da sie den Abgeordneten das Mandat verleihen, für

---

[1]Zu Neo-Institutionalismus in der Autokratieforschung siehe beispielsweise Schedler (2013, S. 7 ff.).

die Wählerschaft zu handeln und zu sprechen (Powell 2000; Urbinati und Warren 2008, S. 398). Ob und in welchem Umfang dieser Vorgang politisches Vertrauen erzeugt, hängt nicht zuletzt von dem existierenden Wahlangebot und damit der Wahrscheinlichkeit ab, dass die Wählenden die für sie „beste" Vertretung finden können (Norris 2003). In Autokratien stellt jedoch die Abwesenheit von freien und fairen Wahlen *das* definierendes Merkmal dar (siehe z. B. Gandhi 2008, S. 7; Svolik 2012, S. 22), sodass hier das Wahlangebot grundsätzlich eingeschränkt ist. Während die legitimierende Wirkung einer positiven Wirtschaftsentwicklung heute unumstritten ist, besteht daher keine klare theoretische Erwartung hinsichtlich der Wirkung von Wahlen auf politisches Vertrauen.

Die gegenwärtige Autokratieforschung ist sich einig, dass autokratische Wahlen prinzipiell der Regimepersistenz dienen. Dennoch gilt ihre Wirkung auf gesellschaftliche Unterstützung als ambivalent (Schmotz 2017, S. 602). So können semikompetitive Wahlen zur Mobilisierung von Regimeopposition und damit in Extremfällen zu einem Regimewechsel führen (siehe z. B. Bunce und Wolchik 2010; Tucker 2007). Andererseits dienen autokratische Wahlen der Mobilisierung für Regimeziele, der Lösung politischer Konflikte und der Verteilung materieller und nichtmaterieller Vorteile innerhalb der Bevölkerung (Gandhi und Lust-Okar 2009; Schedler 2006). Zudem schaffen sie Transparenz, indem sie bestehende Machtverteilungsarrangements sichtbar machen und der Bevölkerung signalisieren, dass es den Machthabern mit der Aufrechterhaltung ebendieser Arrangements ernst ist (Gerschewski et al. 2012, S. 4). Die Schwierigkeit, eine allgemeine Aussage bezüglich des zu erwartenden Effektes von autokratischen Wahlen zu treffen, ergibt sich in erster Linie aus ihrer empirischen Vielfalt: obwohl alle autoritären Herrscher aus einem breiten „Menu der Manipulation" (Schedler 2002) wählen können, um das Wahlergebnis zu ihren Gunsten zu bestimmen, variieren Wahlkontext und Wahlangebot stark zwischen Regimen.

In Autokratien wird das Wahlangebot durch zwei maßgebliche Kontextfaktoren bestimmt: Die Zulassung versus dem Verbot politischer Opposition sowie der Existenz von Mehrparteienwahlen versus Kein- oder Einheitsparteienwahlen. Die hieraus resultierenden Unterschiede schaffen eine große Bandbreite an autokratischen Wahlen, die je nach Form ihre unterschiedliche Funktionen – darunter die Zurschaustellung gesellschaftlicher Mobilisierung für die regierende Partei, der Lösung von intra-Regime Konflikten, der Kooptation von Opposition oder eben der Erzeugung von diffuser Unterstützung für das Regime – unterschiedlich gut erfüllen können (Gandhi und Lust-Okar 2009). Wie Geddes (2006,

S. 24) hervorhebt, sind Wahlen umso glaubwürdigere Zeichen für gesellschaftliche Unterstützung, desto mehr alternative, auch oppositionelle Parteien zugelassen sind. Sie werden hierdurch aber auch riskanter, da sie Möglichkeiten der Oppositionsmobilisierung und damit Umsturzversuche „von außen" erhöhen.

Vor diesem Hintergrund leistet dieses Kapitel zwei Beiträge zur gegenwärtigen Legitimitätsforschung: Erstens soll neben der Wirtschaftsentwicklung der Einfluss des Wahlangebots auf die politische Vertrauensbildung in autokratischen Regimen theoretisch erörtert werden, wobei eingeschränkte Repräsentation als verbindender Mechanismus zwischen Wahlen und politischem Vertrauen vorgeschlagen wird. Der Fokus liegt dabei auf nationalen Parlamentswahlen, da sich existierende Literatur zu autokratischen Wahlen auf die Legislative konzentriert und viele autokratische Regime kein gewähltes Staatsoberhaupt besitzen. Zweitens werden die Effekte der Wirtschaftsentwicklung und des Wahlangebots auf Vertrauen in zwei zentrale Regimeinstitutionen, das Parlament und die Regierung, der empirischen Analyse unterzogen. Während die Wirtschaftsentwicklung in Form des Pro-Kopf-Bruttoinlandsprodukts operationalisiert wird, wird der Effekt des Wahlangebots über die Zulassung politischer Opposition und die Existenz von Parteienpluralismus gemessen.

Die empirische Untersuchung erfolgt auf Basis einer Stichprobe jüngerer Autokratien und kombiniert Daten aus sechs Wellen des World Value Surveys (WVS) für den Zeitraum von 1981 bis 2014 mit makrostrukturellen Daten aus folgenden Quellen: Polity (Marshall und Jaggers 2016), Geddes et al. (2014), NELDA (Hyde und Marinov 2012), Weltbank (2016) und Schnakenberg und Fariss (2014). Die Ergebnisse der Paneldatenanalyse zeichnen ein differenziertes Bild hinsichtlich der vermuteten Effekte von wirtschaftlicher Performanz und Wahlangebot auf Vertrauen in Parlament und Regierung. So ist der positive Zusammenhang zwischen Wirtschaftsentwicklung und politischem Vertrauen lediglich in Bezug auf die Regierung signifikant, nicht jedoch das Parlament. Das Wahlangebot hingegen übt einen signifikanten Einfluss auf das Vertrauen in beide Institutionen aus. Dabei variiert der Effekt je nachdem, in welcher Kombination die zwei Dimensionen des Wahlangebots – Opposition und Parteienpluralismus – miteinander auftreten. Diese Ergebnisse deuten erstens darauf hin, dass eingeschränkte Repräsentation durch Wahlen einen unabhängigen Einfluss auf politisches Vertrauen in Autokratien hat. Zweites zeigen sie, dass die Bürgerinnen und Bürger auch hier zwischen Regimeinstitutionen unterscheiden und damit unterschiedliche Maßstäbe in deren Bewertung anlegen.

2 Politisches Vertrauen in Autokratien: Konzeptuelle Überlegungen und empirische Ausprägungen

Politisches Vertrauen ist ein etabliertes Konzept in der empirischen Analyse des Verhältnisses der Bürgerinnen und Bürger zur Politik. Im allgemeinsten Verständnis bezieht sich der Begriff auf die Bewertung der politischen Akteure und Institutionen des etablierten Regimes durch die Bürgerinnen und Bürger. Dabei ist entscheidend, dass letztere das Verhalten der politischen Entscheidungstragenden als kongruent mit den gesellschaftlich etablierten Normen und Werten wahrgenommen wird (Miller und Listhaug 1990, S. 358; siehe auch Offe 1999, S. 44). Diese Bewertung erfolgt auf der Grundlage wiederholter Erfahrungen, aus denen sich Erwartungen für die Zukunft ergeben (Fuchs et al. 2002, S. 433). Entscheidend ist in diesem Zusammenhang, dass sich die Erwartungen der Regierten nicht mehr auf individuelle Entscheidungsträgerinnen und -träger beziehen, sondern auf die Institutionen- und schließlich die Regimeebene generalisiert werden (ebd., S. 431; Offe 1999, S. 70).

Da politisches Vertrauen eine Bewertung von Akteuren und Institutionen auf Grundlage gesellschaftlich dominanter Normen und Werte darstellt, ist das Konzept in Demokratien wie auch Autokratien anwendbar. So ist anzunehmen, dass die subjektiven Bewertungsgrundlagen der Bürgerinnen und Bürger zwischen Kontexten variieren. Entscheidend für die Generierung von politischem Vertrauen ist lediglich, dass ihre Prozeduren und durch sie hervorgerufenen Politikergebnisse den Erwartungen und Bedürfnissen der Regierten entsprechen (Citrin 1974; Easton 1965; Hetherington 1998; Miller 1974). Dafür müssen die Politiken des Regimes nicht immer mit den individuellen Interessen der Regierten übereinstimmen, jedoch müssen sich letztere darüber bewusst und zuversichtlich sein, dass die politischen Institutionen ihres Landes routinierte und verlässliche Entscheidungen hervorbringen, d. h. vertrauenswürdig sind (Rivetti und Cavatorta 2017). Dieser Prozess der Vertrauensbildung setzt nicht zwingend die Existenz demokratischer Institutionen voraus. Tatsächlich demonstrieren empirischen Studien, dass politisches Vertrauen in einigen Autokratien sogar höher ist, als in Demokratien. So zeigt eine vergleichende Analyse asiatischer Staaten, dass politisches Vertrauen im autoritär regierten Singapur und China höher ist als in den demokratischen Regimen Japans und Südkoreas (Wong et al. 2011). Dabei hat die institutionelle Performanz, gemessen in Form verschiedener Politikergebnisse, einen starken Effekt auf politisches Vertrauen sowohl in Demokratien als auch Autokratien, während kulturelle Faktoren in beiden Kontexten eine geringe bis insignifikante Rolle spielen. Für unsere Analysezwecke abstrahieren wir daher

Regimeperformanz und politisches Vertrauen in Autokratien 321

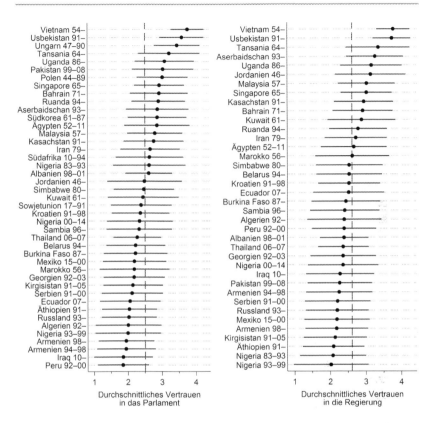

Abb. 1 Durchschnittliches Vertrauen in das Parlament und die Regierung. *Anmerkungen:* Gewichtete Mittelwerte und ± 1 Standardabweichung. Die gestrichelte Linie zeigt den Gesamtmittelwert an. (Quelle: WVS (alle Wellen); Geddes et al. 2014; Marshall und Jaggers 2016)

von einer normativen Verbindung zwischen Demokratie und politischem Vertrauen sowie den kulturellen Wertevorstellungen einzelner Gesellschaften.

Die meisten Studien messen politisches Vertrauen in Form eines Summenindikators oder Faktors, der verschiedenste Regimeinstitutionen (u. a. Regierung, Parlament, Parteien, Verwaltung, Polizei) bündelt (siehe z. B. Anderson und Singer 2008; Mishler und Rose 2001). Dies ist insofern problematisch, als dass nicht dezidiert politische Institutionen wie das Militär oder die Polizei durchaus eine getrennte Dimension von politischem Vertrauen darstellen (Fuchs et al. 2002;

Schneider 2017). Ferner können die verschiedenen politischen Institutionen unterschiedlich hohes Vertrauen genießen (Hibbing und Theiss-Morse 1995, S. 23). Auch wenn ein Regime schlussendlich immer die Summe seiner Institutionen darstellt, ist ein solcher Indikator also immer blind für die Bedeutung ebendieser Institutionen für seine gesellschaftliche Verankerung. Da sich das Erkenntnisinteresse dieses Beitrags auf die Regimeperformanz in den Bereichen der Wirtschaftsentwicklung und politischen Repräsentation beschränkt, werden im Folgenden zwei Institutionen in den Blick genommen, welche in diesen beiden Fragen zumindest aus formaler Sicht kompetent sind: Das Parlament und die Regierung.

Ein erster Blick in die WVS-Daten unterstützt die theoretische Annahme, dass politisches Vertrauen nicht nur zwischen Regimen, sondern auch einzelnen Regimeinstitutionen variieren kann (Abb. 1). So zeigt ein Vergleich der über die Zeit gepoolten Vertrauensmittelwerte der untersuchten Regime, dass die Befragten in den verschiedenen Ländern unterschiedlich viel Vertrauen in die politischen Institutionen haben. Gleichzeitig unterscheiden sich ihre Einstellungen in Bezug auf das Parlament und die Regierung, was darauf hindeutet, dass sie zwischen den Institutionen einen qualitativen Unterschied machen. Ziel der folgenden Analyse ist es, diese Variationen in politischem Vertrauen zu erklären.

3 Institutionelle Performanz und politisches Vertrauen: Die Bedeutung der Wirtschaftsentwicklung und des Wahlangebots

Während sich frühe Erklärungsansätze zur Entstehung politischer Legitimität und Vertrauen in Autokratien auf kulturelle Faktoren beschränken, rückten mit der institutionellen Wende in der Autokratieforschung performanzbasierte Erklärungen in den Vordergrund. Diese Entwicklung ist nicht zuletzt eine Folge des Rückgangs der großen politischen Projekte des letzten Jahrhunderts – Kommunismus, Antiimperialismus und Pan-Arabismus – und den Versuchen autokratischer Machthaber, daraus resultierende Legitimitätsdefizite durch wirtschaftliche Entwicklung und die sukzessive Einführung nominal demokratischer Institutionen auszugleichen (Albrecht und Schlumberger 2004). Dabei bezieht sich der Begriff der Performanz einerseits auf konkrete Politikergebnisse, insbesondere die wirtschaftliche Entwicklung des Landes, jedoch auch auf den

Charakter der politischen Institutionen selbst, insbesondere die Möglichkeiten der Einflussnahme auf politische Entscheidungsprozesse durch Wahlen (Kotzian 2011, S. 26 f.; van der Meer 2017, S. 271 f.). Im Folgenden werden beide Erklärungsansätze – Wirtschaftsentwicklung und eingeschränkte Repräsentation durch Wahlen – sowie die daraus abgeleiteten Hypothesen vorgestellt.

3.1 Wirtschaftsentwicklung

Der erste Erklärungsansatz für die Entstehung von politischem Vertrauen beruht auf der einfachen Prämisse, dass Bürgerinnen und Bürger ihr Regime auf Grundlage seiner Performanz in zentralen Politikbereichen bewerten (siehe z. B. Gerschewski et al. 2012, S. 114). Demnach stellen politisches Vertrauen und Misstrauen rationale Antworten der Bevölkerung auf die durch das Regime erbrachten Leistungen dar. Die Literatur hebt an dieser Stelle die Bedeutung der Wirtschaftsentwicklung hervor, speziell der Fähigkeit des Regimes, effiziente Wirtschaftspolitiken zu gestalten (McAllister 1999; Miller und Listhaug 1999; Przeworski et al. 2000). So diene eine positive Wirtschaftsentwicklung im Gegensatz zur gezielten Kooptation bestimmter Bevölkerungsgruppen immer auch der Allgemeinheit, da von einer Anhebung des durchschnittlichen Lebensstandards potentiell breitere Teile der Gesellschaft profitieren (Schmidt 2014). Tatsächlich korreliert das Pro-Kopf-Bruttoinlandsprodukt, der am häufigsten verwendete Indikator für die Wirtschaftsentwicklung, stark mit der sozialen Entwicklung eines Landes (Porter und Stern 2016, S. 19) und damit Faktoren wie Ernährungssicherheit, Gesundheitsversorgung, Zugang zu Frischwasser, persönlicher Sicherheit und Bildung. In Autokratien wird diese Form der Output-Legitimation oft von umfassenden Reform- und Modernisierungsversprechen begleitet (Albrecht und Frankenberger 2011, S. 37; Albrecht und Schlumberger 2004). Als einschlägiges Beispiel ist an dieser Stelle China zu nennen (Manion 2015; Zhao 2009; Zhu 2011), jedoch wurde die Bedeutung der wirtschaftlichen Performanz auch in Bezug auf andere Regime wie beispielsweise Mexiko dargestellt (Magaloni 2006, 82 ff.). Einige Forschende suggerieren in diesem Zusammenhang, dass eine positive Wirtschaftsentwicklung prozedurale Performanz, wie sie durch Wahlen erzeugt wird, sogar überflüssig machen dürfte (siehe beispielsweise Park 1991).

Wie erzeugt die Wirtschaftsentwicklung auf der Makroebene jedoch politisches Vertrauen auf der individuellen Ebene? Ausgehend von der existierenden Literatur wird zunächst von der Brückenhypothese ausgegangen, dass die Bürgerinnen und Bürger eines Landes die wirtschaftliche Entwicklung ihres Landes wahrnehmen und die Leistung des Regimes und speziell den Institutionen, die für die Formulierung der Wirtschaftspolitiken direkt oder indirekt verantwortlich sind, entsprechend bewerten. Diese Bewertungen entscheiden darüber, wie viel Vertrauen sie den jeweiligen Institutionen entgegenbringen. Hieraus ergibt sich folgende Hypothese:

> H1: Politisches Vertrauen steigt mit der wirtschaftlichen Entwicklung des Landes, insbesondere dem Pro-Kopf-Bruttoinlandsprodukt.

3.2 Eingeschränkte Repräsentation durch Wahlen

Der zweite performanzbasierte Erklärungsansatz für die Entstehung von politischem Vertrauen bezieht sich auf die prozedurale Performanz des Regimes, also den Charakter und die Prozesse der politischen Institutionen. Mit der Ausweitung elektoraler Autokratien spielen hier insbesondere nationale Parlamentswahlen als Bindeglied zwischen den Bürgerinnen und Bürgern und den Regimeinstitutionen eine wichtige Rolle. Doch während die legitimierende Funktion von Wahlen in Demokratien unbestritten ist, herrscht in der wissenschaftlichen Diskussion bislang keine Einigkeit, ob und wie Wahlen Vertrauen in die Institutionen autokratischer Regime generieren können. Während die ältere Literatur den politischen Institutionen der „Fassadendemokratie" oft jegliche Legitimität abspricht (siehe z. B. Park 1991), besteht heute weitgehender Konsens darüber, dass auch autokratische Wahlen „das Primat der demokratischen Legitimation" (Schedler 2006, S. 13; eigene Übersetzung) errichten können, selbst wenn das Regime den demokratischen Prozess in der Praxis unterminiert. Doch obgleich die neuere Literatur annimmt, dass auch autokratische Wahlen der Wählerschaft die Möglichkeit der Einflussnahme bieten, bleibt der verbindende Mechanismus zwischen Wahlen und politischem Vertrauen weitgehend unterspezifiziert. Dieser Beitrag schlägt vor, dass eingeschränkte Repräsentation diese Funktion erfüllt.

Theorien zu politischer Repräsentation in Autokratien beruhen auf der Grundannahme, dass die Erteilung eines „Mandats" an die Entscheidungstragenden, für ihre Wählerschaft zu sprechen und zu handeln, auch in nicht-demokratischen Regimen politisches Vertrauen erzeugen kann (Kennedy 2009; Manion 2015; Schubert 2009). Dabei ist weniger entscheidend, dass die Wählenden tatsächlich an der politischen Entscheidungsfindung beteiligt werden, als dass sie in der Wahrnehmung bestärkt werden, dass ihre Präferenzen als Bürgerinnen und Bürger ernst genommen werden (Schubert 2009). Insbesondere müssen sie die Erwartung teilen, unter den Kandidierenden die „good types" (Manion 2015, S. 3) auswählen zu können, welche die Interessen ihrer Wählerschaft im

Anschluss an die Wahl am ehesten erfüllen.[2] Eine solche Auswahl der „besten" Vertretung erfordert logischerweise die Existenz von Wahlalternativen. In diesem Punkt schließt die Forschung zu Repräsentation in Autokratien an die vergleichend ausgerichtete Literatur an, welche die Bedeutung des Wahlangebots für die Generierung von politischem Vertrauen hervorhebt (Norris 2003; siehe auch Weßels 2017).

Die vergleichende Einstellungs- und Verhaltensforschung geht davon aus, dass die Wahlbeteiligung und damit auch die Möglichkeiten politischer Repräsentation an den Umfang der wählbaren politischen Positionen und kandidierenden Akteure geknüpft ist (Norris 2003, S. 134). Diese Annahme ist in Demokratien weitgehend unproblematisch, da es hier keine formalen Hindernisse für politischen Pluralismus gibt. In Autokratien stellt eingeschränkter Pluralismus jedoch das zentrale Abgrenzungsmerkmal dar, sodass das Wahlangebot von vorneherein begrenzt ist. Aus diesen Einschränkungen ergeben sich in der empirischen Realität unterschiedliche Wahlangebotsstrukturen. Die erste Dimension, entlang der sich autokratische Wahlen unterscheiden, ist die Zulassung politischer Opposition, d. h. Gruppierungen, die weder in der Regierung vertreten noch mit dem Regime affiliiert sind (Hyde und Marinov 2012, S. 197). Kommunistische Regime lassen im Rahmen von „limited-choice elections" (Pravda 1978) nach wie vor keinerlei politische Opposition zu, während „electoral autocracies" (Schedler 2006) wie Singapur oder Zimbabwe eine lange Geschichte des politischen Wettbewerbs vorweisen können, indem sie den Fortbestand des Regimes weniger über offensichtliche Oppositionsverbote denn formelle Einschränkungen regulieren. Eine zweite Dimension ergibt sich aus der Existenz von Parteienpluralismus. So wird das Wahlangebot in Kein- oder Einheitsparteiregimen wie Kuwait oder Vietnam lediglich auf einzelne Kandidatinnen und Kandidaten beschränkt, während in Mehrparteienregimen wie etwa Kasachstan oder Peru unter Fujimori in den 1990er Jahren eine Vielzahl an Parteien auf den Stimmzetteln vorzufinden sind. Zwar bedeutet diese Vielzahl nicht, dass die alternativen Parteien die bestehende politische Ordnung grundsätzlich infrage stellen. Dennoch bietet das Vorhandensein verschiedener Parteien der Wählerschaft die Möglichkeit, sich anhand des Grades der Identifikation mit dem Regime auszudifferenzieren, also unterschiedlich enge „Verträge" mit diesem zu schließen (Gandhi 2008, S. 79). Die Literatur zu autokratischen Wahlen gibt Grund

---

[2]Diese Form der positiven Erwartung ist in autokratischen Regimen besonders relevant, da Repräsentation hier eher mit Responsivität als mit Rechenschaftspflicht in Zusammenhang steht (Manion 2015, S. 5 f.; vgl. auch Malesky und Schuler 2010, S. 485 f.).

zu der Annahme, dass die zwei vorgestellten Dimensionen des Wahlangebots – Zulassung von Opposition und Existenz von Parteienpluralismus – eigenständige Effekte auf politisches Vertrauen haben, gleichzeitig aber auch miteinander in Wechselwirkung treten und somit unterschiedliche Wirkungen entfalten können.

Bezüglich des zu erwartenden Effekts von Opposition auf politisches Vertrauen konnte in der existierenden Forschung bislang keine Einigkeit erzielt werden. So postuliert die vergleichende Wahlforschung, dass die Beteiligung oppositioneller Kräfte Vertrauen in die Institutionen positiv beeinflussen sollte, da sich hierdurch das Wahlangebot erweitere (Norris 2003, S. 134). Gleiches treffe auch auf Autokratien zu, da Wahlerfolge der Opposition, auch wenn sie die Dominanz regimetreuer Kräfte nicht direkt gefährden, als Indikator für gesellschaftliche Zustimmung dienen und die politische Führung in ihrer Politikformulierung beeinflussen können (Nohlen 2014, S. 30 f.). Doch geben andere Stimmen in der Autokratieforschung zu bedenken, dass durch die Zulassung von oppositionellen Kräften Politikpositionen legitimiert würden, die einzelnen Politiken oder gar der generellen Politikausrichtung des Regimes widersprächen (Schedler 2006, S. 13 f.).[3] Hierdurch entstünde eine „Regimedimension" im politischen Wettbewerb, auf Basis derer die Bevölkerung den politischen Status quo in Frage stelle (Magaloni 2006, S. 69). In Kontexten, in denen legitime politische Alternativen zum Status quo ausgeschlossen werden, würden Wahlen hingegen zum Mittel der Klientelismus- und Kirchturmpolitik (Manion 2015, S. 4; Pravda 1978). Diese Entpolitisierung von Wahlen senke die Kritik an der programmatischen Ausrichtung des Regimes, während die Erfüllung individueller Bedürfnisse stärker in den Vordergrund rücke. Auch wenn die Zulassung von Opposition die individuell wahrgenommene Repräsentationsleistung verbessern sollte, da dies auch regimekritischeren Bürgerinnen und Bürgern die Möglichkeit eröffnet, ihren Präferenzen entsprechend zu wählen, kann daher also nicht prinzipiell von einer positiven Wirkung auf politisches Vertrauen ausgegangen werden. Stattdessen sollte ein Oppositionsverbot – und damit auch dem Ausschluss von regimekritischen Positionen aus der formellen Politik – politisches Vertrauen in die Regimeinstitutionen erhöhen. Diese unterschiedlichen Forschungsergebnisse bezüglich des Einflusses von Opposition auf politisches Vertrauen deuten darauf hin, dass die Zulassung oppositioneller Kräfte nicht lediglich eine Erweiterung

---

[3]Dies gilt selbst wenn es sich bei der inkludierten Opposition meist um moderate Opposition handelt, die innerhalb des bestehenden Regimes auf Veränderungen pocht, während radikalere Gruppen gemeinhin nicht an den Wahlen beteiligt werden (Lust-Okar 2005; Schedler 2013, S. 87 ff.).

des Wahlangebots, sondern auch eine Veränderung der Anreizstruktur für Kandidierende und Wählende darstellt. So verändert die Beteiligung politischer Opposition die Erwartungen dahin gehend, ob die von den Abgeordneten zu erbringende Leistung in der Formulierung und Durchsetzung alternativer Politiken oder lediglich in der Sicherstellung nationaler Ressourcen für lokale Belange besteht. Inwiefern die politischen Entscheidungstragenden diesen unterschiedlichen Erwartungen gerecht werden können, hängt jedoch von weiteren institutionellen Faktoren ab.

An dieser Stelle kommt die Existenz von Parteienpluralismus als zweite Dimension des Wahlangebots ins Spiel, da Mehrparteienwahlen auf andere Weise zwischen Gesellschaft und Politik vermitteln, als reine Kandidatenwahlen. So streben politische Parteien auf der Grundlage kollektiver Interessen danach, ihren Einfluss zur Erlangung ihrer Ziele zu maximieren. In Demokratien besteht die Kernfunktion von Parteien dabei in der Koordinierung der einzelnen Parlamentsmitglieder, was die Mehrheitsbildung und somit die Durchsetzung von Politikzielen vereinfacht (Aldrich 1995). In autokratischen Regimen steht die politische Macht zwar nicht zur Disposition, jedoch führt die Existenz alternativer Parteien zu einer Ausdifferenzierung politischer Positionen, was der Formulierung einer autokratischen „Einheitspolitik" entgegensteht: „By the simple fact of instituting multiparty politics, [autocratic regimes] abandon ideologies of collective harmony, accept the existence of societal cleavages, and renounce a monopolistic hold on the definition of the common good" (Schedler 2006, S. 14). Zudem können Partien durch ihre Fähigkeit der Massenmobilisierung Einfluss auf Politikentscheidungen ausüben, indem sie der Regierung bei einem Nichtnachkommen ihrer Forderungen mit einem Massenaufstand drohen (Gandhi 2008).[4] In Autokratien, in denen Opposition zugelassen ist und die Politikformulierung zum Gegenstand nationaler Kontroverse wird, sollten daher Mehrparteienwahlen politisches Vertrauen erhöhen, da sie gruppenspezifischer Interessen effektiver vertreten können als reine Kandidatenwahlen (siehe Gandhi 2008). Umgekehrt sollte in Regimen, in denen die Opposition von Wahlen ausgeschlossen ist und Partikularinteressen über Gruppeninteressen dominieren, ein Verbot alternativer Parteien eine effizientere Klientelpolitik ermöglichen und damit die Erwartungen der Wählerschaft besser erfüllen können. Denn auch wenn Parteien in Autokratien von klientelistischen Strukturen geprägt sein können (Lust-Okar 2006,

---

[4]Die „Color Revolutions" stellen ein Extrembeispiel für eine solche Massenmobilisierung durch oppositionelle Eliten dar, in dem Forderungen für politische Reformen in einen Regimewechsel mündeten (Kalandadze und Orenstein 2009; Tucker 2007).

S. 468), vertreten sie stets eine breitere Klientel, als einzelne Kandidierende und wirken so der Erfüllung enger und lokaler Interessen entgegen.

Die gemeinsame Betrachtung der beiden Dimensionen des Wahlangebots legt nahe, dass sich die Anreizstruktur und die Organisationsstruktur von Wahlen gegenseitig konditionieren, was die divergierenden Forschungsergebnisse früherer Studien erklären mag. Wo die Beteiligung von Opposition politische Kontroverse und damit die Formulierung gruppenspezifischer Interessen zulässt, sollte sich Parteienpluralismus positiv auf politisches Vertrauen auswirken, da Parteien in der Formulierung und Einforderung alternativer Politikziele effizienter sein dürften, als einzelne Kandidierende. Andersherum können einzelne Oppositionelle in einem kontroversen Politikumfeld durchaus eine Gegenstimme zur Einheitspolitik des Regimes darstellen, an dieser aber im Gegensatz zu größeren Organisationen wenig ändern, was sich negativ auf politisches Vertrauen auswirken sollte. Dahingegen verliert die Politikformulierung in politischen Regimen, in denen jegliche Opposition verboten ist, zugunsten lokaler Interessen an Bedeutung. Da Partikularinteressen besser von einzelnen Kandidatinnen und Kandidaten als politischen Parteien vertreten werden können, sollte sich hier die Abwesenheit von Parteienpluralismus positiv auf politisches Vertrauen auswirken. Stattdessen sollte die Existenz von Parteienpluralismus einen negativen Effekt auf politisches Vertrauen haben, da der Anspruch an Politikformulierung durch die Realität einer Einheitspolitik unterminiert wird. Tab. 1 gibt eine Übersicht über die zu erwartenden Auswirkungen von autokratischen Wahlen auf politisches Vertrauen.

Um den Zusammenhang zwischen politischem Vertrauen und eingeschränkter Repräsentation zu testen gehen wir, wie im Fall der Wirtschaftsentwicklung, vorab von einer Brückenhypothese aus. Wir postulieren, dass die Bürgerinnen und Bürger das Wahlangebot perzipieren und in Hinblick auf die zukünftigen Möglichkeiten der Abgeordneten, ihre Belange im Rahmen der existierenden Institutionen durchsetzen zu können, bewerten. Diese Bewertung entscheiden darüber, wie viel Vertrauen die Regierten in die Regimeinstitutionen haben. Daraus ergibt sich folgende zu testende Hypothese:

Tab. 1 Annahmen zu den Auswirkungen des Wahlangebots auf Politisches Vertrauen

	Zulassung von Opposition	Verbot von Opposition
Kandidierende	Geringes Vertrauen	Hohes Vertrauen
Parteien	Hohes Vertrauen	Geringes Vertrauen

Anmerkungen: Eigene Darstellung

Regimeperformanz und politisches Vertrauen in Autokratien 329

▶ H2: Politisches Vertrauen ist höher, wenn die Anreizstruktur (Zulassung von Opposition) und die Organisationsstruktur (Existenz von Parteienpluralismus) der Wahlen miteinander im Einklang stehen und niedriger, wo dies nicht zutrifft.

4 Datengrundlage und Operationalisierung

Die folgenden Analysen erfolgen auf Basis von national repräsentativen Einstellungsdaten aus den World Value Surveys (WVS) sowie aggregierten Indikatoren für die politischen und wirtschaftlichen Rahmenbedingungen. Die WVS-Daten zu Vertrauen in Parlament und Regierung stammen aus insgesamt sechs Erhebungswellen (1981–1984, 1990–1994, 1995–1998, 1999–2004, 2005–2009 und 2010–2014) und umfassen insgesamt über 100 Länder.[5] Die Studie schließt alle Staaten mit ein, die zum Zeitpunkt der Umfrage unabhängig waren und nach dem kombinierten Polity-Index als Autokratien gelten können (Marshall und Jaggers 2016). Gängiger Praxis folgend wird ein Staat als Autokratie definiert, wenn der Wert des Indexes im Jahr der Datenerhebung unter sechs Punkten auf der 20-stufigen Polity-Skala entspricht.[6] Um verschiedene Regime innerhalb eines Staates voneinander abzugrenzen, wird auf den Datensatz von Geddes et al. (2014) zurückgegriffen.[7] Hieraus ergibt sich eine Stichprobe von 65 Regimen, wobei sich diese in der Analyse datenbedingt auf maximale 54 Regime reduziert. Dennoch enthält unser Datensatz eine höhere Anzahl an Regimen und geo-

---

[5]Die gepoolten Daten können unter folgendem Link heruntergeladen werden: http://www.worldvaluessurvey.org/WVSDocumentationWVL.jsp.

[6]Die Jahre, die in Polity als Unterbrechungen (−66), Zwischenherrschaft (−77), oder Transition (−88) kodiert wurden, sind von der Analyse ausgeschlossen.

[7]Die Kodierung von Geddes et al. basiert auf einer unterschiedlichen Definition von Autokratie als Polity. Für den Zeitraum zwischen 1981 und 2010 weichen die Kodierungen in sechs Fällen voneinander ab, in diesen Fällen folgt diese Studie der Kodierung durch Polity. Da der Datensatz von Geddes et al. zudem nur den Zeitraum zwischen 1945 und 2010 abdeckt, wurde die Kodierung der einzelnen Regime von den Autoren bis einschließlich 2014 fortgeführt. Dem Kodierungsbuch folgend wurde ein Regimewechsel kodiert, wo ein Bürgerkrieg, eine Rebellion, Sturz, Putsch oder Hinrichtung des Herrschers stattgefunden hat, bzw. eine Transition eingeleitet wurde und in Konsequenz eine neue Herrscherkoalition an die Macht kam.

grafischen Regionen als die meisten anderen Studien zu politischem Vertrauen in Autokratien.

Ob umfragebasierte Studien zu autokratisch regierten Ländern überhaupt zu validen Ergebnissen gelangen können, wird in der Politikwissenschaft rege debattiert.[8] Die Hauptkritik besteht darin, dass politische Angst die Glaubwürdigkeit und Validität der diesen Studien zugrunde liegenden Umfragen kompromittieren würde, da sich die Befragten aus Furcht vor politischer Verfolgung nicht trauen würden, Kritik an den Machthabern oder dem Regime zu äußern. Obwohl diese Sorge nicht unbegründet ist, zeichnet sich ein zaghafter Konsens ab, dass Umfrageforschung dennoch einen wichtigen Beitrag zur empirischen Autokratieforschung leisten kann. So bedient sich eine wachsende Literatur ebensolcher Daten, um politisches Vertrauen in autokratischen Regimen zu untersuchen und operationalisieren (siehe de Miguel et al. 2015; Ma und Yang 2014; Tang und Huhe 2016). Auch weisen Studien zum Verhältnis von politischer Angst und politischem Vertrauen darauf hin, dass Umfragedaten aus Autokratien nicht grundsätzlich verzerrt sind (Geddes und Zaller 1989; Shi 2001). Wir gehen daher davon aus, dass die hier verwendeten Daten die benötigte Qualität besitzen, um die nachfolgende Makroanalyse zu ermöglichen. Gleichzeitig kontrollieren wir für den Grad an Repression, um eventuelle Verzerrungen zu vermindern.

Bei der Operationalisierung der abhängigen Variablen folgen wir der in quantitativen Mehrländerstudien zu politischem Vertrauen üblichen Operationalisierungspraxis (siehe Mishler und Rose 2001; Wong et al. 2011). Entsprechend stellen *Vertrauen in das Parlament* und *Vertrauen in die Regierung* den auf der Regimejahresebene aggregierten und mit WVS-Gewichtung berechneten Mittelwerten der Ursprungsvariablen dar. In der deutschen Fassung lautet die Frage wie folgt: „Nun nenne ich Ihnen einige Namen von Institutionen. Sagen Sie mir, ob Sie sehr viel, ziemlich viel, wenig oder überhaupt kein Vertrauen in die jeweils genannten Institutionen haben." Die Abfrage erfolgte jeweils auf einer Skala von 1 (hohes Vertrauen) bis 4 (kein Vertrauen). Um die Interpretation zu erleichtern, wurden die Items so umskaliert, dass höhere Werte auch höheres Vertrauen angeben.

Die erste der unabhängigen Variablen, die Wirtschaftsentwicklung, wird über das *BIP-Wachstum* gemessen. Als Maßeinheit wird die prozentuale Veränderung des BIP pro Kopf (in US Dollar) verwendet. Die Daten stammen aus dem „Quality of Government"-Datensatz (Teorell et al. 2016), welcher wiederum auf

---

[8]Diese Diskussion basiert auf Ma und Yang (2014, S. 331).

Regimeperformanz und politisches Vertrauen in Autokratien 331

den Weltentwicklungsindikatoren der Weltbank zurückgreift (Weltbank 2016). Die Variable ist um ein Jahr verzögert, da davon ausgegangen werden muss, dass die Befragten die ökonomische Situation auf der Grundlage relativ kurzfristiger Erfahrungen beurteilen.

Die zwei weiteren unabhängigen Variablen beziehen sich auf das Wahlangebot in den nationalen Parlamentswahlen.[9] Die Daten stammen aus dem „National Elections across Democracy and Autocracy (NELDA)" Datensatz (Hyde und Marinov 2012) und enthalten Informationen zu nationalen Parlamentswahlen für alle unabhängigen Staaten, deren Bevölkerung 500.000 überschreitet. Die erste der Wahlvariablen misst die Zulassung von *Opposition* (Nelda3 „War Opposition zugelassen?"). Als politische Opposition gelten hier unabhängige Kandidaten und Parteien, die weder in der Regierung vertreten, noch mit dem autoritären Regime affiliiert sind. Kuwait stellt hier ein Beispiel für ein Regime dar, das trotz Parteienverbot Opposition in Form von unabhängigen Kandidaten zulässt. Dahingegen repräsentiert Usbekistan ein Regime, das trotz Parteienpluralismus keine offizielle Opposition duldet: obwohl die Parlamentswahlen regelmäßig von mehreren Parteien bestritten werden, sind alle eng mit dem Regime verbunden und gelten damit nicht als Opposition. Die Variable ist binär kodiert, wobei „1" der Beteiligung von mindestens einer oppositionellen Kraft in den Wahlen entspricht, während „0" den Ausschluss jeglicher Opposition bedeutet. Die Maßeinheit trifft somit keinerlei Aussage über die Existenz von „exkludierter Opposition" (Lust-Okar 2005). Die zweite Wahlvariable misst die Existenz von *Parteienpluralismus*. Die Variable ist ebenfalls binär kodiert, wobei „1" das Vorhandensein von Parteienpluralismus anzeigt, während „0" Wahlmöglichkeiten nur zwischen einzelnen Kandidierenden beschreibt. Der Indikator wurde aus zwei separaten Maßeinheiten des Nelda-Datensatzes kreiert (Nelda4 „War mehr als eine Partei legal?" sowie Nelda5 „Gab es Auswahlmöglichkeiten an Kandidierenden auf dem Stimmzettel?").[10] Beide Wahlvariablen sind um eine Wahl verzögert, um sicherzustellen, dass die relevante WVS-Umfrage nach der Wahl stattgefunden hat. Aufbauend auf den theoretischen Annahmen dieses Beitrags beinhaltet die Analyse des Weiteren eine Interaktion der beiden Wahlvariablen.[11]

---

[9]In Zweikammersystemen handelt es sich dabei um die Wahlen des Abgeordnetenhauses.

[10]Die Wahlen in Jordanien 2013 haben wir nachkodiert, da der Nelda-Datensatz nur Fälle bis 2012 einschließt.

[11]Zusätzlich zu den hier dargestellten Möglichkeiten besteht in Autokratien ebenfalls die Möglichkeit, Wahlen in der Abwesenheit jeglicher Auswahlmöglichkeit zu gestalten, wie etwa über Einheitslisten. Diese Art der Wahlen ist jedoch empirisch selten geworden und in dem dieser Studie zugrundeliegenden Datensatz nicht repräsentiert.

Aufgrund der begrenzten Fallzahl und der daraus resultierenden Gefahr der Modell-Überspezifikation werden die Kontrollvariablen auf drei Faktoren beschränkt: *Kooptation, Repression* und *Transition*. Die erste der Kontrollvariablen erhält vor allem vor dem Hintergrund Bedeutung, dass Wahlen in autokratischen Regimen auch ein Mittel der Massenkooptation darstellen (Gandhi und Lust-Okar 2009). Dieses „Erkaufen" von gesellschaftlicher Unterstützung durch Staatsausgaben erfolgt in Autokratien meist über informelle Patronagenetzwerke, welche parallel zu den formellen Institutionen existieren und sich daher auf Vertrauen in ebendiese auswirken können (zur Output-Legitimation speziell von Autokratien siehe auch Buzogány et al. in diesem Band). Der Einfluss dieser Art der Kooptation wird über einen Proxyindikator gemessen, und zwar die um ein Jahr verzögerten gesamtstaatlichen Ausgaben in Prozent des Bruttoinlandproduktes (Weltbank 2016). Der Indikator beinhaltet demnach Ausgaben für diverse Kollektivgüter, wie etwa Bildung und Gesundheit, aber auch Ausgaben für verschiedene Privatgüter, darunter öffentliche Beschäftigung und Bauverträge. Da Autokratien mit derartigen Gütern typischerweise unterschiedliche Segmente der Bevölkerung zur Zielgruppe nehmen (siehe Bueno de Mesquita et al. 2003), sollte der Indikator eine Bandbreite an unterschiedlichen Kooptationsstrategien erfassen (Fjelde und Soysa 2009, S. 10). Die zweite Kontrollvariable erhält ihre Bedeutung vor dem Hintergrund, dass sich *Repression* negativ auf politisches Vertrauen auswirken sollte. Gleichzeitig besteht die Möglichkeit, dass die Befragten ihre wahren Präferenzen in ihrem Antwortverhalten aufgrund von Angst vor Repressalien des Regimes verschleiern (Kuran 1995).[12] So ist bekannt, dass Wahlen dem Regime zur Lokalisierung und Identifizierung disloyaler Wählerinnen und Wähler dienen (Gandhi und Lust-Okar 2009, S. 405; Magaloni 2006). Repression wird hier in Form von bürgerlichen Freiheiten gemessen, wobei das der Umfrage vorausgegangene Jahr als Referenzpunkt gilt. Dabei bedient sich die Analyse einer kontinuierlichen latenten Variable, die auf Basis von vier verschiedenen Items zu physischer Integrität aus dem CIRI Human Rights Data Project (Cingranelli et al. 2014) unter Heranziehung eines auf der Bayes'schem Item-Response-Theorie beruhenden Bewertungsmodell geschätzt wurde (Schnakenberg und Fariss 2014). Schließlich ist denkbar, dass eine bevorstehende *Transition* und die damit einhergehenden Umbrüche weitgehende Konsequenzen für das Wahlangebot und damit auch politisches Vertrauen in der

---

[12]Für eine Diskussion der komplexen Beziehung zwischen Repression und Legitimität siehe Gerschewski (2013, S. 28).

Bevölkerung haben kann, wie es etwa in Polen 1989 der Fall war. Entsprechend wird eine Indikatorvariable (0/1) in das Modell aufgenommen, die im Falle eines Regimewechsels innerhalb von zwei Jahren nach der WVS-Umfrage mit „1" kodiert ist.

5 Empirische Analysen

Aufgrund der begrenzten Anzahl von WVS-Umfragewellen sinken sowohl unsere Observationen pro Land als auch die Anzahl der in der Stichprobe vertretenen autokratischen Regime. Da hieraus eine reduzierte Teststärke resultiert, erfolgt die statistische Untersuchung in mehreren Schritten.[13] Für die abhängigen Variablen, Vertrauen in das Parlament und Vertrauen in die Regierung, werden jeweils vier Modelle geschätzt, um die Robustheit der Ergebnisse besser evaluieren zu können. In Modell 1 werden die zwei Erklärungsansätze zunächst ohne Berücksichtigung der vermuteten konditionalen Beziehung zwischen den zwei Dimensionen des Wahlangebots, *Opposition* und *Parteienpluralismus*, untersucht. Anschließend wird in Modell 2 eine Interaktion zwischen den beiden Dimensionen spezifiziert. In Modell 3 werden dann die Kontrollvariablen *Kooptation, Repression* und *Transition* aufgenommen. Zuletzt werden im reduzierten Modell 4 die nicht signifikanten Variablen wieder fallen gelassen.

Die Schätzung der Modelle erfolgt mittels Random-Effects-Generalized-Least-Squares Regressionen, die das Problem von Verzerrungen durch regimespezifische unbeobachtete Heterogenität in dem Paneldatensatz beheben können.[14] Darüber hinaus werden in den Regressionen robuste Standardfehler berechnet, um Abhängigkeiten zwischen Beobachtungen innerhalb eines Regimes zu berücksichtigen. Alle metrischen Variablen sind um ihren Mittelwert zentriert, um eine sinnvolle Interpretation der Konstanten in den Regressionen zu ermöglichen.

Tab. 2 stellt die Schätzungen für *Vertrauen in das Parlament* dar. Ein Vergleich der vier Modelle ergibt, dass *BIP-Wachstum* und die zwei Wahlvariablen insgesamt etwa ein Viertel der Varianz in der abhängigen Variable erklären können,

---

[13]Dabei ist zu beachten, dass die geringe Stichprobengröße die Analyse zum Nachteil der formulierten Hypothesen verzerren sollte, da ein kleines N die Ablehnung der Nullhypothese erschwert und dadurch das Risiko eines Fehlers Typ II (d. h. dem fälschlichen Beibehalten der Nullhypothese) erhöht (siehe Gross und Kriwy 2009).

[14]Da beide Wahlvariablen innerhalb der jeweiligen Regime zeitinvariant sind, ist die Verwendung eines Within-Fixed-Effects-Schätzers hier ausgeschlossen.

Tab. 2 Determinanten des Vertrauens in das Parlament

	Modell 1	Modell 2	Modell 3	Modell 4
Opposition$_{t-1}$ (1 = Opposition)	0,047	−0,54	−0,37	−0,39
	(0,18)	(0,38)	(0,28)	(0,29)
Parteienpluralismus$_{t-1}$ (1 = Parteien)	−0,73*	−1,35***	−1,26***	−1,32***
	(0,32)	(0,13)	(0,14)	(0,15)
Opposition$_{t-1}$ X Parteienpluralismus$_{t-1}$		0,76⁺	0,57⁺	0,62⁺
		(0,40)	(0,31)	(0,32)
BIP-Wachstum$_{t-1}$	0,0076	0,0069	0,0079	0,0078
	(0,0077)	(0,0080)	(0,0083)	(0,0082)
Kooptation$_{t-1}$			−0,000057	
			(0,0024)	
Repression$_{t-1}$			0,075	
			(0,077)	
Transition$_{t+2}$			−0,46**	−0,46**
			(0,17)	(0,16)
Konstante	3,12***	3,57***	3,54***	3,57***
	(0,31)	(0,022)	(0,048)	(0,023)
N	54	54	54	54
R^2	0,26	0,26	0,36	0,34
Wald χ^2	6,32	296,68	349,55	345,72
Prob. $> \chi^2$	0,097	0,000	0,000	0,000

Anmerkungen: Random-Effects-Generalized-Least-Squares Modelle. Robuste Standardfehler auf Regimeebene in Klammern. + $p < 0{,}1$; * $p < 0{,}05$; ** $p < 0{,}01$; *** $p < 0{,}001$

wobei die Wahlvariablen den entscheidenden Einfluss zu haben scheinen. So ist in Modell 1 lediglich der Effekt von *Parteienpluralismus* signifikant, wobei dieser negativ geschätzt wird. Dies bedeutet, dass das Vertrauen in das nationale Parlament um 0,73 Skalenpunkte sinkt, wenn mehrere Parteien zugelassen sind, Opposition verboten ist und BIP-Wachstum am Mittelwert konstant gehalten wird. Demgegenüber wird der Effekt von *Opposition* in Abwesenheit von Parteienpluralismus insignifikant geschätzt. Auch die Höhe des BIP-Wachstums im Vorjahr der Beobachtung übt keinen signifikanten Einfluss auf das Vertrauen in das Parlament aus, wenngleich das positive Vorzeichen in Einklang mit den theoretischen Erwartungen steht.

Hinsichtlich der vermuteten konditionellen Beziehung zwischen Opposition und Parteienpluralismus wird in Modell 2 eine Interaktion zwischen den zwei Wahlvariablen spezifiziert. Die Oppositionsvariable übt auch nach der Aufnahme der Interaktion keinen signifikanten Effekt auf politisches Vertrauen. Allerdings verändert sich die Richtung des Vorzeichens: während Opposition in Modell 1 noch positiv geschätzt wird, deuten die Schätzungsergebnisse in Modell 2 nunmehr auf einen der theoretischen Erwartung entsprechenden negativen Effekt hin. Für den Haupteffekt von *Parteienpluralismus* bleiben das Signifikanzniveau und das negative Vorzeichen erhalten, wobei die Größe des Effekts −1,35 beträgt. Darüber hinaus wird der Interaktionsterm signifikant und positiv geschätzt: Wird Opposition zur Wahl zugelassen, vergrößert sich die Effektstärke von Parteienpluralismus um 0,76 Skalenpunkte und umgekehrt. Dieses Ergebnis entspricht der theoretischen Erwartung, wie sie in Hypothese 2 formuliert wurde: dem negativen Effekt von Parteienpluralismus bei Oppositionsverbot wirkt ein positiver Interaktionseffekt im Falle der Oppositionsbeteiligung entgegen. Hypothese 1 bezüglich des Einflusses von wirtschaftlicher Performanz auf politisches Vertrauen wird für das Parlament jedoch auch hier nicht bestätigt. Wie bereits in Modell 1 unterscheidet sich der Koeffizient für *BIP-Wachstum* nicht signifikant von Null.

Um ein genaueres Bild von der Robustheit der Interaktionseffekte zwischen den Wahlangebotsvariablen zu erhalten, werden in Modell 3 die Kontrollvariablen *Kooptation, Repression* und *Transition* aufgenommen. Die Berücksichtigung dieser Kovariaten verbessert zwar die Modellgüte um zehn Prozentpunkte, die Effekte der zentralen unabhängigen Variablen und des Interaktionsterms bleiben jedoch weitgehend unverändert. Auch haben *Kooptation* und *Repression* keine signifikanten Effekte auf Vertrauen in das Parlament. Der Einfluss von Wahlen auf politisches Vertrauen scheint damit nicht auf Klientelismus oder „Präferenzverfälschung" (Kuran 1995) zurückführen zu sein. Dagegen übt die Variable *Transition* einen signifikanten und negativen Effekt aus. Bei einem Regimezusammenbruch innerhalb von zwei Jahren nach der WVS-Umfrage wird das Vertrauensniveau um 0,46 Skalenpunkte niedriger geschätzt.

Zur leichteren Interpretation der Interaktion zwischen *Opposition* und *Parteienpluralismus* werden in Abb. 2 lineare Vorhersagen illustriert, welche auf dem reduzierten Modell 4 basieren, in dem nur die unabhängigen Variablen und die signifikante Kovariate *Transition* aufgenommen wurden.[15] Die Abbildung

---

[15]Eine Berechnung der marginalen Effekte der Wahlvariablen unter Berücksichtigung der Interaktion zeigt, dass sich der Koeffizient von *Opposition* lediglich im Falle von Kandidatenwahlen nicht signifikant von Null unterscheidet ($p > 0,18$).

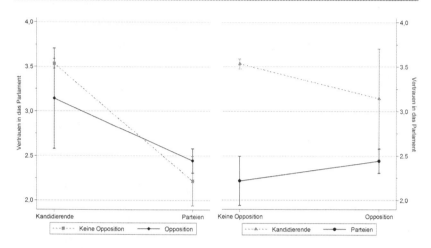

Abb. 2 Lineare Vorhersagen der Interaktionseffekte von Opposition und Parteienpluralismus auf Vertrauen in das Parlament. *Anmerkungen:* Eigene Darstellung, basierend auf den Schätzungen aus Modell 4

verdeutlicht die wechselseitige Abhängigkeit des Einflusses von *Opposition* und *Parteienpluralismus*. Lässt ein Regime Parteienpluralismus zu, sinkt das Vertrauen in das Parlament, wobei der Vertrauensverlust geringer ausfällt, sobald Opposition zur Wahl zugelassen ist. Umgekehrt mindert die Zulassung von Opposition in Kein- und Einheitsparteienregimen Vertrauen in das Parlament, während sie in Mehrparteienregimen Vertrauen erhöht. Damit kann die Hypothese bezüglich des Einflusses eingeschränkter Repräsentation auf politisches Vertrauen als bestätigt gelten.

Zur Überprüfung der Effekte der Wirtschaftsentwicklung und dem Wahlangebot auf *Vertrauen in die Regierung* dienen vier weitere Modelle, welche in der Modellierung denen für das Parlament folgen und deren Ergebnisse in Tab. 3 gezeigt werden. Trotz der im Vergleich zu den Parlamentsmodellen etwas geringeren Fallzahlen wird über 25 % der Varianz des politischen Vertrauens durch die Modelle 1 und 2 erklärt. Die Varianzerklärung durch das voll spezifizierte Modell 3 steigt auf 48 % an, was ungleich höher ist, als es in der Analyse für das Parlament der Fall war. Dies lässt darauf schließen, dass die ausgewählten Kovariaten in der Bewertung der Exekutive durch die Bürgerinnen und Bürger eine größere Rolle spielen, als in der Bewertung der Legislative.

Regimeperformanz und politisches Vertrauen in Autokratien 337

Tab. 3 Determinanten des Vertrauens in die Regierung

	Modell 1	Modell 2	Modell 3	Modell 4
Opposition$_{t-1}$ (1 = Opposition)	−0,093	−0,67[+]	−0,50[*]	
	(0,28)	(0,36)	(0,22)	
Parteienpluralismus$_{t-1}$ (1 = Parteien)	−0,64[*]	−1,29[***]	−1,16[***]	
	(0,31)	(0,26)	(0,19)	
Opposition$_{t-1}$ X Parteienpluralismus$_{t-1}$		0,81[+]	0,59[*]	
		(0,45)	(0,29)	
BIP-Wachstum$_{t-1}$	0,0098	0,0095	0,012[+]	0,015[*]
	(0,0066)	(0,0067)	(0,0062)	(0,0065)
Kooptation$_{t-1}$			0,0013	
			(0,0021)	
Repression$_{t-1}$			0,17[*]	0,17[*]
			(0,078)	(0,078)
Transition$_{t+2}$			−0,43[***]	−0,38[***]
			(0,13)	(0,11)
Konstante	3,26[***]	3,70[***]	3,65[***]	2,67[***]
	(0,33)	(0,019)	(0,050)	(0,073)
N	49	49	49	54
R^2	0,26	0,28	0,48	0,25
Wald χ^2	7,78	306,24	477,44	19,69
Prob. > χ^2	0,051	0,000	0,000	0,000

Anmerkungen: Random-Effects-Generalized-Least-Squares Modelle. Robuste Standardfehler auf Regimeebene in Klammern. + $p < 0,1$; * $p < 0,05$; ** $p < 0,01$; *** $p < 0,001$

Die Ergebnisse für Vertrauen in die Regierung unterscheiden sich nicht wesentlich von denen für das Parlament, mit Ausnahme des Effektes von *BIP-Wachstum*. Zwar hat letzteres keinen signifikanten Effekt in den ersten zwei Modellen, die noch keine Kontrollvariablen enthalten. Doch deutet die Signifikanz dieser Variable in dem vollspezifizierten Modell 3 darauf hin, dass sich die Wirtschaftsentwicklung positiv auf Vertrauen in die Regierung auswirkt. Damit wird Hypothese 1 nur für diese Institution bestätigt. Das Ergebnis lässt vermuten, dass die Regierten die wirtschaftliche Performanz des Regimes eher der Exekutive als der Legislative zuschreiben. Dennoch fällt der Effekt moderat aus: ein BIP-Zuwachs von 5 % erhöht das Vertrauen in die Regierung lediglich um 0,06 Skalenpunkte. Abb. 3 illustriert diesen Effekt auf der Grundlage von Modell 3.

Der Einfluss des Wahlangebots auf Vertrauen in die Regierung entspricht im Wesentlichen den Ergebnissen für das Parlament. *Parteienpluralismus* wird über alle Modellspezifizierungen hinweg signifikant und negativ geschätzt, wobei sich die Größe des Effekts von −0,64 in Modell 1 auf −1,16 im vollspezifizierten Modell 3 beinahe verdoppelt. Mit Ausnahme von Modell 1 hat auch *Opposition* einen signifikanten negativen Effekt auf Vertrauen in die Regierung. Wenn Kein- oder Einheitsparteienregime Opposition zulassen, ist das Vertrauen in die Regierung im vollspezifizierten Modell bei durchschnittlichem BIP-Wachstum um −0,50 Skalenpunkte niedriger. Das signifikante Vorzeichen des Interaktionsterms signalisiert zudem, dass sich Opposition von Parteienpluralismus gegenseitig konditionieren. Hypothese 2 wird damit auch für Vertrauen in die Regierung bestätigt.

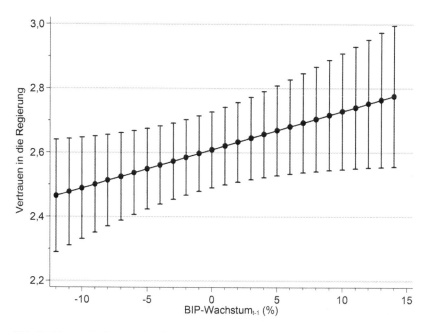

Abb. 3 Lineare Vorhersage des Effekts von BIP-Wachstum auf Vertrauen in die Regierung. *Anmerkungen:* Eigene Darstellung, basierend auf den Schätzungen aus Modell 4

Auch die Schätzung der Kovariaten unterscheidet sich hinsichtlich der Signifikanzniveaus und Vorzeichen kaum zwischen den vollspezifizierten Parlaments- und Regierungsmodellen. So hat *Kooptation* keinen signifikanten Effekt auf Vertrauen in die Regierung, während eine bevorstehende *Transition* mit einem Vertrauensverlust um $-0,43$ Skalenpunkte einhergeht. Lediglich in Hinblick auf *Repression* unterscheiden sich die Ergebnisse: so wirkt sich ein steigendes Ausmaß an Repression positiv auf Vertrauen in die Regierung aus. An dieser Stelle scheint das Vorhandensein einer systematischen „Präferenzverfälschung" in repressiveren Regimen plausibel, d. h. dass sich die Befragten aufgrund befürchteter Repressalien davor scheuen, die Regierung vor dem Interviewer zu stark zu kritisieren.

Auffällig ist, dass das Signifikanzniveau des *BIP-Wachstums* erst in Modell 3 signifikant geschätzt wird. Eine mögliche Erklärung für dieses Ergebnis ist, dass die ersten Modelle die Effekte möglicher Störfaktoren unzureichend kontrollieren. Allerdings könnte es auch das Resultat einer Modellüberspezifizierung sein. Um genaueren Aufschluss über den Einfluss der Wirtschaftsentwicklung auf Vertrauen in die Regierung zu erhalten, nimmt das reduzierte Modell 4 lediglich *BIP-Wachstum* und die signifikanten Kovariaten auf. Alle drei Variablen werden auf die gleichen Signifikanzniveaus und mit identischen Vorzeichen geschätzt. Die Ergebnisse der Modelle 3 und 4 liefern damit einen klaren Hinweis auf die Bedeutung der wirtschaftlichen Performanz und dem Wahlangebot für Vertrauen in die Regierung.

6 Fazit

Warum vertrauen Bürgerinnen und Bürger autokratischen Regimen, welche sich durch ein hohes Maß an Repression und Unfreiheit auszeichnen? Um dieser Frage nachzugehen, untersucht dieser Beitrag zwei zentrale Erklärungsansätze aus der neueren Autokratieforschung: Wirtschaftsentwicklung und Repräsentation durch nationale Parlamentswahlen. Dabei dient das BIP-Wachstum als zentraler Indikator für wirtschaftliche Performanz, während der Einfluss von eingeschränkter Repräsentation über das Wahlangebot gemessen wird. Mittels Paneldatenregressionen prüfen wir für eine Stichprobe nicht-demokratischer Regime (1981–2014), inwiefern die Determinanten „Vertrauen in das Parlament" und „Vertrauen in die Regierung" Vertrauen beeinflussen. Die empirische Analyse ergibt, dass Vertrauen in das Parlament – ceteris paribus – vom Wahlangebot beeinflusst wird, während der vermeintliche Einfluss der Wirtschaftsentwicklung nicht bestätigt werden konnte. Für Vertrauen in die Regierung hingegen waren sowohl das Wahlangebot als auch das Wirtschaftswachstum signifikant.

Aus den Ergebnissen lassen sich mehrere Schlüsse ziehen. Erstens weisen sie darauf hin, dass autoritäre Regime von den Bürgerinnen und Bürgern nicht als Monolithen wahrgenommen werden. So unterscheiden sich die Bewertungsgrundlagen der Befragten in Bezug auf das Parlament und die Regierung. Insbesondere wirken sich die Wirtschaftsentwicklung und Repression nur auf Vertrauen in die Regierung, nicht das Parlament aus. Dies mag damit zusammenhängen, dass in Autokratien die Regierung faktisch über die Entscheidungsmacht verfügt und die Parlamente oft zu schwach sind, um die Politikformulierung – und damit konkrete Outputs – effektiv zu gestalten (siehe, beispielsweise, Jensen et al. 2014). Dieses Ergebnis verdeutlicht, dass es in der auf Autokratien fokussierten Vertrauensforschung geboten ist, politische Institutionen getrennt zu betrachten, anstatt einen Summenindikator für das Regime zu bilden.

Zweitens suggeriert das Ergebnis, dass sich das Wahlangebot in nationalen Parlamentswahlen sowohl auf Vertrauen in das Parlament als auch die Regierung auswirkt und dass es auch in Autokratien einen Übertragungseffekt von legislativen Wahlen auf die Exekutive gibt. Damit dient das Parlament – entsprechend seiner Funktion in Demokratien – als verbindendes Element zwischen den Belangen der Wählerschaft und der Regierung, auch wenn sich letztere schlussendlich der parlamentarischen Kontrolle entzieht. So ist zu vermuten, dass die Wählenden das Gefühl haben, durch ihre Wahlentscheidung die Zusammensetzung der Regierung beeinflussen können, beispielsweise durch Doppelämter oder Zugehörigkeiten zu denselben Eliten.

Drittens können wir zeigen, dass Parlamentswahlen einen deutlich komplexeren Einfluss auf politisches Vertrauen in Autokratien haben, als bislang diskutiert wurde. Wir haben es mit konditionalen Zusammenhängen zu tun. So führt die Beteiligung von Opposition in Kein- und Einheitsparteienregimen zu niedrigerem Vertrauen, in Mehrparteiensystemen hingegen zu höherem Vertrauen. Andersherum wirken sich Kandidatenwahlen ohne Opposition positiv auf politisches Vertrauen aus, während sie mit Opposition einen negativen Effekt haben. Diese Ergebnisse suggerieren, dass die Anreiz- und Organisationsstrukturen nationaler Parlamentswahlen übereinstimmen müssen, um politisches Vertrauen zu erzeugen. Anders ausgedrückt: Ein „mehr" an Pluralismus innerhalb eines autokratischen Rahmens generiert nicht notwendigerweise auch höheres Vertrauen in die politischen Institutionen. Wichtig ist, dass die Dimensionen des Wahlangebots und damit der institutionelle Aufbau des Regimes kohärent sind.

Schließlich deuten die Ergebnisse darauf hin, dass Kooptation kein geeigneter Mechanismus ist, um politisches Vertrauen zu erklären. Während diese

Schlussfolgerung dem relativ groben Indikator geschuldet sein könnte, entspricht sie der mehrheitlichen Forschungsmeinung, dass Kooptation zwar ein zentraler Mechanismus der Machtsicherung, jedoch nicht entscheidend für die Vertrauensbildung und damit politische Legitimität ist (siehe auch Lust-Okar 2006, S. 460). Damit stützt unsere Studie die theoretische Annahme, dass es sich bei Legitimation und Kooptation um unterschiedliche Überlebensstrategien autoritärer Regime handelt (Gerschewski 2013). Da Wahlen jedoch sowohl zur Legitimation als auch Kooptation eingesetzt werden können, bleibt offen, wann sie eher der einen oder anderen Strategie dienen und welche Folgen sich hieraus für die Regimepersistenz ergeben.

Obgleich die vorliegende Studie wichtige Erkenntnisse hinsichtlich der Generierung politischen Vertrauens in Autokratien bringt, lässt sie einige Fragen offen. So wurde im Rahmen der Analysen ein relativ simpler Indikator für politische Repräsentation vorgeschlagen, welcher das Wahlangebot auf zwei sehr grobe Dimensionen reduziert, nämlich die Zulassung politischer Opposition und die Existenz von Parteienpluralismus. Es fällt nicht schwer, auf eine Vielzahl weiterer Faktoren zu kommen, welche das Wahlangebot und damit politische Repräsentation beeinflussen könnten, wie die Intensität des Parteienwettbewerbs, das Verhältnis zwischen inkludierter und exkludierter Opposition, den Grad der Parteiensysteminstitutionalisierung oder das Vorhandensein eines parteiprogrammatischen Angebots. Außerdem bleibt offen, welche Wirkung der hier vorgeschlagene Mechanismus in Bezug auf andere Typen von Wahlen wie etwa Lokal- oder Präsidentschaftswahlen hat und ob sich Übertragungseffekte auf nicht-repräsentative Regimeinstitutionen wie das Militär oder die Judikative beobachten lassen. Angesichts der Tatsache, dass heutzutage beinahe alle existierenden Autokratien Wahlen organisieren (Schedler 2013), stellen diese und weitere Fragen eine vielversprechende Forschungsperspektive für die vergleichende Legitimitätsforschung dar.

Literatur

Albrecht, H., und R. Frankenberger. 2011. Die „dunkle Seite" der Macht. Stabilität und Wandel autoritärer Regime. In *Autoritäre Regime. Herrschaftsmechanismen, Legitimationsstrategien, Persistenz und Wandel*, Hrsg. H. Albrecht, R. Frankenberger, und S. Frech, 17–45. Schwalbach: Wochenschau.

Albrecht, H., und O. Schlumberger. 2004. „Waiting for Godot". Regime change without democratization in the Middle East. *International Political Science Review* 25 (4): 371–392.

Aldrich, J.H. 1995. *Why parties? The origin and transformation of political parties in America*. Chicago: University of Chicago Press.

Almond, G.A., und S. Verba. 1963. *The civic culture. Political attitudes and democracy in five nations*. Princeton: Princeton University Press.

Anderson, C.J., und M.M. Singer. 2008. The sensitive left and the impervious right. Multilevel models and the politics of inequality, ideology, and legitimacy in Europe. *Comparative Political Studies* 41 (4–5): 564–599.

Bueno de Mesquita, B., A. Smith, R.M. Siverson, und J.D. Morrow. 2003. *The logic of political survival*. Cambridge: MIT Press.

Bunce, V.J., und S.L. Wolchik. 2010. Defeating dictators. Electoral change and stability in competitive authoritarian regimes. *World Politics* 62 (1): 43–86.

Burnell, P. 2006. Autocratic opening to democracy. Why legitimacy matters. *Third World Quarterly* 27 (4): 545–562.

Cingranelli, D. L., D. L. Richards, und K. C. Clay. 2014. The CIRI human rights dataset. http://www.humanrightsdata.com. Zugegriffen 26. Okt. 2016.

Citrin, J. 1974. Comment. The political relevance of trust in government. *American Political Science Review* 68 (3): 973–988.

de Miguel, C., A.A. Jamal, und M. Tessler. 2015. Elections in the Arab world. Why do citizens turn out? *Comparative Political Studies* 48 (11): 1355–1388.

Diamond, L. 1999. *Developing democracy. Toward consolidation*. Baltimore: Johns Hopkins University Press.

Duverger, M. 1972. *Party politics and pressure groups. A comparative introduction*. New York: Crowell.

Easton, D. 1965. *A systems analysis of political life*. Chicago: University of Chicago Press.

Easton, D. 1975. A re-assessment of the concept of political support. *British Journal of Political Science* 5 (4): 435–457.

Edwards, B., M.W. Foley, und M. Diani, Hrsg. 2001. *Beyond Tocqueville. Civil society and the social capital debate in comparative perspective*. Hanover: University Press of New England.

Fjelde, H., und I. de Soysa. 2009. Coercion, co-optation, or cooperation? State capacity and the risk of civil war, 1961–2004. *Conflict Management and Peace Science* 26 (1): 5–25.

Fuchs, D., O.W. Gabriel, und K. Völkl. 2002. Vertrauen in politische Institutionen und politische Unterstützung. *Österreichische Zeitschrift für Politikwissenschaft* 31 (4): 427–450.

Gandhi, J. 2008. *Political institutions under dictatorship*. New York: Cambridge University Press.

Gandhi, J., und E. Lust-Okar. 2009. Elections under authoritarianism. *Annual Review of Political Science* 12:403–422.

Geddes, B. 2006. Why parties and elections in authoritarian regimes? University of California, Los Angeles. Unveröffentlichtes Manuskript.

Geddes, B., und J. Zaller. 1989. Sources of popular support for authoritarian regimes. *American Journal of Political Science* 33 (2): 319–347.

Geddes, B., J. Wright, und E. Frantz. 2014. Autocratic breakdown and regime transitions. A new data set. *Perspectives on Politics* 12 (2): 313–331.

Gerschewski, J. 2013. The three pillars of stability. Legitimation, repression, and co-optation in autocratic regimes. *Democratization* 20 (1): 13–38.

Gerschewski, J., W. Merkel, A. Schmotz, C.H. Stefes, und D. Tanneberg. 2012. Warum überleben Diktaturen? *Politische Vierteljahresschrift Sonderheft* 47:106–131.

Greene, K.F. 2010. The political economy of authoritarian single-party dominance. *Comparative Political Studies* 43 (7): 807–834.

Gross, C., und P. Kriwy. 2009. Kleine Fallzahlen in der empirischen Sozialforschung. In *Klein aber fein! Quantitative empirische Sozialforschung mit kleinen Fallzahlen*, Hrsg. P. Kriwy und C. Gross, 9–21. Wiesbaden: VS Verlag.

Hetherington, M.J. 1998. The political relevance of political trust. *American Political Science Review* 92 (4): 791–808.

Hibbing, J.R., und E. Theiss-Morse. 1995. *Congress as public enemy. Public attitudes toward American political institutions*. New York: Cambridge University Press.

Hyde, S.D., und N. Marinov. 2012. Which elections can be lost? *Political Analysis* 20 (2): 191–210.

Jensen, N., E. Malesky, und S. Weymouth. 2014. Unbundling the relationship between authoritarian legislatures and political risk. *British Journal of Political Science* 44 (3): 655–684.

Kaase, M. 1999. Interpersonal trust, political trust and non-institutionalised political participation in Western Europe. *West European Politics* 22 (3): 1–21.

Kalandadze, K., und M.A. Orenstein. 2009. Electoral protests and democratization. Beyond the color revolutions. *Comparative Political Studies* 42 (11): 1403–1425.

Kennedy, J.J. 2009. Legitimacy with Chinese characteristics. "Two increases, one reduction". *Journal of Contemporary China* 18 (60): 391–395.

Kotzian, P. 2011. Public support for liberal democracy. *International Political Science Review* 32 (1): 23–41.

Kuran, T. 1995. *Private truths, public lies. The social consequences of preference falsification*. Cambridge: Harvard University Press.

Lipset, S.M. 1961. *Political man. The social bases of politics*. Baltimore: Johns Hopkins University Press.

Lipset, S.M., und W. Schneider. 1983. The decline of confidence in American institutions. *Political Science Quarterly* 98 (3): 379–402.

Lipset, S.M., und W. Schneider. 1987. The confidence gap during the Reagan years, 1981–1987. *Political Science Quarterly* 102 (1): 1–23.

Lust-Okar, E. 2005. *Structuring conflict in the Arab world. Incumbents, opponents, and institutions*. New York: Cambridge University Press.

Lust-Okar, E. 2006. Elections under authoritarianism. Preliminary lessons from Jordan. *Democratization* 13 (3): 456–471.

Ma, D., und F. Yang. 2014. Authoritarian orientations and political trust in East Asian societies. *East Asia* 31:323–341.

Magaloni, B. 2006. *Voting for autocracy. Hegemonic party survival and its demise in Mexico*. New York: Cambridge University Press.

Malesky, E., und P. Schuler. 2010. Nodding or needling. Analyzing delegate responsiveness in an authoritarian parliament. *American Political Science Review* 104 (3): 482–502.

Manion, M. 2015. *Information for autocrats. Representation in Chinese local congresses*. New York: Cambridge University Press.

Marshall, M. G., und K. Jaggers. 2016. Polity IV project. Political regime characteristics and transitions, 1800–2015. http://www.systemicpeace.org/inscrdata.html. Zugegriffen 26. Okt. 2016.

McAllister, I. 1999. The economic performance of governments. In *Critical citizens. Global support for democratic government*, Hrsg. P. Norris, 188–203. Oxford: Oxford University Press.

Miller, A.H. 1974. Political issues and trust in government, 1964–1970. *American Political Science Review* 68 (3): 951–972.

Miller, A.H., und O. Listhaug. 1990. Political parties and confidence in government. A comparison of Norway, Sweden and the United States. *British Journal of Political Science* 20 (3): 357–386.

Miller, A., und O. Listhaug. 1999. Political performance and institutional trust. In *Critical citizens. Global support for democratic government*, Hrsg. P. Norris, 204–216. Oxford: Oxford University Press.

Mishler, W., und R. Rose. 2001. What are the origins of political trust? Testing institutional and cultural theories in post-communist societies. *Comparative Political Studies* 34 (1): 30–62.

Mishler, W., und R. Rose. 2005. What are the political consequences of trust? A test of cultural and institutional theories in Russia. *Comparative Political Studies* 38 (9): 1050–1078.

Newton, K., und P. Norris. 2000. Confidence in public institutions. Faith, culture, or performance? In *Disaffected democracies. What's troubling the trilateral countries?*, Hrsg. S.J. Pharr und R.D. Putnam, 52–73. Princeton: Princeton University Press.

Nohlen, D. 2014. *Wahlrecht und Parteiensystem. Zur Theorie und Empirie der Wahlsysteme*. Bonn: Bundeszentrale für Politische Bildung.

Norris, P. 1999. Introduction. The growth of critical citizens? In *Critical citizens. Global support for democratic government*, Hrsg. P. Norris, 1–28. Oxford: Oxford University Press.

Norris, P. 2003. Do institutions matter? The consequences of electoral reform for political participation. In *Rethinking the vote. The politics and prospects of American election reform*, Hrsg. A.N. Crigler, M.R. Just, und E.J. McCaffery, 133–150. New York: Oxford University Press.

Offe, C. 1999. How can we trust our fellow citizens? In *Democracy and trust*, Hrsg. M.E. Warren, 42–87. New York: Cambridge University Press.

Park, C.-M. 1991. Authoritarian rule in South Korea. Political support and governmental performance. *Asian Survey* 31 (8): 743–761.

Parry, G. 1976. Trust, distrust and consensus. *British Journal of Political Science* 6 (2): 129–142.

Porter, M. E., und S. Stern. 2016. Social progress index 2016. Social progress imperative. http://www.socialprogressimperative.org/publication/. Zugegriffen 23. Feb. 2018.

Powell, G.B. 2000. *Elections as instruments of democracy. Majoritarian and proportional visions*. New Haven: Yale University Press.

Pravda, A. 1978. Elections in communist party states. In *Elections without choice*, Hrsg. G. Hermet, R. Rose, und A. Rouquié, 169–195. London: Palgrave Macmillan.

Przeworski, A., M.E. Alvarez, J.A. Cheibub, und F. Limongi. 2000. *Democracy and development. Political institutions and well-being in the world, 1950–1990*. New York: Cambridge University Press.

Putnam, R.D. 1993. The prosperous community. Social capital and public life. *American Prospect* 13:35–42.

Regimeperformanz und politisches Vertrauen in Autokratien 345

Putnam, R.D. 2000. *Bowling alone. The collapse and revival of American community*. New York: Simon & Schuster.

Rivetti, P., und F. Cavatorta. 2017. Functions of political trust in authoritarian settings. In *Handbook on political trust*, Hrsg. S. Zmerli und T.W.G. van der Meer, 53–68. Cheltenham: Elgar.

Rogowski, R. 1974. *Rational legitimacy. A theory of political support*. Princeton: Princeton University Press.

Rose, R. 1978. Is choice enough? Elections and political authority. In *Elections without choice*, Hrsg. G. Hermet, R. Rose, und A. Rouquié, 196–212. London: Palgrave Macmillan.

Schedler, A. 2002. The menu of manipulation. *Journal of Democracy* 13 (2): 36–50.

Schedler, A. 2006. The logic of electoral authoritarianism. In *Electoral authoritarianism. The dynamics of unfree competition*, Hrsg. A. Schedler, 1–23. Boulder: Rienner.

Schedler, A. 2013. *The politics of uncertainty. Sustaining and subverting electoral authoritarianism*. Oxford: Oxford University Press.

Schmidt, M.G. 2014. Legitimation durch Performanz? Zur Output-Legitimität in Autokratien. In *Ideokratien im Vergleich. Legitimation – Kooptation – Repression*, Hrsg. U. Backes und S. Kailitz, 297–312. Göttingen: Vandenhoeck & Ruprecht.

Schmotz, A. 2017. Defekte Autokratie. In *Demokratie, Diktatur, Gerechtigkeit. Festschrift für Wolfgang Merkel*, Hrsg. A. Croissant, S. Kneip, und A. Petring, 593–618. Wiesbaden: Springer VS.

Schnakenberg, K.E., und C.J. Fariss. 2014. Dynamic patterns of human rights practices. *Political Science Research and Methods* 2 (1): 1–31.

Schnaudt, C. 2013. Politisches Vertrauen. In *Politik im Kontext: Ist alle Politik lokale Politik? Individuelle und kontextuelle Determinanten politischer Orientierungen*, Hrsg. J.W. van Deth und M. Tausendpfund, 297–328. Wiesbaden: Springer VS.

Schneider, I. 2017. Can we trust measures of political trust? Assessing measurement equivalence in diverse regime types. *Social Indicators Research* 133 (3): 963–984.

Schubert, G. 2009. Village elections, citizenship and regime legitimacy in contemporary rural China. In *Regime legitimacy in contemporary China. Institutional change and stability*, Hrsg. T. Heberer und G. Schubert, 55–78. London: Routledge.

Shi, T. 2001. Cultural values and political trust. A comparison of the People's Republic of China and Taiwan. *Comparative Politics* 33 (4): 401–419.

Svolik, M.W. 2012. *The politics of authoritarian rule*. New York: Cambridge University Press.

Tang, M., und N. Huhe. 2016. The variant effect of decentralization on trust in national and local governments in Asia. *Political Studies* 64 (1): 216–234.

Teorell, J., S. Dahlberg, S. Holmberg, B. Rothstein, A. Khomenko, und R. Svensson. 2016. The quality of government standard dataset, version Jan16. http://qog.pol.gu.se/data/datadownloads/qogstandarddata. Zugegriffen 26. Okt. 2016.

Tucker, J.A. 2007. Enough! Electoral fraud, collective action problems, and post-communist colored revolutions. *Perspectives on Politics* 5 (3): 535–551.

Urbinati, N., und M.E. Warren. 2008. The concept of representation in contemporary democratic theory. *Annual Review of Political Science* 11:387–412.

van der Meer, T.W.G. 2017. Democratic input, macroeconomic output and political trust. In *Handbook on political trust*, Hrsg. S. Zmerli und T.W.G. van der Meer, 270–284. Cheltenham: Elgar.

Weltbank. 2016. World development indicators. http://databank.worldbank.org/data/reports.aspx?source=world-development-indicators. Zugegriffen 26. Okt. 2016.

Weßels, Bernhard. 2017. Embedded democracy, politischer Prozess und demokratische Legitimität. In *Demokratie, Diktatur, Gerechtigkeit. Festschrift für Wolfgang Merkel*, Hrsg. A. Croissant, S. Kneip, und A. Petring, 157–178. Wiesbaden: Springer VS.

Wong, T.K., P. Wan, und H.M. Hsiao. 2011. The bases of political trust in six Asian societies. Institutional and cultural explanations compared. *International Political Science Review* 32 (3): 263–281.

Yang, Q., und W. Tang. 2010. Exploring the sources of institutional trust in China. Culture, mobilization, or performance? *Asian Politics & Policy* 2 (3): 415–436.

Zhao, D. 2009. The mandate of heaven and performance legitimation in historical and contemporary China. *American Behavioral Scientist* 53 (3): 416–433.

Zhu, Y. 2011. "Performance legitimacy" and China's political adaptation strategy. *Journal of Chinese Political Science* 16 (2): 123–140.

Multiple Legitimationsstrategien autoritärer Regime

Das Zusammenspiel internationaler Akteure und innerstaatlicher Legitimationsstrategien während der Wahlen in Burundi 2015

Filip De Maesschalck und Sergio Gemperle

> **Zusammenfassung**
>
> Neuere Forschung zu Legitimität verweist auf die Relevanz verschiedener Strategien mit deren Hilfe autoritäre Regime versuchen sich zu legitimieren. Bislang konzentrierte sich diese Forschung auf innerstaatliche Legitimationsstrategien, wobei die Anerkennung respektive Aberkennung von Legitimität durch internationale Akteure vernachlässigt wurde. In diesem Kapitel argumentieren wir jedoch, dass in der Analyse von Legitimationsstrategien das

---

Filip De Maesschalck ist Foreign Service Officer beim belgischen Außenministerium und Doktorand am Institute of Development Policy (IOB) der Universität Antwerpen. Die im Artikel getroffenen Aussagen geben die Ansichten des Autors wieder und repräsentieren nicht die institutionellen Positionen seiner Arbeitgeber.

Sergio Gemperle ist Doktorand am Fachbereich Politikwissenschaft der Universität Basel. Diese Arbeit wurde unterstützt durch ein Stipendium des Schweizerischen Nationalfonds zur Förderung der Wissenschaft (Projekt-Nr. P0BSP1_148859).

F. De Maesschalck (✉)
Institute of Development Policy (IOB), Universiteit Antwerpen, Antwerpen, Belgien
E-Mail: filip.demaesschalck@uantwerpen.be

S. Gemperle
Fachbereich Politikwissenschaft, Universität Basel, Basel, Schweiz
E-Mail: sergio.gemperle@unibas.ch

© Springer Fachmedien Wiesbaden GmbH, ein Teil von Springer Nature 2019
C. Wiesner und P. Harfst (Hrsg.), *Legitimität und Legitimation,* Vergleichende Politikwissenschaft, https://doi.org/10.1007/978-3-658-26558-8_12

Zusammenspiel von innerstaatlichen und internationalen (De)Legitimationsdynamiken betrachtet werden muss. Entsprechend gehen wir in diesem Kapitel folgenden, die Forschung leitende Annahmen für autoritäre Regime nach. Erstens: Im Umgang mit autoritären Regimen werden Fragen der Legitimität und Legitimation lokaler Regime durch internationale Akteure untergeordnet behandelt. Zweitens: Durch ihren Einfluss auf autoritäre Legitimationsstrategien können internationale Akteure ungewollt zur Konsolidierung autoritärer Regime beitragen. Diese Annahmen beziehen sich auf die übergeordnete Forschungsfrage, inwiefern und mit welchem Effekt Legitimationsdynamiken autoritäre Legitimationsstrategien beeinflussen. Dieses Kapitel adressiert diese Fragen anhand der verschiedenen Legitimationsdynamiken vor, während und nach den Wahlen 2015 in Burundi. Wie das Beispiel Burundis zeigt, können internationale Akteure ein Regime durch ihre Intervention stärken. Paradoxerweise geschieht dies nicht nur durch Regime-legitimierende Strategien, sondern auch durch delegitimierende Aktivitäten. Daraus ergibt sich für internationale Akteure die Notwendigkeit, Legitimationsstrategien von Regierungen besser zu analysieren um deren strategische Adaption an legitimierende oder delegitimierende Aktivitäten zu antizipieren.

1 Einleitung

Im letzten Jahrzehnt entwickelte sich fragile Staatlichkeit zu einem zentralen Thema der internationalen Beziehungen.[1] Fragile Staaten werden aus zwei Hauptgründen als relevant betrachtet. Einerseits werden fragile Staaten als unberechenbare Gefahrenquellen für die innerstaatliche, regionale und globale Sicherheit betrachtet. Andererseits stellt staatliche Fragilität ein entscheidendes Hindernis für die Umsetzung der 17 Ziele für nachhaltige Entwicklung der Vereinten Nationen dar. Die Organisation für wirtschaftliche Zusammenarbeit und Entwicklung (OECD 2016, S. 77) schätzt, dass im Jahr 2016 rund 1,6 Mrd. Menschen in fragilen Staaten lebten und dass diese Zahl bis 2050 auf 3 Mrd. ansteigen wird. Im Hinblick auf diese Herausforderungen sind

---

[1]Staatliche Fragilität wird nicht einheitlich definiert. Dieses Kapitel folgt der Definition der OECD (2010, S. 15): „State fragility is […] defined as a lack of capacity to perform basic state functions, where ‚capacity' encompasses (a) organisational, institutional and financial capacity to carry out basic functions of governing a population and territory, and (b) the state's ability to develop mutually constructive and reinforcing relations with society."

Friedenskonsolidierung *(peacebuilding)* und Staatsaufbau *(statebuilding)* zu wichtigen Zielen des internationalen Engagements in fragilen Staaten geworden. Ein Hauptgegenstand in der wissenschaftlichen Debatte zu Friedenskonsolidierung und Staatsaufbau – zwei in der Praxis oft nicht scharf getrennte Formen des internationalen Engagements (Balthasar 2017) – bezieht sich auf die drei Hauptdimensionen fragiler Staatlichkeit: Autorität, Kapazität und Legitimität (Grävingholt et al. 2012; Tikuisis et al. 2015; Stewart und Brown 2010). Dem Vorbild liberaler Staaten folgend, beschäftigen sich Interventionen internationaler Akteure in fragilen Staaten vorwiegend mit der Stärkung staatlicher Autorität durch rechtsstaatliche, demokratische Reformen und staatlicher Kapazität durch sozio-ökonomische Entwicklungszusammenarbeit. Die Dimension der staatlichen Legitimität wird in den internationalen Policy-Debatten jedoch bedeutend weniger beachtet. Dieser überproportionale Fokus auf Autorität und Kapazität führte zu substanzieller Kritik speziell auch in der Literatur zu „hybriden politischen Ordnungen". Diese Literatur, die ein weniger normatives und weniger staatszentriertes Konzept von Fragilität vertritt, fokussiert insbesondere auf die Dimension der Legitimität und kritisiert dabei das reduktionistische Verständnis von Staatsaufbau als die Schaffung neuer staatlicher Institutionen (Boege 2014; Hagmann und Péclard 2010; Lemay-Hébert 2009, 2012).[2] Vielmehr wird argumentiert, dass staatliche Legitimität nicht nur auf die institutionelle Stärke des Staates bezogen ist sondern auch auf die komplexe soziopolitische Kohäsion zwischen dem Staat und seinen Bürgerinnen und Bürgern (Lemay-Hébert 2009, S. 22). Diese Argumentation impliziert, dass Staatsaufbau nicht als rein technokratischer und international gestützter Topdown-Prozess zu verstehen ist, sondern vielmehr als lokal verwurzelte Praxis des Staatsaufbaus, die das Potenzial und die Herausforderungen seitens lokaler Akteure und Institutionen mit einbezieht (Lemay-Hébert 2009; Mac Ginty 2010, 2013).

Staatliche Fragilität wird oft mit bestimmten Regimetypen in Verbindung gebracht, insbesondere mit hybriden Regimen. Hybride Regime kombinieren demokratische sowie autokratische Elemente politischer Systeme (Hale 2011, S. 34).[3] Die OECD (2016, S. 78) zählt, dass von insgesamt 56 fragilen Staaten

---

[2]Teil der Kritik zielte auf den im vorherrschenden Diskurs propagierten Weg zu erfolgreichem Staatsaufbau, der auf den Aufbau neuer staatlicher Institutionen fokussiert *(institutional engineering)*. Die diesem Ansatz zu Grunde liegende normative Behauptung ist, dass Staatsaufbau durch *institutional engineering* fragilen Staaten die Annäherung an den Weberschen Idealstaat nach westlichem Vorbild ermöglicht (Hagmann und Péclard 2010).

[3]Hybride Regime als Regimetyp sind nicht unumstritten. Z. B. kritisieren Mazepus et al. (2016, S. 352) dass die Kategorie sehr weit gefasst ist und entsprechend unterschiedliche Regime beinhalten kann.

17 ein hybrides und 29 ein autoritäres Regime haben. Letztere spiegeln die über die letzten Jahrzehnte beobachtete Resilienz autoritärer Regime wider (z. B. Bader und Faust 2014; Hagmann und Reyntjens 2016). Die erwähnte Kritik, dass die Dimension staatlicher Legitimität in Prozessen des Staatsaufbaus zu wenig beachtet wird, trifft auch auf den Umgang mit autoritären Regimen zu. So betont neuere Literatur der eigenständigen Forschung zu autoritären Regimen in ähnlicher Weise die Relevanz von Legitimität. Dabei gilt, dass Autoritarismus und Legitimität nicht zwingend gegensätzlich sind (siehe auch die Diskussion in den Beiträgen von Wiesner und Harfst in diesem Band; Buzogany et al. in diesem Band; Inkinen und Thyen in diesem Band). Christian von Haldenwang (2017, S. 270) unterscheidet zwischen (normativer) Legitimität und Strategien zur Legitimation eines Regimes: „although not every political order is *legitimate*, at least every political order attempts to *legitimize* itself". Hier stehen Legitimationsstrategien und damit einhergehende Prozesse im Vordergrund, d. h. von autoritären Regimen eingesetzte Mechanismen zur Umsetzung von Strategien mit dem Ziel, ihre Machtposition zu konsolidieren (Burnell 2006; Dukalskis und Gerschewski, 2017; Gerschewski 2013; Mazepus et al. 2016; von Soest und Grauvogel 2017). Autoritäre Regime greifen nicht ausschließlich auf Unterdrückung und Kooptation zurück, um politisch zu bestehen, sondern berufen sich ebenfalls auf ihre Legitimität, die sich aus unterschiedlichen Quellen speist (Gerschewski 2013; siehe auch Buzogany et al. in diesem Band; sowie Inkinen und Thyen in diesem Band). Sie setzen gezielt Legitimationsstrategien ein, um Legitimität zu akquirieren. Bislang konzentrierte sich die entsprechende Forschung auf innerstaatliche Legitimationsstrategien, wobei theoretisch sowie empirisch die Anerkennung respektive Aberkennung von staatlicher Legitimität durch internationale Akteure und ihr Zusammenspiel mit Legitimationsstrategien lokaler Regierungen vernachlässigt wurde. Dieses Zusammenspiel wird hier als Legitimationsdynamiken definiert.

Entsprechend untersuchen wir in diesem Kapitel folgende Annahmen in Bezug auf autoritäre Regime: Die erste bezieht sich auf die Kritik aus der Literatur zu hybriden politischen Ordnungen wonach die Dimension der Legitimität in der Analyse und Praxis des Staatsaufbaus vernachlässigt wird. Dieselbe Kritik lässt sich auf den Umgang mit autoritären Regimen anwenden: Im Umgang mit autoritären Regimen werden Fragen der Legitimität und Legitimation lokaler Regime durch internationale Akteure untergeordnet behandelt. Die zweite Annahme stützt sich auf die Literatur zu autoritären Regimen, die betont, dass internationale Unterstützung ein Regime stärkt: Durch ihren Einfluss auf autoritäre Legitimationsstrategien können internationale Akteure ungewollt zur Konsolidierung autoritärer Regime beitragen.

Multiple Legitimationsstrategien autoritärer Regime

Diese Annahmen beziehen sich auf die übergeordnete Forschungsfrage, inwiefern und mit welchem Effekt Legitimationsdynamiken autoritäre Legitimationsstrategien beeinflussen. Anders formuliert: Wie beeinflussen internationale Akteure autoritäre Legitimationsstrategien und welchen Effekt hat dies auf die Konsolidierung der autoritären Regime?

Dieses Kapitel adressiert diese Fragen anhand der verschiedenen Legitimationsdynamiken vor, während und nach der Wahlen 2015 in Burundi und bezieht sich dazu auf offizielle Pressedokumente sowie Interviews mit Repräsentantinnen und Repräsentanten der Europäischen Union (EU), ihrer Mitgliedsstaaten und anderen internationalen Akteuren. Der erste Teil des Kapitels diskutiert die neuere Forschung zu Legitimationsstrategien autoritärer Staaten mit Bezug auf deren Interaktion mit internationalen Akteuren. In diesem Teil werden ebenfalls autoritäre Legitimationsstrategien vorgestellt, die in den folgenden Teilen am Beispiel Burundi diskutiert werden. Der zweite Teil behandelt die erste Annahme und schildert den Hintergrund der Krise, die sich vor, während und nach den Wahlen 2015 in Burundi entwickelte, und beschreibt, inwiefern sie als eine innerstaatliche Legitimitätskrise aufgefasst werden kann. Anhand der zweiten Annahme fokussiert der dritte Teil des Kapitels auf die gegenseitigen (De)Legitimationsdynamiken zwischen internationalen Akteuren und der dominanten Regierungspartei in Burundi.

2 Autoritäre Legitimationsstrategien und ihre dynamische Interaktion mit internationalen Akteuren

Wie Dukalskis und Gerschewski (2017) bemerken, bezog sich die Forschung zu Autoritarismus anfangs der 2000er Jahre wenig bis gar nicht auf Fragen der Legitimation. Vielmehr versuchte diese Forschung, die zunehmend beobachtete Stabilität und Beständigkeit autoritärer Regime anhand von Mechanismen der Unterdrückung und der Kohäsion innerhalb von Eliten zu erklären. Erst seit kurzem erhält die Analyse von Strategien, die autoritäre Regime anwenden, um sich zu legitimieren, erhöhte Aufmerksamkeit. Dukalskis und Gerschewski (2017) unterscheiden vier Mechanismen autoritärer Legitimation: Indoktrination, Passivität, Performanz, und demokratisch-prozedurale Mechanismen. Während alle vier Mechanismen in unterschiedlich starker Ausprägung in modernen autoritären Regimen beobachtet werden können, betonen die Autoren, dass die vorherrschenden Mechanismen sich entsprechend der Entwicklungen autoritärer Regime über die Zeit verändert haben: von totalitären Regimen (Indoktrination) über Militärregime (Passivität und Performanz) zu den jüngst als hybrid bezeichneten Regimen, die Elemente autoritärer und demokratischer Herrschaft kombinieren (demokratisch-prozedural). Das primäre definitorische Element hybrider Regime ist, dass sie Mehrparteienwahlen mit eingeschränktem Wettbewerb organisieren, um dem autoritären Machthaber den Anschein demokratischer Legitimität zu verleihen (Dukalskis und Gerschewski 2017, S. 257).

Ähnlich zu Dukalskis und Gerschewski differenzieren von Soest und Grauvogel (2017) autoritäre Legitimationsmechanismen anhand verschiedener Ansprüche auf Legitimität. Diese umfassen identitätsbasierte (Gründungsmythos, Ideologie, Personalismus), verfahrensbasierte, Performanz-basierte und auf internationalem Engagement basierte Ansprüche. Anhand einer quantitativen Analyse zeigen von Soest und Grauvogel (2017), dass sich isolationistische autoritäre Regime hauptsächlich auf identitätsbasierte Legitimitätsansprüche berufen, während sich hybride Regime vorwiegend auf verfahrensbasierte Legitimitätsansprüche beziehen. Die Studie zeigt zudem, dass sich beide genannten Regimetypen stark auf Legitimitätsansprüche berufen, die sich aus der Effektivität im Bedienen gesellschaftlicher Forderungen nach staatlichen Dienstleistungen ergeben (Performanz-basierte Ansprüche).

Wie bereits erwähnt, bleibt jedoch folgende Frage in der Literatur zur Legitimation autoritärer Regime unterbelichtet: wie und in welchem Ausmaß werden innerstaatliche Legitimationsstrategien durch internationale Akteure beeinflusst, und welche (De)Legitimationsdynamiken entstehen daraus? Obschon über die letzten Jahre vermehrt zu den internationalen Dimensionen autoritärer Herrschaft geforscht wurde, ist Forschung zur internationalen Interaktion mit innerstaatlichen autoritären Legitimationsstrategien beschränkt. Die Studie von von Soest und Grauvogel (2017), zum Beispiel, bezieht sich auf die internationale Dimension, indem lediglich die innerstaatliche Legitimation eines Regimes anhand seiner Rolle in der internationalen, globalen Politik beschrieben wird. Gleichzeitig erwähnen sie explizit, dass internationale Legitimität – definiert als die Anerkennung der Legitimität und Souveränität einer Regierung durch andere Staaten (OECD 2010, S. 8) – nicht berücksichtigt wird. Sie erfassen also nicht die Legitimationsdynamiken, die sich aus der Interaktion zwischen innerstaatlicher Legitimationsstrategien und internationaler Anerkennung ergeben.

Insbesondere in der Literatur zu hybriden politischen Ordnungen finden sich jedoch Argumente, wonach internationale Akteure die Strategien zum Machterhalt lokaler Regime beeinflussen. Während diese Literatur zwar hauptsächlich auf lokale Akteure fokussiert, argumentieren einige Autorinnen und Autoren, dass auch internationale Akteure mit einbezogen werden müssen (Boege 2014; Meagher et al. 2014). Sie argumentieren, dass internationale Akteure in fragilen

Multiple Legitimationsstrategien autoritärer Regime

Kontexten häufig vermittelnd auftreten. In dieser Hinsicht haben internationale Akteure erheblichen Einfluss auf die Prägung oder Gestaltung lokaler politischer Ordnungen. Volker Boege (2014), zum Beispiel, erweiterte die Analyse lokaler, hybrider politischer Ordnungen durch die Einbeziehung internationaler Akteure. Er beschreibt, wie diese Akteure die Legitimität und Legitimationsdynamiken in konfliktbetroffenen Staaten verstehen und auch selber beeinflussen. In diesem Rahmen spezifiziert Boege (2014, S. 239–240) internationale Legitimität als eine der entscheidenden Legitimationsquellen in fragilen Kontexten, die sich mit anderen Legitimationsquellen zur „hybriden Legitimität" einfügen.[4]

Auch die Literatur zu Autoritarismus enthält Argumente, die den Einfluss internationaler Akteure auf innerstaatliche Legitimationsstrategien hervorheben. Dabei kann unterschieden werden zwischen autoritären internationalen Akteuren und solchen, die sich der Förderung demokratischer Werte und Institutionen verschrieben haben. In Bezug auf die Letzteren ist eine Annahme, dass sich autoritäre Regime ihren Machterhalt nicht nur durch innerstaatliche Legitimität absichern, sondern auch internationale Legitimität anstreben (zum Beispiel durch Zusammenarbeit mit demokratischen Staaten). Aufgrund von Konditionalitäten für (finanzielle) Unterstützung, zeigen autoritäre Regime oft sogar eine gewisse Offenheit gegenüber demokratischen Reformen. Inwiefern die Motivation zur Demokratisierung genuin ist, hängt von Abwägungen zu verschiedenen Strategien des politischen Machterhalts ab. Die Forschung zu diesen Strategien ist jedoch beschränkt (Bader und Faust 2014, S. 580). In ähnlicher Weise ist noch wenig

---

[4]In seinem Artikel zur Friedenskonsolidierungs- und Staatsbildungsprozessen in Bougainville definiert Boege (2014, S. 239–240) hybride Legitimität als Legitimitätsansprüche basierend auf vier unterschiedlichen, verflochtenen Legitimationsquellen: i) internationale Legitimität, also Legitimität, die eine Regierung oder ein Staat von der internationalen Anerkennung der Souveränität und Kapazität, Sicherheit auf dem eigenen Hoheitsgebiet zu gewährleisten, ableitet; und ii) innerstaatliche Legitimität, die dem Glauben der Bürgerinnen und Bürger in das Recht der Regierung, zu regieren, entspricht. Innerstaatliche Legitimität wird wiederum von (a) Performanz-basierter Legitimität bestimmt, welche auf „Ergebnisse staatlichen Handelns" verweist, etwa Sicherheit, Wirtschaftsentwicklung oder das Gemeinwohl; und (b) prozessbasierter Legitimität, welche sich auf die Verfahren bezieht, gemäß denen eine Herrschaft ihr Recht zu regieren ableitet, etwa Wahlen oder vererbte Herrschaft. Zudem wird bei prozessbasierter Legitimität nach den drei Typen legitimer Herrschaft nach Max Weber weiter unterschieden zwischen rational-legaler, traditionaler und charismatischer Legitimität. Obwohl sie nicht deckungsgleich sind, überschneiden sich Boege's (2014) Legitimationsquellen mit den Mechanismen autoritärer Legitimation von Dukalskis und Gerschewski (2017) oder von Soest und Grauvogel (2017). Darin zeigt sich auch die konzeptuelle Ähnlichkeit von hybrider Legitimität und hybrider autoritärer Regime.

bekannt über die Beziehung zwischen internationaler Unterstützung und autoritärer Regierungsführung. Forschung zu dieser Beziehung deutet darauf hin, dass internationale Unterstützung im Sinne eines verstärkenden Faktors dazu beitragen kann, ein Regime zu stabilisieren und zu konsolidieren (siehe Bader und Faust 2014; Hagmann und Reyntjens 2016). Entsprechend können auch Akteure, die sich der Demokratieförderung verschreiben, eine ungewollte Rolle in Strategien lokaler Regime zu deren autoritären Machterhalt haben.

Anderseits verweist auch die Forschung zur Kooperation autoritärer Regime auf den Einfluss internationaler autoritärer Akteure. Kneuer und Demmelhuber (2016) unterscheiden zwischen beabsichtigten und unbeabsichtigten Mechanismen der Einflussnahme zwischen autoritären Regimen. Während erstere eine aktive und dezidierte Unterstützung voraussetzen beruhen letztere auf der Initiative lokaler Regime und deren Kapazität, andere autoritäre Ideologien, Institutionen oder Praktiken zu übernehmen. Insbesondere diese Prozesse der Adaption von Elementen anderer autoritärer Regime beziehen sich auf innerstaatliche Legitimationsstrategien. Zum Beispiel können aus autoritärer Kooperation Lernprozesse im Policy-Bereich resultieren, die mit neuen Strategien zum Optimieren Performanz-basierter Legitimation einhergehen. Auch Mechanismen ideologischer Diffusion können in angepasste identitätsbasierte Legitimationsstrategien münden (Kneuer und Demmelhuber 2016, S. 788). Diese letzteren Legitimationsstrategien werden oft durch einen antiwestlichen Diskurs begleitet (Burnell 2006; Mazepus et al. 2016).

Anhand der im nächsten Teil beschriebenen Wahlen 2015 in Burundi wird das Zusammenspiel internationaler und innerstaatlicher Legitimationsstrategien beschrieben und analysiert, wie internationale, demokratiefördernde Akteure innerstaatliche Legitimationsstrategien beeinflussen.

3 Burundi: Die politische Krise 2015 und die Bedeutung von Legitimität

3.1 Fallbeispiel Burundi

Als fragiler, stark Entwicklungshilfe-abhängiger[5] Post-Konflikt-Staat mit eindeutigen Tendenzen zum Autoritarismus eignet sich Burundi als Fallbeispiel für

---

[5]Der Anteil der Entwicklungshilfe am Staatsbudget stieg von 35 % im 2005 auf 51 % im 2007. Ungefähr auf diesem Niveau blieb der Anteil bis 2015 stabil und sank erst nach den Wahlen wieder auf 33 % (Government of Burundi; World Bank). Zwischen 2011 und 2014 war Burundi gemessen am BIP durchschnittlich der fünft grösste Empfänger von Entwicklungshilfe unter den fragilen Staaten (OECD 2016, S. 116).

Multiple Legitimationsstrategien autoritärer Regime 355

die Analyse der Legitimationsdynamiken besonders gut. Aufgrund verschiedener Faktoren kann Burundi als ein typischer Fall für die Analyse der eingangs erläuterten Annahmen betrachtet werden (Gerring 2008, S. 648–650). Einerseits kombiniert die politische Ordnung Burundis verschiedene Elemente demokratischer sowie autoritärer Regime und kann deshalb als hybrides Regime definiert werden. Dazu können eindeutige autoritäre Tendenzen ausgemacht werden, die von einem Wandel in den Legitimationsstrategien des Regimes begleitet werden. Anderseits verfügt Burundi seit Langem über eine starke Präsenz internationaler Akteure. Diese Akteure hatten auch während der erfolgreichen Friedensverhandlungen sowie in der darauffolgenden Transitionsphase einen markanten Einfluss auf die lokale Politik. Ein weiteres typisches Element am Fallbeispiel Burundi ist die (lange Zeit) unterschätzte Relevanz von Legitimität durch die internationalen Akteure. Erst mit der sich abzeichnenden Wahlkrise 2015 begannen die internationalen Akteure, sich vom zunehmend autoritären Regime abzuwenden.

3.2 Die politische Krise von 2015

Gemäß verschiedenen Indizes[6] zu fragiler Staatlichkeit ist Burundi ein fragiler Staat, der substanzielle Defizite hinsichtlich der drei Dimensionen Autorität, Kapazität und Legitimität aufweist (Mross 2015, S. 4). Burundis Fragilität geht auf den Bürgerkrieg zurück, der 1993 nach der Ermordung des ersten demokratisch gewählten Präsidenten, Melchior Ndadaye, ausbrach. Der Bürgerkrieg wurde zwischen der von den Tutsi dominierten Armee und Hutu-Rebellenbewegungen ausgefochten und dauerte über ein Jahrzehnt. Obwohl im Jahr 2000 ein international vermitteltes Friedensabkommen in Arusha unterzeichnet wurde, dauerte es acht weitere Jahre – drei Jahre länger als die vorgesehene Post-Konflikt-Transitionsphase – bis zur tatsächlichen Umsetzung des Abkommens mit der letzten bewaffneten Rebellenbewegung, der *Parti pour la Libération du Peuple Hutu – Forces Nationales de Libération* (Palipehutu-FNL).[7]

---

[6]Siehe z. B. OECD *States of Fragility* (OECD 2016) oder *Fragile States Index* (FSI) 2016 (siehe *Centre for Systemic Peace* Webseite). Beide rangieren Burundi unter den stark fragilen Staaten.

[7]Die Palipehutu-FNL wurde 1980 in Tansania gegründet. Die Parteinachfolgerin FNL wurde im April 2009 offiziell anerkannt.

Die ersten freien Parlamentswahlen nach der Transitionsphase führten Präsident Pierre Nkurunziza und seine Partei, die *Conseil National pour La Défense de la Démocratie – Forces pour La Défense de la Démocratie* (CNDD-FDD), im Jahr 2005 an die Macht. Die freien Wahlen verbreiteten Optimismus über Burundis Chancen zur Wiederherstellung von politischer Stabilität sowie gesellschaftlicher und wirtschaftlicher Entwicklung. Ab 2010 verschlechterte sich jedoch die politische Situation und damit einhergehend schwand der Optimismus bezüglich einer raschen wirtschaftlichen Erholung des Landes. Nach dem Sieg der CNDD-FDD bei den Kommunalwahlen 2010 und den darauffolgenden Vorwürfen des Wahlbetrugs entschied sich eine Mehrheit der politischen Opposition für den Boykott der anschließenden Parlaments- und Präsidentschaftswahlen. Dies erwies sich als verhängnisvolle politische Entscheidung, die zu einem Erdrutschsieg für die CNDD-FDD führte. Daraus resultierte eine de facto Einparteienherrschaft (Van Acker 2015; Vandeginste 2015b).

Im April 2015 verschärften sich die seit den Wahlen 2010 zunehmenden politischen Spannungen zu einer ernsten Krise. Die erneute Kandidatur des amtierenden Präsidenten Pierre Nkurunziza für eine hoch umstrittene dritte Amtzeit löste die Krise aus. Darauf folgte im Mai 2015 ein Militärputsch, der jedoch scheiterte und damit die Krise weiter beschleunigte und verschärfte. Die Krise betraf nun nicht mehr nur die Wahlen, sondern weitete sich auf staatliche Institutionen, die Sicherheit und humanitäre Lage sowie auf die Beziehungen mit internationalen Partnern aus (Vandeginste 2016). Trotz der sich verschlechternden Lage ging das Regime nicht auf den Vorschlag internationaler Vermittler ein, der vorsah die Parlamentswahlen zu verschieben.[8] Die Wahlen wurden schließlich von der CNDD-FDD gewonnen und Präsident Nkurunziza wurde im Juli 2015 wiedergewählt.

Die politische Krise 2015 entstand aus einer innerstaatlichen Legitimitätskrise. Während der ersten Jahre nach der Post-Konflikt-Transitionsphase genossen Nkurunziza und seine Partei CNDD-FDD eine hohe innerstaatliche Legitimität. Ihr „Recht zu regieren" wurde nicht ernsthaft angezweifelt. Erst nach den Wahlen 2010 wurde die Legitimität des Regimes zur Quelle zunehmender soziopolitischer Spannungen. Beide Seiten – die regierenden Parteien und die außerparlamentarische politische Opposition – bestanden darauf, dass ihre Interpretation der Wahlen legitim sei. Die beschriebene politische Krise resultierte aus dem Konflikt um diese Legitimitätsansprüche.

---

[8]Die internationalen Vermittler umfassten die Afrikanische Union, die *East African Community,* die *International Conference on the Great Lakes Region* und die Vereinten Nationen.

3.3 Die Entstehung der Legitimitätskrise

Die Entstehung der Legitimitätskrise wird folgend anhand des Legitimitätskonzepts von David Beetham (2013, S. 18–19) analysiert, wonach drei Dimensionen von Legitimitätskrisen unterschieden werden: als Krise hervorgehend aus angefochtener Legalität, aufgrund von öffentlicher Delegitimation und aufgrund eines zunehmenden Legitimitätsdefizites.[9]

Erstens: während der Wahlen 2015 spielten rechtliche Grundlagen eine wichtigere Rolle im politischen Diskurs als noch während der zwei vorhergehenden Wahlen 2005 und 2010. Die innerstaatlich und international geführte Kontroverse konzentrierte sich auf die Rechtmäßigkeit einer dritten Amtszeit Nkurunzizas. Die unter internationaler Vermittlung geführten Friedensverhandlungen und insbesondere das daraus resultierende Arusha-Abkommen vom August 2000 schloss eine dritte Amtszeit aus. Das Abkommen wurde von internationalen Akteuren mehrheitlich als vorrangiges, gesetzlich für die Wahlzulassung bindendes, Abkommen betrachtet. Stef Vandeginste (2015a, S. 626) beschreibt, dass „[t]hird-term opponents insisted that the Arusha Agreement prevailed over the constitution or that, at the very least, the constitution must be interpreted in light of the Arusha Agreement". Dieser Argumentation widersprach die CNDD-FDD Parteileitung. Um nochmal Vandeginste (2015b, S. 626) zu zitieren: „[t]hird-term supporters argued that the constitution was the supreme law of the country and that the Arusha Agreement was no more than one political deal in a series of peace accords." Die Regierungspartei berufte sich also auf die 2005 in Kraft getretene Verfassung als rechtlich verbindliche Gesetzesgrundlage für die Wahlen, nach deren Interpretation eine weitere Amtszeit Nkurunzizas legal gewesen wäre. Das Zerwürfnis weitete sich bald über die rhetorische Ebene hinaus aus, auf der strittig war, welche Gesetzesgrundlage für die Wahlen die rechtmäßige sei. Insbesondere diejenigen staatlichen Institutionen, die die Wahlen organisieren und regulieren

---

[9]Beetham (2013) unterscheidet drei Dimensionen der Legitimität: i) die Legalität oder Einhaltung von Regeln der Herrschenden, in Bezug darauf, ob die Herrschaft gemäß akzeptierter Regeln ausgeübt wird; ii) die Rechtfertigung dieser Regeln durch widerspiegeln gesellschaftlicher Normen und Wertvorstellungen; und iii) die Fähigkeit, demonstrativen Ausdruck des Einverständnisses zum Regelsystem von jenen, die ihm unterliegen, zu mobilisieren. Kontexte, in denen diese Dimensionen entweder schwach ausgeprägt sind oder fehlen, werden von Beetham als illegal definiert (im Gegensatz zur Regeleinhaltung), weisen ein Legitimitätsdefizit auf (im Gegensatz zur Rechtfertigung der Regeln) und/oder sind delegitimiert (im Gegensatz zum Ausdruck des Einverständnisses).

sollten, wurden als politisch beeinflusst kritisiert (siehe Vandeginste 2015b, S. 626; Vandeginste 2016, S. 57). So wurde zum Beispiel dem Verfassungsgericht nach dessen Bestätigung, dass eine dritte Amtszeit Nkurunzizas rechtmäßig sei, mangelnde Unabhängigkeit und Integrität vorgeworfen. Spätere Aussagen eines geflohenen Verfassungsrichters bestätigten die politische Einflussnahme. Ähnlich delegitimierend für die nationale Wahlkommission (*Commission électorale nationale indépendante,* CENI) waren zwei Aussagen von ehemaligen Mitarbeitern, in denen sie angaben, ebenfalls wegen des politischen Drucks geflohen zu sein. Genauso kritisiert wurde die Strategie der CNDD-FDD, nicht konforme Teile der Opposition juristisch zu unterdrücken. Diese Strategie – auch *„Nyakurisation"* genannt – zielte darauf, den der CNDD-FDD nicht loyal gegenüberstehenden Flügel von Oppositionsparteien rechtlich zu delegitimieren (Hirschy und Lafont 2015, S. 179–181; Vandeginste 2015b, S. 625).[10] Eine Mehrheit der politischen Parteien war von dieser Strategie der teilweisen Kooptation und entsprechenden Spaltung in regimefreundliche und opponierende Fraktionen betroffen. Zusätzlich verabschiedete das von der CNDD-FDD dominierte Parlament neue Gesetze, die Medienfreiheit und Bürgerrechte einschränkten und ebenfalls die gesellschaftliche Opposition rechtlich zu delegitimieren versuchten.

Die zweite Dimension einer Legitimitätskrise nach Beetham (2013, S. 19) – Delegitimation durch öffentlich artikulierten Dissens – manifestierte sich in zivilen Protesten gegen Nkurunzizas Kandidatur vor den Wahlen. Diese größtenteils friedlichen Proteste wurden vom Regime hart unterdrückt. Das Resultat dieser Repressionen waren etliche Tote bei Protesten, erhebliche Menschenrechtsverletzungen und eine Welle von Geflüchteten in den Nachbarstaaten Burundis. Im Kontext Burundis ist diese öffentlich bekundete Delegitimation aus zwei Gründen relevant. Einerseits sind diese Straßenproteste signifikant, da Burundi keine Tradition des offenen Volksprotestes kannte (Alfieri 2016; Van Acker 2015).[11] Anderseits sind öffentliche Legitimations- bzw. Delegitimationsbekundungen stark symbolisch konnotiert. Innerstaatliche Proteste gegen Nkurunzizas Kandidatur für eine dritte Amtszeit sollten aus diesem Blickwinkel betrachtet werden.

---

[10]*„Nyakurisation"* ist eine Wortkreation angelehnt an den Begriff *„nyakuri"* aus der Kirundi Sprache (Hirschy und Lafont 2015, S. 180).

[11]Das relativ neue Phänomen des öffentlichen Protestes erklärt auch warum private Medien, die vom Regime als mächtige Facilitatoren von Protesten betrachtet werden, zunehmend Opfer von Einschüchterungsmaßnahmen und Schikanen wurden (Frère 2016, S. 138). Nach dem gescheiterten Putsch im Mai 2015 wurden die privaten Medien weitgehend entmachtet und ihre Geschäftsstellen geschlossen oder zerstört.

Während die Proteste in erster Linie Unmut hinsichtlich der Kandidatur für eine dritte Amtszeit wiederspiegelten, waren sie gleichzeitig Ausdruck mangelnder wirtschaftlicher und gesellschaftlicher Perspektiven (Van Acker 2015, S. 7). Obwohl die CNDD-FDD anfänglich aufgrund sozialpolitischer Errungenschaften wie kostenloser Grundschulbildung und Gesundheitsversorgung für Schwangere und Kleinkinder an Popularität gewann (Hirschy und Lafont 2015, S. 177), litt ihre Performanz-basierte Legitimität wegen schlechter wirtschaftlicher Entwicklung und mangelhaften Sozialleistungen in den Jahren vor den Wahlen 2015. Die erwartete Friedensdividende wurde nie wirklich erzielt. Im Gegenteil bewirkte die Wahlkrise doch zusätzlich eine signifikante Verschlechterung der wirtschaftlichen Leistung und Perspektiven. Nicht zuletzt verdeutlichen die Proteste den offensichtlichen Unmut der Bevölkerung über die von der CNDD-FDD zunehmend angewandten alten politische Rezepte. Wie Tomas Van Acker (2015, S. 7–8) schreibt:

> „the protests should not only be regarded as a way to rescue the Arusha Agreement and its clear rulings on presidential term limits, but also as a response to the problems Arusha did not manage to resolve: elite capture of the state, corruption, militarism, patronage and exclusion".

Aus letzterer Perspektive stellen die Proteste die beobachtbare physische Manifestation eines Legitimitätsdefizits dar, was der dritten Dimension einer Legitimitätskrise nach Beetham (2013, S. 69) entspricht. Ein Legitimitätsdefizit entsteht, wenn gesetzliche Grundlagen und Prozesse der Regierungsbildung und -führung nicht mit gesellschaftlichen Normen und Wertevorstellungen übereinstimmen. Wie Beetham (2013, S. 69) schreibt:

> „[w]ithout a common framework of belief, the rules from which the powerful derive their power cannot be justifiable to the subordinate; the powerful can enjoy no moral authority, whatever its legal validity; and their requirements cannot be normatively binding, though they may be successfully enforced".

Eine solche fehlende gemeinsame Wertevorstellung zeigte sich am ideologischen Diskurs zur rechtlichen Stellung des Arusha Abkommens. Verschiedene Punkte des Abkommens, die eine politische Machtteilung zwischen ethnischen Gruppen und politischen Opponenten regelten, waren umstritten. Wie bereits erwähnt, war der Hauptstreitpunkt jedoch die Rechtmäßigkeit der Kandidatur Nkurunzizas für eine dritte Amtszeit als Präsident. Der Disput drehte sich dabei nicht nur darum, ob die Verfassung oder das Arusha Abkommen juristisch verbindlich sei. Es war auch eine Frage des Vorrangs normativer Werte, wie dies an einer Aussage des damaligen Außenministers Laurens Kavakure gegenüber Abgeordneten der EU deutlich wird: „Arusha is not the bible" (Madirisha 2015). Eine weitere Divergenz zeigte sich im normativen Verständnis der Funktion staatlicher Institutionen. Während viele internationale Akteure überzeugt waren, dass der Staatsaufbau schrittweise positive Ergebnisse hervorbrachte, haben mehrere Akademikerinnen und Akademiker darauf hingewiesen, dass sich in der Zeit nach der Transition verdeckte, informelle, neo-patrimoniale Institutionen ausbreiteten (Curtis 2013, 2015; Hirschy und Lafont 2015; Uvin und Bayer 2013; Van Acker 2015; Vandeginste 2015b).[12] Mit anderen Worten führte der international unterstützte Aufbau staatlicher Institutionen entlang der im Arusha Abkommen definierten Linien der Machtteilung nur zu einem scheinbaren Prozess der *„rule standardisation"* (Balthasar 2015).[13] Dies zeigte sich an zwei Standpunkten gegenüber dem Abkommen. Einerseits zweifelte die CNDD-FDD die normative Legitimität des Abkommens öffentlich an, was auch daher rührte, dass die Partei nicht an den Friedensverhandlungen teilnahm (Rufyikiri 2017, S. 241; Vandeginste 2015a, S. 10). Für viele Burundierinnen und Burundier waren die Friedensverhandlungen ein elitärer Prozess, der zudem von internationalen Akteuren entlang westlicher, rational-legaler Staatsvorstellungen vermittelt wurde (Curtis 2015, S. 1372). Entsprechend wurde das Abkommen oft als nicht legitim erachtet, was die CNDD-FDD für sich auszunutzen wusste. Andererseits wurden die unter der CNDD-FDD Regierung wieder erstarkten neopatrimonialen, informellen Institutionen von der innerstaatlichen Opposition nicht unterstützt. Im Gegenteil, diese beriefen sich vermehrt auf das Arusha Abkommen als rechtmäßige Grundlage der staatlichen Organisation, was zu einer Polarisierung der politischen Ordnung führte. Demnach kann die Krise 2015 als Ergebnis der beiden konkurrierenden politischen Ordnungen gesehen werden, die sich in ihren Legitimitätsansprüchen auf unterschiedliche Normen und Werte berufen.

---

[12]Die qualitative Analyse wird durch die Kategorisierung autoritärer Regime nach von Soest und Grauvogel (2017, S. 296) gestützt. Anhand der Kategorien autoritärer Regime zeigt sich, dass Burundi während der zweiten Phase von einer Demokratie *(„electoral democracy")* in ein hegemonial autoritäres Regime *(„hegemonic authoritarianism")* wechselte. Dabei stehen die Veränderungen in den Daten von Freedom House heraus, nach denen das politische System Burundis während der ersten Phase als „teilweise frei" und in den Phasen 2 und 3 als „nicht frei" bezeichnet wird. Ein ähnlicher Rückgang findet sich im Demokratie-Autokratie Index von Polity IV.

[13]Balthasar (Balthasar 2015, S. 27) definiert „institutional standardization" als „process whereby a single set of ‚rules of the game' gains dominance within a given society – i. e. a condition in which all major role relationships are regularized by a preponderant organization".

Die während der Wahlen 2015 zum Ausdruck gekommene Legitimitätskrise war durch verschiedene (De-)Legitimationsdynamiken geprägt. Im nächsten Abschnitt werden diese Dynamiken im Hinblick auf das Zusammenspiel internationaler, im Staatsaufbau engagierter Akteure und der Regierungspartei beschrieben. Dazu wird für zwei chronologische Phasen dargelegt, wie die Anerkennung sowie Aberkennung internationaler Legitimität die Strategien der CNDD-FDD beeinflussten, mit denen sie sich legitimierte.

4 (De-)Legitimationsdynamiken in Burundis Wahlen 2015

4.1 Phase 1: Internationale Anerkennung

Eine Erosion der innerstaatlichen Legitimität zeigte sich bereits in den Wahlen 2010, als die Opposition zu einem Wahlboykott aufrief. Da diese Wahlen den Anforderungen internationaler Akteure entsprechend frei und fair durchgeführt wurden, unterstützten diese zunächst das amtierende Regime während der ersten Phase nach den Wahlen 2010 weiter (Palmans 2012). Wie bereits erwähnt, spielte dabei das große Vertrauen in die Tragfähigkeit des Arusha-Abkommens eine wichtige Rolle. Der weithin gelobte Erfolg des Abkommens verstärkte die Wahrnehmung, dass Burundi nach einer Anfangsperiode der politischen Transition auf einem sicheren Weg Richtung positiver Friedens- und Demokratiekonsolidierung sei. Der CNDD-FDD gelang es, selbst dann noch von dieser optimistischen Haltung internationaler Akteure zu profitieren, als innerstaatliche Auseinandersetzungen allmählich zunahmen. Das Regime bemühte sich, seine internationale Anerkennung und Legitimität aufrechtzuerhalten, welche auf ihrer verfassungskonformen Wahl und Wiederwahl beruhten.

Nicht alle Beobachterinnen und Beobachter waren gleichermaßen optimistisch gegenüber dem Verlauf der politischen Ereignisse in Burundi (Curtis 2013, 2015; Palmans 2012; Rufyikiri 2017; Uvin und Bayer 2013; Vandeginste 2015a). Eva Palmans (2012, S. 19) weist beispielsweise darauf hin, dass Burundi ab dem Jahr 2010 von einem kompetitiven in ein zwar immer noch gewähltes aber hegemoniales, autoritäres Regime abdriftete und dass die Wahlen diesen Prozess noch verstärkten:

> Remarkably [...] the victory of the ruling party was so overwhelming that its authoritarian grip on politics has become more hegemonic as a result of the elections. [...]

The case of Burundi suggests that a power-sharing arrangement may curb or slow down the risk of autocratisation through elections, but not suppress it. Even more, the 2010 elections where perceived by the dominant party as a reward for – and an incentive towards – increasingly authoritarian governance practices.

Die Konsequenz daraus ist, so bemerkt Palmans (2012, S. 19), dass das Regime bis zu jenem Zeitpunkt bereits ausreichend Kontrolle über staatliche Ressourcen und politische Prozesse erlangt hatte um bei den Wahlen 2015 einen sicheren Sieg zu erringen. Für Devon Curtis (2013, S. 74–75) ist die Anerkennung und Legitimation des Regimes nicht so sehr in dem großen Vertrauen in das Arusha-Abkommen begründet. Sie argumentiert vielmehr, dass internationale Akteure das Regime weiter anerkannten, weil es trotz autoritärer Tendenzen eine gewisse Stabilität garantierte. Internationales Engagement konzentrierte sich dementsprechend auf einen negativen Frieden – d. h. die Abwesenheit direkter Gewalt (Galtung 1969) – und nicht auf innerstaatliche Legitimität basierend auf einer verbesserten Beziehungen zwischen Staat und Gesellschaft.[14]

Die zwei Argumente, weshalb internationale Akteure in dieser Phase das Regime weiter unterstützten und damit legitimierten, beziehen sich auf unterschiedliche Legitimationsstrategien nach Dukalskis und Gerschewski (2017). Einerseits gründet die Anerkennung als rechtmäßig, demokratisch gewählte Regierung auf prozessbasierter Legitimation. Andererseits bezieht sich die Anerkennung der Regierung aufgrund der gewährleisteten Sicherheit und Stabilität auf die Legitimationsmechanismen der Passivität und Performanz. Der Grundgedanke dieser zwei miteinander verbundenen Legitimationsstrategien ist laut Dukalskis und Gerschewski (2017, S. 256) folgendermaßen: „as long as the regime delivers and provides public and private goods, there is no need [...] to protest and attempt to change the political situation." Während sich das Regime mit diesen Strategien erfolgreich die Legitimation durch internationale Akteure sicherte, erreichte es damit bereits nicht mehr alle Bürgerinnen und Bürger, wie sich am Wahlboykott der Opposition 2010 zeigt. Mit den nahenden Wahlen 2015 akzentuierte sich diese Situation, was wiederum zu veränderten Legitimationsdynamiken führte.

---

[14]Ein hochrangiger Diplomat in Bujumbura bestätigte, dass vor den Wahlen 2015 Stabilität als wichtigstes Ziel angesehen wurde. Andere Diplomaten reagierten mit mehrdeutigeren Formulierungen bezüglich der vermeintlichen Priorisierung der Stabilität. Quelle: Interviews, Burundi, März 2015.

Multiple Legitimationsstrategien autoritärer Regime 363

4.2 Phase 2: Von internationaler Legitimation zur Delegitimation

Erst in der zweiten Phase vor den Wahlen 2015 begann sich die Einstellung internationaler Akteure gegenüber dem Regime zu ändern. Es wurde zunehmend deutlicher, dass mit der sich zuspitzenden Wahlkrise freie, faire und politisch inklusive Wahlen nicht wahrscheinlich waren. Genau darauf bestanden die internationalen Akteure aber in den Gesprächen im März 2013 zur Festsetzung der Roadmap für die Wahlen 2015. Diese Forderungen wurden vom Regime als nicht legitime Intervention in politische Prozesse Burundis abgelehnt. Dies zeigte sich auch in der angestrebten Beendigung des Mandats des Büros der Vereinten Nationen in Burundi. Dazu wurde vom Regime argumentiert, dass die politischen Prozesse in Burundi genügend gefestigt seien und sich das internationale Engagement deshalb zukünftig auf die sozio-ökonomische Entwicklung beschränken solle.

Mit dem Wahlkampf kamen zudem Bedenken auf, dass der amtierende Präsident Nkurunziza von einem Stabilitätsfaktor zu einem Instabilitätsfaktor werden würde, falls er eine dritte Amtszeit anstreben würde.[15] Mit Ausnahme der Vereinigten Staaten äußerte sich trotz dieser Bedenken keiner der in Burundi engagierten, internationalen Akteure kritisch bezüglich einer dritten Amtszeit Nkurunzizas – zumindest nicht bevor die CNDD-FDD Nkurunziza offiziell als Präsidentschaftskandidat nominierte. Wie zuvor erläutert, löste diese Kandidatur eine Welle von zivilen Protesten aus, die sich mehrheitlich auf die Hauptstadt Bujumbura konzentrierten. Erst danach wurde von internationalen Akteuren öffentliche Kritik am repressiven Umgang mit den als legitim betrachteten Protesten geäußert.[16] Zunächst geschah dies durch öffentliche Stellungnahmen, die die

---

[15]Dass er als Stabilitätsfaktor betrachtet wurde, stand im starken Zusammenhang mit der charismatischen Legitimität, die Präsident Nkurunziza unbestritten genoss. Palmans (2012, S. 15) bemerkt: „more than any other president ever before, Nkurunziza was perceived to be ‚one of them'. For the first time in Burundi's history, a president joined people in the rural areas in cultivating crops, building schools and hospitals, playing soccer and praying". In mehreren Interviews wurde jedoch der Wechsel vom Stabilitäts- zum Instabilitätsfaktor bestätigt. Quelle: Interviews, Burundi, März 2015.

[16]Die internationale Delegitimation des Regimes lief parallel zur internationalen Legitimation der Proteste. Zum Beispiel sagte David Martin, Leiter der EU Wahlbeobachtungsmission folgendes: „l'Etat a la responsabilité de respecter les libertés d'expression, d'assemblée et de manifestation, et c'est pour lui un devoir de protéger le droit à l'expression d'opinions légitimes. Ces libertés font partie des conditions essentielles à la tenue d'élections démocratiques. Pendant mon séjour dans le pays, j'ai pu constater que

Nomination Nkurunzizas durch die CNDD-FDD bedauerten und alle Parteien zur Zurückhaltung aufriefen. Zum Beispiel veröffentlichte die EU im Namen ihrer Mitgliedsstaaten folgendes Statement: „[t]he main reason for the unrest is the decision by the CNDD-FDD party to nominate President Pierre Nkurunziza as its candidate for the 2015 presidential election. […] There is no place in an election process for intimidation and violence, deaths and injuries, the detention of human rights defenders, media restrictions, and refugees fleeing to neighbouring countries [and it] is the job of the authorities to guarantee that civil and political rights can be exercised peacefully" (EEAS 2015a). Nach der Entscheidung des Verfassungsgerichtes zu Gunsten einer dritten Amtszeit ging die Kommissionsvorsitzende der Afrikanischen Union, Dr. Nkosazana Dlamini-Zuma, einen Schritt weiter, indem sie die Legitimität einer dritten Amtszeit Nkurunzizas scharf anzweifelte (Bouka 2016): „what is important […] for Burundi [is] to be in peace not the legalities" (CCTV 2015).

Der Bezug auf Frieden in der Position von Dlamini-Zuma reflektiert den fortwährenden Fokus internationaler Akteure auf Performanz-basierte Legitimation. Im Gegensatz zur ersten Phase konnte die Legitimationsstrategie der Passivität vom Regime nicht mehr länger erfolgreich angewendet werden. Die gewaltsame Unterdrückung der zivilen Proteste und die damit einhergegangene Destabilisierung des Friedens führten zur Politisierung der Wahlen unter internationalen Akteuren. Auch die prozessbasierte Strategie der Legitimation anhand der Rechtmäßigkeit einer dritten Amtszeit Nkurunzizas funktionierte nicht. Dies war die Konsequenz aus der oben geschilderten Divergenz der Wertegrundlagen zur rechtmäßigen Regierungsbildung und -politik zwischen dem Regime und den internationalen Akteuren.

Mit der sich zuspitzenden Krise und der verringerten Wahrscheinlichkeit freier, fairer und inklusiver Wahlen setzten internationale Akteure erste sanktionierende Maßnahmen um. Ende Mai entschied die EU ihre Wahlbeobachtermission für die Überwachung der Parlaments- und Kommunalwahlen am 26. Mai und die Präsidentschaftswahlen am 26. Juni auszusetzen. Federica Mogherini, die Hohe Beauftragte der EU für Außen- und Sicherheitspolitik, erläuterte diese Entscheidung mit der Beschreibung der Wahlen als „seriously marred by restrictions on independent media, excessive use of force against demonstrators, a climate

---

malheureusement ces conditions ne sont pas réunies aujourd'hui au Burundi. A ce sujet, je voudrais saisir l'occasion pour souligner qu'il n'y a aucune justification à l'usage de la force pour réprimer des manifestations légitimes" (EU 2015).

Multiple Legitimationsstrategien autoritärer Regime

of intimidation for opposition parties and civil society and lack of confidence in the election authorities" (EEAS 2015b). Dieses Statement zeigte die sich schnell verringernde Legitimität der burundischen Institutionen aus Sicht europäischer Akteure.

Zudem entschieden einige wichtige europäische Entwicklungspartner Burundis, ihre Unterstützung auszusetzen oder zurückzuziehen, um den Druck auf das Regime zu erhöhen. Folglich wurde weniger als die Hälfte der ursprünglich zugesagten finanziellen Unterstützung für den Wahlprozess ausgezahlt. Belgien und die Niederlande stellten ihre Unterstützung der burundischen Polizei aufgrund deren repressiver Rolle während des Konflikts ganz ein. Darüber hinaus entschied Belgien als Burundis größter bilateraler Geldgeber, seine Unterstützung so umzustrukturieren, dass sie die Regierung umgehen und der Bevölkerung direkt zu nutzen kommen würde. Am signifikantesten war jedoch die Entscheidung der EU vom 14. März 2016 die direkte finanzielle Unterstützung an die burundische Verwaltung auszusetzen, einschließlich der Haushaltshilfe in Höhe von 322 Mio. EUR (European Council 2016).[17] Dieser Entschluss folgte auf den gescheiterten politischen Dialog und Konsultationsprozess (gemäß Art. 8 und Art. 96 des Cotonou-Abkommens) zwischen der EU und Burundi bezüglich Menschenrechte, demokratische Grundsätze und Rechtsstaatlichkeit.

Schließlich zeigte sich die europäische Delegitimation in spezifischen Sanktionen (Einreiseverbot sowie Einfrieren von Vermögenswerten), die am 1. Oktober 2015 gegen Personen des Regimes und der Opposition erlassen wurden (European Council 2015).[18] Ähnliche Sanktionen wurden von anderen internationalen Akteuren wie den Vereinigten Staaten von Amerika und der Schweiz verabschiedet.

4.3 Autokratische Handlungskraft und Strategie zum Machterhalt

Obwohl internationale Akteure infolge der Wahlkrise von einer Strategie der Legitimation zu einer der Delegitimation von Burundis zunehmend autoritären Regime wechselten, wirkte sich dieser Wandel nicht wie gewünscht auf den Verlauf der politischen Ereignisse in Burundi aus. Es gibt wenige Anzeichen,

---

[17]Bei einer Summe von 432 Mio. EUR wie im nationalen Richtprogramm 2014–2020 veranschlagt) (European Council 2016).

[18]Diese Sanktionen wurden am 29. September 2016 verlängert.

dass die internationale Delegitimation des Regimes die CNDD-FDD dazu bewegte, ihre politische Strategie zum Machterhalt zu ändern und damit den eingeschlagenen Pfad autokratischer Konsolidierung zu verlassen. Im Gegenteil, die Analyse der internationalen (De-)Legitimation und ihrer Auswirkungen legt nahe, dass die anfangs erwähnte Annahme zutrifft, nach der internationales Engagement in der Tendenz den Regimetyp festigt.

Ein wichtiges Element, um zu verstehen, warum die internationale Delegitimation die autoritären Tendenzen eher verstärkte als sie abzuschwächen ist, dass die CNDD-FDD im Wahlprozess die eigene strategische Handlungskraft geschickt einsetzte. Diese strategische Handlungskraft eines Regimes wird in vielen akademischen Analysen zur Beziehung zwischen internationalem Engagement und davon abhängigen Regimen tendenziell übersehen oder unterschätzt. Da jedoch innerstaatliche Handlungskraft eine wichtige Rolle spielt, um die Auswirkungen internationaler Unterstützung auf politische Regime zu erläutern, argumentieren einige Wissenschaftlerinnen und Wissenschaftler, dass deren Analyse in Studien zwingend mitberücksichtigt werden sollte (Bader und Faust 2014; Curtis 2015).

Im Fall von Burundis Wahlen 2015 stehen zwei strategische Elemente bezüglich politischer Handlungskraft und Machterhaltungsstrategien besonders heraus. Erstens nutzte die CNDD-FDD die Zeit zu Ihrem Vorteil und zum Nachteil internationaler Akteure (siehe z. B. Bouka 2016; Guichaoua 2016). Obwohl das Thema einer dritten Amtszeit Nkurunzizas sowohl innerhalb als auch außerhalb der Regierungspartei viele Monate lang im Mittelpunkt öffentlicher Spekulationen stand, verschob die CNDD-FDD die offizielle Nomination Nkurunzizas als Präsidentschaftskandidat bis wenige Tage vor den offiziellen Start des Wahlkampfs am 10. Mai 2015. Ähnliche Hinhaltetaktiken wurden von der CNDD-FDD während des gesamten Wahlzeitraums konsistent angewandt, so etwa auch in der Umsetzung eines Überwachungsmandats bezüglich der Einhaltung der Menschenrechte durch die Afrikanische Union (Bouka 2016, S. 4). Gleichzeitig beharrte die CNDD-FDD auf dem Wahltermin – trotz mehrerer Aufforderungen internationaler sowie regionaler Organisationen, diesen zu verschieben. Die CNDD-FDD argumentierte, dass die beschränkte Amtszeit gemäß Verfassung zwingend einzuhalten ist, um ein institutionelles Vakuum zu verhindern (siehe z. B. CNDD-FDD 2015a). Folglich hinkten internationale Akteure systematisch der Politik der CNDD-FDD hinterher.[19] Die internationalen Akteure konnten

---

[19]Wie ein Interviewpartner mit einiger Verzweiflung kurz vor der Krise sagte: *„par manque de temps, on va louper des choses – des choses qui par la suite apparaitront cruciales"*. Quelle: Interviews, Burundi, März 2015.

Multiple Legitimationsstrategien autoritärer Regime

nicht schnell genug auf innerstaatliche Entwicklungen reagieren, da sie von Prozessen langwieriger und schwerfälliger, gemeinsamer Entscheidungsfindung eingeschränkt waren. Diese Situation steht im Kontrast zur Phase zwischen den Wahlen als internationale Akteure weit weniger durch zeitliche Aspekte eingeschränkt waren, sondern selber eine „*wait and see*" Haltung einnahmen.[20]

Zweitens: als Reaktion auf die internationale Delegitimation begann die CNDD-FDD ihre eigenen Legitimationsstrategien zu ergänzen, indem sie die Legitimität der im Staatsaufbau engagierten internationalen Akteure hinterfragte. Dieses Vorgehen entspricht der identitätsbasierten autoritären Legitimationsstrategie, die auch anti-westliche Diskurse umfassen kann (Burnell 2006; Mazepus et al. 2016). Eine auch in den vorhergehenden Phasen angewandte Praxis war die wiederholte Erklärung von ausländischen, dem Regime gegenüber zu kritischen oder der Opposition zu nahestehenden Amtsträgern zur Persona non grata. Dies geschah mit einigen hochrangigen Amtsträgern, darunter zwei UN-Sonderbeauftragten des Generalsekretärs, dem belgischen Botschafter sowie dem Sachverständigen des Büros des Hochkommissars für Menschenrechte. Curtis (2015, S. 1376) interpretiert dies wie folgt: „[a]s relations grew worse, international donors described the CNDD–FDD as inexperienced, intransigent, authoritarian and in need of ‚training'. CNDD–FDD officials used the language of sovereignty, legitimacy and autonomy in an attempt to loosen donor influence and to exert their control and agency". In ähnlicher Weise wurden die offiziellen Kommuniqués der CNDD-FDD wiederholt dazu genutzt, um kritische, internationale Akteure des betrügerischen und konspirativen Verhaltens zu bezichtigen und die These eines westlichen, von Ruanda unterstützten Komplotts zum Sturz des Regimes zu verbreiten (Vandeginste 2016, S. 64; siehe z. B. CNDD-FDD 2015c, 2016, 2017a, b). Dass solche Legitimationsstrategien basierend auf der Delegitimation internationaler Akteure keineswegs bloß auf den Diskurs beschränkt bleiben, zeigte sich an den Demonstrationen in Folge der vom Regime geschürten anti-UN, anti-belgischen und anti-französischen Stimmung (siehe z. B. CNDD-FDD 2015b).

5 Schlussfolgerung

Dieses Kapitel argumentiert, dass in Post-Konflikt Staaten engagierte, internationale Akteure mit den Legitimationsstrategien der Regierung dieses Staates interagieren und diese dadurch maßgeblich beeinflussen – diese Prozesse wurden

---

[20]Quelle: Interview mit ehemaligem burundischen Regierungsmitglied, August 2016.

als Legitimationsdynamiken definiert. Weiter wurde analysiert, inwiefern dieses Zusammenspiel in der Form von Legitimationsdynamiken zum Machterhalt autoritärer Regime beiträgt. Diese Fragen wurden anhand der Wahlen 2015 in Burundi analysiert, das durch eine Krise innerstaatlicher Legitimität gekennzeichnet war. Auffallend ist die strategische Agilität des amtierenden Regimes, das zu unterschiedlichen Zeitpunkten während der Wahlen verschiedene Legitimationsstrategien anwendete. Diese Variation liefert Einblicke in den dialogischen Charakter von Legitimation (von Haldenwang 2017, S. 280). Hier war jedoch nicht die Beziehung zwischen Staat und Bürgern, sondern das Zusammenspiel zwischen internationalen Akteuren und der Regierung Gegenstand der Analyse. Dazu wurden zwei Phasen innerstaatlicher und internationaler Legitimationsdynamiken unterschieden. Tab. 1 zeigt diese Phasen.

Während der ersten Phase nach den Parlaments- und Präsidentschaftswahlen von 2010 legitimierten internationale Akteure das Regime weiter durch Anerkennung und Unterstützung. Diese als Passivität bezeichnete Legitimation (Dukalskis und Gerschewski 2017) des Regimes beruhte mehr auf dessen positiver Bilanz in Bezug auf die Stabilisierung des Friedens und der politischen Ordnung in Burundi als auf dessen Rechtmäßigkeit als demokratisch gewählte Regierung. Diese internationale Legitimation des Regimes kann dahin gehend kritisiert werden, als dass erste Anzeichen einer langsamen Erosion innerstaatlicher Legitimität ignoriert wurden.

Erst in der zweiten Phase kurz vor den Wahlen 2015 begannen internationale Akteure, ihre legitimierende Unterstützung dem autoritärer auftretenden Regime

Tab. 1 (De-) Legitimationsdynamiken 2010–2015

	Phase 1: Internationale Anerkennung	Phase 2: Von internationaler Legitimation zur Delegitimation
Phase	Zwischen den Wahlen: 2010–2014	Bevor, während und nach den Wahlen: 2015
Ereignisse und Prozesse	Wahlboykott, *Nyakurisation,* Einschränkung der Medien und Zivilgesellschaft	Kandidatur Nkurunziza, lokale Proteste, gescheiteter Militärputsch, Repression, Flüchtlingskrise
Legitimitäts-Tendenz	Abnehmende Legitimität	Legitimitätskrise
Legitimationsstrategien	Performanz-basiert, Demokratisch-prozedural	Demokratisch-prozedural, Identitätsbasiert/Anti-Westen

Anmerkungen: eigene Zusammenstellung

Multiple Legitimationsstrategien autoritärer Regime

anzupassen. Der öffentliche Disput über die Rechtmäßigkeit einer dritten Amtszeit Nkurunzizas, die daraus entstandenen zivilen Proteste und deren gewaltsame Unterdrückung durch das Regime machten freie, faire und inklusive Wahlen zunehmend unrealistisch. Dies wiederum machte Passivität als Legitimationsstrategie hinfällig. Trotzdem beharrte die Regierungspartei CNDD-FDD auf ihrer Strategie, die Kandidatur Nkurunzizas für eine dritte Amtszeit anhand ihrer Verfassungsinterpretation für legitim zu erachten. Diese prozessbasierte Strategie der autokratischen Legitimation wurde gegenüber innerstaatlichen und internationalen Akteuren vertreten. Mit der sich zuspitzenden Krise wurde das Zusammenspiel internationaler Akteure und innerstaatlicher Legitimationsstrategien zunehmend konfrontativ. Auf die direkte internationale Delegitimation des Regimes durch gezielte Sanktionen reagierte letzteres mit eigenen Delegitimationsstrategien gegen diejenigen internationalen Akteure, die demokratische, rational-legale Prozesse in Burundi unterstützten. Dieser Wechsel von prozessbasierten und Performanz-basierten zu identitätsbasierten Legitimationsstrategien bestätigt, dass autoritäre Regime es verstehen und fähig sind, ihre Legitimationsstrategien an veränderte politische Kontexte anzupassen (vgl. Mazepus et al. 2016, S. 364).

Aus dieser Analyse lässt sich schließen, dass internationale Strategien der Legitimation und Delegitimation gleichermaßen die politische Entwicklung eines post-Konflikt Staates beeinflussen. Wie das Beispiel Burundis zeigt, können internationale Akteure ein Regime durch ihre Intervention stärken. Paradoxerweise geschieht dies nicht nur durch Regime-legitimierende Strategien, sondern auch durch delegitimierende Aktivitäten. So adaptierte die CNDD-FDD ihre Legitimationsstrategie dahin gehend, dass sie ihre innerstaatliche Legitimation anstatt aus der Anerkennung durch internationale Akteure aus der Delegitimation derjenigen schöpfte. Daraus ergibt sich für internationale Akteure die Notwendigkeit, Legitimationsstrategien von Regierungen besser zu analysieren, um deren strategische Adaption an legitimierende oder delegitimierende Aktivitäten zu antizipieren. Zudem bedürfen sie eines größeren Bewusstseins darüber, inwiefern diese Legitimations- und Delegitimationsdynamiken zum Machterhalt autoritärer Regime beitragen können.

Literatur

Alfieri, V. 2016. Political parties and citizen political involvement in post-conflict Burundi: Between democratic claims and authoritarian tendencies. *Civil Wars* 18 (2): 234–253.
Bader, J., und J. Faust. 2014. Foreign aid, democratization, and autocratic survival. *International Studies Review* 16 (4): 575–595.

Balthasar, D. 2015. From hybridity to standardization: rethinking state-making in contexts of fragility. *Journal of Intervention and Statebuilding* 9 (1): 1–22.

Balthasar, D. 2017. ‚Peace-building as state-building'? Rethinking liberal interventionism in contexts of emerging states. *Conflict, Security & Development* 17 (6): 473–491.

Beetham, D. 2013. *The legitimation of power*, 2. Aufl. Basingstoke: Macmillan.

Boege, V. 2014. Vying for legitimacy in post-conflict situations: The Bougainville case. *Peacebuilding* 2 (3): 237–252.

Bouka, Y. 2016. *Missing the target: The African Union's mediating efforts in Burundi.* Africa Policy Brief 15. Egmont Institute, Brussels.

Burnell, P. 2006. Autocratic opening to democracy: Why legitimacy matters. *Third World Quarterly* 27 (4): 545–562.

CCTV Africa. 2015. Burundi: AU says environment not conducive for elections. 7 May 2015. http://cctv-africa.com/2015/05/07/burundi-au-says-environment-not-conducive-for-elections/. Zugegriffen: 6. Sept. 2016.

CNDD-FDD. 2015a. Communiqué No. 25/2016 du Parti CNDD-FDD du 7 juillet 2015. Bujumbura: CNDD-FDD. http://cndd-fdd.org/2015/07/07/communique-n252015-du-parti-cndd-fdd-07-juillet-2015/. Zugegriffen: 21. Okt. 2017.

CNDD-FDD. 2015b. Marché du peuple burundais pour soutenir les forces de défense et de sécurité. Bujumbura: CNDD-FDD. http://cndd-fdd.org/2015/10/11/marche-du-peuple-burundais-pour-soutenir-les-forces-de-defense-et-de-securite/. Zugegriffen: 21. Okt. 2017.

CNDD-FDD. 2015c. Le Peuple Burundais vient de réaffirmer sa souveraineté mais une certaine opinion internationale dit non. Bujumbura: CNDD-FDD. http://cndd-fdd.org/2015/10/28/le-peuple-burundais-vient-de-reaffirmer-sa-souverainete-mais-une-certaine-opinion-internationale-dit-non/. Zugegriffen: 21. Okt. 2017.

CNDD-FDD. 2016. Communiqué No. 002 du Parti CNDD-FDD du 02 février 2016. Bujumbura: CNDD-FDD. http://cndd-fdd.org/2016/02/03/communique-n-002-du-parti-cndd-fdd-du-02-fevrier-2016/. Zugegriffen: 21. Okt. 2017.

CNDD-FDD. 2017a. Communiqué No. 003-2017 du Parti CNDD-FDD, deux ans après l'échec du coup d'état contre les institutions démocratiquement élues. Bujumbura: CNDD-FDD. http://cndd-fdd.org/2017/05/12/declaration-n003-2017-du-parti-cndd-fdd-deux-ans-apres-lechec-du-coup-detat-contre-les-institutions-democratiquement-elues/. Zugegriffen: 21. Okt. 2017.

CNDD-FDD. 2017b. Déclaration No. 005 du Parti CNDD-FDD portant rejet d'un rapport biaisé de la commission d'enquête sur la situation des droits de l'homme au Burundi. Bujumbura: CNDD-FDD. http://cndd-fdd.org/2017/09/15/declaration-n005-du-parti-cndd-fdd-portant-rejet-dun-rapport-biaise-de-la-commission-denquete-sur-la-situation-des-droits-de-lhomme-au-burundi/. Zugegriffen: 21. Okt. 2017.

Curtis, D.E. 2013. The international peacebuilding paradox: Power sharing and post-conflict governance in Burundi. *African Affairs* 112 (446): 72–91.

Curtis, D.E. 2015. Development assistance and the lasting legacies of rebellion in Burundi and Rwanda. *Third World Quarterly* 36 (7): 1365–1381.

Dukalskis, A., und J. Gerschewski. 2017. What autocracies say (and what citizens hear): Proposing four mechanisms of autocratic legitimation. *Contemporary Politics* 23 (3): 251–268.

European Council. 2015. Burundi: The EU adopts sanctions against 4 individuals. 1. Oktober 2015. http://www.consilium.europa.eu/en/press/press-releases/2015/10/01-burundi-sanctions/. Zugegriffen: 6. Sept. 2016.

European Council. 2016. Burundi: EU closes consultations under Article 96 of the Cotonou agreement. 14. März 2016. http://www.consilium.europa.eu/en/press/press-releases/2016/03/14-burundi-eu-closes-consultations-cotonou-agreement/. Zugegriffen: 6. Sept. 2016.

European External Action Service (EEAS). 2015a. Spokesperson's statement on the situation in Burundi. 27. April 2015. https://eeas.europa.eu/delegations/burundi/3391/spokespersons-statement-situation-burundi_en/. Zugegriffen: 6. Sept. 2016.

European External Action Service (EEAS). 2015b. Statement by High Representative/ Vice-President Federica Mogherini on the suspension of the EOM to Burundi. 28. Mai 2015. http://eeas.europa.eu/statements-eeas/2015/150528_02_en.htm/. Zugegriffen: 6. Sept. 2016.

European Union (EU). 2015. Déclaration de David MARTIN, chef de la Mission d'observation électorale de l'Union européenne au Burundi. 11. Mai 2015. https://www.uantwerpen.be/images/uantwerpen/container2143/files/DPP%20Burundi/Elections/2015/Rapports%20d'observation%20et%20analyses/EU%20Martin%20110515.pdf/. Zugegriffen: 6. Sept. 2016.

Frère, M.-S. 2016. Silencing the voice of the voiceless: The destruction of the independent broadcasting sector in Burundi. *African Journalism Studies* 37 (1): 137–146.

Galtung, J. 1969. Violence, peace, and peace research. *Journal of Peace Research* 6 (3): 167–191.

Gerring, J. 2008. Case selection for case-study analysis: Qualitative and quantitative techniques. In *The Oxford handbook of political methodology*, Hrsg. J.M. Box-Steffensmeier, H.E. Brady, und D. Collier, 645–684. Oxford: Oxford University Press.

Gerschewski, J. 2013. The three pillars of stability: Legitimation, repression, and co-optation in autocratic regimes. *Democratization* 20 (1): 13–38.

Grävingholt, J., S. Ziaja, und M. Kreibaum. 2012. *State fragility: towards a multi-dimensional empirical typology*. Discussion Paper 3/2012. German Development Institute, Bonn.

Guichaoua, A. 2016. Burundi and Rwanda: A rivalry that lies at the heart of Great Lakes crises. The Conversation. https://theconversation.com/burundi-and-rwanda-a-rivalry-that-lies-at-the-heart-of-great-lakes-crises-63795/. Zugegriffen: 6. Sept. 2016.

Hagmann, T., und D. Péclard. 2010. Negotiating statehood: Dynamics of power and domination in Africa. *Development and Change* 41 (4): 539–562.

Hagmann, T., und F. Reyntjens. 2016. *Aid and authoritarianism in Africa: Development without democracy*. London: Zed books.

Hale, H.E. 2011. Hybrid Regimes. In *The dynamics of democratization: Dictatorship, development, and diffusion*, Hrsg. N.J. Brown, 23–45. Baltimore: The Johns Hopkins University Press.

Hirschy, J., und C. Lafont. 2015. Esprit d'Arusha, es-tu là? La démocratie burundaise au risque des élections de 2015. *Politique Africaine* 137 (1): 169–189.

Kneuer, M., und T. Demmelhuber. 2016. Gravity centres of authoritarian rule: A conceptual approach. *Democratization* 23 (5): 775–796.

Lemay-Hébert, N. 2009. Statebuilding without nation-building? Legitimacy, state failure and the limits of the institutionalist approach. *Journal of Intervention and Statebuilding* 3 (1): 21–45.

Lemay-Hébert, N. 2012. Rethinking Weberian approaches to statebuilding. In *Routledge Handbook of International Statebuilding*, Hrsg. D. Chandler und T.D. Sisk, 3–14. London: Routledge.

372 F. De Maesschalck und S. Gemperle

Mac Ginty, R. 2010. Hybrid peace: The interaction between top-down and bottom-up peace. *Security Dialogue* 41 (4): 391–412.

Mac Ginty, R. 2013. Hybrid statebuilding. In *New agendas in statebuilding: Hybridity, contingency and history*, Hrsg. R. Egnell und P. Haldén, 13–31. London: Routledge.

Madirisha, E. 2015. L'UE se prononce sur un autre mandate de Pierre Nkurunziza. Iwacu. http://www.iwacu-burundi.org/lue-se-prononce-sur-un-autre-mandat-de-pierre-nkurunziza/. Zugegriffen: 21. Okt. 2017.

Mazepus, H., W. Veenedaal, A. McCarthy-jones, und J.M.T. Vasquez. 2016. A comparative study of legitimation strategies in hybrid regimes. *Policy Studies* 37 (4): 350–369.

Meagher, K., T. De Herdt, und K. Titeca. 2014. *Unravelling public authority: Paths of hybrid governance in Africa*. Research Brief 10. IS Academy Human Rights in Fragile States, Wageningen.

Mross, K. 2015. The fragile road towards peace and democracy: Insights on the effectiveness of international support to post-conflict Burundi. Discussion Paper 3/2015. German Development Institute, Bonn.

OECD. 2010. *The state's legitimacy in fragile situations: Unpacking complexity*. Paris: OECD.

OECD. 2016. *States of fragility 2016: Understanding violence*. Paris: OECD.

Palmans, E. 2012. *Burundi's 2010 elections: Democracy and peace at risk?* Brussels: European Centre for Electoral Support.

Rufyikiri, G. 2017. The post-wartime trajectory of CNDD-FDD party in Burundi: A façade transformation of rebel movement to political party. *Civil Wars* 19 (2): 220–248.

Stewart, F., und G. Brown. 2010. *Fragile states*. Overview, Bd. 3. Oxford: Centre for Research on Inequality, Human Security and Ethnicity.

Tikuisis, P., D. Carment, Y. Samy, und J. Landry. 2015. Typology of state types: Persistence and transition. *International interactions* 41 (3): 565–582.

Uvin, P., und L. Bayer. 2013. The political economy of statebuilding in Burundi. In *Political economy of statebuilding: Power after peace*, Hrsg. M.R. Berdal und D. Zaum, 263–276. London: Routledge.

Van Acker, T. 2015. *Understanding Burundi's predicament*. Africa Policy Brief, Bd. 11. Brussels: Egmont Institute.

Vandeginste, S. 2015a. Arusha at 15: reflections on power-sharing, peace and transition in Burundi. Discussion Paper 2015.01. Institute of Development Policy, Antwerp.

Vandeginste, S. 2015b. Burundi's electoral crisis – Back to power-sharing politics as usual? *African Affairs* 114 (457): 624–636.

Vandeginste, S. 2016. Chronique politique du Burundi 2015–2016. In *L'Afrique des Grands Lacs: Annuaire 2015–2016*. Centre d'étude de la région des grands lacs d'Afrique, Hrsg. F. Reyntjens, S. Vandeginste, und M. Verpoorten, 51–68. UPA: Antwerp.

von Haldenwang, C. 2017. The relevance of legitimation – A new framework for analysis. *Contemporary Politics* 23 (3): 269–286.

von Soest, C., und J. Grauvogel. 2017. Identity, procedures and performance: How authoritarian regimes legitimize their rule. *Contemporary Politics* 23 (3): 287–305.

Legitimität und Legitimation

Ausblick

Claudia Wiesner und Philipp Harfst

> **Zusammenfassung**
>
> Die Beiträge in diesem Band diskutieren Legitimität als *„essentially contested concept"*. Die empirische Untersuchung von Legitimität wirft theoretische, konzeptionelle, und methodische Fragen auf. Es gibt aber auch eine Reihe von Aspekten, in denen sich die Beitragenden dieses Bandes einig sind: Legitimität ist ein relationales Konzept, es beschreibt eine Beziehung zwischen Regierenden und Regierten und verbindet normative und empirische Zugänge. Strittig ist aber, ob die normative Dimension knapp bemessen sein kann oder stark zu konzipieren ist. Daher- und um die Komplexität der Beziehung zwischen Regierenden, Regierten und ihren Auswirkungen auf Legitimität zu erfassen- können qualitative und quantitative Methoden verbunden werden. Zudem ist mit der Europäischen Union ein neuer Adressat von Legitimitätsansprüchen und Träger von Legitimität auf den politikwissenschaftlichen Plan getreten. Schließlich nutzen auch Autokratien gezielt bestimmte Policies und klientelspezifische Leistungen, um sich zu legitimieren.

C. Wiesner (✉)
Fachbereich Sozial- und Kulturwissenschaften, Hochschule Fulda, Fulda, Deutschland
E-Mail: claudia.wiesner@sk.hs-fulda.de

P. Harfst
Institut für Politikwissenschaft, Leuphana Universität Lüneburg, Lüneburg, Deutschland
E-Mail: philipp.harfst@uni.leuphana.de

© Springer Fachmedien Wiesbaden GmbH, ein Teil von Springer Nature 2019
C. Wiesner und P. Harfst (Hrsg.), *Legitimität und Legitimation*, Vergleichende
Politikwissenschaft, https://doi.org/10.1007/978-3-658-26558-8_13

Die Beiträge in diesem Band haben unterstrichen und weiter ausgeführt, was wir einleitend und in einem konzeptionellen Kapitel diskutiert haben: Legitimität ist ein *„essentially contested concept"*, und die empirische Untersuchung von Legitimität wirft eine Reihe von theoretischen, konzeptionellen und methodischen Fragen auf. Der vorliegende Band bildet diese ab.

Wir haben den Autor/innen bewusst nicht vorgeschlagen, wie sie das Konzept definieren sollen. So zeigen die Kapitel die Bandbreite der Debatte um Legitimität wie auch die möglichen Definitionen und Verwendungen des Begriffs, dem eng verwandten Konzept der Legitimation, und von weiteren verwandten Konzepten wie Identifikation, Vertrauen und Unterstützung. Es gibt aber auch eine Reihe von Aspekten, in denen sich die Beteiligten dieses Bandes einig sind.

1 Legitimität und verwandte Konzepte

Einigkeit besteht zum ersten darin, dass Legitimität ein *relationales Konzept* ist: es beschreibt eine *Beziehung* zwischen Regierenden und Regierten, in welcher Form diese dann auch immer konkretisiert, operationalisiert oder bewertet wird. Das Konzept der Legitimität verbindet, zweitens, normative und empirische Zugänge und/oder Anteile. Wie diese allerdings genau auszubuchstabieren und zu operationalisieren sind und was dominieren soll, ist wiederum strittig: kann die normative Dimension knapp bemessen sein, im Sinne lediglich einer Wertung des Grades von Systemunterstützung oder des Beitrags zur Systemstabilität? Oder ist sie stark zu konzipieren, etwas als Frage nach dem „guten Regieren" oder der Qualität von Demokratie? Können demnach auch Autokratien legitim sein, oder lediglich voll ausgebildete Demokratien? Und inwiefern und wie sind normative und empirische Perspektiven in der Untersuchung von Legitimität zu verbinden?

Hinter diesen Problematiken stehen mithin die Grundfragen der Forschung zu Legitimität (Wiesner und Harfst in diesem Band): Kann und sollte das Konzept rein normativ oder rein empirisch verstanden werden, oder lassen sich beide Achsen verbinden? Ist Legitimität auf Regime aller Art zu beziehen? Können demnach auch Autokratien legitim sein, oder lediglich voll ausgebildete Demokratien? Woran ist ein legitimes Regime zu messen bzw. was macht dessen Legitimität aus? Gibt es eine Grenze, ab der ein Regime als legitim zu bezeichnen ist? Wie verhält sich Legitimität als Zustand zu Legitimation als Prozess?

Offen ist auch, wie genau Legitimität von verwandten Konzepten wie Unterstützung, Vertrauen und Demokratiezufriedenheit abzugrenzen ist oder aber wie diese umgekehrt als Teildimensionen von Legitimität behandelt werden können. In den Beiträgen dieses Bandes war klar erkennbar, dass es hier Bezüge gibt, aber

Legitimität und Legitimation 375

diese wurden unterschiedlich thematisiert und systematisiert. Es gibt hierzu auch in der Literatur keine Systematisierungs- oder Ordnungsvorschläge: selbst bei David Easton, der alle genannten Konzepte verwendet, werden die Abgrenzungen nicht klar benannt (Easton 1975). Begrüßenswert wäre es daher, Konzepte wie Legitimität, Vertrauen, und Systemunterstützung systematisch aufeinander zu beziehen und einander zuzuordnen. So sprechen beispielsweise Fuchs und Roller (in diesem Band) davon, dass sinkende Demokratiezufriedenheit als ein Frühwarnindikator für Legitimitätsverlust fungieren könne.

Diese Vielfalt von Verständnissen und Definitionen und insbesondere die konkurrierenden und teilweise gegenläufigen Verständnisse und Operationalisierungen im konzeptionellen Feld von Legitimität führt, wie wir in der Einleitung diskutiert haben, zu einer Reihe von Problemen im Forschungsprozess. Die Ergebnisse sind nur bedingt vergleichbar, weil sie sich oftmals auf unterschiedliche Konzepte und/oder Operationalisierungen beziehen; zudem wird regelmäßig nicht hinreichend deutlich, welches Verständnis von Legitimität jeweils zugrunde gelegt wird und inwieweit dieses normativ aufgeladen ist.

2 Entwicklung hin zu *mixed methods*

Hinzu kommen Probleme in der methodischen Umsetzung der jeweiligen Untersuchungsdesigns: reicht es aus, Einstellungen quantitativ zu messen (siehe Osterberg-Kaufmann in diesem Band; Anstötz, Heyder und Schmidt in diesem Band; Wiesner in diesem Band)? Was geschieht, wenn die Befragten dabei kein klares Verständnis der erfragten Items haben (siehe Osterberg-Kaufmann in diesem Band sowie die Diskussion bei Pickel in diesem Band)? Welche Dimensionen sind in der derzeitigen Forschung unterbelichtet (Osterberg-Kaufmann in diesem Band; Anstötz, Heyder und Schmidt in diesem Band; Wiesner in diesem Band)?

Einige Autor/innen haben in ihren Beiträgen deshalb Vorschläge zur Konzeption und zur Operationalisierung sowie zur Messung von Legitimität gemacht. Wiesner und Harfst (in diesem Band) entwickeln aus einem systematisierenden Resümee der Legitimitätsdebatte einen Vorschlag zur Synthese normativer und empirischer Zugänge zum Konzept der Legitimität. Osterberg-Kaufmann (in diesem Band) und Anstötz/Heyder/Schmidt (in diesem Band) kritisieren die bisherige Messung von Legitimität und machen Vorschläge für eine Erweiterung methodischer Designs und zu deren Operationalisierung. Ihre Beiträge zeigen, dass eine reine Messung ohne Konkretisierung der verwendeten Konstrukte zu Messungenauigkeiten führen kann, da den Befragten möglicherweise gar nicht klar ist, was das erfragte Konstrukt genau meint.

Die Beiträge von Osterberg-Kaufmann (in diesem Band) sowie Anstötz, Hyder und Schmidt (in diesem Band) zeigen, dass die Entwicklung bei den Methoden in Richtung *mixed methods* geht. Sie erläutern auch, warum das so ist: Da die empirische Untersuchung von Legitimität in jedem Fall darauf zielt zu erheben, wie Bürgerinnen und Bürger ein System bewerten, ist eine grundlegende Klärung dessen essenziell, was die jeweiligen Bewertungsgrundlagen sind. Um diese Klärung zu erreichen, müssen Bürgerinnen und Bürger befragt werden. Nutzt man dazu nun komplett geschlossene Designs, erhält man nur Antworten auf die vom Forscher oder der Forscherin vorgegebenen Items. Dass und warum dieses zu einer zirkulären Verengung im Forschungsprozess führt, die wesentliche Erkenntnisse von vornherein ausschließt, haben Osterberg-Kaufmann (in diesem Band) sowie Anstötz/Heyder/Schmidt (in diesem Band) ausführlich beschrieben: Offene Designs zeigen, dass die Bewertung von Legitimität bei den Befragten oftmals von Kategorien bestimmt wird, die klassische geschlossene Fragenkataloge nicht enthalten – und damit auch gar nicht erst abfragen.

Um die Komplexität der Beziehung zwischen Regierenden, Regierten und ihren Auswirkungen auf Legitimität zu erfassen, ist es zudem geboten, qualitative und quantitative Methoden zu verbinden – eine Messung erfasst nur einen Teil dessen, um was es geht. Vor allem Legitimationsprozesse und die Konstruktion von Legitimitätsansprüchen, aber auch die Vorstellungen, die Bürgerinnen und Bürger mit Legitimität verbinden, werden mit den qualitativen Anteilen erfragt, die quantitative Messungen ergänzen.

Diese Entwicklung hin zu *mixed methods* reiht sich ein in eine Weiterentwicklung und Ausdifferenzierung der Legitimitätsforschung insgesamt. Nicht nur mit Blick auf Operationalisierung und Methoden, sondern auch mit Blick auf die Inhalte und Forschungsgegenstände ist eine beeindruckende Bandbreite zu verzeichnen, wie Christian von Haldenwang (in diesem Band) ausführt.

3 Legitimität in westlichen Demokratien

Unabhängig von diesen Fragen der Methodenentwicklung werfen die in den verschiedenen Beiträgen vorgestellten empirischen Befunde eine Reihe von Fragen auf, die weiter zu diskutieren sind. Zunächst stellt sich die Frage, ob es eine aktuelle Legitimitätskrise in den westlichen Demokratien gibt und wie sie aussieht. Pickel (in diesem Band) sowie Fuchs und Roller (in diesem Band) zeigen, dass

Legitimität und Legitimation

nicht generell von einer Legitimitätskrise gesprochen werden kann, dass aber im Hinblick auf bestimmte Fragen und Aspekte Zufriedenheit mit der Demokratie und/oder Legitimität infrage gestellt werden. So ist, wie Pickel (in diesem Band) konstatiert, in den westlichen repräsentativen Demokratien vor allem ein Legitimitätsverlust von Parteien und politischen Eliten zu verzeichnen. Es finden sich dagegen keine empirischen Belege für eine Legitimitätskrise der Demokratie als Regierungsform. Kritik an der Demokratie finde sich, so schließt Pickel, wenn überhaupt nur in Bezug auf deren soziale Dimension.

Das Fazit von Fuchs und Roller (in diesem Band) geht exakt in die gleiche Richtung. Sie betonen, dass nach den Ergebnissen der letzten Welle des European Social Survey in allen westeuropäischen Ländern mehr als 80 % der Befragten eine Präferenz für Demokratie als Herrschaftsordnung äußern (in einigen Ländern sogar über 90 %). In der Zeit von 2000 bis 2014 ist für die westeuropäischen Staaten auch kein Abnehmen dieser Präferenz festzustellen. Jedoch zeigt sich ein Anstieg in Bezug auf das Item „Präferenz für einen starken Führer", die in sieben westeuropäischen Ländern bei über 30 % liegt und in sechs Ländern zwischen 2000 und 2014 zunahm. Zudem lässt sich für sechs Länder im Zeitverlauf eine Erosion der uneingeschränkten Befürwortung der Demokratie beobachten, und zwar am deutlichsten in den drei Krisenländern Irland, Portugal und Spanien. Dort war auch ein starkes Sinken der Demokratiezufriedenheit festzustellen. Dennoch blieb in Griechenland und Italien die Präferenz für Demokratie überdurchschnittlich und die Präferenz für einen starken Führer unterdurchschnittlich ausgeprägt.

Fuchs und Roller (in diesem Band) interpretieren diese Befunde als Globalisierungseffekte. Sie lassen sich zudem als Reaktion auf bestimmte *policies* der EU einordnen, und zwar der Austeritätspolitik im Rahmen der Finanzkrise. Hierfür spricht, dass die Vertrauenswerte der nationalen Regierungen und Parlamente und auch der EU im Zuge der Finanzkrise insbesondere in denjenigen Staaten deutlich sanken, die Austeritätsprogramme umsetzten. In der EU stiegen diese Zustimmungswerte zudem nach dem Abflauen der Krise kurzzeitig wieder – allerdings nicht im am härtesten betroffenen Mitgliedstaat Griechenland, und auch nicht in Italien (Eurobarometer 2018, S. 43).

Schließlich zeigt die Analyse von Fuchs und Roller (in diesem Band) eine Ähnlichkeit zu den Befunden von Kressen und Thyen (in diesem Band) zu Autokratien. Die Regierungszufriedenheit und die Einschätzung der nationalen Wirtschaftslage sind zwei zentrale Determinanten der Demokratiezufriedenheit.

4 Legitimität der EU

Eine weitere Frage, die in den Beiträgen aufgeworfen wurde, ist, wie es sich mit der Legitimität von Institutionensystemen jenseits des Nationalstaats, also z. B. der EU, verhält. Wir möchten an dieser Stelle nicht auf die bereits im konzeptionellen Beitrag von Wiesner und Harfst (in diesem Band) angesprochene Frage eingehen, ob internationalen Organisationen sinnvollerweise eine eigenständige Legitimität zugesprochen werden kann oder sollte. Die EU ist jedoch seit langem keine internationale Organisation mehr, vielmehr wird sie seit den 1990er Jahren zu Recht als politisches System klassifiziert und diskutiert (Hix und Høyland 2011; Tömmel 2014). Mithin ist sie Adressat und Akteur in Bezug auf Legitimitätsansprüche und Legitimationsprozesse. Drei Beiträge (Osterberg-Kaufmann in diesem Band; Wagner, Giebler, Lewandowsky in diesem Band; Wiesner in diesem Band) zeigen, dass die Europäische Integration zweifelsohne Auswirkungen auf Legitimität hat.

Mit der Europäischen Union ist zunächst ein neuer Adressat von Legitimitätsansprüchen und auch ein neuer Träger von Legitimität auf den politikwissenschaftlichen Plan getreten. Dass die EU kein Nationalstaat ist und auch nicht klar mit den klassischen Attributen sozialwissenschaftlich erforschbarer Staatlichkeit verbunden werden kann (keine klassische Verfassung, kein klassisches Staatsgebiet, wenig eigene policies, etc…), macht es jedoch zu einer Herausforderung, die hergebrachten Konstrukte und Items der Legitimitätsforschung – die ja eben für Nationalstaaten entwickelt wurden – auf die EU anzuwenden. Legitimität und Legitimationsprozesse beziehen sich in der EU zudem auf ein politisches Mehrebenensystem und sind damit durch das Zusammenspiel in diesem Mehrebenensystem gekennzeichnet, das heißt: Durch eine Pluralität von Adressaten, Trägern und Dynamiken der Legitimitätskonstruktion und der Legitimitätskritik.

Die Beiträge dieses Bandes unterstreichen dies, und sie bringen Erkenntnisse, die die Forschung stärker berücksichtigen sollte. Diese betreffen vor allem die bisher angenommene Beziehung zwischen den politischen Ebenen der EU und der der Mitgliedstaaten. So geht etwa die Wahlforschung seit dem grundlegenden Beitrag von Reif und Schmitt (1980) mehrheitlich davon aus, dass Europawahlen als nationale Nebenwahlen, oder *second-order-elections,* fungieren. Dieser These folgend, sprechen die Wählerinnen und Wähler bei EU-Wahlen nicht der EU ihre Legitimation aus, sondern sie belohnen oder sanktionieren nationale Parteien. Im Umkehrschluss würde dies bedeuten, dass die Input-Legitimation der EU im Vergleich zu der nationaler Regierungssysteme schwächer sein müsste, weil die Wählerinnen und Wähler eigentlich gar nicht die EU meinen, wenn sie ihre Stimme abgeben.

Wie der Beitrag von Wagner et al. (in diesem Band) zeigt, sind an dieser Interpretation jedoch Zweifel angebracht. Vielmehr verdeutlichen die Autoren, dass sich die Rolle der EU als Träger und Adressat von Legitimitätsansprüchen verändert hat. Dies hat zur Folge, dass eine Stimmabgabe für EU-kritische Parteien wie die AfD sachlich begründet ist – Wählerinnen der AfD streben eine Veränderung bestimmter EU-bezogener *policies* an. Sie meinen also sehr wohl die EU mit ihrer Stimmabgabe und es handelt sich bei diesem Akt eben nicht um eine rein national orientierte Protestwahl. Dies unterstreicht, dass die EU – zumindest von den Wählerinnen und Wählern der AfD – sehr wohl als eigenständige politische Ebene mit einem eigenständigen Legitimitätsbedarf wahrgenommen wird.

Zu fragen ist nun, inwieweit sich dieses am Fall der EU-kritischen und rechtspopulistischen AfD gewonnene Ergebnis verallgemeinern lässt. Sind, mit anderen Worten, auch Stimmabgaben für andere Parteien – und insbesondere solche der Mitte – bei EP-Wahlen zunehmend von policy-Fragen bestimmt? Wie verhält es sich bei anderen rechtspopulistischen Parteien? Sind möglicherweise nur die Stimmabgaben für populistische Parteien von Policy-Interessen beeinflusst, andere jedoch nicht?

Der Beitrag von Wiesner (in diesem Band) verdeutlicht ebenfalls, wie sich die Beziehung zwischen der nationalstaatlichen Ebene und der EU-Ebene gestaltet. Mit Blick auf diskursive Prozesse der Legitimation und Delegitimation der EU zeigt sie, dass diese durch nationale kulturelle Kontexte und nationale Akteure signifikant beeinflusst werden können. Anhand der auf den ersten Blick gegenläufigen Fälle Frankreich und Deutschland wird deutlich, dass zum einen nicht nur nationale politische Eliten Legitimationsdiskurse beeinflussen, sondern dass dies auch politischen Aktivisten und NGOs möglich ist. Zum anderen unterstreichen ihre Ergebnisse, dass diskursiv nicht nur Legitimation, sondern auch Delegitimation konstruiert werden kann. Das Beispiel des französischen Referendumsdiskurses gibt dabei Anhaltspunkte dafür, dass solche Prozesse auch wahlentscheidend sein können. Auch diese Ergebnisse bedürfen der weiterführenden und vergleichenden Betrachtung, insbesondere mit Blick auf die Frage, welche Auswirkungen solche diskursiven Delegitimationsprozesse auf empirisch messbare Legitimität haben (Wiesner 2015).

Der Beitrag von Osterberg-Kaufmann (in diesem Band) verdeutlicht schließlich, dass Bürger/innen nur wenig politisches Wissen über die EU haben. Sogar die studentischen Befragten ihrer Stichprobe – also eine Gruppe von Personen, bei denen man grundsätzlich von einem eher höheren Grad an politischer Informiertheit ausgehen kann – hatten zu Beginn nur wenig Wissen über die EU. Dies unterstreicht, dass gerade in Bezug auf die Erforschung der Legitimität der EU offene Forschungsdesigns wertvolle Erkenntnisse liefern können.

Zudem zeigt der Beitrag, dass die Legitimität der EU in der Wahrnehmung der Befragten mit zunehmendem politischen Wissen und noch deutlicher mit zunehmendem EU-spezifischem Wissen abnahm. Dabei zeigte sich ein differenziertes Bild: die Legitimität von dem, was Osterberg-Kaufmann „Kerninstitutionen" nennt (Bundestag, Bundesrat, Bundesregierung und Europäisches Parlament) nimmt mit zunehmendem Wissen im Vergleich zu den anderen Institutionen zu. Gleichzeitig verlieren alle anderen abgefragten nationalen und europäischen Institutionen an Legitimität. Dies deutet darauf hin, dass mit steigendem politischen Wissen die wahrgenommene Legitimität der EU sinkt, es sich aber bei den Befragten nicht um Gegner der EU handelt, sondern um kritische, mündige Bürgerinnen und Bürger. Nicht-majoritäre Institutionen wie der Gerichtshof der EU oder die Europäische Zentralbank wurden von vornherein als weniger legitim eingeschätzt als die majoritär legitimierten Institutionen. Sie verlieren zudem mit steigendem politischem Wissen noch an wahrgenommener Legitimität. Es kann hier also nicht von einem strukturellen Legitimitätsvorsprung nicht-majoritärer Institutionen gesprochen werden, wie er mitunter in der Literatur zu Legitimität angesprochen wird (Zürn 2011).

Insgesamt – und dies steht im Widerspruch zu den Eurobarometer-Ergebnissen der letzten Jahrzehnte – erschienen nationale Institutionen in der Wahrnehmung der Befragten als legitimer als die europäischen. An dieser Stelle besteht ganz offensichtlich weiterer Forschungsbedarf: Woher rührt diese Diskrepanz der Befunde?

5 Legitimität und Legitimationsstrategien von Autokratien

Drei Beiträge des Bandes thematisieren schließlich die Frage nach der Legitimität von Autokratien und betonen dabei unisono, dass deren Legitimität stark mit dem Output dieser Systeme verbunden ist. Autokratien nutzen gezielt bestimmte *policies* und klientelspezifische Leistungen, um sich zu legitimieren.

Dabei zeigt der Beitrag von Buzogany, Frankenberger und Graf (in diesem Band), dass unterschiedliche *policies* autokratischer Regime sich auch unterschiedlich auswirken – Familienpolitik wirkt anders als Umweltpolitik. Während Familienpolitik konkret umverteilen kann und damit direkt Bürgerinnen und Bürger anspricht, ohne auf zivilgesellschaftliche Teilhabe einzuwirken, mobilisiert Umweltpolitik diese tendenziell. Verstärkte zivilgesellschaftliche Aktivität kann jedoch in Autokratien einen Nährboden für Systemkritik bilden. Dagegen kann

Familienpolitik durch ihre Umverteilungswirkung oder dann, wenn sie stark in das Privatleben eingreift wie Chinas Ein-Kind-Politik, Systemkritik anstoßen. Dementsprechend sind die verschiedenen *policies* in Autokratien auch mit Blick auf diese unterschiedlichen Rollen und Funktionen zu analysieren.

Kressen Thyen und Inkinen (in diesem Band) verdeutlichen mit ihrem Beitrag, dass in ähnlicher Weise mit Blick auf die Items wirtschaftliche Lage und Wahlen zu argumentieren ist: Diese haben jeweils unterschiedliche Effekte auf das Vertrauen der Bürger/innen in autokratische Systeme. Dabei zeigt sich jedoch der generelle, auch für Demokratien bekannte Effekt: je stabiler die wirtschaftliche Lage, desto größer auch das Vertrauen in die Regierung (nicht aber in das Parlament). Erstaunlich mutet auf den ersten Blick der Befund an, dass auch Wahlen eine Rolle im Legitimitätsempfinden der Bürgerinnen und Bürger von Autokratien spielen. Je nachdem, ob politische Opposition und Parteienpluralismus zugelassen oder verboten sind, haben Parlamentswahlen in Autokratien unterschiedliche Effekte auf das Vertrauen sowohl in Regierung als auch Parlament. Der Zusammenhang zwischen autokratischen Wahlen und politischem Vertrauen ist dabei komplex. Die beiden Dimensionen des Wahlangebots bedingen sich gegenseitig: So führt die Zulassung politischer Opposition in Kein- und Einheitsparteienregimen zu niedrigerem Vertrauen, in Mehrparteiensystemen ist der Effekt jedoch genau entgegengesetzt. Umgekehrt haben Kandidatenwahlen bei Oppositionsverbot einen positiven Effekt auf politisches Vertrauen, während ihr Einfluss bei Zulassung von Opposition negativ ist. Die Wirtschaftsentwicklung hat lediglich einen signifikanten Einfluss auf Vertrauen in die Regierung, während Regierungen und Parlamente gleichermaßen von nationalen Parlamentswahlen profitieren. All diese Ergebnisse sprechen dafür, autokratische Systeme mit Blick auf ihre komplexen Mechanismen zu untersuchen – die Bürgerinnen und Bürger nehmen sie offensichtlich auch durchaus differenziert wahr.

De Maesschalk und Gemperle (in diesem Band) schließlich unterstreichen in ihrem Beitrag, dass und warum Autokratien nur schwer von außen zu delegitimieren sind. Sie untersuchen den Fall von Burundi, dessen autoritäre Regierung zunächst von der EU gestützt und dann kritisiert, das heißt tendenziell delegitimiert wurde. Nun schwenkte die EU in ihrem Umgang mit der Regierung von Burundi zwar von einer eher unterstützenden zu einer eher kritischen Strategie, dieses führte aber dazu, dass das Regime sich rhetorisch und im Handeln von einem äußeren Gegner abgrenzen konnte. An der EU-Kritik entzündeten sich Proteste und Demonstrationen, die die Regierung stützten, die so letztlich nach innen gestärkt wurde.

6 Abschließende Diskussion und Forschungsausblick

Die Legitimitätsforschung steht damit sowohl vor altbekannten konzeptionellen und theoretischen Problemen als auch vor neuen Herausforderungen. Es ist ein zentrales Charakteristikum des Konzepts der Legitimität, dass sich in der Legitimitätsforschung wohl auf absehbare Zeit kein Konsens darüber herstellen lassen wird, wie dieses einheitlich zu theoretisieren und zu konzipieren ist. Jedoch haben die Beiträge in diesem Band gezeigt, dass es in Bezug auf die gerade diskutierten Punkte – Rolle normativer Kriterien, Operationalisierung, Abgrenzung von verwandten Items, Methodenmix – eines reflektierten und gut begründeten Forschungszugangs bedarf. Verschiedene theoretische und konzeptionelle Zugänge sowie unterschiedliche methodische Schulen können sich hier fruchtbar ergänzen.

Wir haben im konzeptionellen Kapitel (Wiesner und Harfst in diesem Band) einen Lösungsvorschlag unterbreitet, der es ermöglicht, die normativen und analytischen Achsen politischer Legitimität miteinander zu verknüpfen und hoffen, damit einen entsprechenden Beitrag geleistet zu haben. Ebenso gilt dies für die anderen Beiträge, die Vorschläge zur Konzeption, Operationalisierung und Methodik von Forschungsdesigns zur Legitimität gemacht haben.

Deshalb schließen wir unsere Diskussion mit einem Ausblick auf mögliche künftige Forschungsansätze: Theoretisch-konzeptionell ist es sinnvoll und geboten, nicht nur Legitimität, sondern auch die verwandten Konzepte und Items (Unterstützung, Vertrauen und Demokratiezufriedenheit) weiter zu reflektieren und fruchtbar aufeinander zu beziehen. Analytisch eröffnet die Nutzung von *mixed-methods*-Designs zur Untersuchung politischer Legitimität neue Perspektiven.

In Bezug auf den klassischen Bereich der empirisch-analytischen Untersuchung der Legitimität westlicher Demokratien lassen sich so neue Erkenntnisse gewinnen und bisherige Befunde spezifizieren. In Bezug auf neuere Felder der Legitimitätsforschung – die Legitimität der Europäischen Union oder die Legitimität von Autokratien – erscheinen diese methodischen Innovationen noch stärker geboten, da die hergebrachten Items zur Legitimität, wie sie in der Untersuchung von Nationalstaaten und Demokratien genutzt werden, nicht ohne Weiteres übertragbar sind.

Mit Blick auf Legitimität und Legitimation der Europäischen Union müssen stärker als bisher die Dynamiken des Mehrebenensystems und das Zusammenspiel nationaler politischer Systeme und Kulturen mit der EU in den Blick genommen werden. Die etablierte *second-order*-Logik in der Bewertung von

EU-Wahlen ist nicht mehr ohne weiteres tragfähig, ebenso wenig wie eine Analyseperspektive, die ausschließlich nationale Regierungen und/oder politische Eliten der EU als relevante Akteure betrachtet.

In der Untersuchung von Autokratien und autoritären Regimen ist schließlich festzuhalten, dass sie stark auf Output-Legitimation zielen, hier aber nicht von einfachen Ursache-Wirkungs-Zusammenhängen auszugehen ist. Vielmehr wirken sich Items wie wirtschaftliche Stabilität differenziert auf Legitimitätswahrnehmungen aus, ebenso wie bestimmte *policies*. Deshalb sind hier differenzierte und komplexe Zusammenhänge zu untersuchen und nicht einfache Kausalitäten anzunehmen. Schließlich ist festzustellen, dass internationale Akteure auf die Legitimität autoritärer Regime zwar einwirken können, dabei aber ebenfalls – nicht unähnlich den Dynamiken im Mehrebenensystem der EU – auf die nationalen Kontexte angewiesen sind. Strategien der Delegitimation autoritärer Regime durch internationale Akteure können auch den gegenteiligen Effekt haben und die interne Unterstützung des Systems stärken. Diese Ausführungen verweisen darauf, dass Legitimität und Legitimation autoritärer und autokratischer Systeme in ihrer Komplexität und auch in ihren Widersprüchlichkeiten zu untersuchen sind.

Literatur

Easton, D. 1975. A re-assessment of the concept of political support. *British Journal of Political Science* 5 (4): 435–457.

Eurobarometer. 2018. Standard-Eurobarometer 89 Frühjahr 2018. ec.europa.eu/commfrontoffice/publicopinion/index.cfm/ResultDoc/download/DocumentKy/83547. Zugegriffen: 4. Sept. 2018.

Hix, S., B. Høyland, und B. Høyland. 2011. *The political system of the European Union.* European Union series, 3. Aufl. Houndmills: Palgrave Macmillan.

Reif, K., und H. Schmitt. 1980. Nine second-order national elections – A conceptual framework for the analysis of european election results. *European Journal of Political Research* 8 (1): 3–44.

Tömmel, I. 2014. *The European Union: What it is and how it works.* The European Union series. Basingstoke: Palgrave Macmillan.

Wiesner, C. 2015. The French EU referendum discourse in 2005: How is mediated discourse linked to voting intentions, voting behavior, and support? In *Dynamics of national identity: Media and societal factors of what we are.* Routledge Advances in Sociology, Hrsg. J. Grimm, L. Huddy, P. Schmidt, und J. Seethaler, 334–349. New York: Routledge.

Zürn, M. 2011. Perspektiven des demokratischen Regierens und die Rolle der Politikwissenschaft im 21. *Jahrhundert. Politische Vierteljahresschrift* 52 (4): 603–635.

Printed in the United States
By Bookmasters